张家川年鉴

（2018）

张家川回族自治县人民政府 主 管
张家川回族自治县地方志办公室 编

方志出版社
Publishing House of Local Records

图书在版编目（CIP）数据

张家川年鉴．2018/张家川回族自治县地方志办公室编．--北京：方志出版社，2019.1
ISBN 978-7-5144-3566-5

Ⅰ．①张… Ⅱ．①张… Ⅲ．①张家川回族自治县—2018—年鉴 Ⅳ．①Z524.24

中国版本图书馆CIP数据核字(2019)第038970号

张家川年鉴（2018）

编　　者： 张家川回族自治县地方志办公室

责任编辑： 刘方圆

出 版 人： 冀祥德

出 版 者： 方志出版社

地址　北京市朝阳区潘家园东里9号(国家方志馆4层)

邮编　100021

网址　http://www.fzph.org

发　　行： 方志出版社图书经销中心

电话（010）67110500

经　　销： 各地新华书店

印　　刷： 天水中核复兴科工贸公司印刷厂

开　　本： 889×1194　1/16

印　　张： 17

字　　数： 432千字

版　　次： 2019年1月第1版　2019年1月第1次印刷

印　　数： 001～500册

ISBN 978-7-5144-3566-5　**定价：** 120.00元

《张家川年鉴（2018）》编纂委员会

名誉主任：陈　晰　县委书记
主　　任：马筱宁　县委副书记、县长
常务副主任：苏红娟　县委常委
米文贵　县人大常委会副主任
汪　萍　县人民政府副县长
王存珠　县政协副主席
副 主 任：马　彬　县委办公室主任
李学林　县人大常委会办公室主任
魏雄志　县人民政府办公室主任
马海云　县政协办公室主任
杨　茂　县发展和改革局局长
铁宝禄　县财政局局长
马亚军　县统计局局长
马　嵘　县地方志办公室主任
委　　员：黎平生　邵新建　苏永平　马智刚　马金泉　李世刚
马浩瑜　肖　荣　马　婷　马　晖　李安泰　张世明
李兴奎　李　毅　李德录　马志龙　马　维　马永锋
高建宝　孙志平　张济安　妥保平　马小平　陶　枫
李安泰　赫金梅　尚立军　喜文选　马秀琴　王学礼
王　涛　张向阳　毕维俊　马鹏程　李东昌　毕古柏
李志恒　王朝晖　吴浩玉　鲁国玺　刘立群　赵　超
王海平　麻智斌　咸宝荣　马文刚　刘旭斌　杨志杰
马　亮　兰雪艳　妥宝玉　李　鑫　李　敏　李兆珍
付宝强　马兴周　张元明　李雁清

《张家川年鉴（2018）》编辑部

主　　编：马　嵘
副 主 编：张向阳
编　　辑：艾宝霞　马红梅　李春艳　袁　兰　马小红　马志清

5月11日，张家川县召开争创全国民族团结进步示范县启动大会

6月29日，张家川县庆祝中国共产党成立96周年大会在县影视中心剧院举行

7月3日，天水市委第四宣讲团到张家川县宣讲省第十三次党代会精神

8月8日，张家川县党政考察团在高台县中国工农红军西路军纪念馆开展革命传统教育

8月29日，张家川县举办全县机关党组织书记培训班

9月8日，张家川县召开庆祝第三十三个教师节暨表彰大会

12月23日，张家川县第十六届人民代表大会第二次会议在县影视中心礼堂开幕

12月26日，张家川县召开2017年度乡镇党委书记抓基层党建工作述职评议大会

4月2日,大阳镇中蜂养殖

城市绿化建设

张家川县刘堡镇窑儿村的绿野种养殖专业合作乌龙头种植基地

6月21日，在张家川县举行2017年甘肃省农机事故应急处置演练现场会

屋顶分布式光伏发电项目

8月1日，天津港保税区管理委员会与张家川县人民政府签订《东西部扶贫协作框架协议》

4月23日，张家川县新华书店的儿童图书专柜前阅读图书的小朋友

新农村建设

6月10日，张家川县博物馆推出主题社教活动——“走进博物馆，感受陶艺魅丽”

传统美食油香和馓子

7月21日，全县首届广场舞大赛在县影视中心剧院举办

环青海湖国际公路自行车赛张家川段

8月23日，张家川县举办的首届“足协杯”足球邀请赛

10月26日，“影像张家川·魅力秦家塬”全国无人机旅游摄影大赛在张家川县启动

11月8日下午,由张家川县委、县政府出品的电影《小儿锦》在天水宾馆首映

11月22日，“壹基金”温暖包张家川县发放活动启动仪式在张家川镇上磨小学举行

编 辑 说 明

一、《张家川年鉴(2018)》系统记述张家川县2017年自然、社会、经济、政治、文化等各方面情况。坚持以马克思列宁主义、毛泽东思想、邓小平理论、“三个代表”重要思想、科学发展观、习近平新时代中国特色社会主义思想为指导,坚持辩证唯物主义和历史唯物主义的立场、观点和方法为指导,紧紧围绕县委、县政府中心工作,突出时代特色和地方特色,全面、客观、真实、系统地记述了全县各部门、各乡镇、各行业的基本情况,反映了全县改革发展基本面貌和进程,为人们进一步了解张家川、研究张家川,提高张家川知名度,促进经济社会又好又快发展,建设富裕、文明、和谐、魅力新张家川提供基本资料和历史借鉴。

二、《张家川年鉴(2018)》采取分类编辑法。按类目、分目、条目三级结构编撰。其中类目28个,分目163个,条目538个。类目下的分目按行业或单位编排,分目下的条目标题加“【 】”标出。

三、《张家川年鉴(2018)》所载内容和数据,由县直各部门、单位、社会团体、行业组织提供。彩页插图均来自张家川县新闻中心和政府网站。全县经济社会发展数据由县统计局发布的资料摘编。

四、《张家川年鉴(2018)》文中涉及的单位名称和文件名称,首次出现一般采用全称,再次出现则采用习惯简称,需要解释的名词,采用括注。

目 录

特 载

大事记

县情概览

国民经济与社会发展

中国共产党张家川县委员会

张家川县人大常务委员会

张家川县人民政府

政协张家川县委员会

中共张家川县纪律检查委员会

社会团体

法 治

军 事

农业和农村经济

工 业

金融 保险

商贸流通

交通 邮政 通信

经济管理与监督

国土管理 城乡建设与环境保护

科学技术

教育 体育

文化

医药 卫生

社会服务与管理

乡镇概况

国民经济与社会发展统计资料

人物与先进集体

人物

先进个人

先进集体

附 录

主要文件选目

重要文件辑存

在县委工作会议上的讲话

中共张家川县委书记　陈　晰

（2017 年 3 月 28 日）

同志们：

今天我们召开县委工作会议，这是继县委十三届二次全体会议暨全县经济工作会议之后又召开的一次十分重要的会议。县委决定把这一系列专题工作会议合并召开，主要是考虑到 3 月份是全年各项工作的全面起步之时，集中起来安排工作，既有利于大家从整体上把握县委今年各项工作的部署要求，也是尽量精简会议，让大家腾出更多的时间和精力抓好工作落实。会前，县委召开常委会议，专题听取和研究了这几项工作的汇报，学习传达了省市相关会议精神，提出了具体贯彻落实意见。刚才夏草、国恩、林荣、海龙、国玺五位同志就分管的工作讲了很全面、很具体、很有针对性的意见，这些工作安排是经过县委常委会议讨论研究确定的，请大家结合各自工作实际，认真抓好贯彻落实。下面，我就抓好 2017 年县委各项工作再强调几个方面的意见。

一、统一思想、认清形势，切实强化县委工作责任担当

宣传、组织、统战、群团等工作是党的工作重要组成部分，事关党的执政能力建设和先进性建设，事关提升党的建设科学化水平，事关全县经济社会发展大局。过去的一年，县委以党的十八大和十八届三中、四中、五中、六中全会精神为指导，深入学习贯彻习近平总书记系列重要讲话精神特别是视察甘肃时提出的“八个着力”要求，充分发挥统揽全局、协调各方的领导核心作用，坚决执行中央和省、市委决策部署，积极适应和把握经济发展新常态，牢固树立和践行五大发展新理念，以创新的思路、有力的举措，抓主抓重、攻坚克难，各项工作取得了新的成效。宣传工作坚持正确方向，加大宣传力度，舆论引导、思想道德建设和精神文明创建实现新提升；组织工作创新工作思路，打造党建品牌，领导班子、干部队伍和基层组织建设有了新突破；统战工作围绕凝心聚力，积极建言献策，政治协商、参政议政、民族宗教等工作迈出新步伐;人武工作认真贯彻落实党中央、中央军委的军事战略方针,国防教育、后备力量、双拥共建、军民融合发展等工作得到新加强;群团工作紧贴中心大局,立足职责定位,工人阶级主力军、青年生力军、妇女半边天作用和人才第一资源作用发挥取得新进展。一年来,县委各部门坚持把抓好党建作为最大政绩,围绕中心、服务大局,抓住关键、重点发力,做了大量卓有成效的工作,为全县改革发展稳定做出突出贡献,这些成绩县委是充分肯定的,广大干部群众也是充分认可的。借此机会,我代表县委向大家表示衷心的感谢和诚挚的问候!

当前,"十三五"规划强势起步,"四个全面"顺利推进,"五大理念"深入人心,县委所承担的责任越来越大,尤其是在新形势下,经济发展进入新常态,群众思想观念多元,利益诉求多样,各领域工作面临着新的挑战和压力。从我县各方面工作来看,舆论宣传的创新性和敏锐性还不够强,驾驭新兴媒体的能力还不够强,社会主义核心价值观宣传教育的方式方法还不灵活,社会文明指数有待进一步提高;基层党组织的战斗堡垒作用和党员的先锋模范作用发挥不够充分,部分党组织履行全面从严治党的主体责任不够到位,一些干部创业热情不高,缺乏担当精神,干部队伍的能力、作风与经济发展新要求和人民群众新期盼还有差距;充分发挥最广泛的爱国统一战线的政治优势,团结和调动社会各方面力量、凝心聚力推动改革创新的合力还不够强;人武工作与地方经济社会发展工作结合不够紧密,融合还不深入;群团组织在服务群众、联系群众、凝聚群众方面的作用发挥还不充分,创造性开展工作还有差距。这些问题我们要高度重视,认真加以解决。

2017年是实施"十三五"规划的重要一年,也是供给侧结构性改革的深化之年和新一届县委任期的开局之年。面对县委十三届二次全体会议暨全县经济工作会议确定的目标任务,需要党委各个部门广泛参与、加强引导、服务大局,提供坚强的组织保证、纪律保证、舆论保证和政治生态环境保证,从而把全县广大干部群众的干劲、激情和热情引导到思发展、谋发展、促发展上来,形成加快发展的强大合力。全县各级党组织和广大党员干部要进一步统一思想,提高认识,深入学习贯彻习近平总书记系列重要讲话精神特别是视察甘肃时提出的"八个着力"要求,认真落实以人民为中心的发展思想,牢固树立"一号工程"意识,不断强化全局视野、战略眼光和辩证思维,深刻认识全县经济社会发展面临的新形势和新任务,牢牢把握县委工作的新使命和新要求,始终坚持正确方向、问题导向、为民取向和破题指向,找准自身的坐标点、工作的着力点和服务发展的结合点,自觉用时代的要求审视党委工作,用发展的眼光研究党委工作,始终把发展作为富民强县的第一要务,把改革创新作为推动转型升级的动力源泉,把握大势、顺应趋势、紧跟形势,掌控好发展速度,激发好动力源头,运用好重大机遇,释放好后发优势,塑造好发展形象,努力在增强创新能力、推动发展平衡、促进共建共享上取得新的突破。

二、突出重点、把握关键,全面提升县委工作科学化水平

今年党委各项工作要围绕"提升党的建设科学化水平"这个总体目标,认真贯彻落实中央和省市委的安排部署,紧紧围绕全县工作大局,创新思路,强化措施,抓好落实,力求重点工作有突破,常规工作有亮点,整体工作上水平。

(一)宣传工作要紧扣要务、鼓劲造势,为加快经济社会转型升级发展提供更加坚实的思想基础和精神动力。意识形态工作是党的一项极端重要的工作,事关党的前途命运,事关国家长治久安,事关民族凝聚力和向心力。我们要牢牢把握工作主动权,巩固壮大主流思想舆论,弘扬主旋律,传播正能量,激发全社会团结奋进的强大力量,努力为全县改革创新发展提供强有力的思想保证、舆论支持、道德滋养和文化条件。一要全面落实意识形态主体责任。坚持把意识形态工作体现到各级党委领导班子和领导干部考核评价中,切实增强加强意识形态工作的责任感和主动性。要进一步加强和改进党委中心组学习，深化党的十八大、十八届三中、四中、五中、六中全会和习近平总书记系列重要讲话精神特别是视察甘肃时提出的“八个着力”要求等党的理论创新成果的宣传普及，深刻学习领会以习近平为总书记的党中央治国理政的新理念新思想新战略，深刻学习领会“五位一体”总体布局、“四个全面”战略布局、经济发展新常态和“五大发展理念”等战略重点，教育引导广大干部群众经常、主动、真正向党中央看齐，向习近平总书记看齐，向党的理论和路线方针政策看齐，坚决维护党中央权威和集中统一领导，全面执行省市县委决策部署，提振干事创业的信心决心，凝聚创新发展的思想共识和强大合力。二要不断提高舆论引导能力。要把习近平总书记在党的新闻舆论工作座谈会上的重要讲话作为指导做好新形势下党的新闻舆论工作的纲领性文献，从“一件大事”“五个事关”深刻认识新闻舆论工作的极端重要性，从“四个坚持”准确把握党对新时期新闻舆论工作的部署要求，遵循新闻传播规律，创新工作方法手段，完善和落实好新闻发言人制度，不断增强党政领导干部面对媒体的能力，有力提高党的新闻舆论传播力、引导力、影响力和公信力。广大新闻舆论工作者要牢记“48字职责和使命”，坚持“四向”，按照四个“者”五个“要”的要求，以人民为中心，心系人民、讴歌人民，把镜头、笔头、话筒多对准基层、对准百姓，多用群众的鲜活语言，多用群众身边的生动事例，多用群众喜闻乐见的方式，讲好张家川故事、传播张家川声音、树好张家川形象。要推动新闻舆论工作方式方法、体制机制创新，加快推进传统媒体与新兴媒体融合发展。要依法加强网络媒体和社会舆论监管，着力营造积极健康、蓬勃向上的主流舆论环境。要紧紧围绕迎接、宣传、贯彻党的十九大以及省十三次党代会，超前谋划、精心组织，有序有效开展新闻宣传，在全县上下营造浓厚舆论氛围。三要扎实推进社会主义核心价值观建设。要深入推进系列道德教育实践活动，广泛开展道德模范、“最美张家川人”、“最美家庭”评选活动，积极营造全社会崇德向善的浓厚氛围。要加强群众性精神文明创建，用传统美德和主流价值观引领社会思潮，不断提升公民文明素质和社会文明程度。要按照“城乡联动、干群齐动、标本兼治、综合治理”的原则，坚持问题导向，聚焦短板发力，分析原因症结，常态督促落实，结合中央环保督察组交办问题的整改落实，持续深入开展“三项整顿”行动，努力形成政府、社会、家庭共发力，党员、干部、群众齐参与，共同创建省级文明县城、园林县城、卫生县城。要坚持以人民为中心的工作导向，更加注重家庭、家教和家风，持续深化社会主义核心价值观“人知人晓”、“人信人守”工程，发挥重点人群示范带动作用，以良好家风涵养清朗的党风政风社风。四要奋力推动文化文艺事业繁荣发展。结合华夏文明传承创新区建设，扎实推进公共文化服务体系建设，加强非物质文化遗产开发利用，加快“236”文化旅游项目前期工作，统筹推进全县文化与旅游产业深度融合发展，着力把我县建设成为丝绸之路关陇段特色文化旅游区。要坚持正确的发展方向和创作导向，加强和改进党对文艺工作的领导，坚持“二为”方向和“双百”方针，尊重和遵循文艺规律，以高度的文化自觉和文化自信，推动文艺繁荣发展。要牢牢把握以人民为中心的创作导向，积极开展“深入生活、扎根人民”主题实践活动，努力创作出一批反映张川题材、张川风格的精品力作。要加强文化文艺骨干和人才队伍建设，加强本土文艺创作人才储备和培养，建立健全育才、留才、聚才、用才的激励机制，造就一批有眼光、有情怀、有才华的高水平文艺创作队伍，提升本土文艺作品原创力和影响力。

（二）组织工作要突出主题、固本强基，为加快经济社会转型升级发展提供更加坚强的组织保证和人才支持。全县组织工作要深入贯彻落实全国组织部长会议和省市组织工作有关精神，严肃党内政治生活，强化党内监督，从严选好用好干部，深入推进“两学一做”学习教育常态化规范化，分领域抓好基层党组织建设，推动全面从严治党向纵深发展。一要全面落实党建工作主体责任。全县各级党组织要坚持“把抓好党建作为最大的政绩”,“把从严作为做好一切工作的重要保障”,强化主业意识,落实主体责任,积极主动作为,做到加强党的建设内容上无死角、主体上全覆盖、保障上制度化。要健全责任落实机制,明确抓党建的责任清单,细化到人、量化到岗,推动形成党委抓、书记抓、各有关部门抓,一级抓一级、层层抓落实的党建工作格局。要健全责任考核机制,继续做好党委书记抓党建述职评议工作,对从严要求履职不到位、问题频发、不正之风蔓延的,既严肃追究主要领导的责任,又严肃追究分管领导的责任。县人大、政府、政协、法院和检察院党组要充分发挥领导核心作用,自觉承担起管党治党责任,在贯彻落实中央和省市县委重大决策部署上聚焦发力,推动各自工作取得新进展。二要扎实推进“两学一做”学习教育。各级党组织要把推进“两学一做”学习教育常态化制度化作为全面从严治党的战略性、基础性工程,履行主体责任,抓常抓细抓长,自觉做到“一讲三看”。各级党委(党组)中心组学习要把“两学一做”作为主要内容,深入学习党章党规党纪和习近平总书记系列重要讲话,领导干部要带头学、带头做,当好表率。要突出分类指导,联系思想工作实际经常查找和解决问题,以“迎接十九大,做合格党员”为有力抓手,引导广大党员做到政治合格、发挥作用合格、品德合格、执行纪律合格。要坚持以党支部为基本单位,以“党员固定活动日”为基本载体,把“两学一做”纳入“三会一课”等基本制度,融入日常,抓在经常。要加强领导班子思想政治建设,积极开展“走出去”培训,不断提高履职尽责的素质和能力。三要坚持从严管理干部。严格按照新时期好干部“五条标准”,始终坚持“重德才、重实绩、重公论、重基层、重担当”的用人导向和“人岗相适”的原则,加大干部选拔任用力度,抓好后备干部培养使用,推进干部能上能下,激发干部队伍活力。完善领导班子和领导干部综合分析研判制度,建立健全正向激励和容错纠错机制,严格落实“三个区分开来”要求,充分调动各级干部的工作积极性、主动性和创造性。严格干部工作规程,把好选人用人动议提名关、考察考核关和程序步骤关,落实好任前干部档案审核和个人有关事项报告制度,不断提高选人用人科学化水平。坚持从严管理干部,强化党纪党规约束,完善教育约谈机制,使干部习惯于在群众、舆论和社会的监督之下工作和生活,坚决以高的标准、严的要求推动从严管理干部常态化。四要严肃党内政治生活。要严肃党内政治生活、净化党内政治生态,带头学习贯彻《准则》《条例》,认真贯彻民主集中制原则,落实好“三会一课”、民主生活会和民主评议党员等制度,切实增强党内政治生活的政治性、时代性、原则性和战斗性。严格遵守党的政治纪律和政治规矩,牢固树立政治意识、大局意识、核心意识、看齐意识,始终在思想上政治上行动上同以习近平同志为核心的党中央保持高度一致,做到对党忠诚、为党分忧、为党担责、为党尽责。领导干部要以身作则,率先垂范,带头开展批评和自我批评,自觉尊法学法守法用法、在宪法和法律范围内活动,自觉对照习近平总书记指出的“七个有之”查找自身问题,对照“五个必须”明确努力方向,真正把加强和规范党内政治生活的各项要求落实到日常修为和具体工作。五要抓好基层组织建设。要持续深入推进先锋引领行动,动态整顿转化软弱涣散基层党组织,深化“三带三群”党建示范工程,全面落实基层党建7项重点任务,不断强化基层组织的政治功能和服务功能。要牢固树立“抓好党建促扶贫、检验党建看脱贫”的理念,围绕推进脱贫攻坚建强基层组织,大力支持发展村级集体经济,切实增强村级党组织自我发展能力。坚持分类指导,统筹抓好机关、社区、学校和“两新”组织党建工作,完善党内激励、关怀、帮扶机制,提升各领域党组织的凝聚力和亲和力。强化党建经费保障,深入实施乡镇干部“温暖工程”,全面完成村级组织活动场所改造提标,健全完善村干部报酬正常增长机制,选优配强基层党组织书记,有效激发基层党组织的生机和活力。六要认真做好人才工作。习近平总书记强调:“人才就是未来。”全县各级党组织要树立强烈的人才意识,加强对人才工作的组织领导．改进党管人才的方式方法，政治上信任、工作上支持、生活上关心，切实做好团结、引领、服务工作。要健全完善人才发展机制，最大限度支持和鼓励科技人员创新创造，不拘一格、慧眼识才，放手使用优秀青年人才，为他们奋勇创新、脱颖而出提供舞台。要以更加开放的视野引进和集聚人才，坚持人才资源优先开发，人才结构优先调整，人才投入优先保证，努力补齐人才队伍总量不足、质量不高、政策不活、环境不优等短板，不断激发人才创业创新活力，努力在全县形成大众创业、万众创新的生动局面。七要全力抓好老干部工作。老干部是我们党的事业的宝贵财富，是张家川县经济社会建设的有功之臣。每一位老领导、老同志都德高望重、经历丰富、党性原则强，具有不可替代的政治优势、智慧优势、经验优势和威望优势。全县各级党政组织要引导广大老干部发扬政治强、觉悟高、党性好的优势，助力严肃党内政治生活，关心党内政治文化建设，做全面从严治党的坚定支持者和模范践行者。要围绕迎接党的十九大和省十三次党代会胜利召开，在离退休老干部中开展党的最新理论宣讲活动，推动老干部为全县改革发展事业增添正能量、激发新活力。要坚持思想上关心、生活上照顾、精神上关怀，保持敬重之心、倾注关爱之情、多做务实之事，满腔热忱做好精细化服务保障工作，确保让老干部在政治上有荣誉感、组织上有归属感、生活上有幸福感。

（三）统战工作要聚贤纳才、增进团结，为加快经济社会转型升级发展提供更加强大的社会合力和共建氛围。统一战线是党治国理政的重要战略方针。近年来，中央和省市委相继召开统战和民族宗教工作会议，对统战工作进行了全面谋划、密集部署，特别是《中国共产党统一战线工作条例（试行）》的颁布实施，为统战工作提供了理论、政策依据和组织、体制保障。我们要认真贯彻中央和省委关于统战工作的决策部署，扎实做好广泛凝聚共识、服务经济社会发展工作，形成最大公约数，画出最大同心圆，积极构建“大统战”格局。一要充分认识做好新形势下统战工作的重要意义。习近平总书记深刻指出，统一战线解决的就是人心和力量问题，是我们党治国理政必须花大心思、下大力气解决好的重大战略问题。我们要在工作实践中深刻领会切实加强党对统一战线政治原则、政治方向、重大方针政策的领导；深刻领会统一战线法宝地位，充分认识统战工作凝聚人心、汇聚力量的独特优势；深刻领会统一战线是加快经济社会发展的重要保障和力量支撑；深刻领会统战工作的着力点和面临的形势，着眼夯实共同思想政治基础，用好民主协商、联谊交友等行之有效的方式方法，推动统一战线事业不断发展壮大。二要准确把握统战工作重点。民族和宗教工作都是统战工作发挥作用的重要领域和着力重点。要以争创全国民族团结进步示范县为目标，巩固扩大“两个共同”示范县建设成果，始终坚持正确的政治方向，牢牢掌握民族宗教工作的领导权和主动权，自觉从政治上审视和研究民族宗教问题、从大局上谋划和推进民族宗教工作，切实做到“导”之有方、“导”之有力、“导”之有效。要全面贯彻落实党的宗教信仰自由政策，依法加强宗教事务管理，积极引导宗教与社会主义社会相适应。要高度重视民族团结进步事业，深入开展民族团结进步创建活动，推动各民族和睦相处、和衷共济、和谐发展。认真贯彻中央和省市有关会议精神，坚持用党的最新理论成果和习近平总书记系列重要讲话精神武装党员干部、教育各族群众，用社会主义核心价值观引领宗教发展，用中华优秀文化涵养宗教文化，切实增强各族人民对伟大祖国、中华民族、中华文化、中国共产党、中国特色社会主义的认同。三要不断提高统战工作科学化水平。面对新形势新任务，我们要自觉把统战工作放到全县改革发展稳定大局中来谋划，积极推进协商民主制度化，不断完善政党协商内容和形式，支持无党派人士参与人大协商、政府协商、政协协商、人民团体协商、基层协商和社会组织协商，不断提高协商实效和统战工作科学化水平。重视团结党外知识分子，教育引导广大党外知识分子坚定中国特色社会主义信念，支持他们立足本职岗位建功立业。重视做好社会组织从业人员、自由职业者、新媒体从业人员和网络意见人士工作，建立健全部门和行业齐抓共管的工作机制，引导他们发挥积极作用。全面落实支持非公有制经济发展的方针政策，加强对非公经济人士和商会的服务引导，进一步强化桥梁纽带作用。不断加强党外代表人士队伍建设，教育引导他们做政治上的“明白人”，努力造就一支政治过硬、素质优良、结构合理的党外代表人士队伍。统战部门要注重加强自身建设，不断提高分析问题、解决问题的能力，教育引导统战干部更新工作观念，切实增强责任感和使命感，严格遵守党的政治纪律和政治规矩，努力使自己成为统战工作的行家里手。

（四）信访工作要多措并举、突出重点，为加快经济社会转型升级发展提供更加和谐的社会环境和发展环境。习近平总书记明确指出，信访工作的首义，在于时刻把自己看成人民中的一员，把心贴近人民。信访工作的这一本质决定了及时就地解决问题、维护群众合法权益是信访工作的核心，也是衡量和检验改革成效的根本标准。信访工作必须紧紧扭住责任落实这个“牛鼻子”，以责任落实推动工作落实。一要抓好矛盾纠纷排查化解。按照“属地管理、分级负责，谁主管、谁负责，依法、及时、就地解决问题与疏导教育相结合”的原则，综合运用督查、考核、惩戒等措施，依法规范全县各级党政组织履行信访工作职责，准确掌握群众诉求，及时化解矛盾隐患，切实把问题解决在基层，矛盾化解在萌芽状态，做到小事不出村、大事不出乡镇和单位。要构建纵向到底、横向到边的大调解格局，综合运用法律、政策、经济、行政、教育、协商、疏导、调处等手段，严格落实“三到位一处理”要求，真正做到诉求合理的解决问题到位，诉求无理的思想教育到位，生活困难的帮扶救助到位，行为违法的依法处理，积极教育引导群众依法、规范、有序反映合理诉求，让群众既能认识和理解依法处理结果的公平正义，又能切身感受到党委政府的关怀。二要严格落实信访工作责任。坚持把信访工作当做是送上门来的群众工作，进一步加强领导、提高认识、明确责任、细化措施、改进作风、严肃问责，切实做到联系群众而不脱离群众，服务群众而不损害群众，解决问题而不引发新的问题。严格落实《张家川县信访工作责任追究办法》、《张家川县夯实基层基础创建信访工作“三无”乡镇和单位实施意见》、《张家川县县级党政领导包案制度》和《县级领导信访接待工作制度》等制度，对信访工作依法依规跟踪督办，及时妥善处理，坚决做到用制度管人管事。全面加强和改进信访工作，深化信访“三无”单位创建，加强信访突出问题和社情民意研判，加大重信重访专项治理和积案化解力度，认真做好领导干部接访下访和联合接访，着力打造阳光信访、责任信访、法治信访、和谐信访、满意信访。三要全力维护社会大局稳定。充分发挥法定诉求表达渠道的作用，按照涉法涉诉信访工作机制改革的相关要求，严格实行涉法涉诉与信访相分离，把涉法涉诉与信访纳入到法治轨道来解决，建立涉法涉诉、信访案件依法终结制度，推进信访工作制度化、规范化、法制化。要突出重点，攻破难点，定期开展回访，时刻了解当事人的思想动态，尽力化解当事人之间矛盾，在从细、从严、从实、见效上下功夫，真正做到案结事了。强化问题导向和底线思维，一级抓一级、层层抓落实，推动矛盾纠纷全部化解，信访案件案结事了，确保不发生群体性上访事件和赴省进京非访问题，做到守土有责、守土负责、守土尽责。要强化法治思维规范信访工作，在全社会努力营造学法、尊法、守法、用法的良好氛围，积极教育引导群众养成遇事找法、办事依法、解决问题靠法的行为习惯，全力维护全县社会大局和谐稳定。

（五）人武工作要军民融合、寓军于民，为加快经济社会转型升级发展提供更加有力的中坚力量和后备保障。党管武装是我党在长期革命和建设实践中形成的优良传统，也是新形势下加强国防后备力量建设的根本保证。我们要认真贯彻落实党中央、中央军委的军事战略方针，扎实抓好国防动员、国防教育、国防后备力量建设和拥军优属等工作，以军地协作促发展、以军地共建促双赢、以军地团结促和谐。一要强化党对武装工作的领导。自觉把学习领会习近平总书记系列重要讲话精神特别是关于加强国防建设的重要论述和强军目标战略思想作为思想政治教育的重中之重，扎实开展国防教育、形势政策教育，筑牢高举旗帜、听党指挥、履行使命的思想政治根基，始终将武装工作置于党的绝对领导之下。党委书记作为党管武装工作的“第一责任人”，要把党管武装的着眼点放在管方向、议大事、抓根本、解难题上，充分发挥好在民兵预备役建设中的把关定向作用、重大活动中的组织领导作用、解决实际问题中的决策督促作用，切实把党管武装工作抓在手上、落到实处。二要加强国防后备力量建设。加大经费支持保障力度，加强民兵预备役基层基础建设，有针对性地搞好战备物资标准化配载建设，调整优化民兵组织编组布局，促进国防后备力量建设转型发展。全面加强民兵预备役军事训练工作，围绕多样化任务需要，抓好应急维稳、抢险救灾、专业救援等训练，开展多形式针对性演练，提高民兵队伍快速反应能力和执行多样化军事任务的能力。三要推进军民融合发展。坚持“以建为用、以用促建”的原则，把国防后备力量建设融入经济社会发展布局，组织广大民兵预备役人员广泛参与重点项目建设，主动承担急难险重任务，深入开展扶贫济困、创业致富等活动，充分发挥民兵力量在支持地方经济发展、维护社会和谐稳定中的生力军作用。深入开展双拥共建活动，全面落实各项优抚政策，维护军人军属合法权益，大力扶持复退军人和民兵自主创业致富，进一步巩固和发展军政军民关系。扎实推进法治建设，善于运用法治思维和法治方式推动军民融合发展，充分发挥法律法规的规范、引导、保障作用，全面提高军民融合发展法治化水平。

（六）*群团工作要围绕大局、锐意进取，为推动经济社会转型升级发展提供更加广泛的支持力量和社会基础*。工会、共青团、妇联等群团组织是党直接领导的群众组织，承担着组织动员广大人民群众为完成党的中心任务而共同奋斗的重大责任。群团组织要认真学习贯彻落实习近平总书记在党的群团工作会议上的重要讲话精神，始终保持和增强党的群团工作和群团组织的政治性、先进性、群众性，着力解决“机关化、行政化、娱乐化”等现象。一是服务大局要有新作为。围绕中心、服务大局，是群团工作的核心任务和基本职责。群团组织要始终把自己置于党的领导之下，积极发挥作用，深入开展调研，根据形势和任务发展变化，加强和改进党的群团工作，把工人阶级主力军、青年生力军、妇女半边天作用和人才第一资源作用充分发挥出来，把全县各族人民的积极性充分调动起来，把自己联系的群众最广泛最紧密地团结在党的周围，为奋力实现全面建成小康社会做出新的更大贡献。要找准发挥自身优势与服务全县大局的结合点、切入点、着力点，精心策划开展一些主题活动，以丰富多彩的活动组织动员群众、服务发展大局、打造特色品牌、实现更大作为，使群团工作更加富有时代气息、贴近发展实际、体现张家川特色，真正做到党委的工作重心在哪里，群团工作的着力点就在哪里，党委有号召、群团有行动，努力使各项工作都能跟得上、拿得出、叫得响、过得硬。二是群众工作要有新成效。始终坚持以人民为中心的发展思想，把人民放在心中最高位置，开展工作和活动要让群众当主角，而不能让群众当配角、当观众。要更多关注、关心、关爱普通群众，进万家门、访万家情、结万家亲，经常同群众进行面对面、手拉手、心贴心的零距离接触，增进对群众的真挚感情。要强化服务意识，提升服务能力，挖掘服务资源，当好党的政策的宣传者，最大限度把群众的思想统一起来，把智慧和力量凝聚起来；当好群众利益的代言者，把更多的注意力放到城乡特困家庭、残疾人、孤寡老人和留守儿童等特殊困难群体身上，让群众切实感受到组织就在身边、服务有求必应；当好群众权益的维护者，配合解决好群众最关心、最直接、最现实的利益问题，及时纠正侵害群众合法权益的行为；当好矛盾纠纷的化解者，做好解疑释惑、疏导情绪、化解矛盾的工作，维护社会和谐稳定，努力为群众排忧解难，成为群众信得过、靠得住、离不开的知心人、贴心人。三是开拓创新要有新突破。要紧紧围绕全县工作大局,组织动员人民群众走在时代前列,在改革发展稳定第一线建功立业。要着眼于改革创新新目标,用更广阔的视野、更前瞻的思维、更先进的理念谋划工作,推动从"我要群众做什么"向"群众需要什么就做什么"转变。要积极参与社会管理和公共服务,不断完善与社会各界、各部门的合作交流、沟通协调机制,使群团工作更加符合科学发展要求,更加富有时代特点。要围绕群团工作的新形势和新要求,充分发挥群团组织自身优势,着力在坚定政治性、突出先进性、强化群众性上狠下功夫,更加注重分类指导,更加注重典型引路,更加注重资源整合,更加注重载体创新,广泛开展家风家训等各种接地气、暖民心的文化建设活动,引导广大群众带头奉行良好的社会公德、职业道德、家庭美德,学礼义知廉耻,带头倡导健康、文明、科学的生活方式,培育健康向上的文明新风,通过展现身边的变化和全县改革发展取得的新成果,凝聚共识、传递正能量。

(七)双联工作要抓实抓细、深入推进,为推动经济社会转型升级发展提供更加深厚的工作基础和有力支撑。双联行动作为一项战略性、全局性的举措,紧扣的是发展要务,践行的是根本宗旨,密切的是血肉联系,首要是持续、关键在精准、根本看效果。全县各级党组织和党员干部要认真贯彻落实省市委决策部署,坚持"重在联、贵在为、深在制"的行动要领,抓实抓好、抓出成效,为全面建成小康社会提供有力支撑。一要更加注重载体创新。要加强台账式清单管理和抽查督查工作,力促联户干部轮流蹲守制度和驻村工作队队员驻村时限要求落实落地,坚决更换那些"单位村里两头跑、两头都看不见好"的"走读"干部,坚决剔除那些平时不见、检查立现,平时不忙、考核瞎忙,平时不苦、逢人叫苦的驻村工作队队员。要认真学习借鉴成功经验,大胆探索、积极实践,尽快培育形成一批接地气、有特色、叫得响的好模式好典型。要紧紧围绕"不脱贫不脱钩、不小康不罢休"的目标要求,用双联行动托举脱贫攻坚行动,深入开展"三带头三走遍"主题实践活动,推动"六大任务"全面落实,真正把帮扶力量聚焦到扶贫对象上,把帮扶任务聚焦到精准扶贫各项政策措施对接落实上,把帮扶重点聚焦到富民产业培育和增加农民收入上,不断加快贫困群众脱贫致富奔小康步伐。要创新工作落实机制,按照"1+17"精准扶贫方案要求,推进双联和扶贫深度融合,建立优势充分发挥、上下紧密协作的行业双联工作机制,推进产业扶持、转移就业、易地搬迁、教育医疗等脱贫任务落实。二要统筹协调扎实推进。在双联行动中,既要坚持做好"输血"工作,在有效整合资源中充分释放专项扶贫和行业扶贫的叠加效应,在积极借助县外资源中挖掘社会扶贫的空间和潜力;更要重视做好"造血"工作,通过算账对比、典型示范等方式,引导农民群众破除落后陈旧的思想观念,激发追求美好富裕生活的决心和信心,增强自强不息、自力更生、自我发展的意识和能力,鼓励群众依托双联行动破解脱贫难题,凭借辛勤劳动致富奔小康。要正确把握当前与长远的关系,既要抓住人民群众反映强烈、生产生活迫切需要的事情,全力以赴加以攻坚和解决,让群众看到立竿见影的效果;又要牢固树立长期作战的思想,始终保持一种持之以恒的韧劲、持续发力的干劲,不断为助推群众脱贫致富、维护社会和谐稳定、巩固党的执政基础作出新的贡献。要强化统筹兼顾的意识,坚持一手抓重点地区的突破,一手抓面上工作的推进,既要做好服务群众的工作,帮助和指导他们发展生产经营、改善村容村貌、提高生活水平;也要做好后续管理的工作,引导和督促群众发挥扶贫项目、基础设施、生产资金的最大效益。三要自觉扛起责任担当。各级帮联干部要以身作则,深入一线,亲力亲为,扑下身子抓落实,帮助基层解决实际困难和问题,着力在加快经济转型、推进供给侧结构性改革、保障和改善民生、加强社会管理等方面下功夫、求实效,不断开创全县经济社会发展新局面。各级党委(党组)主要负责人要切实担负起"第一责任人"的职责,做到亲自抓、负总责、做表率,加强精准扶贫与双联行动的任务对接、力量对接、机制对接,统筹促进各项任务落地见效。宣传部门要做好舆论引导工作,大力宣传在精准扶贫和双联行动中涌现出的先进典型,及时挖掘和提炼好经验好做法,让各级各方面学有榜样、比有标杆、赶有目标,切实凝聚为民富民、助推小康正能量。要持续锤炼严实作风,深入推进“两学一做”学习教育常态化、制度化,引导广大双联干部和党员干部认真践行“三严三实”要求,紧紧扭住贫困群众最突出的困难、最迫切的期盼、最美好的向往,勇于担当、攻坚克难、积极作为,在常联深联中增进贫困群众的亲近感,在真帮真扶中增强贫困群众的获得感,在苦干实干中提升贫困群众的幸福感,创造无愧于时代、无愧于人民、无愧于组织的伟大业绩。

三、强化领导、狠抓落实,努力开创县委工作新局面

实现全县转型升级发展、全面建成小康社会,关键在党,关键在党要管党、从严治党。今年县委工作各项目标已确定,接下来更为紧要的,就是要把原则要求变成可操作的具体措施,把决策部署变成现实可感的发展成果。

一要靠实责任抓落实。全面落实从严治党的主体责任,这既是中央和省委、市委的明确要求,也是正式写入党内法规的刚性规定。各级各部门党组织书记作为管党治党的第一责任人,必须把抓好党建当成分内之事,坚守责任担当,逐级传导压力,推动党委集体领导责任、主要负责人第一责任和班子成员职责范围内领导责任全面落实,做到全覆盖、无盲区、无死角。严格落实领导经济社会发展的责任,县委各常委要切实加强对分管工作的领导,认真对照县委十三届二次全体会暨全县经济工作工作会以及县委工作会议上确定的各项目标任务,制定详细的路线图时间表,明确工作内容、时序进度.把目标任务落实到岗位、量化到个人,做到任务项目化、项目责任化、责任具体化,打通工作落实的“最后一公里”。

二要突出重点抓落实。要紧紧围绕县委今年要在十个方面实现“新提升”的总体要求,把主要心思放在推动中央和省市县委重要会议精神、重大决策部署上来,把主要精力放在狠抓各项任务的落实上来,确保各项政策全面贯彻、重大部署落地见效。要围绕新常态、新发展理念、供给侧结构性改革等新思想新战略,紧密联系自身实际,保持思维的敏锐性和思想的开放度,树立与时代和实践发展相适应的思维方式,引导广大党员干部自觉做到崇尚创新、注重协调、倡导绿色、厚植开放、推进共享。

三要强化作风抓落实。面对新的形势和任务,我们的干部自身素质能力适应的一面在下降、不适应的一面在上升,能力危机、本领恐慌的问题日益突出,每个领导干部必须常怀“能力不足”的危机感和“本领不够”的恐慌感,把学习作为一种政治担当、历史责任,以过硬的素质、优良的作风切实提高领导发展的能力水平。始终把调查研究作为“谋事之基、成事之道”,坚持眼睛向下看、身子往下沉,深入基层、深入群众开展调查研究,推动形成领导在一线指挥、干部在一线工作、决策在一线落实、问题在一线解决的良好氛围。严格执行作风建设各项规定要求,持续抓好规章制度的落实,以刚性的制度规定和严格的制度执行,推动作风建设各项要求真正落地生根。

四是要严肃督查抓落实。紧盯今年工作的目标任务,加大督查力度,强化跟踪问效,严肃追究不落实的人,追查不落实的事,确保各项工作任务按时间进度、按质量要求稳步推进。特别是要以深入开展明察暗访督查年活动为契机,把全面从严治党主体责任落实作为督查的重要内容,紧紧抓住责任追究这个有力武器,做到有错必究、有责必问,不搞下不为例、不搞网开一面,引导全体党员特别是党员领导干部将党章党规意识内化于心、外化于行,坚决把管党治党的政治责任落到实处。

同志们,重任在肩必须勇于担当,努力奋斗才能有大作为。我们要更加紧密团结在以习近平同志为核心的党中央周围,在省市委的坚强领导下,撸起袖子加油干,扑下身子抓落实,奋力开创全县经济社会发展新局面,以优异成绩迎接党的十九大和省第十三次党代会胜利召开!

张家川回族自治县人大常委会工作报告

张家川县人大常委会主任　李肖锋
（2017年12月24日）

各位代表：

我受县第十六届人大常委会的委托，向大会报告工作，请予审议，并请列席会议人员提出意见和建议。

2017年的主要工作

2017年是全面实施“十三五”规划、决胜全面建成小康社会的重要一年，也是本届县人大常委会的开局之年。一年来，在县委的坚强领导下，县人大常委会深入贯彻党的十八大和十八届三中、四中、五中、六中全会精神，认真学习贯彻党的十九大精神和习近平新时代中国特色社会主义思想，全面落实习近平总书记视察甘肃重要讲话和“八个着力”重要指示精神，自觉践行五大发展新理念，着眼全县改革发展稳定大局，依法履行宪法和法律赋予的各项职权，为促进全县经济社会发展和民主法治建设做出了积极贡献。

一、坚持党的领导，服从服务大局，全力推动中心工作有效落实

县人大常委会始终坚持和依靠党的领导，认真贯彻落实中央和省、市、县委重大决策部署，主动服从和服务于全县中心工作，努力推动人大工作与时俱进、创新发展。

（一）提高政治站位，把牢正确政治方向。常委会牢牢把握“党领导一切”这一最高政治原则，坚持年度工作计划、重要工作、重要活动及重要决定及时向县委请示汇报制度，听取县委意见，主动服从和积极贯彻县委决定，自觉将人大工作置于党的领导之下，取得县委的最大支持和保障。县委高度重视人大工作，县委常委会定期不定期听取人大工作汇报，研究人大工作，积极支持人大常委会依法履职，为做好新时期人大工作提供了坚强保证。县人大常委会党组充分发挥领导核心作用，坚持重要工作党组讨论决定，加强人大各项工作的领导和协调，确保了人大各项工作始终沿着正确的政治方向依法有序开展。

（二）围绕中心工作，依法决定重大事项。坚持把重大事项决定权的行使作为推动经济社会发展的重要抓手，紧紧围绕国计民生、“七五普法”规划、国民经济和社会发展计划部分指标预期目标调整等重点认真行使重大事项决定权，依法作出决议、决定。及时修订完善县人大常委会讨论决定重大事项的规定，建立和推行县人大常委会讨论决定重大事项年度清单制度，督促县人民政府完善重大决策出台前向人大报告程序，进一步推动了重大事项决定民主化、科学化、规范化。

（三）坚持党管干部原则，依法严格人事任免。常委会始终坚持党管干部和人大依法任免干部的有机统一，保证了县委推荐的人选通过法定程序成为国家机关领导人员。坚持对拟任命人员实行主任会议审查、供职发言、常委会议票决、颁发任命书、组织新任命人员向宪法宣誓等制度，进一步增强了国家机关工作人员的宪法意识、责任意识和公仆意识。一年来，共依法任免国家机关工作人员48人，其中，决定任命县人民政府副县长4人，任免县人民法院副院长3人，任命县人民检察院副检察长1人，任免人大常委会委办主任、副主任5人，决定任免县人民政府组成人员23人，任免审判委员会委员、检察委员会委员、检察员、基层人民法庭庭长10人，接受县人大常委会委员辞职2人。县委重视人大干部的培养、交流和任用，1名乡镇人大主席交流到同级党政主要领导岗位任职，1名人大机关干部交流到政府主要部门任职。

（四）服从服务大局，促进重点任务落实。始终坚持把人大工作融入全县发展大局，紧扣县委决策部署和全县重点任务确定年度监督重点，积极开展调研、视察和督查，常委会领导班子成员主动加强对各自包抓乡镇、分管部门的工作指导和检查，推动各项重点工作依法、高效开展。2017年，共召开常委会会议10次，主任会议12次，听取和审议“一府两院”专项工作报告18项，开展专项执法检查2次，作出审议意见13项、决议决定5项，组织调研、视察12次，跟踪督查审议意见落实情况3项，以实际行动保障和促进了县委决策部署和重点任务的落实。

二、坚持精准发力，突出监督重点，奋力促进经济社会全面发展

常委会立足不断增强人民的获得感、幸福感、安全感，紧贴全县经济社会发展重点任务、难点工作和社会关切的焦点问题依法行使监督职权，助推全县经济社会持续健康发展。

（一）加强农业农村工作监督，全力助推脱贫攻坚。高度重视农业农村工作，突出脱贫攻坚“一号工程”，扎实开展精准扶贫精准脱贫专题调研审议，督促县人民政府围绕实现“两不愁、三保障”目标，严格按照“七个一批”的要求，精准落实各项政策措施，着力在宣认识、兴产业、夯基础、育人才、强保障、聚合力上下功夫，坚持“抓两头、带中间”，精准施策抓好4项重点任务、多措并举补齐4项短板、凝聚合力强化3项弱项，为实现稳定脱贫和全面建成小康社会目标奠定坚实基础。致力于推动现代农业提质增效，积极开展农业技术推广法执法检查，促进县人民政府加快转变农业发展方式，大力推进新型农业经营模式，完善农技推广服务体系建设，加大农业新技术、新成果推广应用，强化农业科技推广人才保障，助推农村经济社会全面发展。

（二）加强经济财政审查监督，促进经济健康运行。常委会以促进经济健康运行为重点，认真开展2017年上半年国民经济和社会发展计划执行情况专题审议，督促县人民政府认真解决经济运行中存在的问题，坚持以供给侧结构性改革为主线，以项目建设为抓手，统筹推进基础设施建设、产业联动开发和社会事业协调发展。认真开展2016年县级财政决算情况、财政预算执行及其他财政收支审计情况、2017年上半年财政预算执行情况专题审议，督促县人民政府积极培植税源，加强财税征管，优化支出结构，深化财政改革，强化审计监督，切实提升理财水平。根据财政运行情况，适时审查批准县级财政收支预算调整方案，保证了重点工作和重大项目支出。

（三）加强难点焦点问题监督，积极回应社会关切。密切关注和推动破解社会难题，按照县委统一安排部署，县人大党组及时召开专门会议研究制定调研提纲，组织部分乡镇、相关部门、人大委员和人大代表组成三个专题调研组，由县人大常委会分管副主任带队，扎实开展信访秩序、城市管理、城区土地管理秩序“三项”整顿行动专题调研和审议，深入挖掘问题，深刻剖析根源，从完善体制机制、基础设施建设、靠实管理责任等方面提出14条合理化对策和建议，督促县人民政府实施综合治理，跟踪问效抓落实，推动“三项”整顿行动取得了明显成效。特别是近期在城市管理方面，县人民政府通过加大经费和管护设施投入、完善市场配置、充实管理人员等有效措施，促使城市管理秩序大为改观。在信访秩序整顿方面，通过实行领导包抓信访案件、落实县级领导值班接访制度、加大非访行为打击力度等办法，推动了全县信访秩序明显好转。

（四）加强民本民生问题监督，统筹社会事业发展。密切关注民生问题持续改善，重点加强对教育、医疗、就业、社会保障等工作的监督，坚持在统筹推进社会事业发展中保障和改善民生。积极推动教育优先发展战略实施，专题开展全县义务教育均衡发展调研审议，要求县人民政府优化学校布局，加强教师资源统筹管理和合理配置，扩大优质资源覆盖面，缩小县域内办学水平和教育质量差距，切实解决“大班额”、“大校额”现象，加强教师、校长队伍和师德师风建设，强化义务教育均衡发展监测监管，提高教育教学质量，有效推进全县义务教育均衡发展，努力实现基本公共教育服务均等化。助力“健康张家川”建设，认真开展农村医疗卫生体系建设调研和审议，建议县人民政府抢抓健康精准扶贫机遇，加大人才引进和培养，加快医疗卫生基础设施建设，完善药品供给机制，深化医疗卫生体制改革，强化医疗机构管理，提高医疗综合保障能力，推动健康中国战略全面实施。

（五）加强生态环境保护监督，助力生态文明建设。牢固树立和积极践行绿水青山就是金山银山的理念，及时开展环境保护状况检查，积极参与全域无垃圾综合治理，专题听取环境状况和环境保护目标完成情况汇报，督促县人民政府合理开发和有效利用资源，强化环境监管，加大环境污染整治力度，严厉打击环境违法行为，切实加强环境保护和生态建设。积极推动河长制落实，按照县委要求，县人大常委会牵头组织对全县境内 7 条河流河长制落实情况开展专项督查，提出具体意见建议，督促落实河流管理责任，打造河流生态安全屏障，努力构建绿色、协调、可持续发展的生态环境，推动人与自然和谐共生。

三、坚持依法治县，强化法律监督，加快推进民主法治建设进程

常委会充分发挥在全面推进依法治县实践中的重要作用，以加强法治宣传教育为基础，以推进严格执法、公正司法、全民守法为重点，全力助推加快依法治县进程。

（一）强化法治宣传，努力促进全民守法。积极推进“七五”普法规划全面实施，有效利用“12·4”国家宪法日暨全国法治宣传日、“法治宣传月”等重点节点、重点时段推进普法教育。在第三、第四个国家宪法日之际，牵头组织相关部门和单位深入开展以宪法专题学习、法治集中宣传、履职能力和依法行政专题培训、法律知识考试、向宪法宣誓、宪法宣讲报告会、十九大精神暨生态环境保护法专题报告会、“法律八进” 等为主要内容的全方位、多形式的普法教育集中宣传活动，大力弘扬宪法精神和社会主义法治精神，切实维护宪法尊严和权威，坚定法治信仰，引导全社会尊法学法守法用法，努力营造良好的法治环境。

（二）强化执法检查，深入推进严格执法。坚持执法检查与普法教育、落实执法责任制与纠正违法行为相结合，重点开展环境保护法、农业技术推广法执法检查和土地管理法、食品安全法、宗教事务条例跟踪检查，积极配合市人大开展《天水市违法建设防控查处条例》立法调研和水污染防治法、农产品质量安全法、安全生产法、气象法、档案法执法检查，有效防止有法不依、执法不严和违法不究现象发生，有力促进了法律法规的贯彻实施。

（三）强化行政约束，全面促进依法行政。坚持依法治县、依法执政、依法行政共同推进，加强依法行政工作监督，督促县人民政府深化“接放管服”改革，持续推进“四张清单一张网”建设，严格规范公正文明执法行为。积极推进规范性文件备案审查常态化，向市人大常委会报备规范性文件 2 件，审查备案县人民政府规范性文件 3 件，从源头上防止了违法违规设权行为的发生。加快推进地方立法，经过精心部署、专题安排，组织相关人员认真修改完成了《张家川回族自治县自治条例》第十一稿（修订稿），目前正在征求相关部门意见做进一步修改完善。

（四）强化司法监督，着力促进公正司法。坚持把法院、检察院、公安和司法部门年度重点工作列入常委会监督议题，专门听取和审议了县人民法院关于解决执行难工作和“两院”执法检查工作报告，先后组织市、县32名人大代表参加县人民法院案件庭审旁听和县人民检察院“检察开放日”活动，开展案件庭审评议和案件办理监督，进一步规范司法行为，提升司法公信力。高度重视群众来信来访，切实加大信访案件督办力度，及时化解社会矛盾。全年共接待来访32人(次)、来信8件，办理市人大常委会转办信件2件，为维护社会和谐稳定发挥了积极作用。

四、坚持夯实基础，强化服务指导，推动人大代表工作深入开展

坚持把充分发挥代表作用作为做好新时期人大工作的重要基础，不断完善“人大代表之家”建设，深化拓展代表履职载体，全力优化代表服务保障，有效激发了代表依法履职活力。

(一)强化培训夯基础，代表履职能力不断增强。换届后，通过集中培训、以会代训等有效形式，全面加强对市、县、乡人大代表和县、乡人大工作者的学习培训和业务指导。积极组织驻县市人大代表参加全市人大代表培训班。在县委党校举办县第十六届人大代表培训班，在上海复旦大学举办县乡人大领导干部综合能力提升培训班，组织市县人大代表、县人大常委会组成人员、各乡镇人大主席副主席、县人大机关干部开展了综合能力提升专题培训。县人大常委会采取派员全程参与的方式，督促指导各乡镇对乡镇人大代表进行了全员集中培训。通过培训，开阔视野，启迪思维，提升干事创业的精气神，增强了依法履职能力。围绕加强基层人大工作，健全和完善县人大常委会领导分片联系乡镇人大工作制度，坚持乡镇人大主席副主席及人大代表列席常委会会议制度，并充分利用人大各种会议，加强对乡镇人大工作的指导，促进乡镇人大工作日趋规范。

(二)建优阵地搭平台，“人大代表之家”建设不断完善。按照全覆盖、抓规范、促提升的要求，通过健全制度、深入指导、考核督查等措施，扎实推进“人大代表之家”建设，将全县1038名省、市、县、乡人大代表按居住区域和行业分编到每一个“家”内开展活动。建“家”以来，人大代表在“家”接待选民660人次，收集提交意见建议520条，办理512条，“人大代表之家”真正成为代表学习培训、联系选民、开展活动、展示形象的主阵地。充分利用网络媒体搭建基层代表在线交流平台，在大阳等乡镇率先探索带动下，全县15个乡镇人大全部开通了微信圈、QQ短信平台，及时上传代表履职相关知识，引导代表通过微信圈、QQ短信平台开展学习交流，收集意见建议，进一步拓宽了代表履职渠道。广西凭祥市、秦州区、麦积区、秦安县人大常委会，天水市人大常委会代表人事工委组织两区四县代表人事工委，先后赴我县参观学习。

(三)创新载体激活力，人大代表主体作用有效发挥。充分保障代表参政议政权利，认真组织各级人大代表开展集中视察，推动重大项目、重点工程积极实施和经济社会各项事业全面发展。积极引导各级人大代表投身脱贫攻坚主战场，竭力帮助群众做大做强“三大富民产业”，全力争取实施基础设施建设等项目，涌现出一批带领群众脱贫致富的先进典型。特别是宗教界人大代表，有效利用回族信教群众聚礼日时间宣讲党的各项路线方针政策，积极引导宗教与社会主义社会相适应，发挥了宗教界代表的独特优势。一年来，全县各级人大代表帮助新发展清真餐饮经营店2000家、宾馆100家，新建、改扩建标准化规模养殖场11个；积极衔接争取项目，实施“千村美丽”示范村道路建设19.8公里，硬化贫困村道路153公里，新建易地扶贫搬迁安置点26个，搬迁1295户6556人；积极参与村容村貌整治，整修亮化墙体8.56万平方米，安装太阳能路灯823盏；组织开展各类培训4万余人(次)，送致富信息2600余条，调处矛盾纠纷469起，忠实践行了人大代表应有的职责。

(四)跟踪督办促落实，代表意见建议办理质量持续提升。常委会以提高办理质量为重点，以代表满意为标准，靠实办理单位责任，强化跟踪督办，通过会议交办、领导包抓、重点督查、现场督办、听取和审议办理情况等方式，加强对意见建议办理工作的督促和指导，积极推进意见建议办理落实。县十六届人大一次会议代表提出的126件意见建议，截至目前已全部答复代表，已办理100件，其他26件建议正在积极创造条件办理，建议解决率、满意率逐年上升，办理质量不断提高。

五、坚持完善发展，提升履职效能，全面加强人大机关自身建设

聚焦全面从严治党，从严从实加强和改进工作作风，不断创新人大工作实践，以自身建设推动人大工作与时俱进完善发展。

（一）旗帜鲜明讲政治，持续推进政治能力建设。坚持把政治建设摆在首位，以思想建设为基础，积极参加县委中心学习组、县人大常委会党组和人大机关集体学习，深入推进“两学一做”学习教育常态化制度化，扎实开展专题研讨交流，切实用习近平总书记系列重要讲话精神特别是党的十九大精神和习近平新时代中国特色社会主义思想武装头脑，进一步坚定理想信念，树牢“四个意识”，增强“四个自信”，站稳政治立场，提高政治能力，坚决维护以习近平同志为核心的党中央的权威和集中统一领导，自觉在思想上政治上行动上同党中央保持高度一致。持续加强党章党规、人大制度理论和法律法规的学习研究，不断提高政治理论水平和执政本领。

（二）完善机制促规范，持续推进制度建设。主动顺应新时代对人大工作的新要求，及时修订县人大常委会党组、县人大常委会、主任会议议事规则，完善县人大常委会讨论决定重大事项的规定、人大相关工作制度、议事程序和县人大机关各项管理制度，制定县人大常委会党组履行全面从严治党职责规章制度和县人大常委会党组会前学习党章党规党纪、县人大常委会会前学法等制度，推动了人大常委会各项工作制度化、规范化。

（三）从严要求树形象，持续推进党风廉政建设。严格落实全面从严治党政治责任，严格遵守政治纪律和政治规矩，进一步强化党组党内监督主体责任，严格按照党中央和上级党组织要求抓班子、带队伍，认真履行领导、用人、保障、管理责任。全面加强和规范人大常委会党组及机关党支部政治生活，加强党内政治文化建设，完善和落实民主集中制各项制度，认真履行“一岗双责”和党风廉政建设主体责任，切实加强党风廉政建设和反腐倡廉教育，积极营造求真务实、奋发有为的工作氛围，树立了国家权力机关的良好形象。

各位代表，一年来，县人大常委会依法履职，有效作为，各项工作取得了新的成效，得到了省市人大的充分肯定，我县作为全省五个发言市县区人大之一，在全省县乡人大工作和建设经验交流会上作了大会交流发言。这些成绩的取得，是在中共张家川县委的正确领导下，全县各级人大代表、常委会组成人员、人大工作者履职尽责、扎实工作的结果，是“一府两院”及社会各界大力支持、团结协作的结果。在此，我代表县人大常委会，向所有关心、支持人大工作的各位领导、各级代表、社会各界人士表示衷心的感谢和崇高的敬意！

回顾一年来的工作，我们也清醒地认识到，常委会的工作与宪法和法律赋予的职责、与党和人民群众的期望相比，还存在一定的差距和不足。主要表现在：依法讨论、决定重大事项决定权的运用和探索还不够深入；法律监督和工作监督在有些领域还不够有力；了解社情、反映民意、集中民智的渠道还需要继续拓展；加强代表履职管理、服务代表履职的制度还需进一步完善；常委会机关干部队伍建设还需进一步加强。对于这些问题，我们将在今后的工作中，采取切实措施，认真加以改进。

2018年的主要任务

2018年是贯彻党的十九大精神的开局之年，是决胜全面建成小康社会、实施“十三五”规划承上启下的关键一年。县人大常委会工作的指导思想是：全面贯彻落实党的十九大精神，以习近平新时代中国特色社会主义思想为指导，持续落实习近平总书记视察甘肃重要讲话和“八个着力”重要指示精神，积极贯彻新发展理念，统筹推进“五位一体”总体布局、协调推进“四个全面”战略布局，紧扣全县工作大局，坚持党的领导、人民当家作主、依法治国有机统一，依法履行宪法法律赋予的各项职权，努力推动人大工作与时俱进创新发展，为建设团结奋进、幸福美好张家川提供强劲动力和法治保障。

一、以十九大精神为统领，在强化政治引领上获得新提升

坚持把学习宣传贯彻党的十九大精神作为当前和今后一个时期的首要政治任务，坚持在学懂、弄通、做实上下功夫，真正用党的十九大精神和习近平新时代中国特色社会主义思想武装头脑、指导实践、推动工作。深刻领会党的十九大作出的重大政治论断、重大战略部署、重大目标任务，准确把握十九大报告关于“健全人民当家作主制度体系，发展社会主义民主政治”这一新时代对人大制度、人大工作的新要求，全面履行宪法法律赋予的职责，把党的十九大精神贯彻落实到人大工作全过程、各方面。坚持党对一切工作的领导，强化政治引领，坚决维护以习近平同志为核心的党中央权威和集中统一领导，严格执行向同级党委请示报告制度，切实做到思想上同心，目标上同向，行动上同步，工作上同力，不断开创新时代人大工作新局面。

二、强化责任担当，在增强监督工作实效上展现新作为

坚持以人民为中心的发展思想，始终把人民对美好生活的向往作为人大监督的着力点和落脚点，紧扣满足人民日益增长的美好生活需要，紧盯供给侧结构性改革、转型发展、计划和财政预决算监督等重点领域和关键环节，聚焦精准扶贫、重点项目建设、弱势群体社会关切等民生事业，认真开展全县实施乡村振兴战略、实体经济、农村公路建设、城镇基础设施建设与管理、文化旅游产业发展、生态环境保护等专题调研审议和精准扶贫、义务教育均衡发展等跟踪审议，着力推动解决发展不平衡不充分的突出问题，促进经济社会持续健康发展，使人民的获得感、幸福感、安全感更加充实、更有保障、更可持续。不断改进监督方式，牢牢把握“人大监督工作既不能失职，又不能越权”这一人大监督的准确定位和人大监督既不能“过度”，也不能力度不够的要求，真正把宪法法律赋予人大的监督权力用起来，通过实施正确监督、有效监督，形成加强和改进工作的强大合力，特别是对人民群众密切关注的热点、难点和长期得不到解决的问题，通过专题询问和质询等方式实行有效监督，努力让广大人民群众共享改革发展成果。紧跟县委决策部署依法行使重大事项决定权，严格人大常委会讨论决定重大事项年度清单制度和政府重大决策出台前向人大报告程序，推动重大事项决定更加科学、民主。坚持党管干部原则，依法行使人事任免权，积极探索干部任后监督的新途径，建立任命人员递交年度履职报告制度，加强对权力运行的制约，加大对懒政等不作为、慢作为、乱作为行为的监督，督促“一府两院”工作人员牢固树立宪法意识、责任意识、担当意识、奉献意识，坚持在其位谋其政、在其职尽其责，以更加奋发有为的精神、更加求真务实的作风创造无愧于新时代的新业绩，真正把人民赋予的权力用来为全县人民谋幸福。

三、坚持厉行法治，在推进民主法治建设上取得新进展

深化依法治国实践，坚持依法治县、依法执政、依法行政共同推进，坚持法治政府、法治社会一体建设。加大全民普法力度，认真开展“七五”普法工作审议，大力弘扬社会主义法治精神，努力推动在全社会树立宪法法律至上、法律面前人人平等的法治理念。充分发挥人大及其常委会在立法工作中的主导作用，积极推进地方立法，加快修订自治条例，加强重点领域立法，以良法促进发展、保障善治。强化法律监督，认真开展农产品质量安全法、药品安全法、城市居民委员会组织法执法检查，保障法律正确实施。深化司法监督，推动“一府两院”依法行政、公正司法，努力让人民群众在每一个司法案件中感受到公平正义。加强和改进规范性文件备案审查工作，严格备案审查范围，切实维护国家法制统一。

四、优化服务保障，在促进代表作用发挥上实现新突破

坚持把尊重代表主体地位作为坚持和完善人民代表大会制度的内在要求，持续深化和拓展代表工作，进一步规范定期向人大代表通报工作制度以及代表列席人大常委会和开展视察调研等机制，拓宽代表知情知政渠道。充分发挥人大代表了解民情、反应民意、集中民智的鲜明优势，进一步完善人大常委会组成人员联系代表和代表联系群众机制，使人大及其常委会成为同人民群众保持密切联系的代表机关。进一步做好意见建议办理工作，加大督办力度，提高办理质量。强化代表小组建设，以“人大代表之家”为平台，不断丰富代表履职活动载体，促进人大代表在脱贫攻坚、生态建设、民生改善等各领域发挥更加重要的作用，切实保障代表在推进经济社会发展和民主政治建设中贡献力量。

五、提高执政本领，在加强人大自身建设上谋求新成效

牢固树立“打铁必须自身硬”的理念，始终坚持强化自身建设，不断提高理论水平和执政本领。全面推进党的政治建设、思想建设、组织建设、作风建设、纪律建设，坚持把党的政治建设放在首位，严格遵守政治纪律和政治规矩，严格落实全面从严治党要求，严格执行新形势下党内生活若干准则，严肃党内政治生活，深入推进“两学一做”学习教育常态化制度化，认真开展“不忘初心、牢记使命”主题教育，持之以恒正风肃纪，全面加强作风建设和党风廉政建设，使人大及其常委会真正成为全面担负起宪法法律赋予的各项职责的工作机关。积极改进对乡镇人大工作的指导，加强乡镇人大工作规范化、制度化建设，激发乡镇人大工作生机与活力，不断增强县乡人大工作整体实效。

积极改进调查研究方式方法，聚焦问题剖析根源，掌握第一手资料，提出针对性强、可操作的意见建议，为县委科学决策、人大依法决定、政府改进工作提供翔实依据。切实担负起县人大常委会脱贫攻坚的政治责任，全力开展帮扶工作，组织人大机关干部严格按照“六个精准”的要求，以“真扶贫、扶真贫、真脱贫”为标准，在贫困村项目争取、基础设施改善、特色产业培育上精准发力，坚持在脱贫攻坚中锤炼作风，牢固树立为民情怀，更多地关注民本民生，想方设法为老百姓帮办实事好事，密切党群干群关系，加快推动贫困村脱贫致富进程。

各位代表，新时代要有新气象，更要有新作为。让我们在中共张家川县委的坚强领导下，更加紧密地团结在以习近平同志为核心的党中央周围，不忘初心，牢记使命，以时不我待、只争朝夕的精神，锐意进取，埋头苦干，不断开创我县人大工作新局面，为决胜全面建成小康社会，建设团结奋进、幸福美好张家川而努力奋斗！

张家川县人民政府工作报告

中共张家川县委副书记、县长　马筱宁

(2016年2月20日)

各位代表:

现在,我代表县人民政府向大会报告工作,请予审议。并请各位政协委员和其他列席人员提出意见、建议。

2017年工作回顾

2017年,面对错综复杂的经济环境和艰巨繁重的改革发展任务,在市委、市政府和县委的坚强领导下,县人民政府认真贯彻党的十九大精神和习近平新时代中国特色社会主义思想,全面落实习近平总书记视察甘肃重要讲话和"八个着力"重要指示精神,坚定不移贯彻新发展理念,聚焦脱贫攻坚,聚力深化改革,突出结构调整,全县经济稳步增长,民生持续改善,社会安定和谐,各项经济指标趋稳向好。预计至2017年底,全县生产总值完成28.82亿元,增长5.3%。其中第一产业增加值6.81亿元,增长5%;第二产业增加值3.29亿元,增长3%;第三产业增加值18.72亿元,增长5.8%。规模以上工业增加值完成1.53亿元,增长5.5%。固定资产投资完成34.5亿元,下降32.4%。公共财政预算收入完成9315万元,下降36.48%。财政支出完成24亿元,增长10.46%。社会消费品零售总额完成8.49亿元,增长9%。城镇居民人均可支配收入达到22670元,增长8.5%。农村居民人均可支配收入达到6345元,增长8.6%。完成了县人大常委会批准调整的预期目标。

——坚持精准施策发力,脱贫攻坚深入推进。紧扣"一号工程",强化责任担当,合力脱贫攻坚。全县退出贫困人口2926户1.54万人,退出贫困村19个,贫困发生率由16.6%下降到11.6%。认真落实到村到户到人帮扶措施,发放互助资金借款1.62亿元,累计投入帮扶资金5200万元,帮办实事159件,集中解决了一批热点难点问题。坚持产业富民取向,累计发展清真餐饮经营店17800家、宾馆1700家,输转劳务人员10万余人,年创收20亿元以上。建成规模养殖场(小区)124个,发展规模养殖户1.35万户,全县各类畜禽饲养量达到195.66万头(匹、只)。大力发展乌龙头、核桃种植、土蜂养殖等特色优势产业,农民增收渠道不断拓宽。充分发挥脱贫扶持政策叠加效应,整合财政涉农资金2.01亿元,全力改善农村基础设施条件。全县建制村通水泥路率达100%,梯田化率达96.6%,农村饮水安全工程通村率、供水保证率及自来水入户率均达到95%以上,宽带网络实现行政村全覆盖。加强社会保障兜底,为贫困人口报销基本医疗费2800万元,全员实施"三户一孤"大病救助保险。

——项目投资不断扩大,基础设施持续改善。认真学习牡丹江经验,建成运行投资项目在线审批监管平台,推进投资项目并联审批,全面提升项目工作效率,促进项目大发展。全年建设项目 95 项,累计完成投资 12.56 亿元。全年争取到位国家和省市投资 12.07 亿元。扎实推进项目前期工作,超前开展项目谋划,突出生态环境、公共服务、绿色环保、健康养老等重点领域,谋划建设项目 90 项,总投资 137.11 亿元,形成梯次推进的项目工作机制。深度谋划推介 PPP 项目,建立了张家川县 PPP 项目库,入库项目 15 项,总投资 141.8 亿元。通用机场、城市道路及综合管线提升改造、城镇污水处理厂一期、北川热源厂、南河风情线、综合体育馆、农村人居环境综合治理 7 个项目推介对接工作深入推进,政府与社会资本合作投资取得突破性进展。富川水源工程、保障性安居工程等项目建设进展顺利,全县基础设施明显改善。

——城乡建设全面推进,城镇化步伐明显加快。充分发挥规划引领作用,编制完成市政基础设施 8 个专项规划、老城区控制性详细规划、9 个乡镇总体规划、部分村庄规划和美丽乡村规划。加快推进重点工程建设,风情园河道治理、风情园综合服务管理区、县城新增管网、天平铁路张家川站前广场、城区燃煤锅炉拆除并网和提标改造、生活污水处理厂除油改造和污泥干化处置、城区生活垃圾填埋场滑坡治理维修等工程基本建成,迎宾大桥、新城大桥、县城区净水厂二期工程附属工程扎实推进。实施棚户区改造 272 套 2.7 万平方米,建设商品房 744 套 9.6 万平方米,交易商品房 501 套 5.83 万平方米,县城聚集发展能力不断增强。扎实推进城镇化建设,启动实施龙山镇、恭门镇、刘堡镇等道路改造工程。对 15 乡镇 92 村 1295 户 6556 人实施易地扶贫搬迁,新建安置点 26 个,改造农村危房 2465 户。加快美丽乡村建设,建成省市级示范村 5 个,县级示范村 9 个、整洁村 35 个。深入开展"三城联创"活动,大力整治城市"脏乱差",全力创建省级文明县城、园林县城、卫生县城。实行最严格的环境保护制度,巩固提升中央环保督察反馈问题整改成果,健全完善"八项机制",深入实施"十大工程",建立健全"河长制"责任体系,开展全域无垃圾创建活动,污染防治取得显著成效。

——全力聚集产业要素,工商经济提质增效。坚持"一企一策",加强工业主体培育,开展重点企业服务协调,量身制定支持太极集团生产经营建设的扶持意见,扎实开展天源风电公司等企业"入规"培育。积极推进工业项目建设,太极集团二期、清真明胶生产线、生物有机肥生产线、多孔砖生产线等工业项目进展顺利。加快推进产业转型升级,深入开展"土小"企业专项整治,有效淘汰落后过剩产能,承接实施产业转移项目 6 项,到位资金 1.59 亿元。毫不动摇发展非公经济,扶持引导小微企业加快发展,扶持 65 户个体工商户转型升级,非公经济增加值较上年增长 11%。创新招商引资模式,新签约招商引资项目 20 项,实施各类招商引资项目 20 项,到位资金 26.31 亿元。成功举办首届关山文化旅游节,挖掘"生态旅游 +"特色旅游资源,启动编制大景区规划和县域旅游专项规划,扎实创建旅游名镇名村,旅游产业发展成效初显。切实发挥电子商务助农增收作用,累计建成村级电商扶贫服务点 133 个,物流快递实现乡镇和行政村全覆盖。改造提升综合市场和专业市场,市场体系不断健全。实施品牌战略,推进质量强县建设,成功申报 2 个"甘肃名牌"产品。

——改革举措全面落实,发展活力日益增强。全面落实深化改革重大举措,研究制定推进县域经济发展意见,启动编制县域经济发展规划,县域经济发展思路更加明晰。深化"接放管服"改革,取消、调整、承接和合并行政审批事项 38 项。全面建成"四张清单一张网",梳理保留行政权力 2502 项,并全部在甘肃省政务服务网上传公布。深化商事制度便利化改革,积极推进"多证合一、一照一码"、企业简易注销等改革,切实履行"双告知一承诺"职责,有效释放市场潜力,新增市场主体 853 户。农村土地承包经营权确权登记颁证和国有林场改革全面完成,经济林确权登记颁证工作全面展开，土地“三权”分置改革和农村“三变”改革积极推进，完成土地确权40893.33公顷。“营改增”改革全面推行，企业整体减税面达到99.34%。稳步推进事业单位分类改革，县级公务用车平台建成运行。不动产统一登记、投融资体制等改革有序推进。部门预算、国库集中支付、财政资金投资评审、财政存量资金管理、政府采购等公共财政体制不断完善。精心组织参加“兰洽会”等重大节会活动，多次组织县内企业参加区域性经贸洽谈活动，县域经济对外开放渠道不断拓宽。

——社会事业健康发展，民生保障更加有力。集中开展师德师风整治活动，完成中小学校长选聘、城区学校教师招考工作，乡镇间借调教师遗留问题得到解决，校长和教师队伍建设明显加强。积极构建高效课堂，落实教育教学质量奖励，教育教学质量显著提升，高考成绩再创历史新高。完成教育改薄项目86个，70所行政村幼儿园全部建成投入使用，教育基础设施不断完善。全面深化医药卫生体制改革，严格执行基本药物制度，不断健全基本医疗保障制度，全县新农合参合率为98.06%，补偿参合农民95.5万人(次)，补偿金额1.71亿元。建立健全医疗卫生服务体系，马鹿、平安、四方卫生院业务用房及职工周转宿舍基本建成。认真实施全面两孩政策，巩固提升国家级计划生育优质服务县成果，人口和计划生育工作不断加强。公共文化设施日趋完善，改造提升图书馆、文化馆、博物馆等“三馆一站”服务水平，完成15个乡镇文化站定级达标，建成255个行政村综合文化中心，提升完善农家书屋272家，拍摄完成首部红色题材电影《小儿锦》。加强文物保护利用，河峪摩崖石刻和宣化冈入选甘肃省重点文物保护单位。加大就业扶持力度，新增城镇就业3030人，城镇登记失业率2.96%。全面实施全民参保登记计划，“五险合一”上线运行，城乡居民社会养老保险参保率达到95%。危房改造、一事一议、职教中心实训楼、村组道路、高标准农田等5件2017年民生实事得到落实。城市低保、农村低保、农村特困救助供养提标提补工作全面完成。救灾救济、医疗救助、优抚安置等民生工作得到加强，有效保障了特殊困难群众生产生活。双拥共建、扶残助残活动深入开展。统计调查、防震减灾、科技、档案、史志、气象、红十字会、爱国卫生、人防等事业健康发展。电力、通信、银行、保险、税务、烟草、盐务、石油等行业为县域经济发展发挥了积极作用。

——着力解决突出问题，社会治理不断加强。坚持问题导向，主动担当作为，全力化解遗留问题。完成城区市场搬迁整治，城区占路为市等多年顽疾得到彻底整治。坚持以法治方式解决项目遗留问题，县城至恭门火车站二级公路全线通车。严格落实领导包案和接访制度，集中力量化解信访积案，解决了一批持续多年影响社会秩序的信访问题。依法依规清理机关事业单位借调人员，全县干部职工管理更加规范。狠抓“平安张家川”建设，扎实开展严打整治专项斗争，严厉打击各类刑事犯罪，有效化解调处矛盾纠纷，全面加强社会治安管理，依法加强互联网管控，社会大局和谐稳定。大力实施食品安全放心工程，深入开展食品药品专项整治，严格落实执法监管责任，有效保障人民群众饮食用药安全。坚守安全发展红线，盯紧薄弱环节，严格落实安全生产责任，不断夯实基层基础，深入开展安全生产专项整治，努力消除安全隐患，安全生产形势稳定好转。不断完善应急处置预案体系，组织开展多层次的处置突发事件应急演练，应急处置突发事件能力不断增强。积极争创全国民族团结进步示范县，扎实推进“两个共同”示范县建设，依法加强宗教事务管理，有力保持了民族团结、宗教和顺的良好局面。

——自身建设全面加强，依法行政深入推进。全面履行政府系统从严治党主体责任，自觉践行“三严三实”要求，积极推进“两学一做”学习教育常态化制度化。紧盯基层“关键少数”，聚焦惠农政策落实、扶贫资金使用、征地拆迁、“三资”管理、项目建设等重点领域，从严监督执纪问责。

深入开展“两查两保”和“三纠三促”专项行动,从严从快查处扶贫领域损害群众利益问题,问责处理各级干部195名。强化审计监督,完成财政收支、领导干部经济责任、专项资金、政府投资项目等重点事项审计136项。“七五”普法深入推进,严格执行县乡两级法律顾问制度,坚持重大行政决策事项公众参与、专家论证、风险评估、合法性审查、集体讨论决定程序,主动接受人大法律监督、政协民主监督和社会公众监督。认真办理人大代表建议和政协委员提案,办结率达到100%。加强基层民主政治建设,完成第九届村委会、第六届社区居委会换届选举工作。扎实开展“明察访督查年”活动,工作作风不断改进。

各位代表,过去一年取得的成绩来之不易,这是市委、市政府正确领导、亲切关怀的结果,是县委统揽全局、科学决策的结果,是县人大及其常委会、县政协和社会各界有效监督、倾力支持的结果,是全县广大干部群众团结进取、奋力拼搏的结果。在此,我代表县人民政府,向奋战在全县各条战线上的广大干部群众、人民团体、工商联和宗教界人士,向离退休老同志、张家川籍在外人士,向驻县武警消防官兵和驻县各单位表示衷心的感谢,并致以崇高的敬意!

各位代表,在肯定成绩的同时,我们也清醒地认识到,政府工作还存在不少差距和问题。主要是:谋划论证储备的大项目偏少,部分在建项目进度缓慢,招商引资项目落地率不高;县域经济产业支撑乏力,聚集产业要素能力不强,发展后劲不足;农业产业化程度低,深度贫困面依然较大,深度贫困人口多,脱贫攻坚任务十分艰巨;财政收入结构性矛盾突出,财政自给率低,支出均衡性较弱;大气、水、土壤污染防治形势依然严峻,全域无垃圾、河长制配套制度不完善,环境保护面临较大压力;发展环境不够宽松,依法行政能力有待提高,“接放管服”改革还需深化;受资金短缺、征地拆迁、政策调整等因素影响,县城供水供热管网改造、棚户区改造、村卫生室、乡镇办公场所供热改造等4件民生实事还未落实到位,“两院”搬迁置换等历史遗留问题还没有完全解决。对于这些问题,我们将高度重视,采取有效措施,努力加以解决。

2018年政府工作的主要任务

2018年,是全面贯彻落实党的十九大精神的开局之年,也是加快实施“十三五”规划和决胜全面建成小康社会的关键一年。

政府工作的总体思路是:坚持以党的十九大精神和习近平新时代中国特色社会主义思想为指导,深入贯彻落实习近平总书记视察甘肃重要讲话和“八个着力”重要指示精神,牢固树立和贯彻新发展理念,坚持稳中求进工作总基调,适应把握经济发展新常态,紧扣我国社会主要矛盾变化,以推进供给侧结构性改革为主线,深入实施“生态立县、工业强县、产业富县、旅游兴县、改革活县”五大战略,更加注重补齐短板,更加注重结构调整,更加注重普惠民生,更加注重质量效益,更加注重改革创新,更加注重统筹兼顾,强力推动全县经济社会持续健康协调发展,努力建设团结奋进、幸福美好张家川。

全县经济社会发展的主要预期目标是:全县生产总值完成30.55亿元,增长6%;规模以上工业增加值完成1.62亿元,增长6%;公共财政预算收入完成9969万元,增长7%;固定资产投资完成36.57亿元,增长6%;社会消费品零售总额完成9.25亿元,增长9%;城镇居民人均可支配收入达到24710元,增长9%;农村居民人均可支配收入达到6980元,增长10%。围绕上述目标,县政府将重点抓好以下工作:

一、坚决打赢脱贫攻坚战,实施乡村振兴战略

加快脱贫攻坚进程。扎实推进脱贫攻坚三年行动计划,突出抓重点、补短板、强弱项,做实做深脱贫攻坚实施方案项目,加大争取衔接力度,确保产业培育、教育扶贫、健康扶贫、生态扶贫等年度入库项目有序落地实施。实施好贫困户养殖、特色种植、清真餐饮、乡村旅游等助农增收工

程，落实医疗保障救助、安居扶贫、易地搬迁、生态保障等脱贫攻坚任务，为全面打赢脱贫攻坚战奠定基础。对接利用好全省产业扶贫专项贷款、农村人居环境综合治理工程专项贷款和产业发展投资基金，加大涉农资金整合力度，多渠道增加扶贫投入，增强脱贫攻坚后劲。坚持扶贫与扶志、扶智相结合，强化励志教育和技能培训，实现有需求的贫困户劳动力培训全覆盖。加强与国家定点帮扶单位和东西协作地区对接，引导社会力量参与精准扶贫，着力构建专项扶贫、行业扶贫、社会扶贫“三位一体”大扶贫格局。认真落实“4342”脱贫验收责任体系，全面推行“双线排序比对法”，加强贫困人口动态管理，巩固扩大脱贫成果，确保退出65个贫困村，完成9500人减贫任务，贫困发生率下降到9.33%。

构建现代农业产业体系。按照产业兴旺、生态宜居、乡风文明、治理有效、生活富裕的总要求，不断优化农业产业体系。大力发展农民专业合作社、种养大户、家庭农场等新型农业经营主体，新建农民专业合作社15个，新增家庭农场5家。实施农村土地所有权、承包权、经营权“三权”分置，统筹解决农村土地撂荒问题，加快农村土地流转步伐，新增土地流转面积533.33公顷。稳步推进农村集体产权制度改革，认真开展大阳镇农村“三变”改革试点工作，全面推进农村“三变”改革，拓宽农民增收渠道。实施科技增粮工程，实现旱作农业、良种良法、测土配方施肥等农业生产技术全覆盖，确保粮食总产稳定在12万吨以上。因地制宜发展特色产业，加快“一乡一业”和“一村一品”产业培育，大力发展马铃薯、蔬菜、大麻、中药材等特色种植业。培育发展多元富民产业，巩固提升乌龙头、核桃、土蜂养殖、苹果、杂交构树等乡村产业，逐步建设产业融合发展的农业田园综合体，培育农业发展新业态。推进现代畜牧产业示范园区建设，改造提升园区54个养殖企业，新增人工种草4000公顷。建设马关镇等4乡镇胶原驴养殖基地，建成10个标准化规模养殖场，创建3个省市级畜禽养殖标准化示范场。扎实推进餐饮业提升工程，支持清真餐饮店扩量提质，力争清真餐饮服务店达到2万家，带动10万人创业致富。

持续改善农村基础条件。加大农村基础设施投入保障力度，加快弥补农村基础设施短板，促进城乡基础设施和公共服务均等化。加快农村道路建设，完成乡镇汽车站和危桥改造任务，实施280个自然村543公里通畅工程。全面建成富川水源工程，确保年内实现大坝蓄水。依托水利重点建设项目，解决3乡镇9村1209户5960人的饮水不稳定问题。分年度实施脱贫攻坚国家水土保持重点工程，新修梯田333.33公顷，治理水土流失30平方公里。建成大阳镇南山梁等3村高标准农田，落实最严格的耕地保护制度，推进节约集约用地，坚守耕地红线。全面加强地质灾害治理，完成南北山滑坡崩塌综合治理等地质灾害治理工程。扎实推进退耕还林、天然林保护、“三北”防护林等林业生态工程，完成项目造林577.87公顷，封山育林826.67公顷，绿化道路6条83公里。

二、实施项目带动战略，夯实经济社会发展基础

深度研究谋划项目。认真研究国家产业政策、投资导向和市场需求，聚焦精准扶贫、基础设施、生态环境、公共服务、文化旅游、创业就业、健康养老、民生改善等方面，深度论证和筛选出一批带动能力强、经济效益好、投资规模大的好项目。做好秦安(莲花)至张家川至陇县(石槽沟)高等级公路、东部供水工程、大景区游客中心、基层动物防疫体系建设、普通高中改善办学条件等重大项目论证谋划，完成85项总投资83.1亿元项目前期工作。全力保障项目前期投入，不断充实完善项目储备库，加强项目库动态管理，形成储备一批、论证一批、引进一批、建成一批的滚动更新机制。做好PPP项目服务工作，制定合理回报机制，吸引社会资本投入，积极推动一批PPP项目落地实施。

保障项目落地建设。全方位、多频次、不间断做好项目争取工作，力争更多重大项目进入国家和省市投资计划，确保前期对接项目全部落地建设。积极争取清水河水系生态保护、国家水土保持重点工程、抗旱防汛物资储备仓库、棚户区改造、易地扶贫搬迁、新一轮退耕还林工程等63项重点项目，年内争取国家投资10亿元以上。加压提速推进重点项目建设，启动实施渠子梁农村供水巩固提升、东水西调农村供水巩固提升、樊河中小河流治理、张家川县农业综合开发等53项新建项目，全面完成古土梁至薛堡三级公路、高效节水灌溉等37项续建项目，确保年内完成投资达到36亿元以上。抓好张家川县通用机场项目建设，全力保障静宁至天水（张家川段）高速公路建设，集中精力抓好孔家沟至韩川、马堡至上豆、龙山至张棉、恭门至天河等公路改扩建工程。开工建设马关至连五至龙山改建工程，积极争取桥沟梁至张棉、张棉至马鹿林区、上磨至平安、刘堡至关门和油返砂公路改造等交通项目，不断完善交通运输网络。

全力打造项目绿色通道。认真学习牡丹江经验，落实“三重”“三一”要求，健全完善投资项目在线审批监管平台，提高投资项目并联审批效率，加快项目规划选址、用地许可、环评审查、征地拆迁等前期工作进度，开辟重大建设项目绿色通道。坚持和完善领导包抓项目制度，全面落实项目建设清单管理，加强项目资金调度，做好项目建设用料保障供应，依法解决项目建设遗留问题，储备供给项目建设用地，严厉打击影响阻碍项目建设的违法行为，有序推进项目建设。严格项目建设管理，抓好项目招投标、工程施工、安全监管、项目验收、投资审计等各环节工作，确保项目建设进度和质量。

三、大力发展实体经济，增强县域经济活力

推进工业提质扩量。认真贯彻中央经济工作会议精神，实施《中国制造2025甘肃行动纲要》，坚持发挥优势和弥补短板双向发力，着力培育发展清真食品、矿产建材、医药保健、新型能源等主导产业。依托太极集团省级企业技术中心平台，支持企业加强技术创新，大力扶持技改项目，促进产业转型升级。推进工业园区扩区增容，在完善机制、基础建设、产城融合上取得新突破。启动建设中部工业园区排洪渠，改造提升园区服务设施，增强园区生产要素聚集能力。切实抓好重点项目建设，全力保障太极三期项目建设。扎实推进清真明胶、生物有机肥生产线等工业项目建设，确保年内建成投产。抓好新天德新型绿色建材产业园项目建设，建成一批符合产业政策和环保标准的新型建材企业，增加市场有效供给。

引进发展新型产业。积极实施“招大引强择优入张”工程，制定招商引资项目管理办法，创新招商机制，转变招商方式，强化招商服务，力争招商引资到位资金较上年增长10%。充分发挥企业主体作用，主动承接产业转移，争取一批带动性强的企业落户我县。全面落实企业扶持优惠政策，瞄准创新型、科技型、成长型等优质市场主体，做好“个转企”“小升规”培育工作，培育县域经济增长点。充分依托节会平台，组织企业参加多层次经贸洽谈展销活动，积极申报创建企业知名商标品牌，加大产品宣传推介力度，提高企业生产经营效益。

加快发展旅游服务业。编制完成县域旅游专项规划，做靓打响“生态旅游+”文化旅游品牌，办好2018年关山文化旅游节，扎实推进文化旅游资源开发利用工程，加快引进文化旅游企业，争取建设云凤山风景名胜区开发项目。以争创全域旅游示范区为目标，大力发展乡村文化旅游，有序推进景区、星级宾馆、旅游专业村申报创建工作，配套改造旅游服务设施，提升旅游综合服务水平。鼓励发展物流配送、电子商务、连锁经营等新型商贸流通企业，建成一级煤炭配送市场，规划建设二级煤炭销售网点，规划建设专业市场，改造建设乡镇农贸市场，不断完善城乡市场体系。积极支持保险、邮政、通信、电力、气象等行业创新与发展，依法支持和保护盐务、烟草、石油等行业生产与经营，调动各方面积极性，形成相互支持、共同发展的新格局。

全面深化体制改革。认真落实县域经济发展

实施意见，编制完成县域经济发展规划，全面深化体制改革，释放县域经济发展活力。不断深化商事制度改革，全面推行“多证合一”“一照一码”、企业登记电子化、“双告知一承诺”等便民服务模式，强化事中事后监管，实行“双随机一公开”监管方式全覆盖，广泛开展“减证便民”专项行动，切实解决群众办事难问题。持续深化“营改增”改革，建立健全综合治税信息共享工作机制，加强税收征管。编制完成财政中期规划，建立跨年度预算平衡机制，不断优化财政支出结构，盘活财政存量资金，有效化解政府债务，切实增强财政保障能力。深化投融资体制改革，建立完善城市建设、交通发展、文化旅游、水务建设等投融资平台运作机制，加强政银企合作，扩大投融资规模，为富民强县提供融资支持。

四、加快新型城镇化进程，提升城乡建设品位

建设美丽宜居县城。突出规划在城乡建设中的引领和刚性约束作用，开展县城总体规划中期评估，编制完成县城重点地段修建性详细规划，完善以县城总体规划为统领，交通、市政等专项规划为支撑的规划体系。坚决整治有规不依、违反规划建设行为，清理整治城市违章建筑，切实维护规划权威性。认真实施市政基础设施专项规划，启动实施城市综合管线提升改造、城区道路及人行道改造升级和城区景观亮化提升工程。扎实推进城区污水处理、净水供水、垃圾填埋等设施提标改造。创新投融资渠道，加强与社会资本合作，启动建设北川热源厂，稳定解决城区供热问题。抓好北山城市森林公园建设，加大城市绿化力度，提高城市绿化覆盖率。加快综合体育馆、南河水岸风情线、南山公园等重大项目前期工作，力争年内落地实施。完成迎宾大道、南部路网、北滨河路等续建项目建设任务。巩固提升县城农贸综合市场管理运行水平，逐步规划建设城区停车场、社区市场、公厕等便民服务设施，加强公共设施管护，改造提升县城整体面貌。扎实推进“三城联创”，积极创建文明县城、园林县城和卫生县城。深化城市管理执法体制改革，加大城市管理执法整治力度，落实沿街单位、商铺、住户门前“四包”责任，常态化开展街面洒扫、垃圾清运、车辆管理、摊点整治等市容市貌执法管理工作，提升城市管理水平。

加快建设特色城镇。抢抓乡村振兴战略机遇，科学编制重点乡镇和特色镇建设规划，论证储备一批城镇建设项目。争取建设马关镇垃圾填埋场项目，完成恭门镇、龙山镇道路改造，建设恭门、龙山两镇污水处理厂，逐步增强城镇承载能力。加快推进马鹿特色镇建设，抓好马鹿镇600户棚户区改造。融合发展城镇产业，充分发挥城镇特色资源优势，找准发展定位，谋划发展城镇新兴产业，加快城镇化进程。全力实施易地扶贫搬迁项目，完成11个乡镇46村530户2778人易地扶贫搬迁任务，建成集中安置点10个389户2051人，实施1243户农村C级危房改造工程，整合以工代赈、“一事一议”等项目资金，配套实施桥、路、河堤、护坡、巷道等建设项目，补齐基础设施建设短板。

铁腕治理环境污染。以中央环保督察反馈问题整改落实为契机，认真落实环境保护“八项机制”和污染治理“十大工程”。做好第二次全国污染源普查工作，扎实推进大气、水、土壤污染防治“三大战役”。全面落实管煤、改炉、降尘、控烟、冬防等污染防治措施，打赢蓝天保卫战。全面落实“河长制”，推进水污染防治，重点抓好污水处理厂达标运行、水源地保护、河道综合整治、重点流域整治等工作，确保断面水质达标。积极开展土壤污染治理，加大农村污染物回收利用力度，实施好废旧农膜回收项目，防治农业面源污染。常态化开展全域无垃圾创建活动，逐步建立“农户分类、村组收集、乡镇转运(处理)、集中处理”的农村垃圾治理体系。抓好“美丽乡村”建设，建设省市级示范村8个，县级示范村15个，环境整洁村35个，努力改善农村人居环境。

五、统筹发展社会事业，提高公共服务水平

优先发展教育事业。全面贯彻党的教育方针，深化教育体制机制改革，加强师德师风建设，落实立德树人根本任务,补齐教育短板,办好人民满意教育。围绕2019年我县义务教育均衡发展国家验收,在县城争取建设西城片区学校,建设张家川镇中教学楼,充实上磨小学师资力量,化解县城学校“大班额”。高度重视农村义务教育,稳步推进农村小学高年级学生适度向中心小学、川区小学和完全小学集中。发挥完全小学辐射带动作用,依托教学点开设学前班,实行紧缺学科教师走教,逐步为教学点配齐教师、开齐课程和育齐幼儿。采取改薄项目、义教经费和教师周转房倾斜保障措施,盘活整合农村教育资源,解决“乡村弱”的问题,不断夯实农村基础教育。高度重视幼儿教育,已建成幼儿园应开尽开,切实提高农村学前教育普及程度。大力发展现代职业教育,坚持产教融合,加强校企合作,提高职业教育水平。牢固树立质量是教育生命线的意识,充分发挥督导室、教研室职能,督促指导县一中、阿阳中学、张家川镇中学、新建小学、东街小学、龙山西小等基础好的学校提升办学水平,与全市同级同类学校比质量,示范带动全县中小学校提升教育质量,努力让每个孩子都能享有公平而有质量的教育。

提升卫生计生服务水平。加快建设健康张家川,推进医药卫生体制改革,全面实行分级诊疗制度、医师多点执业制度和基本药物制度,不断提高医疗服务质量。深入推进“平安医院”创建活动,严格规范医疗机构执业行为,加强医联体及重点专科建设,提升医疗服务能力。做实做细基本公共卫生服务,为群众提供全方位全周期健康服务,推进健康促进模式改革,加强疾病预防控制,建成全民健康信息平台,开展巡回体检、入户健康指导、乡村医生签约服务,不断提升全民健康素养。建成县疾控中心综合业务楼,争取建设县中医院医技业务楼项目,积极推进标准化村卫生室建设,完善医疗卫生基础设施。认真实施全面两孩政策,加强计生服务和妇幼保健工作,广泛开展爱国卫生运动,提高全民医疗卫生保障水平。

着力发展文化体育事业。深入实施文化惠民工程,切实做好“三馆一站”免费开放,深入开展“文化下乡”等公益性群众文化活动。继续实施农村综合性文化服务中心改造提升项目,建设公共文化服务体系。扎实推进文物保护利用和文化遗产保护传承,编制完成马家塬遗址保护总体规划,争取建设马家塬遗址基础设施和安防设施改造提升项目,加强博物馆馆藏文物预防性保护,做好河峪摩崖石刻抢救保护。重视传承“非遗”项目,积极申报省级非物质文化遗产保护名录,提高“非遗”传承能力。加强文艺精品创作,推动《小儿锦》巡回放映,谋划创作一批优秀舞台影视剧目,推动县域文化繁荣兴盛。深入开展全民健身活动,举办好群众性体育赛事活动。深化群众性精神文明创建活动,培育和践行社会主义核心价值观,加强全民思想道德建设,开展移风易俗、弘扬新风行动。争取实施应急广播系统建设项目,实施好农村广电网络和无线数字化全覆盖工程,扩大广播电视网络覆盖率。

依法加强统计调查工作。认真贯彻《关于深化统计管理体制改革提高统计数据真实性的意见》,加快构建新型统计管理体制机制,加强领导干部统计工作考核,严肃查处统计违法行为,坚决反对统计数字弄虚作假,从源头上保证统计数据真实可靠。加强项目建设统计入库,积极推动部门间统计信息共享合作,改革创新统计制度方法,做好第四次全国经济普查工作,推动统计工作更好服务经济社会发展。加强防震减灾、科技、档案、史志、气象、红十字会、人防等工作,努力开创各项工作新局面。

六、切实保障改善民生,加强创新社会治理

努力提高就业质量。落实就业创业扶持政策,加强就业创业技能培训和服务引导,积极为创业人员提供担保贴息贷款,谋划建设“双创”基地、物流中心和电商孵化基地,搭建创业就业平台,促进大众创业、万众创新。实施高校毕业生就业促进计划,做好高校毕业生招录分配和域外就业引导服务工作,促进高校毕业生就业。做好公益性岗位托底安置工作，推动进城务工、零就业家庭等群体多渠道就业创业，完成创业培训450人，发放创业担保贷款2500万元，实现城镇新增就业2800人。发挥劳务品牌效应，加强劳务基地建设，培养发展劳务中介组织，提升劳务输转组织化程度，促进城乡富余劳动力稳定就业增收。

提升社会保障水平。按照兜底线、织密网、建机制要求，加快完善多层次社会保障体系。整合城乡居民医疗保险制度，完成全民参保登记和机关事业单位养老保险制度改革。加强“五险合一”社会保险信息化建设，完善城乡居民基本医疗保险制度运行机制，实现基本养老、基本医疗、失业、工伤、生育等保险法定人员全覆盖。健全城乡社会救助体系，建成启用儿童福利院、东部中心敬老院，建设残疾人康复中心。深入开展扶残助残活动，加强留守儿童、空巢老人关爱服务，做好城乡低保、特困人员救助供养、医疗救助、救灾救济等社会救助资金争取发放工作，保障城乡困难群众生产生活。

全面加强社会治理。全面推进“平安张家川”建设，加快社会治安防控体系建设，依法打击和严惩黄赌毒黑拐骗等违法犯罪活动，认真落实社会稳定风险评估机制，确保社会和谐稳定。抓好法院审判法庭、基层派出所、基层法庭等政法项目争取建设工作。认真落实领导包案制度，强化信访维稳工作责任制，扎实开展社会矛盾和信访问题集中排查化解活动，切实维护信访秩序。强化安全生产责任，建立隐患排查治理和事故预防控制体系，深入开展安全生产大检查，坚决遏制重特大安全事故。加大市场执法监管力度，严查假冒伪劣商品，严厉打击制假售假行为。完善应急管理体系，加强自然灾害监测预防，提升防灾减灾能力。积极争创全国全省民族团结进步示范县，依法加强宗教事务管理，重视宗教教职人员和宗教场所管理人员学习培训，坚持宗教中国化方向，积极引导宗教与社会主义社会相适应。

各位代表，人民对美好生活的向往，就是政府的奋斗目标。我们在全面落实省市民生实事的基础上，集中力量办好事关人民群众切身利益的8件实事。①建成张家川县北川热源厂，近期新增城区供热面积205万平方米；②改建10所城区公厕和20所环卫工人休息室；③建成张家川镇中学教学楼；④改建孔家沟至韩川、马堡至上豆2条31.4公里三级公路；⑤实施57个“一事一议”财政奖补项目；⑥实施530户2778人易地扶贫搬迁项目；⑦建成城区垃圾收运系统；⑧建成启用一级煤炭配送市场。

全面加强政府自身建设

新时代新任务，对政府自身建设提出了新要求。我们将坚持不懈加强政府自身建设，自觉践行为民务实清廉要求，对人民负责，受人民监督，让人民满意。

坚持理论武装，建设学习政府。坚持完善县政府党组学习制度，推进“两学一做”学习教育常态化制度化，认真开展“不忘初心，牢记使命”主题教育，深刻领会党的十九大精神和习近平新时代中国特色社会主义思想，深入贯彻习近平视察甘肃讲话和“八个着力”指示精神，切实增强政治意识、大局意识、核心意识、看齐意识。加强学习教育，强化理论武装，坚定理想信念，增强科学发展本领，深入开展调查研究，勇于实践创新，以钉钉子精神做实做细做好各项工作，不断提升政府执行力。

坚持纠正“四风”，建设服务政府。坚决贯彻习近平总书记关于进一步纠正“四风”、加强作风建设重要批示精神，坚持纠正“四风”不止步，认真查找“四风”突出问题，高度警惕防范形式主义、官僚主义新表现，坚持从政府领导做起，拿出过硬措施，以上率下，带动政府系统切实转变作风。认真解决群众反映强烈的问题，坚决纠正损害群众利益行为，做到重心向民生倾斜，服务向民生覆盖，让人民群众共享改革发展成果。

坚持依法行政，建设法治政府。全面贯彻《法治政府建设实施纲要》，落实常务会前学法制度，扎实开展“七五”普法。发挥好法律顾问和法律专家咨询委员会作用,坚持重大行政决策事项公众参与、专家论证、风险评估、合法性审查和集体讨论决定相结合,推进政府决策民主化、科学化和法制化。自觉接受县人大法律监督、县政协民主监督和社会舆论监督,落实县人大及其常委会决定,改进人大代表建议和政协委员提案办理工作。扎实有序推进政务公开,保障群众知情权、参与权和监督权,确保政府权力在阳光下运行。

坚持督查问效,建设效能政府。坚持问题导向,强化督促检查,严肃追责问责,确保各项决策部署落地生根。深入推进“接放管服”改革,全面推行“互联网+政务服务”,完善“四张清单一张网”管理,持续清理行政审批事项,全面推行集中审批,拓展网上并联审批平台,优化审批流程,简化行政审批程序。树立定了就干、干就干成、干就干好的施政新风,坚决整治庸懒散软拖等不作为、慢作为、乱作为现象,提高政府工作效率。

坚持清正严明,建设廉洁政府。认真履行党风廉政建设主体责任,严格落实中央“八项规定”精神,自觉践行“三严三实”要求,严惩违法乱纪行为。全面完成监察体制改革,实现对公职人员监察全覆盖。扎实开展“三纠三促”“两查两保”专项行动,严格规范公共资源管理,切实加强对社保资金、惠农资金、民生保障、政府采购、土地出让、工程招投标等重点领域和环节的审计监督,加大审计查出问题整改力度,强化权力集中部门和高风险岗位管控,从源头治理腐败。加强廉政教育和纪律教育,增强廉洁自律意识,提高拒腐防变能力,努力建设廉洁政府。

各位代表,实现全面建成小康社会,建设团结奋进、幸福美好张家川任务艰巨、使命光荣。让我们在县委的坚强领导下,不忘初心,牢记使命,坚定信心,奋发图强,为实现人民对美好生活的向往不懈奋斗!

中国人民政治协商会议
张家川县第十三届委员会常务委员会工作报告

政协张家川县委员会主席　关春生

（2017 年 12 月 22 日）

各位委员、各位同志：

我代表政协张家川县第十三届委员会常务委员会，向大会报告工作，请予审议，并请列席会议的同志提出意见。

2017 年工作回顾

2017 年是实施“十三五”规划、全面建成小康社会的重要一年，也是供给侧结构性改革的深化之年。一年来，在中共张家川县委的坚强领导下，县政协常委会深入学习贯彻中共十九大精神，深刻学习领会习近平新时代中国特色社会主义思想，全面贯彻落实习近平总书记视察甘肃重要讲话和“八个着力”重要指示精神，团结带领广大政协委员紧紧围绕统筹推进“五位一体”总体布局和协调推进“四个全面”战略布局，坚持团结和民主两大主题，认真履行政治协商、民主监督、参政议政职能，着力在懂政协、会协商、善议政上下功夫，为推动全县经济社会持续健康发展，加快全面建成小康社会步伐作出了积极贡献。

一、强化政治引领，牢牢把握正确履职方向

始终把全面加强思想政治建设摆在首要位置，切实增强政治定力，广泛凝聚共识，坚决做到与党委政府在思想上同心、目标上同向、行动上同行、工作上同力。

一是突出思想理论武装。深入贯彻中央和省市县委关于做好理论武装和思想政治工作的要求，健全学习制度，创新学习方法，通过党组中心组学习、常委会专题学习、专委会重点学习、全体委员辅导学习等多种形式，系统学习了中共十八届六中全会精神和十九大精神，引导广大委员深刻学习领会习近平新时代中国特色社会主义思想，准确把握新时代中国共产党的历史使命和我国社会主要矛盾的新变化，牢固树立“四个意识”，坚定“四个自信”，坚决拥护以习近平同志为核心的党中央的集中统一领导，主动自觉地向党中央看齐、向党的理论和路线方针政策看齐，团结带领政协组织和广大政协委员坚定贯彻执行党的基本理论、基本路线、基本方略，有效保证了政协履职的正确方向。

二是注重形势政策教育。始终紧贴主题主线和主攻方向，全面加强对“五位一体”总体布局、“四个全面”战略布局、“五大发展理念”、经济发展新常态等中央一系列重大政策方针的学习，找准贯彻中央精神与推动全县发展的结合点，使县政协履行职能的各项工作切实符合党委的要求和群众的愿望。严格按照县委各项工作的新部署新要求，准确把握人民政协的性质定位，深入学习贯彻县委全委（扩大）会议精神，紧密结合工作实际，广泛开展交流讨论，切实把思想认识和行动统一到实现“十个新提升”的目标任务上来，有效增强了建言科学发展的针对性和实效性。同时，围绕建成全面小康社会总目标，认真学习了中央、省、市实

施精准扶贫战略的各项政策，学习了县委推动脱贫攻坚的具体措施和方法路径，进一步增强了打赢脱贫攻坚战、争当排头兵的使命感和责任感。

三是深化政协理论学习。通过举办常委学习会、委员培训会、辅导讲座、编发学习参考资料等方式，认真组织政协各参加单位和广大政协委员深入学习《中共中央关于进一步加强人民政协工作的意见》等人民政协发展的最新理论成果，系统总结张家川回族自治县成立以来政协履行职能的生动实践和成功经验，不断增强贯彻落实中国共产党领导的多党合作和政治协商制度的坚定性、自觉性。深刻理解新时期新阶段党中央对人民政协工作的新要求，严格按照政协委员履职新要求，始终从全县工作大局出发，及时把经济社会发展中的重点、热点、难点问题纳入履职建言范畴，努力做到“党委想什么、政协议什么、政府做什么、政协帮什么”，有效推动政协履职各项成果纳入县委、县政府的决策部署，使县政协工作能够把握规律性、体现时代性、富于创造性。

二、坚持服务大局，紧扣中心工作建言献策

始终坚持围绕中心、服务大局，充分发挥联系广泛、智力密集的优势，努力引导广大政协委员共谋发展之道、共做发展之事、共聚发展之力、共求发展之效，为县委、县政府科学民主决策和决策实施积极献计出力。今年以来，共组织6项调研视察和1次考察活动，县委、县政府主要领导对调研视察报告7次作出批示。

一是突出关键点，调研咨政助发展。积极参与县委专题调研活动安排，紧扣“民主政治建设”调研主题，深入基层解剖麻雀，认真开展调研，形成了专题调研报告，在加强协商民主建设、贯彻民主集中制原则、巩固和壮大爱国统一战线等方面提出了一些务实管用的举措，为县委研究制定《关于进一步加强政协工作推进人民政协协商民主建设的实施意见》奠定了坚实基础。围绕做好“三农”工作，就全县农业综合开发项目实施情况开展重点调研，召开常委会议专题进行研究讨论，向县委、县政府报送了《关于全县农业综合开发项目实施情况的调研报告》，从提高农业综合开发项目综合效益、助推脱贫攻坚等方面提出了7条具体建议，其中一部分意见建议已经成为县委、县政府的决策，一部分已批转有关部门落实，产生了较好的社会效应。

二是抓住着力点，视察建言促发展。坚持以专委会工作为依托，围绕县委、县政府以及相关部门的重点工作，组织政协各参加单位和政协委员，精选课题，深入视察，努力为推动全县经济社会各项事业健康发展建言献策。先后围绕新型城镇化建设、重点项目建设、教育教学管理、农村卫生室建设等课题开展了专项视察，围绕推动特困地区贫困人口易地搬迁、劳务输出赴新疆开展专题考察，从破解城镇化建设难题、提高教育教学质量、完善基层医疗卫生服务体系以及贫困地区人口脱贫等方面提出了19条具体建议，经县委主要领导批示转发，已被有关部门充分吸纳，在工作中抓好落实。结合华夏文明传承创新区建设、推进公共文化服务体系建设，围绕构建丝绸之路关陇段特色文化旅游区、促进全县文化与旅游产业深度融合发展、促进社会主义文艺繁荣发展和坚定文化自信等重点问题，深入视察，献计献策，提出了一些富有成效的意见建议。

三是把好切入点，民主监督保发展。积极探索开展民主监督的新思路、新方法，深入开展监督视察，定期邀请县政府领导及有关部门负责人通报情况，当面听取委员意见。严格按照省市县关于开展全域无垃圾综合治理的部署要求，坚持明察与暗访相结合，从严开展监督视察，提出了一些富有操作性、可行性的意见建议，形成了《关于全县全域无垃圾治理工作视察情况的报告》，并持续关注追踪监督，紧盯不放推动整改，有效促进全域无垃圾综合治理行动纵深开展。同时，推荐30多名委员担任县纪委、物价局、食药监局等有关部门的特邀监督员，参与全县执法大检查；参加物价、建设等部门的听证会、座谈会；参与高考、中考巡视督查和语言文字督导评估活动、窗口单位考核等工作；就县人民法院、县人民检察院执法情况，开展专项评议，有效拓展了各界别履行民主监督职能的渠道，为促进部门工作改进、加强民主法制建设发挥了积极作用。

三、聚焦民生工程，更好推进脱贫攻坚进程

认真学习贯彻习近平总书记扶贫开发重要战略思想，切实强化人民政协为人民的理念，着力搭建服务民生大舞台，积极投身脱贫攻坚主战场，为全县打赢脱贫攻坚战献计献策。

一是全力助推脱贫攻坚。紧紧围绕实现“两不愁、三保障”目标，严格按照“七个一批”脱贫路径，坚持眼睛向下、脚力向下，抓重点、补短板、强弱项，全力开展精细精确精微的“绣花”式扶贫，切实推进全县脱贫攻坚。全面加强脱贫攻坚帮扶工作，精心选派了3名驻村帮扶工作队队长和村党支部第一书记。充分发挥主席会议成员带头作用，强化各委办和全体干部的帮扶责任，深入帮扶的胡川镇3个贫困村，帮助联系村户培育发展致富产业、筹措项目资金，全力落实帮扶任务，有力加快了联系村脱贫致富步伐。扎实开展“三带头三走遍”主题实践活动，积极搭建委员参与脱贫攻坚的有效平台，举办了“委员助推精准扶贫、精准脱贫”培训班，深入开展了“政协委员话扶贫”活动、“委员助推脱贫攻坚”行动以及科技、文化、卫生“三下乡”活动，有效引导政协委员扑下身子，为贫困村、贫困户干好事、干实事，汇聚了脱贫攻坚强大合力。

一年来，县政协组织政协委员共捐款捐物13.6万元，帮助争取项目7项，协调落实项目资金110万元，帮办实事46件，捐资助学9.3万元，举办各类培训班45期、培训2831人次，化解矛盾纠纷49件。

二是推动民生实事落实。牢固树立以人民为中心的发展思想，密切跟踪县政府承诺为民实事的办理落实，通过调研、视察、会议等多种方式，有效协助县政府推动为民承诺实事全面办理完成。高度关注社会事业均衡发展，重点围绕教育教学管理、乡村卫生服务能力，致力推动解决群众上学难、看病难的问题。同时，还组织视察了保障性住房政策落实、农村留守儿童成长、农村危房改造等情况，协调落实了一批群众关心关注的热点难点问题。

三是高度关注社情民意。坚持把民心所倾、民意所向作为工作的切入点，不断增强反映社情民意的积极性、主动性和敏锐性，着力在扩大信息来源、提高信息质量上下功夫，切实加强信息报送工作，为党政领导掌握社情、了解民意、完善政策、解决问题提供了有价值的信息。加大从社情民意信息中转化的民生提案的督办力度，对提案实行领导包抓、跟踪督办和结果回访，做到了件件有答复、事事有着落，有力促进了一大批关乎群众切身利益的问题有效解决。综合运用报刊、广播、电视、网络等多种形式，广泛宣传人民政协履职的生动实践，营造了政协事业发展的良好社会氛围。

四、推进协商民主，切实发挥重要渠道作用

充分发挥人民政协协商民主重要渠道，围绕增加协商密度，提高协商实效，加快构建以全体会议为龙头、以专题议政性常委会议为重点、以协商座谈会为常态、多种协商形式并存的协商议政格局，努力为各界人士和广大政协委员搭建协商平台。

一是精心组织全会协商。县政协十三届一次全体会议围绕全县经济社会发展和“十三五”规划纲要、一府两院工作报告、财政预决算报告等进行集中协商，针对做好“一府两院”工作、推进转型升级发展、民主法制建设以及事关全县经济社会发展的重大问题提出了大量建设性的意见。会议期间，组织委员和宗教界、工商联、人民团体等各界别委员进行大会发言和分组讨论，与县委、县政府班子成员座谈交流，提交大会发言材料15篇，提出10个方面67条建议，得到了县委、县政府和相关部门的高度重视和充分肯定。

二是积极开展专题协商。严格按照会前深入调查研究，会上积极互动交流，会后及时报送意见建议的要求，组织常委会议、主席会议，围绕民族地区公共文化服务体系建设、传承弘扬民族文化、民族文化遗产保护和利用、提高农村公共文化服务供给能力和社会化服务水平等召开专题协商座谈会，形成了一批既有前瞻性、又有针对性、操作性的专项建议并上报县委县政府。县委县政府对这些意见建议高度重视，及时批转相关部门借鉴落实。

三是广泛开展对口协商。组织界别委员、专业技术人员就加强生态环境保护、重点项目建设、农村卫生体系建设等课题召开对口协商座谈会，界别委员和相关对口部门负责人，针对存在问题，各抒己见，畅所欲言，提出了建议，为推进部门改进工作完善对策提供了有益参考。

四是认真开展提案办理协商。加强提案工作探索创新，注重提高提案质量，推进提案内容和办理结果公开，通过重点提案督办会、同类提案集中办复会、提案办理工作民主评议会等形式，实现了提案承办单位、提案人、政协组织三方沟通协商。围绕交通道路秩序整治提案开展办理协商议政座谈会议，主席会议成员、提案委、政协委员与提案者、承办单位，面对面交流，深入探讨，协商提案办理工作，取得了良好成效。全面落实提案督办制度，对十三届一次会议以来审查立案的 89 件提案，交由相关部门(单位)和有关乡镇办理，办复率 100%。

五、突出两大主题，着力凝聚加快发展合力

大力弘扬人民政协民主协商、合作共事、体谅包容、求同存异的精神，坚持团结和民主两大主题，不断丰富内容形式，健全完善体制机制，有效提高了政协工作的科学化水平。

一是坚持促进多党合作。充分利用政协组织民主协商的平台，注重发挥各人民团体和各界别代表人士的统一战线作用，凡是调研视察等各项政协活动，都邀请无党派、团体成员和各界人士参加，对他们提出的重要意见建议跟踪问效。通过组织委员活动小组、约谈、走访、联谊等方式，促进了各界别委员之间的联系与合作，切实形成了相互尊重、体谅包容、和谐有序的团结民主氛围。加强同全县各族各界人士的合作共事，加强对党外知识分子、新的社会阶层人士和非公有制经济人士的团结引领工作。认真贯彻落实党的民族宗教政策，通过走访民族宗教界代表人士、组织视察考察、参加民族宗教界重大节日活动，加强沟通，增进共识；协助党委、政府做好民族宗教工作，广泛宣传党的民族宗教政策和县委、县政府重大决策部署，理顺情绪、化解矛盾，解惑释疑、凝聚人心，积极教育引导宗教与社会主义社会相适应，有效促进了各民族共同团结奋斗、共同繁荣发展，精心维护了民族团结、宗教和顺、社会和谐的良好局面。

二是大力弘扬传统文化和民族文化。大力培育和践行社会主义核心价值观，广泛开展诚信、孝敬、勤俭和礼仪教育，弘扬和传承优秀传统文化，优良美德，引导广大干部群众见贤思齐，养成崇德守礼的行为习惯。认真落实《张家川县关于推动移风易俗树立健康婚嫁观念的指导意见》，传播正能量，弘扬主旋律，着力宣传教育引导群众坚决抵制高价彩礼、炫富攀比、大操大办、薄养厚葬、封建迷信、赌博败家等陋习，净化了社会风气，树立了文明新风。充分发挥人民政协人才荟萃、联系广泛的优势，着眼发展文化生产力、增强文化软实力，深入挖掘弘扬民族文化和历史文化，征编出版了第十三辑《张家川文史资料》专辑，有效推动红色文化、历史文化大众化。

三是加强联络联谊工作。立足政协平台，通过各种渠道，深入开展多层次、多领域、多向度的交流活动，积极对外宣传推介全县经济社会发展成就，努力扩大张家川在外界的影响。先后参与接待了省市政协及外地政协组织对我县的视察和考察活动。着力做好民营企业创业人员、外出务工返乡人员、张家川在外知名人士等新社会阶层人士工作，支持他们参与张家川开发建设。利用传统节日加强各界人士的联络联谊，广泛凝聚各界智慧和力量，形成加快张家川发展的强大合力。

六、加强自身建设，不断提高履职能力水平

严格按照懂政协、会协商、善议政和守纪律、讲规矩、重品行的要求，不断探索创新，持续加强自身建设，着力推进履行职能的制度化、规范化和程序化。

一是始终坚持党的领导。坚定不移把政协各项工作置于县委的坚强领导下，严格执行请示报告制度，定期向县委汇报政协工作情况，对召开的重要会议、传达中央、省市县重要决策部署、执行重要决定等情况专题向县委报告，遇有重大问题及时请示，有效保证了政协工作的正确方向。紧跟新时代党对政协工作的新要求，积极主动配合，广泛争取支持，协作县委制定下发了《关于进一步加强政协工作推进人民政协协商民主建设的实施意见》，组织召开了县委政协工作会议，对新形势下推进人民政协事业发展作出了部署，为做好政协工作注入了动力，增添了活力。

*二是深入开展专题教育。*深入推进“两学一做”学习教育常态化、制度化，深入开展“党员固定活动日”活动，持之以恒学党章党规、学系列讲话，党组成员带头讲党课，带头开展集中研讨，有效推动了专题教育深入开展。严格执行《关于新形势下党内政治生活的若干准则》和《中国共产党党内监督条例》规定，严守政治纪律、政治规矩，从严落实“三会一课”、专题民主生活会、民主评议党员等制度，积极开展健康的批评与自我批评，有效净化了政治生态，规范了党内政治生活。

*三是切实强化能力培训。*坚持把提高政协委员履职能力作为培训的重点，专题举办了县政协机关干部和十三届委员培训班，重点围绕“人民政协是什么”、“政协工作干什么”、“政协委员怎么当”等，精选培训内容，合理设置课程，邀请省政协相关理论专家在县委党校利用3天时间，集中培训政协委员和机关干部160余名，进一步加深了政协委员对政协职能定位的理解和把握，为履行好人民政协职能奠定了坚实的理论基础。精心组织主席会议成员和机关干部参加全国政协干部培训、省政协系统提案办理经验交流专题培训班、市政协组织的政协系统干部培训班，进一步解放了思想，开阔了思路，履职能力不断提升。

*四是大力推进作风建设。*全面履行从严管党治党责任，切实加强班子建设，从严管理机关干部，逐级传导压力，压紧靠实责任，有效促进了党风廉政建设主体责任的落实。修订完善了政协机关内部管理各项制度以及各专委会工作职责和工作人员岗位职责，规范办文、办会、办事程序，推进了政协机关工作的规范化、制度化、程序化。牢固树立作风建设永远在路上的理念，严格执行中央八项规定和省、市、县委纪律作风规定，深入开展“三促三纠”专项行动，弛而不息纠正“四风”，机关作风有了新转变，党员干部宗旨意识、服务意识不断增强，形成踏实干事、用心做事、规范办事的良好氛围，机关服务水平和工作效能显著提升。

各位委员，过去一年我们取得的成绩，是中共张家川县委坚强领导、高度重视的结果，是县政府和社会各界大力支持、热情帮助的结果，也是人民政协各参加单位、广大委员和政协机关团结协作、共同奋斗的结果。在此，我代表县政协常务委员会向所有关心、支持县政协工作的组织和同志们、朋友们，表示衷心的感谢，并致以崇高的敬意！

在肯定成绩的同时，我们也清醒地看到，政协工作还存在许多不足和薄弱环节：一是协商议政的质量还有待进一步提高，存在重调查过程、轻研究问题的现象，一些意见建议缺乏针对性和可操作性；二是民主监督职能还需进一步强化，对一些建议采纳情况缺乏跟踪调研监督，成果转化落实还有待进一步加强；三是委员主体作用发挥还不够充分，一些委员履行职责的积极性不高、主动性不强；四是专委会工作还需加强，组织界别委员开展专题协商、对口协商还不够经常，履职能力有待提升；五是机关作风还需进一步改进等。这些问题，我们将在今后工作中采取有效措施，努力加以改进。

2018年工作部署

2018年是贯彻党的十九大精神的开局之年，是决胜全面建成小康社会、实施“十三五”规划承上启下的关键一年。常委会工作的总体要求是：高举新时代中国特色社会主义伟大旗帜，深入全面贯彻中共十九大精神，坚持以马克思列宁主义、毛泽东思想、邓小平理论、“三个代表”重要思想、科学发展观、习近平新时代中国特色社会主义思想为指导，全面贯彻落实习近平总书记视察甘肃重要讲话和“八个着力”重要指示精神，认真落实中央和省市县委决策部署，统筹推进“五位一体”总体布局和协调推进“四个全面”战略布局，坚持稳中求进工作总基调，贯彻落实发展新理念，坚持团结和民主两大主题，认真履行政治协商、民主监督、参政议政职能，更好地协调关系、汇聚力量、建言献策、服务大局，努力为全面建成小康社会，建设团结奋进、幸福美好张家川作出新贡献。

一、坚持党对政协的领导，把牢新时代政协事业发展方向

坚持党的领导是人民政协事业发展进步的根本保证。要毫不动摇地坚持党对人民政协的领导，坚决维护以习近平同志为核心的中共中央权威，树牢“四个意识”，站稳政治立场，坚持和完善中国共产党领导的多党合作和政治协商制度，准确把握监督的方向和原则、节奏和力度，健全完善知情明政、协调落实、办理反馈等长效机制，坚决贯彻落实中央和省市县委的决策部署，切实提高把方向、谋大局、促改革的能力和定力，确保党始终纵览全局、协调各方。要始终正确把握政协的性质、地位和作用，紧紧围绕县委决策部署谋划、落实和推进工作，始终做到与县委思想同心、目标同向、工作同步，努力把县委的工作思路、工作意图转化成全县政协委员和各界人士的自觉行动，着力构建党委领导、政府支持、政协主动、各方配合的工作格局。

二、坚持深化理论武装，广泛凝聚共同思想政治基础

加强思想理论建设是人民政协坚定正确政治方向的根本保证。要坚持把深入学习宣传贯彻中共十九大精神作为是当前和今后人民政协的首要政治任务，深入学习领会习近平新时代中国特色社会主义思想的精神实质和丰富内涵，提高政治站位，增强“四个自信”，坚定不移走中国特色社会主义政治发展道路，不断巩固团结奋斗的共同思想政治基础。坚持从常委会议做起，从班子成员抓起，组织全县政协委员把深入学习贯彻十九大精神与贯彻落实习近平总书记视察甘肃重要讲话和“八个着力”重要指示精神结合起来、与贯彻落实省第十三次党代会、市第七次党代会、县第十三次党代会结合起来，切实把人民政协履行职能的重心，放在全面深化改革、统筹发展社会事业、破解发展不均衡不充分矛盾的对策研究上，放在深入实施创新驱动战略、推动县域经济发展、加快全面小康社会进程上，真正使学习党的最理论成果的过程，成为统一思想认识、提升能力素质的过程，成为汇聚智慧力量、推动转型升级发展的过程。

三、坚持稳中求进总基调，紧扣改革发展大局协商议政

按照“全委会议总体协商，常委会议专题协商，主席会议重点协商，专委会议对口协商”的议政格局，对照《深入推进县域经济发展的实施意见》，紧扣全面建成小康社会总目标、人民群众新期待、更好推进脱贫攻坚新任务，深入调研视察、广泛协商议政、积极建言献策，为县委县政府科学民主决策提供参考。充分发挥政协人才智力优势，抓住基础设施完善、食品药品安全、实施精准扶贫、精准脱贫方略、推动文化与旅游深度融合发展等重大问题深入调查研究，提出具有针对性的意见建议。按照县委专题调研活动安排，围绕“加快新型城镇化建设，统筹推进城乡一体化发展”主题开展深入调研，高质量形成加快新型城镇化建设的调研报告。坚持以生态环境建设为专题进行协商建言，助力生态修复和全域无垃圾治理，推动形成人与自然和谐发展的现代化建设新格局。围绕城镇综合管理、交通道路、发展非公有制经济、推进“三城联创”、农村“三变”改革等一系列问题进行调研视察，广泛开展对口协商，积极促进社会热点问题有效解决。特别要围绕大力实施乡村振兴战略开展专题协商，进一步建诤言、献良策、出实招，真正把我县农村建成“产业兴旺、生态宜居、乡风文明、治理有效、生活富裕”的社会主义现代化新农村。

四、坚持推动共建共享，履职尽责助推保障改善民生

始终把实现人民对美好生活的向往作为履行职能的奋斗目标，用自己的眼睛看最真实的情况，用自己的耳朵听最真实的声音，用自己的脚力办最真实的实事，真正做到政为民所议、言为民所建、策为民所献、力为民所出，推动改革发展成果更多惠及广大人民群众。紧紧围绕教育、就业、医疗和社会保障等民生问题，深入开展监督履职行动，推动政府承诺惠民实事落实。广大政协委员要把脱贫攻坚作为最大的民生工程，深入开展“委员助推脱贫攻坚”行动，主动结穷亲送温暖，集中力量攻坚克难，精准施策抓好4项重点任务落实，多措并举补齐4项短板，凝聚合力解决好3项弱项，做到帮真贫、脱真贫、真脱贫。坚持社情民意信息为民导向，拓展信息来源，畅通信息渠道，健全完善办理反馈机制，切实为党政决策提供社会舆情信息和专家咨询意见。建立健全提案协商办理机制，加强提案办理督促检查，确保提案工作实效。加强民主监督工作，加快建设舆论监督平台，积极开展民主评议和专项民主监督，切实增强民主监督的实效性，有力扩大政协工作的影响力。

五、坚持推进协商民主，着力营造和谐稳定发展环境

聚焦党委政府中心工作，围绕团结和民主两大主题，健全完善协商议题提出、活动组织、成果采纳落实和反馈机制，常态化开展专题协商、对口协商、界别协商，切实提高协商民主的制度化、规范化、程序化水平，努力寻求全社会意愿和要求的最大公约数、画出民心民愿的最大同心圆。加强新的社会阶层人士的团结合作，搭建多党合作与政治协商的平台，鼓励各界各党派人士愿意讲话、敢讲真话，努力把统一战线工作对象广泛凝聚到政协组织之中、紧密团结在政协组织周围。全面落实党的民族宗教政策，促进民族关系、宗教关系、阶层关系和谐，充分调动各种积极因素、团结汇聚各方智慧力量，努力维护全县安定团结的良好局面。政协委员要深入到矛盾问题较多基层一线，协助党委政府做好释疑解惑、理顺情绪、协调关系、化解矛盾工作，引导广大群众养成遇事找法、办事依法、解决问题靠法的行为习惯，助推法治张家川建设。主动加强与发达地区、民族地区和周边兄弟县区政协的合作交流，广泛开展联络联谊活动，为促进全县发展服务。抓好文史资料工作，发挥文史资料工作存史、资政、团结、育人的独特作用。

六、坚持加强自身建设，不断提升履职能力和履职水平

充分发挥政协党组领导核心和示范带头作用，进一步健全常委会学习管理活动制度，完善知情联系沟通机制，努力提高常委会履职意识、履职能力和履职成效。按照增强“八个本领”要求，加强教育培训力度，建立健全委员履职考评体系，提升履职能力发展水平，着力打造一支“懂政协、会协商、善议政”的政协委员队伍，倾心尽力助推脱贫攻坚，扎实推进“两学一做”学习教育常态化制度化和深入开展的“不忘初心，牢记使命”主题教育，持续开展“党员固定活动日”活动，加强和规范党内政治生活，严明政治纪律和政治规矩，健全规章制度，规范标准要求，推动政协机关服务工作水平再上新台阶。加强各专委会与党政部门的对口联系，专委会与委员的联系，密切与对上级政协组织的沟通协作，探索乡镇政协组织设置途径，做到上下联动、优势互补、成果共享。加强人民政协理论研究工作，适时召开县政协人民政协理论研讨会，并征集、评选优秀论文。认真履行管党治党主体责任，持之以恒加强作风建设，严格执行中央八项规定实施细则，弛而不息纠正“四风”，切实增强政治定力、纪律定力、道德定力、抵腐定力，努力营造良好的政治生态。

各位委员、同志们，新时代要有新气象，新征程更须新作为。

我们一定要在中共张家川县委的坚强领导下，以永不懈怠的精神状态和一往无前的奋斗姿态，不忘初心、牢记使命，凝心聚力、砥砺奋进，不断谱写人民政协事业新篇章，为全面建成小康社会做出自己新的更大的贡献！

大事记

1月

3日 张家川县民营医院龙山百信医院正式开业。

同日 县委常委、政法委书记高建平,县政府副县长马国杰出席张家川县15个乡镇交警中队揭牌仪式。

5日 甘肃省建设厅副厅长刘宁带领省政府住房保障工作考核组对张家川县,2016年住房保障工作完成情况进行考核。

同日 天水市民政局副局长顾应存考核张家川县2016年度民政工作目标责任书完成情况。

9日 天水市林业局副局长雷有福带领市林业防火督查组督查张家川县冬季森林防火工作。

14日至15日 甘肃省宗教局副局长马琦深入张家川县调研宗教工作。

14日至15日 中国书协理事、甘肃省书法家协会主席林涛带领来自北京、西安、兰州、天水、陇南等地的11位书法家和学者,就张家川县东汉摩崖石刻的书法和文化价值进行考察,对该石刻的解读、诠释、传承和保护提出了建设性的意见和建议。

17日 天水市政协主席张明泰带领市直有关部门负责人,走访慰问张家川县企业困难职工、敬老院、老党员、劳模、低保困难户和贫困残疾人等人员。

20日 张家川县刘堡乡、大阳乡、川王乡、胡川乡等4个乡分别改为刘堡镇、大阳镇、川王镇、胡川镇。

23日 国家宗教局三司司长李革对张家川县工业园区建设工作进行调研。省宗教局伊斯兰教处副处长谢金诚,市民宗委副主任丁勇,县人大常委会副主任王金祥,副县长马国杰,县政协副主席王存珠以及县民宗局、发改局等部门负责人一同参加调研。

同日 甘肃省财政厅考试中心主任李军、会计处处长王胜华等赴帮扶联系村张家川县川王镇川王村开展春节前慰问活动。

2月

7日 张家川县戏剧家协会参赛选手雒春霞以《探窑》选段在天水市第七届秦腔票友大赛中获一等奖,县戏剧家协会获优秀组织奖。

同日 张家川县召开农村土地承包经营权确权登记颁证工作推进会。县委副书记夏草主持会议,县政府副县长张树增就做好相关工作进行了安排部署。

9日 第六届甘肃黄河文学奖公示,张家川县青年作家李彦周创作的《刀》获中篇小说类青年奖。

14日 张家川县领导干部综合能力提升专题培训班在复旦大学开班,来自各乡镇、县直有关单位50余名领导干部参加了培训。

15日 天水市政协主席张明泰一行深入张家川县龙山镇汪堡村进行专题调研。

16日 天水师院政法学院院长王宏波带领学院调研组一行到张家川县调研土地确权颁证工作。

20日 张家川县窦永锋的书学论文《从〈王康题记〉审视南宋隶书的美学嬗变》荣获第二届“甘肃文艺评论奖”二等奖。

24日 天水市委常委、统战部长温利平带领调研组调研张家川县统战、民族宗教、非公经济等工作。

24日至25日 甘肃省维稳办专职副主任唐志峰一行调研指导张家川县维稳工作。

3月

1日 天水市人大常委会副主任宋建平带领调研组调研张家川县现代畜牧业发展情况。

3日 甘肃省安全生产委员会办公室副主任、省安监局副局长王贵玉带领省安全生产领域改革第一调研组就张家川县贯彻落实《中共中央国务院关于推进安全生产领域改革发展的意见》(以下简称《意见》)以及安全生产领域改革发展情况进行专题调研。

同日 张家川县召开农村危房改造工作推进会。

同日 国家统计局甘肃调查总队队长刘克明一行赴张家川检查指导工作。天水市调查队队长尹捷、县政府副县长李少龙陪同检查。

6日 甘肃省第八考核组组长、省委农工办副主任朱宝莹带领省考核组成员,对全县2016年度脱贫攻坚工作成效及贫困县区党政领导班子和党政正职经济社会发展实绩进行考核。县委书记陈晰代表张家川县党政领导班子汇报全县经济社会发展和精准扶贫精准脱贫工作情况。

7日 天水市发改委组织召开张家川县2017年易地扶贫搬迁方案评审工作会议。市以工代赈办主任杨新红主持会议,县委常委、常务副县长赵东红及全县15个乡镇负责人参加评审会议。

8日 天水市人大常委会党组书记、主任王光庆就张家川县新农村建设及重大项目建设进行专题调研。

9日 张家川县召开第三次全国农业普查专题会议。

同日 县委书记陈晰主持召开县2017年脱贫攻坚领导小组第一次全体会议。会议传达学习全省扶贫办主任会议精神,听取天津对口帮扶项目及洽谈情况和关于精准扶贫项目县级财政配套资金有关情况的汇报。

10日 张家川县召开全县大气污染防治工作调度会议,传达全市大气污染防治工作调度会议精神。县委常委、常务副县长赵东红出席会议并作讲话。

同日 张家川县召开全县重大动物疫病防控暨畜牧工作会议。

16日 张家川县召开全市文化文物新闻出版广电影视工作会议。

17日 甘肃省人大常委会研究室主任明连成、副主任林玉霞,《人大研究》杂志社主编谢蒲定调研张家川县人大常委会在经济工作方面开展监督工作情况。市人大常委会副主任张克强,县人大常委会主任李肖锋陪同调研。

18日 张家川县“恭门镇乡村历史记忆馆”正式免费对外开放。

同日 县委书记陈晰深入太极集团羲皇阿胶有限公司、县垃圾填埋处理厂、木河乡庄河村等地督查调研城乡环境保护重点工作和重点项目建设情况。

23日 天水市委书记王锐带领市委农工部、市发改委、市扶贫办负责人,赴张家川县部分乡镇进行调研。市委常委、秘书长、政法委书记蒋晓强,县委书记陈晰,县委副书记夏草,县委常委、统战部长李国恩一同调研。

24日 甘肃省水利厅党组成员、省纪委派驻省水利厅纪检组组长王金城一行赴张家川县调研水利重点项目建设工作。天水市水务局局长汪杰刚,县委书记陈晰等陪同调研。

25日 中央电视台记录频道历史文化节目组制片人、导演徐欢一行考察了解马家塬遗址的考古挖掘、文物出土过程及马家塬遗址博物馆的规划、建设、管理等情况。

27日 甘肃省民委副主任马学智带领省联合调研组就张家川县贯彻落实全国、全省宗教工作会议精神和省委统战工作领导小组(扩大)会议精神情况开展督查调研。市委统战部副部长马全荣,市民宗委主任安定文,县委书记陈晰一同调研。

同日　天水市委副书记王军赴张家川县调研农业农村工作。

29日　张家川县村党支部书记示范培训班在天水市委党校开班。

4月

1日　张家川县召开2017年环境保护委员会全体会议暨环境保护工作会议，县委书记陈晰出席会议并讲话。

同日　张家川县政府副县长马庭坚带领相关部门负责人，深入城区部分路段对春季道路交通安全管理暨清明节交通安保工作进行督导检查。

5日　张家川县召开全县2017年棚户区改造工作调度会议，学习传达市政府棚户区改造工作协调推进会会议精神，安排国家开发银行贷款相关事项。县委常委、常务副县长赵东红出席会议。

6日　由甘肃省财政厅监督局副局长卢昌辉，省扶贫办计划统计处副处长樊海东带领的全省财政扶贫资金专项检查组来张家川县检查财政扶贫资金使用情况，并召开专题汇报会。市财监局长董天明，县政府副县长马国杰以及县财政局、发改局、扶贫办、宗教局等有关部门负责人参加会议。

7日　张家川县委常委、宣传部长薛林荣主持召开2017年食品药品监管暨党风廉政建设工作会议。县人大常委会副主任王金祥，县政府副县长汪萍，县政协副主席汪双家出席会议。

同日　张家川县召开全县民族团结进步创建工作会议。

8日　县委常委、常务副县长赵东红主持召开分管领域重点工作安排部署会议，重点就改革发展、城乡建设、社会保障、国土资源、住房保障、城市管理、城乡规划等工作进行安排部署。县直相关部门及各乡镇负责人参加了会议。

12日　县委书记陈晰调研检查城市建设和绿化工作。县委常委、张家川镇党委书记苏红娟，县委办、住建局、城投公司等部门负责人参加调研。

18日　甘肃省供销合作社副主任张彬带领工作组深入张家川县，就深化供销合作社综合改革情况进行调研。天水市政府副市长霍卫平，市供销社主任王锦江，县委副书记马效军，县政府副县长张树增一同调研。

20日　天水市副市长郝文杰带领市政府办、市工信委、建设银行天水分行等部门负责人，就张家川县部分重点项目建设进展情况和企业安全生产主体责任落实情况进行调研。县委副书记、县长马筱宁，县委常委、常务副县长赵东红。

同日　甘肃省政协民族宗教委员会副主任卫孺勤带领调研组深入张家川县调研少数民族流动人口服务与管理工作。市政协副主席马百龄及县级有关领导陪同调研。

25日　陇南市住建局副局长侯爱国带领省农村危房改造绩效评价考核组，对张家川县2016年农村危房改造工作进行考核。天水市住建局副局长马顺祥，张家川县委常委、常务副县长赵东红，县住建局、财政局等有关部门负责人参加考核。

25日至26日　政协张家川县第十三届委员会委员培训班在县委党校正式开班，180余名政协委员参加集中培训。

5月

3日　中国煤炭地质总局局长、党委书记赵平一行来张家川县开展对口帮扶调研，并走访慰问帮扶贫困户和五保户。

5日　由中共陇县县委、陇县人民政府主办的陕甘宁三省(区)十一县(区)“大美关山”书画联(巡)展在陇县开展，张家川县文广局、文化馆受邀参展。

4日至6日　甘肃省委省政府安全生产第二巡查组成员省安监局副调研员和继文，特邀专家王发明，市安监局副局长程全瑞对张家川县安全生产工作进行巡查。

9日　甘肃省水利厅水土保持局副局长邱浩带领省水保局、省防办组成督查组，赴张家川县就防汛抗洪工作进行督查。

10日　天水市副市长程伟东率调研组来张家川县就金融业发展、金融支持“三农”经济发展、金融扶贫和小微企业融资、龙头骨干企业培育等工作进行调研。

11 日 天水市委常委、常务副市长赵卫东一行对张家川县重点项目建设工作进行调研。

12 日 天水市政府副秘书长焦新德带领督查组对张家川县招商引资及兰洽会签约项目筹备情况进行专项督查。县政府副县长马庭坚就全县 1 至 4 月份招商引资工作开展情况作了详细汇报。

14 日 甘肃省委统战部副部长、省民委主任马虎成一行调研张家川县宗教工作。

16 日 甘肃省法院政治部副主任吴少先一行 7 人深入张家川县人民法院对执行工作、队伍建设和司法改革等工作开展专项巡查调研。

17 日 甘肃省法院党组成员、副院长陈天雄带领省法院司法行政装备处处长张平平、直属处处长季学勇、司法行政装备处李卓敏一行赴张家川县人民法院开展专题调研。

25 日 天水市教育局副局长高强带领市政府改薄项目督查组对张家川县全面改薄等教育重点项目实施情况进行专项督查。

同日 天水市政协副主席刘永年带领调研组调研张家川县农村公路建设与管理工作。

26 日 甘肃省建设厅住房保障处副处长赵亚平带领督查组一行督查张家川县 2017 年棚户区改造项目建设工作。

6 月

4 日 甘肃省扶贫办项目二处处长薛永东、项目三处处长赵永宏一行赴张家川县调研督查互助资金及世行六期项目工作。

7 日 甘肃省残联康复处处长曾占奎带领督查组赴张家川县督查“斯达克世界从此欢声笑语”中国项目落实情况。

9 日 天水市政府督查室副主任张世钧组织天水市第一人民医院妇产科、骨科、消化科、神经科等科室主任医师赴张家川县马鹿镇白杨村开展义诊活动。

同日 中德财政合作造林项目首席顾问福斯特赴张家川县回访检查造林成果。

12 日至 13 日 天水市食品药品监督管理局副调研员李箭一行，对张家川县食品药品生产、流通和使用各个环节的监管工作进行督查。

13 日 甘肃省人民政府副省长杨子兴在张家川县调研重点项目建设及县域经济社会发展和精准扶贫精准脱贫进程。

20 日 甘肃省民政厅党组成员、巡视员郭华峰带领省建设厅村镇处处长贺建强、省财政厅综合处调研员孙惠农、省民政厅社会救助处副处长刘凯等组成的省政府督查组督查指导张家川县 2017 年农村 D 级危房改造工作。

22 日 重庆太极集团董事局主席白礼西、重庆涪陵榨菜集团有限公司销售总监王进带队与张家川县就投资合作、推进经济发展达成共识。

7 月

1 日 天平铁路张家川火车站 7 月 1 日正式运行，该项目投资总额 50.05 亿元。该线共设 9 个站，全长约 113.106 公里，设计时速 120 公里。张家川县境内铁路总长 25.23 公里。天平铁路开通初期以开行货运列车为主。

2 日 张家川县青少年活动中心编排的《美育温暖留守娃》参与中央电视台少儿频道《英雄出少年》走进天水特别节目拍摄。

3 日 天水市政协党组书记、主席张明泰带领市委第四宣讲团来张家川县宣讲甘肃省第十三次党代会精神。

同日 天水市政协副主席郭明兴深入张家川县专题调研养老服务业建设情况。

3 日至 4 日 张掖市临泽县政协主席王佩文、副主席岳世峰带领临泽县政协考察团考察学习张家川县清真食品加工、文化教育、美丽乡村建设等。

4 日 张家川县召开 2017 年脱贫攻坚领导小组第二次全体(扩大)会议。

6 日 张家川县十六届人大常委会召开第 5 次会议。会议听取和审议县人大常委会关于全县贯彻执行《中华人民共和国环境保护法》情况等的调查报告。

11日 张家川县举行转变草原畜牧业发展方式秸秆资源利用建设项目暨铡草机发放仪式,为养殖户发放小型铡草机1600台。

同日 由天水市委组织部主办、张家川县委组织部承办的全市民族地区村党组织书记培训班在张家川开班,来自全县15个乡镇的党委副书记和100名村党组织书记参加培训班。

20日 广西凭祥市人大常委会副主任周平一行来张家川县考察学习“人大代表之家”建设工作。考察组全面深入了解了张家川县近年来经济社会发展、特别是文化教育和“人大代表之家”建设方面取得的成果和经验。

27日 张家川县召开新任职干部集体谈话会议,县委书记陈晰出席会议并作讲话。

31日至8月1日 天津港保税区管委会工委委员、管委会副主任吕英博一行调研考察张家川县对口帮扶工作,并召开东西部扶贫协作工作座谈会,会上签订《天津港保税区管理委员会与张家川县人民政府东西部扶贫协作框架协议》。

8月

3日至4日 天水市人大常委会副主任蒲朝晖带领市人大历史文化保护调研组先后深入龙山镇建成石器陈列馆、马家塬遗址考古发掘现场及县博物馆等地,实地查看并详细了解张家川县历史文化遗产保护及利用工作开展情况。

9日 甘肃省人社厅党组成员、副厅长刘诚带领省脱贫攻坚兜底保障专责工作组在刘堡镇丰银村、胡川镇王安村等地详细了解张家川县脱贫攻坚兜底保障工作。

同日 张家川县召开打击侵犯知识产权和制售假冒伪劣商品工作会议。

8日至9日 天水市人大常委会党组书记、主任、后川河市级河长王光庆来到张家川县和清水县,实地检查河流沿线侵占河道、倾倒垃圾、非法采石、超标排污等情况以及相应的河道治理、生态保护与修复等工作。

10日 甘肃省委常委、省委政法委书记、省公安厅厅长马世忠调研张家川县脱贫攻坚工作,天水市委常委、秘书长、政法委书记蒋晓强一同调研。

12日 由甘肃省妇联党组成员、副主席胡兰带队的省脱贫攻坚转移就业专责工作组深入胡川镇胡川村,县职教中心“伊香拉面师”培训基地,全面了解张家川县的贫困劳动力精准输出、精准培训和返乡农民工创业工作情况,市政府副秘书长米万平,县政府副县长张树增一同调研。

15日 天水市委统战部常务副部长刘锋,市委统战部副部长、市工商联党组书记介晋峰,市委统战部副部长邢赟带领市委统战部调研督查组专题调研张家川县非公经济运行、新的社会阶层人士工作开展情况。

18日 红色题材电影《小儿锦》在张家川县恭门镇幺磨湾村开机。

同日 甘肃省社会保险事业管理局副局长周强一行深入包联村张家川县刘堡镇峡里村、丰银村,对接精准扶贫帮扶工作。

21日 张家川县委书记陈晰,县委副书记、县长马筱宁督查张恭二级公路收尾工程建设情况。

25日 天津港保税区工委书记尤天成率领调研组来张家川县阎家乡阎家村、草川梁村和马鹿镇草川村等地,实地对接东西部扶贫协作工作。

26日 甘肃省民委监督检查处副处长措钦才让一行检查指导张家川县民族团结进步创建工作开展情况。

28日 天水市政协副主席逯克宗带领调研组先后深入张家川县龙山镇汪堡村、李山村、马河村、西沟村等地就张家川县易地扶贫搬迁项目实施、工程配套设施建设、群众后续产业发展等情况进行调研。

29日 张家川县举办全县机关党组织书记培训班,150人参加培训。

30日 张家川县委书记、县委财经领导小组组长、县脱贫攻坚领导小组组长陈晰主持召开中共张家川县委财经领导小组暨全县脱贫攻坚领导小组会议。

30日至31日 甘肃省民委党组副书记、副主任郭奇若深入调研张家川县对接精准帮扶项目。

9月

5日 甘肃省委组织部人才工作处副处长李靖红一行赴张家川县，就履行抓基层党建工作责任落实、推进“两学一做”学习教育、贯彻落实中央和省委关于基层党建工作部署要求、基层党建体制机制运行、基层党组织和党员队伍建设、基层党建重点任务落实、基层党建基础保障、公务员法及其配套法规执行和修订公务员法工作情况进行督查调研。

7日 国家开发银行甘肃分行副行长章霄一行来张家川县考察农村基础设施建设和棚户区改造项目实施情况。县长马筱宁及县直各相关部门负责人参加考察。

同日 天津市滨海新区塘沽街道工委副书记范立东、滨海新区塘沽街道办事处副主任林子胤来张家川县对接东西部扶贫协作工作。

8日 甘肃省人大民侨委主任委员周兴福带领省人大调研组到张家川县，就民族地区教育扶贫工作进行专题调研。

同日 张家川县召开庆祝第三十三个教师节暨表彰大会。县委书记陈晰出席会议并讲话，县长马筱宁主持会议。

7日至8日 甘肃省政府参事、甘肃民族师范学院副校长道周，省政府参事、甘肃省公安厅巡视员李宗锋，省政府参事、兰州城市学院副院长刘举科一行来张家川就民族地区产业发展与环境保护工作进行专题调研。

11日 甘肃省图书馆辅导部主任董隽带领评估组到张家川县，开展第六次公共图书馆工作进行评估定级工作。

13日 新华社甘肃分社常务副总编谭飞一行3人到张家川县龙山镇调研采访精准扶贫精准脱贫和特色产业发展情况。

15日 甘肃省农牧厅农村经营管理处处长徐麟辉带领督查组到张家川县，就农村土地承包经营确权登记颁证工作进行专项督查。

19日 甘肃省卫计委党组书记尚裕良带领天水市县区包保干部赴张家川县督查调研全省卫生计生22项重点工作落实情况。

28日 由西北大学文化遗产学院、陕西师范大学历史文化学院、天水师范学院、甘肃省文物考古研究所、天水市博物馆共同主办的《西戎文化的发现与研究学术研讨会》专家组一行70余人到张家川县博物馆及马家塬战国墓葬保护处，专题调研西戎文化研究。

10月

9日 县委书记陈晰主持召开中共张家川县委常委会(扩大)会议。会议集中观看政论专题片《不忘初心继续前进》(第二集:人民至上)，传达学习中共中央政治局第四十三次集体学习会议精神、中共中央办公厅印发《党的十八大以来中央巡视工作总结》的通知、中央军民融合发展委员会第二次全体会议精神、庆祝中华人民共和国成立68周年国庆招待会精神等中央相关会议文件精神，传达学习全省县乡人大工作和建设经验交流会精神、全市脱贫攻坚重点工作推进会议精神、全市十九大信访维稳暨进京涉访问题综合治理工作会议精神等省市相关会议精神，并对近期各项重点工作进行安排部署。

20日 张家川县召开省、市支持张家川县优惠政策落实现场推进会。

27日 张家川县申报的“小儿锦”(阿拉伯文字母拼写汉语的一种拼音文字）入围甘肃省非物质文化遗产代表性项目民间文学类，皮活制作技艺入围传统技艺类。

11月

8日 张家川县委副书记、县长马筱宁带领县政府办、公安局等县直相关部门和张家川镇、龙山镇、恭门镇主要负责人赴秦安县考察学习棚户区改造及城市建设工作。

同日 甘肃省人民政府公布第八批省级文物保护单位保护范围，张家川县河峪摩崖石刻和宣化冈两家文物保护单位列入。

同日 由张家川县委、县政府出品的第一部红色题材原创电影《小儿锦》在天水宾馆首映。

18日 天水市第二届“羲皇杯”音乐奖器乐大赛颁奖音乐会在天水师院音乐厅举行。张家川县有43个参赛选手，分别获得键盘类成人组一等奖1个，儿童组二等奖1个、三等奖5个，优秀奖33个，弹拨类儿童组优秀奖3个，县文联获优秀组织奖。

20日至21日 张家川县第十三次妇女代表大会召开。县群团组织主要负责人、各界妇女代表120多人参加会议。大会听取张家川县妇联第十二届委员会工作报告。

22日 2017年“壹基金”温暖包张家川县发放活动启动仪式在张家川镇上磨小学举行。张家川镇、马鹿镇、张棉驿乡、大阳镇4个乡镇的329名留守儿童收到“壹基金”温暖包。

23日 2017年甘肃省“百名法学家百场报告会”天水市张家川县报告会举办，中共天水市委党校哲学与科社教研室主任、法学副教授张永康应邀作了专题报告。各乡镇、县直部门及驻县市属各单位负责人以及政法系统班子成员120余人参加报告会。

24日至25日 “书香传家，成就梦想”经典诗文朗诵比赛在张家川县影视中心举行。参赛人员和观众有400多人。参赛作品有《我的祖国》等赞美热爱家乡的诗文，《为祖国而歌》《五年抒怀，不忘初心，献给党的十九大》等唱响时代赞歌的诗文。

是月 张家川县供电公司企业类型变更为张家川县有限责任公司分公司。

12月

26日 “张家川回族自治县监察委员会”正式挂牌成立。

22日至24日 政协张家川县第十三届委员会第二次会议召开。会议应到委员143名，实到135名，会议审议通过政协张家川县第十三届委员会第二次会议《政治决议(草案)》、关于政协十三届常委会工作报告的决议(草案)、关于十三届常委会提案工作报告的决议(草案)，通过政协张家川县第十三届委员会第二次会议提案审查情况的报告(草案)。

23日至25日 张家川县第十六届人民代表大会第二次会议召开。会议听取并审议通过张家川县人民政府工作报告的决议；关于张家川县2017年国民经济和社会发展计划执行情况的报告及2018年国民经济和社会发展计划的决议；关于张家川县2017年财政预算执行情况和2018年全县财政预算的决议；张家川县人民代表大会常务委员会工作报告的决议；关于张家川县人民法院工作报告的决议；关于张家川县人民检察院工作报告的决议。大会选举苏华为张家川县监察委员会主任；选举马小平为张家川县人大常委会委员。

历史地理

【地理位置】 张家川县位于甘肃省东南部，天水市东北，陇山西麓，属六盘地槽与陇西陆台两大地质构造单位的过渡地带，为六盘山经向构造与秦岭纬向构造接壤处，地理坐标为北纬34° 44′ 至35° 11′，东经105° 54′ 至106° 35′ 之间，全境地势由东北向西南倾斜，略呈斜三角形。东西长62公里，南北宽48公里，总面积1311.8平方公里。

张家川县属天水市辖县，东接陕西省陇县，南邻清水县，西连秦安县，北毗华亭、庄浪县。人民政府驻地张家川镇，与周边市县均有公路相通，西距省会兰州市378公里，东经陕西省陇县至西安市388公里，占全市总面积的9.14%，辖10个镇5个乡，255个村委会，1275个村民小组，总人口341775人，其中回族237030人，占总人口的69.4%。

【历史沿革】 夏商时境内为西戎地。周孝王十三年(前885年)，周封在汧渭之间养马有功的嬴非子为附庸，在秦建邑，号嬴秦(邑在今张家川镇瓦泉村)。秦昭襄王二十八年(前279年)，秦设陇西郡，郡治狄道(今甘肃临洮)，今张家川县属陇西郡。

西汉沿袭秦制，实行郡县二级制。汉武帝元鼎二年(前115年)，析置陇县(治今张家川镇)。武帝元鼎三年(前114年)，从陇西郡分置天水郡，治平襄，辖16县。张家川地区分属天水郡之街泉、戎邑道、陇、清水及右扶风所属之汧县辖。武帝元封五年(前106年)，置监察性质的十三州刺史部，陇县属凉州刺史部天水郡辖。东汉光武帝建武十八年(42年)，改王莽所置州牧为刺史，凉州刺史部驻陇县。明帝永平十七年(74年)，天水郡改称汉阳郡，辖13县，撤清水、戎邑道并入陇县。灵帝中平五年(188年)，凉州刺史部由陇县迁冀县(今甘谷县)。

三国魏实行州、郡、县三级制。三国初，魏复置清水县，撤陇县并入清水县，属广魏郡。之后张家川再未置县，今县大部属清水县、秦安县辖。

金太宗天会八年(1130年)，今张家川县分属秦州之冶坊(治今清水县黄门乡)、陇城(治今秦安县陇城乡)二县。元世祖至元七年(1270年)，撤陇城县并入秦安县，撤冶坊并入清水县。今张家川县分属秦州之清水、秦安两县辖。明清时，今张家川县分属秦州之清水县、秦安县，静宁州之庄浪县及凤翔府陇州辖。

民国2年(1913年)3月，推行省、县两级制，暂存道制。今张家川县分属甘肃省陇南道之清水、秦安两县及泾源道之庄浪县、陕西省关中道之陇县辖。24年(1935年)，今张家川县分属甘肃省第二、四行政督察区之庄浪、清水、秦安县和陕西省凤翔行政督察专员公署之陇县辖。

1949年10月1日中华人民共和国成立后，今张家川县分属天水分区行政督察区之清水、秦安、庄浪县和陕西省陇县辖。1953年7月6日，成立张家川回族自治区(1955年6月改称县),1958年12月,张家川回族自治县、清水县合并,置清水回族自治县。1961年12月,张家川回族自治县、清水县分设。1969年10月至2017年底,张家川回族自治县先后属天水地区革命委员会、天水地区行政公署、天水市管辖。全县设10镇5乡、255个村民委员会、1275个村民小组、6个居民委员会。

资源环境

【地形地貌】 张家川地势由东北向西南倾斜。以山地为主,最高点为秦家塬石庙梁,最低点为龙山镇马河村,海拔在1486米～2659.4米之间。

东北部陇山巍峨,峻岭重叠;西南部山峦起伏,沟壑纵横。源于陇山纵贯全境的六条山梁,宛如手指,自东北向西南伸展。境内地貌复杂,东北部为陇山石质、土石山地,中东部为红土与红砂岩黏土相间山地,中西部为黄土梁峁沟壑山地。全县地貌大体上由梁峁、沟壑、川台、河谷四部分形成。土地总面积131200公顷,占全县总面积的97.4%。

【气候特点】 张家川深居内陆腹地,地处东南、西南季风交互影响的边缘地带,属温带大陆性季风气候。由于地形的复杂多样性,形成了明显的地域型立体小气候环境,中西部为温和半干旱区、温凉半干旱区和温寒半干旱区,气候温和,光照充足,无霜期较长,但雨量较少;东北部为温寒半湿润区和温寒湿润区,气候偏冷,光照较差,无霜期较短,雨量充沛。全县气候差异较大,年平均气温7.5℃,无霜期163天左右,全年日照时数2044小时,年平均降水量600毫米。其特点是:夏短而不热,冬长而严寒,雨热同季,夏润冬燥,春暖迟,秋凉早,昼夜温差大。

自然资源

【土地资源】 全县总土地面积1311.8平方公里,折合13.12万公顷。其中耕地3.75万公顷,占土地总面积的28.55%,其中粮田3.16万公顷。人均占有耕地1240平方米。多山地,少川塬地。有山地3.41万公顷,川塬地4709公顷。

【水资源】 全县有五条较大的时令河,均发源于陇山的涓涓细流。属牛头河上游支流的后川河、樊河、汤浴河和葫芦河上游支流的清水河,流入长沟河的马鹿河,均属渭河北岸支流。年均径流量1.68亿立方米,其中自产水1.43亿立方米,总流域面积1311.8平方公里,水能蕴藏量5357千瓦。

【森林资源】 境内山青林茂,森林覆盖率达20.8%。绵延横亘东北的关山林区,林地面积达394.46公顷,占全县总面积的30%,木材总蓄积量达120.47万立方米。在茂密的森林中,可出产药材、生漆、山货等上百种林副产品,栖息着金钱豹、毛冠鹿、林麝、獐子、石貂、鬣羚、青羊、水獭、黄鼬、红腹锦鸡等57种珍禽异兽,为张家川的山光水色增添了奇光异彩。这里还蕴藏着丰富的矿产资源。现已探明的有8个品种、18个矿点,其中:金属矿主要有铜、铅、铁、锌、银等6种,非金属矿有花岗岩、石灰岩、石英石、长石等7种。非金属矿产资源不仅储量大,而且品位高,具有较高的开采价值。尤其花岗岩以其色泽好、质地硬、品位高而成为上乘的建筑、装潢、雕塑材料,备受用户青睐。

【矿产资源】 境内物产丰富,土特产品种较多,蕨菜、蚕豆、药材、山货、阿胶、皮毛产品等名优产品久享盛名。销往全国各地,甚至远销海外,成为张家川县出口创汇的"拳头产品"。

【农业资源】 全县有耕地3.75万公顷,其中粮田面积3.16万公顷。粮食作物有冬小麦、玉米、马铃薯(洋芋)、糜子、蚕豆、莜麦、荞麦等,经济作物有胡麻、油菜、大麻、中药材、蔬菜等,经济林果有苹果、梨、核桃、杏等。种植业在全县的经济中占有重要位置。

【畜牧资源】 畜牧业是全县的资源型优势产业,县境东北有大片宜牧草山、草场,放牧草地面积达3.61万公顷,其中成片草地1.25万公顷。野生牧草有154种,均属灌木草丛类,以禾本科、莎草科、豆科、菊科为主。饲草年产量达1.4亿公斤,载畜量折羊单位9.71万只。富有科学营养价值的蚕豆、箭舌豌豆和紫花苜蓿在全县有较大的种植面积,具有发展畜牧业的广阔前景。

行政区划

1953年7月6日张家川回族自治区成立,设6个区1个镇37个乡。7月20日又增设17个乡,全区共辖6个区1个镇54个乡。

1955年12月缩区并乡,撤销张家川、木河两区。经调整,全县设4个区1个镇29个乡,即县直属3个乡1个镇、龙山区10个乡、宣化区7个乡、恭门区5个乡、马鹿区4个乡。

1956年10月,撤销龙山、恭门、宣化3个区,增设龙山镇,并将大麻、峡里两乡合并。撤并后全县设1个区2个镇27个乡,即县直属2个镇23个乡,马鹿区4个乡。

1958年8月撤销马鹿区,合并部分乡,全县缩编为2镇12乡。9月实现人民公社化,实行政社合一体制。经调整,全县辖张家川镇、龙山、马关、大阳、恭门、峡里、马鹿7个人民公社,28个管理区。12月20日,张家川回族自治县、清水县合并,置清水回族自治县,辖13个人民公社、55个管理区、331个生产队。1959年5月改管理区为生产大队。

1961年12月15日,张家川回族自治县、清水县分设时,将原属张家川县的傅堡、朝阳、后川3个生产大队划归张家川回族自治县,将原属清水县的盘龙、蒲魏等14个生产大队划归清水县。时,全县政区设张家川、马鹿、恭门、龙山、马关、刘堡6个区、32个人民公社、342个生产大队、1125个生产队。

1965年3月调整社队规模,撤销6个区工委,全县缩编为张家川镇、马关、梁山、连五、龙山、大阳、木河、川王、张良、胡川、张棉驿、刘堡、恭门、平安、马鹿、阎家16个人民公社、191个生产大队、1090个生产队。

1980年6月,增设渠子人民公社。时,全县共设17个人民公社、266个生产大队、1294个生产队、2个居民委员会。

1981年改张家川镇人民公社为张家川镇。时,全县政区辖1个镇、16个人民公社、266个生产大队、1294个生产队、3个居民委员会。

1983年12月改变“政社合一”的人民公社体制,人民公社改为乡(镇)人民政府,乡(镇)下设村民委员会,村下设村民小组。全县设1个镇16个乡、266个村民委员会、1294个村民小组、3个居委会。

1984年2月,分张家川镇为张家川镇、上磨乡,分龙山乡为龙山镇、四方乡,龙山镇增设南街居民委员会。全县设2个镇17个乡、266个村民委员会、1294个村民小组、4个居民委员会。

1992年12月,将大阳乡太原村委会分设为太原和阳湾村委会。1996年8月,将木河乡店子村分设为店子、毛家、水沟3个村委会。时,全县辖2个镇17个乡、269个村委会、1294个村民小组、4个居民委员会。

2003年12月,调整行政区划,撤销四方乡,将该乡的马堡、韦沟、东山3个行政村并入马关乡,将榆树、马河、连柯、四方、韩川、李山6个行政村并入龙山镇;撤销上磨乡并入张家川镇;撤销张良乡,将该乡的纳沟、上沟、大堡、杨店4个行政村并入张家川镇,将阴山、袁家、张巴、海河、毛山、袁河、仁湾7个行政村并入恭门镇;撤销渠子乡,将该乡的水滩、下渠、东沟、双庙、吴家、高沟、寨子、陈阳8个行政村并入大阳乡,将大地、圆树2个行政村并入张家川镇,将上渠、八卜子2个行政村并入木河乡,将深垧、后湾2个行政村并入胡川乡。经撤并,全县设3个镇12个乡、269个村民委员会、1296个村民小组、4个居民委员会。

2008年7月,张家川镇的村组行政区划调整:撤销崔关村,整体并入南川村;撤销南沟村,整体并入孟寺村;撤销阳洼沟村整体并入瓦泉村;撤销仁沟村,整体并入袁川村;撤销大地村,整体并入圆树梁村;撤销上沟村,将一组并入杨店村,二组并入背武村,三、四组并入赵阳村,五、六组并入纳沟村。木河乡的村组行政区划调整:撤销下河村,整体并入下庞村;撤销水沟村,整体并入店子村。马关乡的村组行政区划调整:撤销庙儿村,整体并入上窦村;撤销阴洼村,整体并入西庄村;撤销二房村,整体并入草湾村。调整后全县共辖3镇12乡、258个村委会、1287个村民小组、4个居民委员会。

2010年11月,将平安乡的大麻、牛曲河、赵安3村12个村民小组跨省异地搬迁至新疆维吾尔自治区昌吉市、阜康市。2013年全县辖3镇12乡、255个村民委员会、6个社区、1275个村民小组.2015年5月,撤销张家川县马鹿乡,设立马鹿镇,新设立的马鹿镇行政区域范围和政府驻地保持不变;11月,撤销张家川县梁山乡、马关乡,设立梁山镇、马关镇,新设立的梁山镇、马关镇行政区域范围和政府驻地保持不变。2017年1月,撤销刘堡乡、大阳乡、川王乡、胡川乡,设立刘堡镇、大阳镇、川王镇、胡川镇,新设立的刘堡镇、大阳镇、川王镇、胡川镇行政区域范围和政府驻地保持不变。2017年底,全县辖10镇5乡、255个村民委员会、6个社区、1275个村民小组。

张家川镇 辖东关、东街、西关、西街、西窑、前山、查湾、堡山、赵川、阳上、上川、上磨、刘家、硖口、崔家、下仁、杨川、沟口、背武、赵阳、南川、瓦泉、崔湾、孟寺、袁川、大堡、园树、纳沟、杨店29个村委会;东城社区、南城社区、西城社区、北城社区、中城社区5个社区。

龙山镇 辖马黑曼、郑家、芦塬、北河、北街、官泉、南街、西门、树坡、南梁、冯塬、西沟、西川、汪堡、榆树、马河、连柯、四方、李山、韩川、20个村委会,南街社区1个。

恭门镇 辖西关、天河、麻山、毛磨、河北、杨坡、水池、柳沟、张窑、麻崖、灵台、城子、徐湾、西坡、梁湾、团庄、付川、古土、河裕、恭门、海河、毛山、阴山、张巴、仁湾、袁河、袁家27个村委会。

刘堡镇 辖刘堡、窑儿、罗湾、王家、芦科、五星、郑沟、赵湾、峡里、冯营、王山、小湾、李山、梨园、董家、米家、杜家、高家18个村委会。

张棉驿乡 辖张棉驿、田湾、庙川、和平、上蒋、东峡、周家、喜湾、马窑、盘山、先麻11个村委会。

胡川镇 辖张堡、潘峪、刘塬、祁沟、窑上、柳湾、胡川、宁马、仓下、蒲家、夏堡、王安、前梁、阳山、深坷、后湾16个村委会。

木河乡 辖店子、毛家、庄河、李沟、坪王、桃园、高山、马坪、下庞、楸木、杜渠、上渠、八卜13个村委会。

大阳镇 辖小阳、大阳、南山、刘沟、中庄、豁岘、汪洋、阳沟、侯吴、梁堡、河李、闫庄、太原、刘山、下李、阳湾、双庙、东沟、下渠、高沟、水滩、吴家、寨子、陈阳24个村委会。

川王镇 辖小河、石峡、铁洼、海湾、哈沟、冯家、河湾、关河、松树湾、川王、大庄、范湾、马达、毛寨、西崖、王家沟16个村委会。

马关镇 辖石川、西山、新义、东庄、黄花、上河、八杜、西台、西庄、草湾、上豆、小庄、庙湾、赵沟、马堡、东山、韦沟17个村委会。

连五乡 辖高庄、黄家、张家、中心、中渠、负家、连五、马咀、夭庄、四合、陈家、兰家、三合、李家14个村委会。

梁山镇 辖梁山、五方、斜头、唐刘、高营、杨渠、樱桃沟、杨崖、吕湾、丹麻、阳洼、岳山12个村委会。

平安乡 辖磨马、马塬、铁固、包梁、大湾、梨树、新庄、水泉8个村委会。

阎家乡 辖阎家、朝阳、王坪、丁河、付堡、后山、三友、大场、草川、神树、花山、车古、陈庙、操场14个村委会。

马鹿镇 辖康王、草川、长宁、韩河、寺湾、堡梁、大滩、龙口、牌楼、陡崖、白杨、林峰、宝坪、石庄科、花园、金川16个村委会。

人口构成

2017年末，全县总人口72685户,341775人,比上年末增加2325人。其中回族人口44787户,237030人,占总人口的69.4%。在总人口中农业人口314547人。常住人口29.49万人,人口自然增长率6.85‰。

民族宗教

【民族】 全县有16个民族，除回族外，还有汉族、蒙古族、藏族、维吾尔族、彝族、瑶族、布依族、满族、苗族、壮族等少数民族。这些少数民族，有的是来经商、开办小作坊做生意的，有的是因县内人员外出打工结婚成家迁移来的，也有大学生毕业后分配来自治县工作的。在全县少数民族人口中，回族人口237030人，占全县总人口的69.4%。

【宗教】 全县有佛教、道教、伊斯兰教、基督教四大宗教，活动场所541处，其中批准开放的宗教活动场所453处，有宗教职业者1066人，可统计信教人数285297人，占全县总人口的85.7%。有县级宗教团体2个，即伊斯兰协会和佛教协会。

佛教 全县有开放的佛教活动场所12处，佛教教职人员11人，佛教信教群众27544人，占全县总人口的8.3%。

道教 全县有开放的道教场所5处，道教教职人员18人，有信教群众26421人，占全县总人口的7.9%。

伊斯兰教 全县回族人民信仰伊斯兰教，有伊斯兰教活动场所432处，伊斯兰教众231657人，占全县总人口的69.4%，有伊斯兰教教职人员1015人。全县伊斯兰教内部有格及目、伊赫瓦尼、色乃菲耶教派和哲赫忍耶门宦，还有近年出现的为数不多的撒拉门宦和林明堂门宦。其中哲赫忍耶门宦信教群众14.4万人，占回族信教群众的62.9%，格及目教派信教群众4.8万人，占回族信教群众的21.1%，伊赫瓦尼教派信教群众3.4万人，占回族信教群众的15%，色乃菲耶教派信教群众0.2万人，占回族信教群众的0.9%。

基督教 全县有基督教信教群众382人，占全县总人口的0.1%，未开放基督教聚会点3处。

旅游资源

张家川县自然风光秀丽，人文景观丰富。境内已发现古文化遗址和文物遗址多处。主要有关山风景区、宣化冈拱北、马家塬遗址等。

【云凤山】 云凤山是关山的一个余脉，位于县城东45公里的马鹿乡花园村，因有五峰围抱一座峻岭，故称其为五龙山，峻岭居五峰之冠，紫岚缭绕，形似凤首，又称云凤山，又有“五龙朝凤”之名，早年建有规模宏大的佛、道教寺院，有玉皇顶、王母宫、大佛殿、十八罗汉殿、药王殿等。碧瓦参差、屋宇林立、松柏参天、暮鼓晨钟、香客芸芸，后毁于“文化大革命”中，现仅存明神宗万历年间(1573年—1620年)的石幢一座，黑虎洞灵官塑头像和陶质菩萨，迦叶头像。云凤山巍峨险峻，又兼有园林之雅秀，触目皆景，春来满目生翠，夏日山花烂漫，秋天遍地红叶，严冬玉树琼枝。

【老龙潭】 在关山东南1.5公里处，三股水与四叉河相汇入通关河。水量猛增，河水湍急，沿林木繁盛的通关河谷奔腾而下，河心有数不清的大青石，常年经受浪花的击打，形成了千奇百怪、拟人状物的巨石奇观。相传远古时候，这里曾是龙王修身养性之地。因此处人烟稀少且环境幽雅，景色迷人，龙王途经此地被这里美丽的景色所吸引，故而选此处作为自己的修养地。天长日久，住在附近的村民们发现每逢下雨时潭水便会不停的翻滚，村民们相信潭水有灵气，于是在天大旱时他们便在这里烧香磕头，举行隆重的祭祀仪式，向龙王爷祈求甘雨，故这里被称为“老龙潭”。

【秦地都邑——秦亭】 古地名，是秦的最早都邑，是中国历史上第一个统一的中央集权制国家秦最初的发祥地，据历史考古学家考证，秦亭遗址准确的位置在今张家川县城西南张川镇瓦泉村。瓦泉村沙塄子有一大型夯土台遗址，长350米，宽200米，夯土层厚20厘米~10厘米，均为竖穴式土坑墓，并填有木炭。县博物馆从瓦泉、恭门一带的秦墓中，收藏了一批秦代文物，有铜铁复合殳、铜麋鹿、圆腹双铺首铜锺、灰陶簋、朱砂彩绘陶罐、蒜头陶壶、秦半两钱币、车马饰件等。

【正觉寺】 又名黄龙山大正觉寺,位于马鹿乡龙口村西南200米,始建于隋大业年间(605年—617年),占地面积0.53公顷。寺内建成仿古宫殿式大雄宝殿、观音殿、地藏殿、客堂、僚房、接待室等1500平方米。现存各类佛像和文物30余尊(件)。黄龙山大正觉寺是张家川县历史最悠久、影响最深远、建筑规模最宏伟的佛教寺院之一。每年农历四月初八的传统庙会,前来烧香拜佛、参加宗教活动的信教群众和游人络绎不绝,旅游开发前景广阔。

【老庵寺】 位于县城东15公里的恭门镇付川村东北的卧龙山半山坡上,原名卧龙寺,俗称上寺,相传始建于唐代。因建在宛如爬卧之龙的山中而得名,但因杨家大湾尼姑庵毁于匪焚,众多年老体弱的尼姑出峡投奔到卧龙寺,使卧龙寺僧人下山,分扎在和尚川各寺,寺名改为老庵寺,沿用至今。这座千年古刹历经了三兴三废至今香火不熄。1979年最后又一次重建,经主持释静咸和信教居士二十多年的修建和维护,终于使千年古刹重放异彩。重建后的老庵寺共占地20公顷。主要由一门、五院、八殿、三洞、七塔组成,整个建筑按照卧龙山的自然地形,错落有致地建造在拾阶而上的几阶平台之上,其殿宇楼亭布局合理,大小佛塔错落有致,建筑风格蕴含了中华民族浓厚的文化传统,具有较高的历史文化品位。每年的农历三月二十、四月初八的传统庙会,善男信女,摩肩接踵,殿堂内外香烟袅袅,灯火通明,旌旗招展,鼓磬齐鸣,是张家川一道亮丽的风景线。

【宣化冈拱北】 位于张家川县的北山查湾村,建于光绪年间(1875—1908年),占地约4.7公顷。宣化冈拱北葬有中国伊斯兰教哲赫忍耶门宦第五、六、七代教主,其依山就势而建,建筑规模宏伟,仿造云南园林建筑风格,砖刻木雕,有各种房屋300多间。20世纪20年代初,于右任路过此地,曾作诗感叹“天荒地变真闲事,金碧参差宣化冈”,足见其建筑规模之宏大。宣化冈每年要举行大型宗教活动十多次,每次前来参加活动的信教群众涉及全国13个省区,人数多达五六万人。

【龙山镇清真西大寺】 位于龙山镇西街,始建于清德宗光绪十一年(1885年),原建筑为两进古宫殿式大殿,有抱厦、卷棚和正殿,顶部覆盖灰色筒瓦,正脊施以龙吻吞脊,整个寺院严谨古朴,殿内雅致肃穆。1988年将旧大殿拆除,在当地穆斯林集资的基础上,由世界伊斯兰联盟及中国伊协等资助,投资50万元,于1991年重新建成新大殿,大殿建筑面积535平方米,顶部有三个阿拉伯式圆顶“米拉热”。大殿后三层建有高12米的望月亭,正面是半圆形,两侧各建有呼唤教众礼拜的“帮克楼”,中间高踞绿色大圆顶,整个建筑分上下两层,上层为礼拜堂,礼拜堂外的拱廊以高大的明柱支撑,气势雄伟,采用白、黄、绿三种颜色粉饰,明净雅致。大殿内悬挂着选自《古兰经》和《圣训》的阿拉伯文书装饰。地面为水磨石,上铺毡垫。另有壁灯、吊灯,供夜间礼拜。有供伊麻目的宣讲台,称“敏拜日”,为木刻,精雕细刻,十分考究,可容纳1000多人礼拜,大殿素洁淡雅,庄严肃穆。大殿内迎面的后墙正中有一穹隆的小壁龛,象征着麦加天房所在的方向。整个建筑为中国宫殿式古典建筑,有浓厚的阿拉伯建筑艺术风采,为目前甘肃较大的清真寺之一,每逢聚礼日(每周五),临近各乡赶集的穆斯林均至该寺礼拜,龙山清真西大寺成为境内西部清真寺文化交流的中心。

【马家塬遗址】 位于张家川县木河乡桃源村马家塬,背靠马家塬山梁,东西两侧为地势较高的杜家梁和妥家梁,形成中部低洼平缓,两边高陡的簸箕状地形,避风向阳。遗址地表为农田,以马家塬为中心,向东西延伸,200米范围密集地分布着战国墓葬群,古墓中出土的战国时期车乘,在甘肃省尚属首次,在全国都非常罕见,为研究秦文化、古代北方民族史,以及这一时期车辆的制造技术、装饰工艺,金、银、铁等金属品的提炼和运用程度等提供了证据,对于中国科技史的研究也具有非常重要的意义。已发掘出一号、二号、三号墓,据专家鉴定系2300年前战国时期的车马坑,内出土黄金、玛瑙饰品、铜车马等文物器具共计1600余件,其中一级以上文物就达130多件。而青铜茧形壶全国独此一件，堪称国宝。2007年1月该遗址被公布为甘肃省省级文物保护单位，4月被评为“2006年度全国考古十大发现”之一。

名优土特产

【蕨菜】 系多年生草本植物，属蕨类凤尾蕨科。产于张家川东部林区及林沿地带，有羊蕨、牛蕨之分，羊蕨长在阳山，杆细，色呈菜绿，又叫白蕨；牛蕨长在阴坡低洼处，杆粗条长，墨绿泛紫，又叫黑蕨，是蕨中之佼佼者。每年四、五月份，蕨菜鲜嫩可口，正是采摘的大好时机。其嫩枝嫩芽适时采集，经盐渍加工，存放时间较长。因其质地脆嫩，色鲜味美，是宴席上拌凉菜之佳肴，肉炒蕨菜清香爽口，凉拌鲜蕨菜嫩脆提神。蕨菜全株入药后，有解热、利尿之功效。蕨菜现为县内出口的主要山珍。多年来，县供销部门，通过外贸渠道，向日本、新加坡等地出口腌制蕨菜，年出口12万公斤，增加了山区群众的收入。

【大麻】 种植于县境内东部的马鹿、阎家、平安、张棉驿、恭门5个乡(镇)，是张家川的传统经济作物。大麻，俗称“火麻”、桑科，为一年生草本植物，茎梢及中部呈方形，基部呈圆形，皮粗糙有沟纹，被短腺毛，县内自古就有种植。大麻成熟后，割成捆、经水沤、晾晒，将大麻剥离。大麻全身无结，株茎细长，茎部韧皮纤维长而坚韧，洁白柔软，可织麻布、帆布，或纺线制绳索、编鱼网和造纸。大麻籽，俗称“麻子”，可食用、药用。既可榨油，又可嗑食或磨制煮煎加二成麻腐，以麻腐作馅，可做成包子、饺子等风味食品；还可入药，其性平、味甘，有润燥、滑肠、主治大便燥结之功效。县境内大麻种植面积为273.33公顷，年产33.46万公斤，是县内外销的主要农副产品。

【蚕豆】 是张家川的优势经济作物之一，主要种植于东部5个乡，颗粒大、蛋白质含量高、味美质优、营养丰富。据中国医学科学院卫生研究所测定：其蛋白质含量达28.2%，淀粉含量达49%，氨基酸含量达9.71%，脂肪仅含0.8%，是一种多淀粉、低脂肪、高蛋白的作物，尤其是其他谷物中“先天不足”的赖氨基酸高达2%，不仅是小麦的7.7倍，玉米的6.4倍，马铃薯的6.25倍，而且超过了畜禽肉的含量，故民间有“经常吃点豆，大夫把步留”的谚语。蚕豆还有健脾除湿，通便凉血的功能，治疗尿频、咳血、鼻衄有显著疗效。蚕豆味道鲜美，吃法多样，既可当主食，又可当副食。境内蚕豆种植面积达2406.67公顷，年产295.8万公斤，其销售价格要比小麦高出40%～60%，是县境内销售的大宗农副土特产品。

【山货】 张家川东部林区盛产毛竹、柳条、野生果类树木，种类繁多。以此为原料的山货制品早有市场，所生产的扫帚、竹箩、竹席、背斗、簸箕、蒲篮等历史悠久。自明代就享有盛名。改革开放以来，随着农村经济政策的调整，竹、柳编织业在县内群众中迅速发展，并已形成相当规模。竹编以恭门、马关、连五、梁山等乡(镇)为最，柳编以刘堡、马鹿、恭门、张棉驿等乡(镇)为最。主要产品有扫帚、竹筛、竹席、背斗、簸箕、蒲篮、栲栳、木杈、锨把、连枷、木耱等，质量上乘，远销宁夏的西吉、海原、固原、隆德和毗邻的秦安、庄浪、通渭、会宁等地，年销售额达35.3万元。

清真小吃

【锅盔】 因形如盔而得名。其特点是：厚大如盾，保留古俗，不仅火色鲜亮，香味淳厚，令人百吃不厌，而且久不变味，不易破碎，适宜长途携带。锅盔的制作：将面粉发成干酵面，加入一定比例的碱水，然后再添入大量的干面。用坚硬、光滑、沉重的杠子反复揉压，直到将干面团压成绸子一样绵软，再切成4介或5介的面剂子，然后加入胡椒、苦豆、姜黄等佐料，擀制成厚而大的圆饼形，并在上面精心旋出图案，抹上清油，上鏊烘烤。另有一种叫鸡蛋锅盔，其做法是把精粉发酵后，添加干面揉制的同时，再放入适量的鸡蛋，反复揉压，使蛋汁与面粉完全相融，然后如制作干面锅盔一样上鏊烤熟即可。

【油饦】 形状如手镯。制作过程是:将荞麦面发酵后和水作成面团,再作成圆环状,放进油锅炸熟,出锅。小巧精致,风味独特,酥润清香。

【馓子】 是回族群众的传统食品之一。馓子古称“环饼”,意为一环又一环,是独具风味的食品。其制作过程是:将一定比例的烫水与熟油混合,调入胡椒水,鸡蛋汁和成面团,搓成均匀柔软的细长条,然后平行列摆开,至环状,用长筷子缓慢放入油锅,炸熟并上色后捞出即可。馓子以股细条匀、香酥甜脆、金黄亮润、轻巧美观的特点而闻名。

【油糕】 张家川的传统点心。张家川油糕选料精细,制作考究。制作时,将面粉一半发面,一半烫面,然后合起来揉制,以手捏不沾为宜,这样的糕皮爽口而不粘牙。其馅选用上等玫瑰糖,加入核桃仁、葡萄干、芝麻、枣泥等。先把揉好的面团揪成小剂子,用手掌压成圆形皮,然后包入馅料,再用手旋成完整无缝的圆球后压扁,入油锅文火炸制。张家川油糕以香、甜、软著称,色泽鲜亮、小巧精致。馅子糖饱汁足,油而不腻,味道可口,颇受群众欢迎。

【醋粉】 张家川特有的风味小吃。其色微黑,味略酸,性温热,食之有养胃温胃之功效。醋粉是从“醋糟”(做过醋后剩下的麦麸)中淘制而成的。具体做法是,将“醋糟”装入面粉袋中,放入盛有清水的大盆或锅中用力挤压,揉捏,称为“捏醋粉”,然后把洗过的面浆倒入水桶或小缸中使其充分沉淀后,倒掉滤在上面的浊水,再倒入清水搅匀,沉淀,这样反复多次,直到沉淀后的水变得的澄清为止。然后,滤掉多余的清水,将面浆搅匀,同蒸酿皮一样蒸熟,凉透后切成细长条,放入佐料,如蒜泥、芝麻酱、香油,花椒粉、精盐等,再浇入一些炒好的葱花或韭菜,拌匀食之,薄软柔韧,香辣爽口,麻、辣、酸、香俱全。

名优产品

【阿胶】 又称“驴皮胶”,由太极集团天水羲皇阿胶有限公司生产。系驴皮去毛后用清水熬制而成的黑色胶质块。阿胶是张家川县特有的名贵中药,性平、味甘,含有动物胶、蛋白质等。具有滋阴润燥、养血止血、消除疲劳、延缓衰老、养血安神、强身健体的作用,主治虚劳咳嗽、肺痿吐血、便血、妇女崩漏及阴虚心烦、失眠等症。张家川县阿胶厂生产的阿胶,质量达到省优标准,曾荣获“全国科技成果奖”、“全国出口产品优秀奖”。张家川县为甘肃省内阿胶主要产地之一,其产品畅销全国28个省、市、自治区,远销港、澳、台及东南亚地区。

【清香牛肉】 是张家川县伊味思清真食品有限责任公司生产的“伊味思”牌软包装熟肉系列制品。是根据穆斯林的习俗,选用经检疫的优质牛、羊、鸡、兔肉为原料,辅以多种天然香料,用科学的食品加工技术研制的新产品。其产品肉嫩味美、口味绵长、风味独特。包括清香牛肉、五香牛肉、休闲牛肉、麻辣牛蹄筋、香酥鸡、腊羊肉、香辣羊脖、蜜饯杏仁等品种。保质期长、携带方便,是人们走亲访友的最佳礼品、外出旅行必备的快餐食品。

【“百味宝”调味品】 由张家川县建明清真食品有限公司生产,主要有清真炒菜香、麻辣香、火锅料、炖羊肉料等系列调味品及鸡精产品,“建明百味宝”牌清真系列调味品其特色可概括为:一是清真特色,品质纯正、卫生、可靠;二是选用地道药食两用的中药材为主料,质量上乘;三是集传统调料为精妙之法,与现代科技相结合,配方科学,工艺合理,味道鲜美,百食不厌,是日常食用、馈赠亲友和旅游之佳品。

【综述】 张家川县历史悠久，境内发现的新石器时代的仰韶文化和齐家文化遗址证明，早在新石器时代，这里就有人类繁衍生息。夏、商时期为西戎居住地。周孝王十三年(约公元前885)封嬴非子为附庸，建都邑于"秦"地(今县城西南瓦泉村有古秦亭遗址)。西汉武帝元鼎二年(前115)置陇县。东汉光武帝建武十八年(42年)，凉州刺史部驻陇。西晋初将陇县并入清水。之后直至中华人民共和国成立，张家川地区分隶于清水县、秦安县、庄浪县和陕西省陇县。1949年7月29日，张家川解放。1953年7月6日成立张家川县回族自治区(县级)。1955年6月改自治区为自治县。介于北纬34° 44′ ~35° 11′，东经105° 54′ ~106° 35′之间。东接陕西省陇县，南邻清水县，西连秦安县，北毗华亭、庄浪县。东西长62千米，南北宽48千米，全县总面积1311.8平方千米，其中耕地37479公顷。

全境地势由东北向西南倾斜，略呈斜三角形。地势以山地为主，最高点为秦家塬石庙梁，最低点为龙山镇马河村，海拔在1486~2659.4米之间。全县地貌大体上由梁峁、沟壑、川台、河谷四部分形成。属温带大陆性季风气候。全县气候差异较大，年平均气温9.1℃，无霜期156天左右，全年日照时数2166.9小时，年平均降水量572.5毫米。全县有五条较大的时令河，均发源于陇山。属牛头河上游支流的后川河、樊河、汤浴河和葫芦河上游支流的清水河，流入长沟河的马鹿河，均属渭河北岸支流。年均径流量1.68亿立方米，其中自产水1.43亿立方米，总流域面积1311.8平方公里，水能蕴藏量5357千瓦。境内山青林茂，森林覆盖率达20.8%。绵延横亘东北的关山林区，林地面积达39447公顷，占全县总面积的30%，木材总蓄积量达120.47万立方米。

全县辖10镇、5乡、255个村民委员会、1275个村民小组、6个社区居民委员会。2017年全县总户数72685户，其中：农业户数64232户；总人口341775人，其中：农业人口314547人，非农业人口27228人。有汉族、回族、藏族、满族、维吾尔族等16个民族。常住人口为29.49万人，人口自然增长率6.85‰。

2017年，全县生产总值完成27.41亿元，增长2%。其中：第一产业增加值7.16亿元，增长5.8%；第二产业增加值2.8亿元，增长-1.7%；第三产业增加值17.45亿元，增长1.1%。规模以上工业增加值完成1.22亿元，增长-5.4%。固定资产投资完成35.27亿元，下降30.89%。财政收入完成18920万元，下降21.4%；财政支出完成23.38亿元，增长7.6%。社会消费品零售总额完成8.71亿元，增长11.9%。农村居民人均可支配收入达到6354.4元，增长8.8%。城镇居民人均可支配收入达到22598.2元，增长8.2%。

【农业农村经济】 2017年，实施"335"现代农业推进计划，完成农作物播种面积43382公顷，种植玉米6667公顷，马铃薯9672公顷，秋杂1167公顷，全县粮食产量达11.82万吨，较上年11.01万吨增加0.81万吨，增长7.4%，油料0.56万吨，较上年增长5.7%，蔬菜总产20.31万吨，实现总产值32490万元。全县种植业增加值达52300万元，农村居民人均可支配收入达6579元，分别较上年同期增长6.3%和12.6%。以加快生产方式转变、大力发展现代畜牧业为主线，加强动物疫病防控和畜产品质量安全监管，提升畜牧技术服务水平，全县畜牧业生产保持平稳较快发展。2017年底全县各类畜禽饲养量达到195.66万头(匹、只)，同比增长3.1%，出栏各类畜禽78.03万头(匹、只)，同比增长3.01%。全县肉、蛋、奶总产量达到25100吨，建成各类畜牧养殖专业合作社54个，龙头企业6家，养殖专业村105个，规模养殖场(小区、合作社)148个，规模养殖户13450户，规模化饲养畜禽50.21万头只，实现畜牧业产值2.98亿元，农民人均牧业收入1168元。

全面推进林业现代化建设。新增生态造林7.29万公顷，补植补造904.47公顷，森林抚育667公顷，封山育林200公顷，果树建园818.84公顷，公路绿化311.4公里，义务植树107.8万株，创建市级科学示范点2个，打造森林体验教育中心1处、公路园林景观2处，新建护林管护站1处，森林和野生动植物资源得到全面保护，全县生态状况持续改善，全年完成投资1899.32万元。

【脱贫攻坚】 2017年退出贫困人口2936户1.54人，初验退出贫困村19个。严格按照“十不算”“十不脱”标准对2014—2016年度脱贫人口进行全面核查，核查2014—2016年度不达标脱贫人口370户1806人。坚持产业富民取向和“三大富民产业”提质扩量，新发展清真餐饮经营店3000家，全年发展清真餐饮经营店17800家、宾馆1700家，输转劳务人员10万余人，年创收20亿元以上。新建专业化畜禽交易市场6处，发展规模养殖户1.34万户，全县各类畜禽饲养量达到189.95万头(匹、只)；大力发展乌龙头、核桃种植、土蜂养殖等特色优势产业，助农增收效果明显。坚持依托项目，加大投入力度，全县建制村通水泥路率达100%，梯田化率达96.6%，农村饮水安全工程通村率、供水保证率及自来水入户率均达到95%以上；新建易地扶贫搬迁安置点26个，搬迁1295户6556人，其中贫困户911户4451人；启动农村D级危房改造2465户，竣工2285户；建成村文化广场255个，宽带网络覆盖所有行政村，贫困群众的生产生活条件不断改善。全面落实生态扶贫政策，选聘贫困户生态护林员154名，发放生态公益林补偿基金10493.33公顷153.2万元。积极推行“先诊疗、后付费”制度，落实贫困人口全面健康体检政策，家庭医生签约实现全覆盖；全面落实卫生扶贫特惠政策，提高贫困人口住院费用报销比例5个百分点政策，大病保险报销起付线降至3000元，有效防止了因病致贫、因病返贫现象发生。认真落实到村到户到人帮扶措施，累计投入帮扶资金3479.4万元，帮办实事484件，集中解决了一批热点难点问题。全县互助资金总量达到2.03亿元，发展会员19884户，其中贫困户占会员数的76%。积极与天津保税区、国煤地质总局开展帮扶对接工作，争取东西协作帮扶资金844.28万元。

【工业经济】 2017年底，规模以上工业增加值完成1.45亿元，增长1%，万元工业增加值能耗下降3.3%。太极集团甘肃天水羲皇阿胶有限公司总投资5.326亿元的年产900吨阿胶系列产品项目二期工程二号生产线全面竣工，一号生产线部分车间智能化改造全面完成，企业技术中心申报省级技术中心工作通过评审、答辩和公示。贝尔克生物科技有限公司总投资500万元的年产500吨清真明胶生产线项目建成，年产1万吨生物有机肥生产线建设项目完成厂房建设和设备订购工作。投资3900多万元的东关建材公司多孔砖生产线建设项目，完成一期工程。张家川县天源风电公司和张家川县水暖公司2户企业升级为规模以上工业企业。深入开展“土小”企业整治，全县29户“土小”砖瓦企业全部断电关停。总投资2000万元，占地3.33公顷、总建筑面积5万平方米的一级煤炭配送市场建设完成项目用地征收、地方附着物的清理工作。同时，23个二级煤炭销售网点完成规划工作。

【固定资产投资】 2017年,全年完成固定资产投资352685万元,较上年增长-30.89%。其中,项目投资352685万元,较上年增长-31.7%。

【商贸流通】 2017年,全县实现社会消费品零售总额8.71亿元,同比增长11.9%。按照"一乡一业、一村一品"定位,引导和支持贫困群众开办各类网店,打造"电商乡""电商村",电子商务助农增收,村级电商扶贫服务点建成133个,覆盖率达52.2%,其中:贫困村建成78个,贫困村覆盖率达67.8%。全县电子商务网络交易额达7158万元,同比增长31.6%。全县非公经济市场主体达到8789户,增长6.5%,非公经济固定资产增长53.3%。

【文化与旅游】 全年开展农村电影放映工程扶贫电影放映季活动,完成农村电影3072场(次)放映任务,观影人次达8000余人(次)。建成张棉驿驿站记忆馆和马鹿关陇风物记忆馆,张家川县河峪摩崖石刻和宣化区成功入选甘肃省第八批重点文物保护单位。加强非物质文化遗产保护,张家川"小儿锦"和皮毛制作技艺成功入围第四批甘肃省非物质文化遗产代表性项目名录。以关山"生态旅游+"为突破口,启动实施云凤山风景名胜区开发项目。全年接待游客120万人次,同比增长28.5%;综合收入6.73亿元,同比增长29.5%。

【项目建设】 2017年,全县共争取易地扶贫搬迁、专项扶贫、教育全面改薄、农村危房改造等各类项目134项,到位国家、省市投资8.18亿元。建设项目122项,完成投资9.73亿元。其中2017年中央预算内投资项目9项,总投资38075.1万元,开工建设5项,完成投资14596.59万元。富川水源工程、保障性安居工程、太极集团阿胶及阿胶系列产品建设项目等14个市列重大项目进展顺利,完成投资2.75亿元。密切与省市发改委及国家开发银行、农业发展银行对接汇报,争取到专项基金5167.5万元,专项扶贫贷款23912.5万元,地方政府债券资金5585.89万元。深入研究国家投资导向和产业政策,加大争取力度,共争取各类项目资金8.18亿元,其中:中央预算内资金2.14亿元,省级配套资金5.82亿元,市级配套资金0.22亿元。大力推广应用PPP模式,对拟推介的城区综合管网共同沟、通用机场、城区污水处理厂一期、北川热源厂、南河风情线、综合体育馆、农村人居环境综合治理等7个项目精心包装推介,现已委托招投标公司进行招标。

【招商引资】 2017年,全县新签约招商引资项目20项,总投资51.56亿元,开工建设20项,到位资金26.31亿元;实施续建项目11项,到位资金9.15亿元;共实施各类招商引资项目31项,到位资金35.46亿元。第23届兰洽会共签约项目5个,总投资17.5亿元。

【城乡建设】 2017年,努力拓展和完善城镇功能,完工风情园河道治理工程、风情园综合服务管理区1号楼、天平铁路张家川站站前广场、县城区燃煤锅炉提标改造工程、县城区新增管网工程、龙山镇道路改造工程污水管道敷设工程。开工建设恭门镇道路改造工程、县城区生活污水处理厂除油改造工程和污泥干化工程;北山城市森林公园完成招投标。

全面完成龙山镇西沟村等13个乡镇22个村庄规划的评审报批工作。对撤乡建镇的大阳、川王、刘堡、胡川4个镇按照建制镇建设标准要求,启动城镇总体规划的修编工作。同时,结合张棉驿、木河、连五、阎家、平安5个乡发展实际,启动5个乡总体规划的修编工作。委托天水市城乡规划设计院对张家川镇杨店村、大堡村,马关镇八杜村等7个乡镇的25个村庄开展规划编制工作及报批工作。以打造"生态宜居、生产高效、生活美好、人文和谐"的美丽乡村示范典型为目的,及时委托陕西西川都市景观研究所编制完成龙山镇汪堡村、胡川镇张堡村、胡川镇王安村等村的美丽乡村规划。

【财税金融】 2017年,全县完成大口径财政收入18920万元,同比增长-21.4%,其中:公共财政预算收入9315万元,增长-36.5%,税收收入10588万元,同比下降24.4%。财政支出233800万元,同比增长7.6%。全县金融机构各项存款余额达到646736万元,较年增长7.3%,其中:城乡居民储蓄存款余额达到508902万元,较年增长10.4%。各项贷款余额299647万元,较年初增长2.9%,存贷款余额差额347089万元,存贷比为2.18:1。

【交通邮电】 2017年,完成张恭二级公路剩余1200米建设路段,投资7915.5万元的韩川至梁山三级公路开工建设,完成23.1公里。2017年,农村公路安全生命防护工程及龙山镇汪堡村、胡川镇张堡村2个建制村“千村美丽”示范村道路建设工程。总投资300万元的张棉驿、胡川、阎家、连五、马关、川王6个乡镇汽车站建设。加强重点水利工程的建设与管理工作,争取国家及省、市投资3852万元,完成水利总投资5622万元,发展有效灌溉面积133.33公顷,新增节水灌溉面积293.33公顷,有效解决0.81万人饮水不稳定问题。全面推进河长制工作,清理整治河流长度达178.8公里,清淤垃圾800多吨,平整河岸护坡40公里,城区垃圾和污水乱排乱放整治得到有效遏制。深入推进信息化基础设施建设,新建基站灯杆2个,改造完成电信共享工程80个,完成基站56个。255个行政村开通有线宽带网,无线移动信号普及率达100%;所有乡镇政府所在地和部分行政村已开通电信4G无线网络。

【教育与医疗卫生】 以“全面改薄”工作为重点,大力推进教育项目建设。投资5550万元,完成2016年“全面改薄”续建项目23个,新建校舍面积19050平方米。总投资9386万元,2017年建设项目开工建设22所,其余17所已完成招投标。全面落实各项教育惠民政策,全年免除19032人(次)在籍在园幼儿保教费978.56万元,免除5215人(次)建档立卡贫困家庭高中就读学生学杂费和书本费239.58万元,免除265名建档立卡省内高职在校生学费132.5万元,为2599人(次)普通高中学生发放助学金259.9万元。2017年全县高考各类本科上线677人。不断巩固完善公立医院“315”改革模式,全面完成医保目录对码工作。2017年全县新农合参合率为98.06%,全年筹集到位新农合基金1.77亿元。大力推进分级诊疗试点,加强基本药物网上集中采购配送和使用的监管,全县网上集中采购药品配送率为99.7%,组织完成全县第二批三级中医师承教育工作的考核和验收。认真实施全面两孩政策,健全完善计划生育家庭奖励优惠和扶助保障政策支持体系。

【人民生活和社会保障】 2017年,完成城镇新增就业人数3030人,占全年目标任务101%;小额担保贷款2600万元,占全年目标任务的104%;共输转富余劳动力6.85万人,年创劳务收入13.5亿元;开展技能培训9000人,其中开展精准扶贫贫困劳动力各类技能培训3565人,培训“张川伊香拉面师”1276人,基本实现建档立卡贫困劳动力技能培训和劳务输转全覆盖。城镇基本养老保险职工人数3421人,失业保险参保职工人数6506人,征收基本养老保险金2806万元,征缴失业保险金85万元;发放养老金3882万元、失业保险金11.3万元。城镇职工医疗保险、工伤保险、生育保险、城乡居民基本养老保险征缴工作全面完成。积极构建和谐劳动关系,劳动合同签订率目标责任94%,解决拖欠工资共658.7万元,涉及农民工315人。加大社会救助兜底力度,切实保障困难群众基本生活,按期完成2017年度城乡低保、农村特困供养提标提补和省、市政府为民办实事任务。通过提标提补,全县城市低保标准由341元提高到368元,月人均补差由302.5元提高到325元。农村低保指导标准提高了22.6%,达到3500元。修订完善《张家川县城乡居民医疗救助实施办法》,规范救助程序,扩大救助范围,全年救助城乡重大病患者8.25万人次,发放救助金1613.9万元,充分发挥临时救助“救急难”作用,为1091户4442人发放临时救助资金290万元。

【城乡环境保护】 2017年,全县可吸入颗粒物(PM10)浓度均值为87微克/立方米,细颗粒物(PM2.5)浓度均值为44微克/立方米。地表水后川河水质得到明显改善,饮用水61个监测项目全部达标,环境噪声监测点平均等效声级43.2分贝,基本符合国家规定的居住环境噪声标准。完成8家工业企业排污许可证换证和新增企业排污许可证核发工作。

重要会议

【常委会议】

2017年中共张家川县十三届委员会共召开32次常委会议。

1月4日，县委书记陈晰主持召开中共张家川县十三届委员会第九次常委会议。会议审议2016年度“三述”对象归纳梳理反馈问题和《张家川县2016年度党员领导干部民主生活会方案》，研究出席省第十三次党代会代表候选人推荐人选事宜。

1月16日，县委书记陈晰主持召开中共张家川县十三届委员会第十次常委会议。会议听取工商联换届工作有关情况和2016年度全县乡镇党委书记抓基层党建工作述职会议有关情况的汇报，审定《全县基层党支部专题组织生活会和民主评议党员工作实施方案》《中共张家川县委常委会2016年度民主生活会方案》《中共张家川县委班子对照检查材料》，听取中共张家川县委常委会民主生活会准备情况的汇报。

1月20日，县委书记陈晰主持召开中共张家川县十三届委员会第十一次常委会议。会议讨论审定《中共张家川县委班子对照检查材料》，研究推荐“基层武装全面建设先进单位”“基层党管武装好书记”“优秀专武干部”表彰对象有关事宜。

2月27日，县委书记陈晰主持召开中共张家川县十三届委员会第十二次常委会议。会议通报市委组织部关于反馈基层党建工作述职评议结果的通知，研究中共张家川县第十三届委员会第二次全体会议暨全县经济工作会议、中共张家川县第十三届纪律检查委员会第二次全体会议、中共张家川县委政法工作会议、调整乡镇社会治安综合治理委员会领导小组及办公室组成人员和刘堡乡、大阳乡、川王乡、胡川乡撤乡改镇后领导职务更名有关事宜，研究审定2017年县委“一号文件”（中共张家川县委、张家川县人民政府《关于深入推进农业供给侧结构性改革加快培育农业农村发展新动能奋力与全省全国同步建成全面小康社会的实施意见》）《张家川县开展明察暗访督查年活动实施方案》《中共张家川县委常委会2017年度工作要点》《中共张家川县委常委会2016年度民主生活会查摆问题整改方案》。

3月9日，县委书记陈晰主持召开中共张家川县十三届委员会第十三次常委会议。会议研究中共张家川县委工作会议和全县警示教育大会有关事宜，审定《张家川县法治政府建设实施方案（2016—2020年）（草案）》《张家川县基层组织建设整改方案》《张家川县关于深入开展文明家庭建设的实施意见》《关于在全县公民中开展法治宣传教育的第七个五年规划》及张家川县“六五”普法总结表彰暨“七五”普法工作推进会事宜。

3月31日，县委书记陈晰主持召开中共张家川县十三届委员会第十四次常委会议。会议审定《张家川县深化“两个共同”示范县建设的意见》和《中共张家川县委中心组理论学习制度》。研究县政府党组提请事宜,审定《中共张家川县委、张家川县人民政府关于打赢脱贫攻坚战的实施意见》《张家川县2017年财政涉农资金整合使用实施方案》《张家川县脱贫攻坚工作任务落实问责暂行办法》,研究全县宗教工作会议和全县环境保护委员会全体会议暨环境保护工作会议有关事宜,审定《中共张家川县委、张家川县人民政府关于加强和改进新形势下宗教工作的实施意见》《2017年污染治理“十大工程”任务分解》《环境保护目标责任书》《水污染防治目标责任书》。研究共青团张家川县第十一次代表大会事宜。

4月27日,县委书记陈晰主持召开中共张家川县十三届委员会第十六次常委(扩大)会议。会议审定《中共张家川县委常委会带头履行全面从严治党基本职责工作制度》和《中共张家川县委常委会会前学习党章党规党纪制度》有关事宜。

5月12日,县委书记陈晰主持召开中共张家川县十三届委员会第十七次常委会议。会议研究县政府党组提请事宜,听取全县贯彻落实全市创建全国文明城市动员大会精神暨开展“三城联创”动员大会会议筹备情况的汇报,审定《张家川县“三城联创”实施方案》《张家川县创建省级文明县城实施方案》《张家川县创建省级卫生县城实施方案》《张家川县创建省级园林县城实施方案》。审定县委书记陈晰在全县贯彻落实全市创建全国文明城市动员大会精神暨开展“三城联创”动员大会上的讲话、《张家川县村级组织党风廉政建设第二轮巡察工作方案》和《关于调整中共张家川县委村级组织党风廉政建设巡察工作领导小组的意见》。研究全县党组织规范设置和建立县级党员领导干部党建工作联系点事宜,听取全县发展党员工作调研情况汇报,审定《中共张家川县委关于加强和改进发展党员工作的意见》《中共张家川县委关于加强农村基层组织建设着力整治“村霸”问题的专项工作方案》《张家川县村干部管理办法(修订)》有关事宜。

5月19日,县委书记陈晰主持召开中共张家川县十三届委员会第十八次常委会议。会议审定《张家川县2017年重点督查事项任务分解方案》《张家川县健全完善矛盾纠纷多元化大调解工作机制的实施意见》,听取2017年全省项目观摩督查活动准备情况、张家川县文化旅游节筹备情况、中央环保督察组反馈意见和转办案件整改落实情况、中央第三巡视组巡视“回头看”反馈意见和省委第二巡视组巡视张家川县反馈意见整改落实情况汇报等事宜。

6月9日,县委书记陈晰主持召开中共张家川县十三届委员会第十九次常委会议。会议研究县政府党组提请事宜,听取采取PPP模式建设项目、交通建设项目、关于迎接国务院安全生产巡查准备工作有关事宜汇报。审定《张家川县关于乡镇(街道)、村(社区)妇联组织改革的实施方案》《中共张家川县委关于进一步加强政协工作推进政协协商民主建设的意见》《关于中央统一战线工作领导小组调研检查反馈意见整改工作方案》《张家川县推进“两学一做”学习教育常态化制度化实施意见》《张家川县庆祝建党96周年系列活动筹备方案》《关于对全县干部职工进行健康体检的方案》《关于进一步规范全县机关事业单位人员遴选调动工作的通知》、《张家川县非领导职务干部管理办法》。研究了县直各部门(各单位)党组(党委)成员组成人选建议名单和关于共青团张家川县第十一次代表大会有关事宜。

6月23日,县委书记陈晰主持召开中共张家川县十三届委员会第二十次常委会会议。会议审定《张家川县进一步贯彻落实习近平总书记“八个着力”重要指示精神实施方案》和《张家川县贯彻落实省第十三次党代会精神任务分解表》,研究县政府党组提请事宜,审定兑现2016年度综合目标考核责任奖金事宜,听取公务用车制度改革有关事宜的汇报。审定《张家川县庆祝中国共产党成立96周年大会筹备方案》,听取关于党员领导干部集中讲党课和张家川县第23届兰洽会拟签约项目筹备情况的汇报，研究了全县安全生产等事宜。

7月19日，县委书记陈晰主持召开中共张家川县十三届委员会第二十一次常委会会议。会议审定《中共张家川县委关于加强和改进保密工作的实施意见》，听取关于召开县委十三届三次全体会议筹备情况的汇报。研究县政府党组提请事宜，听取2017年1—6月全县国民经济运行情况和迎接国务院第四次大督查准备情况的汇报，审定《关于抓好当前“三重”任务落实促进经济趋稳向好工作方案》《张家川县党政领导干部生态环境损害责任追究实施办法》《张家川县生态环境保护工作责任规定》《张家川县生态文明建设实施方案》《张家川县贯彻落实中央环保督查反馈意见整改方案》。听取全县易地扶贫搬迁项目督查情况和成立张家川县农村专业技术协会联合会筹备情况的汇报，审定《关于进一步规范领导干部新闻报道的实施意见(讨论稿)》等事宜。

7月31日，县委书记陈晰主持召开中共张家川县十三届委员会第二十二次常委会会议。会议审定《张家川县党委(党组)意识形态工作责任制实施方案》和《张家川县党委(党组)网络意识形态工作责任制实施办法》。研究县政府党组提请事宜，听取全县脱贫攻坚推进会和全县全域无垃圾推进会暨落实河长制工作动员会议筹备情况的汇报，审定《张家川县全面落实河长制实施方案》《张家川县全域无垃圾工作实施方案》。审定县委书记陈晰同志在全县脱贫攻坚推进会议上的讲话。听取关于召开张家川县伊协、佛协、道协代表会议筹备情况的汇报等事宜。

8月22日，县委书记陈晰主持召开中共张家川县十三届委员会第二十三次常委会会议。会议研究中共张家川县第十三届委员会第三次全体会议有关事宜。研究县政府党组提请事宜，审定《关于深入推进县域经济发展的意见》。听取张家川县脱贫攻坚帮扶工作力量调整情况有关事宜的汇报等事宜。

8月29日，县委书记陈晰主持召开中共张家川县十三届委员会第二十四次常委会会议。会议审定《中共张家川县委十三届三次全体会议任务分解表》。研究县政府党组关于召开张家川县庆祝第33个教师节暨表彰大会筹备情况有关事宜。听取国务院安委会安全生产第五巡查组反馈巡查意见整改落实情况的汇报等事宜。

9月8日，县委书记陈晰主持召开中共张家川县十三届委员会第二十五次常委会会议。会议研究县政府党组提请事宜，听取中央第七环境保护督察组反馈意见和转办案件整改情况的汇报，审定《张家川县贯彻落实天水市环境保护督查组反馈意见整改方案》和《张家川县贯彻落实国务院安委会安全生产巡查反馈意见整改方案》。听取县信访工作联席会议办公室关于2017年以来信访维稳工作的汇报等事宜。

9月26日，县委书记陈晰主持召开中共张家川县十三届委员会第二十六次常委会会议。会议审定《2017年张家川县全面从严治党“两个责任”工作清单》，传达学习全省民族团结进步创建经验交流现场会精神、中央和省市政法综治维稳有关会议精神，并提出贯彻落实意见。听取《中共张家川县委全面深化改革领导小组2017年工作台账》确定改革事项进展情况的汇报，审定《关于鼓励干部改革创新激励干事创业容错纠错实施办法（试行)》，听取全省双拥模范城(县)届中检查评估工作情况的汇报，并提出贯彻落实意见。

10月23日，县委书记陈晰主持召开中共张家川县十三届委员会第二十七次常委会会议。会议研究县政府党组提请事宜，传达全省深度贫困地区脱贫攻坚规划编制暨贫困退出验收工作推进会议精神、天水市中央环保督察反馈意见整改推进会暨问题销号培训会精神、省市支持张家川县优惠政策落实现场推进会议，并提出张家川县贯彻落实意见；听取前三季度全县经济社会发展运行情况及完成全年预期目标的措施，审定《张家川县自然村通硬化路项目建设规划(2018—2020年)》。研究中共张家川县委关于政协工作会议有关事宜，审定《张家川县党委(党组)意识形态工作责任制考核办法(试行)》《张家川县委意识形态领域问题整改落实方案》《全县学习贯彻党的十九大精神宣传工作方案》《中共张家川县委关于深入推进抓党建促脱贫攻坚工作的实施办法》《张家川县选派到村任职第一书记管理办法实施细则》《省市委组织部督查通报基层党建问题整改方案》《关于进一步加强和改进全县机关党的建设的实施方案》等事宜。

11月3日,县委书记陈晰主持召开中共张家川县十三届委员会第二十八次常委会会议。会议研究县第十三次妇女代表大会有关事宜,审定《张家川县纪检监察机关约谈领导干部办法》《张家川县2017年度“三述”工作实施方案》和拟报送2016—2017年市级各类文明单位和精神文明建设先进工作者名单,听取了村级组织党风廉政建设第二轮巡察工作和全县清理规范借调干部进展情况的汇报。

11月17日,县委书记陈晰主持召开中共张家川县十三届委员会第二十九次常委会会议。会议审定《中共张家川县委关于深入学习宣传贯彻党的十九大精神的实施意见》《张家川县学习贯彻党的十九大精神宣讲工作方案》《张家川县深化监察体制改革试点工作实施方案》和张家川县深化监察体制改革试点工作小组成员名单等事宜。

11月30日,县委书记陈晰主持召开中共张家川县十三届委员会第三十次常委会会议。会议审定《中共张家川县委常委会工作规则》等实施意见和实施方案。研究召开县“两会”和县政府党组提请事宜。听取全省贫困县党委和政府扶贫开发工作成效考评有关事宜和全县2017年度抓基层党建述职评议考核工作准备情况的汇报等事宜。

12月20日,县委书记陈晰主持召开中共张家川县十三届委员会第三十二次常委会会议。会议研究召开县“两会”和县政府党组提请事宜。审定《中共张家川县委关于加强中小学校党的建设工作的实施办法》《中共张家川县委关于进一步加强村党组织书记队伍建设的意见》《张家川县纪委监督县管党组织主要负责人和关键岗位领导干部办法》等实施意见和实施办法。

办公室工作

【文秘工作】 起草文件、撰写文稿时,严把政策性、注重思想性、突出针对性、体现指导性,善于把上级精神特别是县委、县政府一系列决策部署,深入研判形势任务,认真领会精神实质,力求文稿寓意深远、结构严谨、数据准确、语言凝练,起到谋划全局、指导推动工作的作用。按照“定性准、方向正、站位高、角度新、内容实、挖掘深、语言精”的要求,抓住牵动全局的关键点、党委政府领导的关注点和群众意见的集中点,挖掘深度信息,提炼经验信息,收集热点信息,谋划建议信息,研判处置疑难信息,及时反馈上报,共采集上报各类信息830条。

【文件处理】 加强文件的前置审核,压缩数量,特别是对于可发可不发的文件一律不发,可由部门联合发的文件由牵头部门统一下发,做到了拟办得当、反馈及时。对县委常委会议、县委扩大会议和部门重大会议等全县性重要会议,都超前谋划,提前介入,反复考量研究,制定详细预案,做到会前周密布置、会中服务到位、会后落实有力。严格执行中央和省市委有关规定,加强统筹协调,控制会议规格,精简会议议程,强化会务服务,确保会议质量。对全县各单位上报的材料或反映的问题,严格办事程序,按照制度办事,实现了大事精办、急事快办、要事稳办、特事特办,凡事细办。主动加强与县人大办、县政府办、县政协办之间的沟通衔接,强化与全县各单位办公室的工作联系和业务指导,促进各项工作紧密衔接、政令畅通。

【督查调研】 坚持“督办转办不过夜、跟进督查不懈怠、查办反馈不含糊”的原则,紧扣县委决策部署、领导指示批示、脱贫攻坚、全面深化改革等事关全县经济社会发展的大事要事,统筹领导力量、部门力量和社会力量,深入工作一线,现场督查进度,确保件件有着落、事事有结果。共开展专项督查30次,上报省市督查专报16期,下发督

7月3日上午，中共张家川县委办公室党支部开展7月份“党员固定活动日”活动

查通报8期，其中下发县委常委会会议研究部署通报4期。对省市县每年确定的民生实事、全域无垃圾治理行动、河长制落实、矛盾纠纷排查化解和各项强农惠农政策落实等群众关注的热点难点问题和民生工程，定期查、经常查，力促各项民生实事不折不扣落实到位。坚持明察与暗访相结合、单独督查与联合督查相结合、集中督查与跟踪督查相结合，细化任务分解，敢于动真碰硬，选准主攻点、找准突破口，及时发现影响工作的困难和问题，提出具体解决的措施和办法，确保各项任务落到实处，增强督查工作实效。

【深化改革】 坚持从人民群众最期盼的领域、从制约发展最突出的问题、从时限要求最急迫的事项入手，强化举措，深化改革。共确定改革事项201项，完成186项，完成率达92.54%。各司其职、各负其责，全力抓好相关领域改革措施的制定和工作任务的落实，形成一级抓一级、层层抓落实的改革综合协调体系。全面实施目标管理责任制，建立完善社会治安防控体系、矛盾纠纷排查调处和责任追究机制，保证矛盾纠纷排查调处工作的制度化、经常化。加强普法宣传教育，增强全民法治观念，不断提高了干部职工运用法治思维和法治方式深化改革、推动发展、化解矛盾、维护稳定的能力。

中共张家川县委领导班子成员名录

书　记：陈　晰

副书记：马筱宁（回族）　夏　草

焦旭红（女，挂职）

常　委：苏　华（回族）　赵东红

李国恩（回族）　薛林荣

陈海龙　高建平

苏红娟（女，回族）

中共张家川县委办公室领导班子成员名录

主　任：马　彬（回族）

副主任：马志林（回族）　蔡金学（回族）

组织工作

【概况】 张家川县共有基层党组织785个，党员14084名，其中农民党员8014名，占56.9%；少数民族党员9013名，占63.99%；现有干部9103人，其中县级干部43人，科级干部996人（正科424人、副科572人）；少数民族干部5651人，占62.08%。

【干部教育培训】 坚持学习与研讨、走出去与请进来、示范培训与全员轮训相结合，完成全县科级干部学习贯彻中共十九大、十八届六中全会精神轮训，分批组织245名县乡党政领导干部在复旦大学、北方民族大学学习培训，在市、县党校、清水农校举办各类示范培训班9期950多名。

【干部选任】 始终把选好干部作为组织工作的头等大事，培养选拔忠诚干净担当的民族地区好干部。坚持一次一个重点，一个重点解决一方面的矛盾和问题，依事选人、因事择人，有重点分批次地对县直部门班子成员、中层岗位干部和基层学区（校）负责人进行科学配备，实现人岗相适。全年共调整干部262名，其中平职交流调整144名，提拔干部118名，县直部门领导班子成员中5年以上全部得到交流。

【干部管理】 贯彻中央《关于进一步从严管理干部的意见》，坚持用制度管权管事管人，强化从严管理干部措施，在县直部门班子成员配备中，及时配备重要岗位的干部，兼顾工作任务相对较轻的干部，加大使用同一岗位时间较长的干部，调整不适宜担任现职的干部。探索建立《非领导职务干部管理办法》《规范机关事业单位干部遴选调动的通知》等12项制度,党委部门带头直面各种阻力清理清退69名长期借调积压干部。制定出台《干部容错纠错机制》,认真落实《领导干部个人有关事项报告制度》《县以下公务员职务与职级并行制度》,形成严管和厚爱结合、激励和约束并重的政策体系。

【人才工作】 破解人才引进难、留住难等问题,建立健全人才评价、走访慰问、职称评定等关爱保障机制。加大技能培训力度,开展“伊香拉面师”等培训2380人(次),采取龙头企业(协会)+基地+农户模式,培育果品、蔬菜、畜牧、种植等农村实用技术人才6570人(次)。

【基层组织建设】 针对全县农民党员中60岁以上的占1/3,初中以下文化程度的占2/3,特别是个别党支部发展党员家庭化的问题比较突出,一些村党支部书记怕“抢位子”、怕“丢帽子”,人为设置“能人”入党障碍问题,制定《加强和改进发展党员工作的意见》,实行“双线培养”制度,彻底消除连续3年未发展党员的村。在基层调研中发现村干部垫资问题比较严重,并修订《村干部管理办法》,制定《村级办公经费管理办法》,严禁用村级办公经费或村干部个人垫资缴费和垫付村级公共事务支出。调整充实力量,坚持选派党建指导员与清理“僵尸企业”相结合,采取联合建、挂靠建等举措,加大集中攻坚,全县非公经济组织党组织覆盖率达到57.1%,社会组织党组织覆盖率达到84.5%。新成立25个部门党组和3个工委。全面实行干部人事和机关党建工作同一领导分管、合署办公、交叉任职,形成抓业务与抓党建、管事与管人相统一的管理体制。坚持党务干部培训和党建工作督查“两个全覆盖”,集中培训300多人次,下发整改通知书70余份,约谈有关负责人4名。

【机关党建】 对县直部门党组进行摸底清理规范,撤销17个部门党委,新成立25个部门党组,制定党组工作规则,明确议事范围内容。按照中组部《关于进一步加强中小学校党建工作的意见》精神,6月,县委率先成立县教工委、卫计工委、非公有制经济和社会组织工委,专抓中小学校、卫生系统和两新组织党建工作,将原先由所属地党组织主管变为业务部门主管,切实改变了中小学校、乡镇卫生院党建工作“两不管”“两张皮”的问题。实行机关党建工作和机关干部人事工作由同一名党组成员分管,机关党建工作机构与干部人事股室合署办公、交叉任职,新组建组织人事股,形成抓业务与抓党建、管事与管人相统一的体制机制。

中共张家川县委组织部领导班子成员名录

部　长:陈海龙

副部长:马智刚(回族)

　　　　糟海生(回族)

　　　　赵锦丰

(供稿:郭瑞萍)

宣传工作

【理论武装】 制定《中共张家川县委中心组2017年度学习安排意见》《中共张家川县委中心组学习制度》《中共张家川县委中心组会前学法制度》。2017年县委中心组开展集体学习14次,学习习近平总书记系列重要讲话12次,中心组成员参学率98%以上。印发《张家川县学习贯彻党的十九大精神宣讲工作方案》,制定《张家川县学习贯彻党的十九大精神宣讲参考资料》,开展中共十九大精神“七进”(进机关、进社区、进企业、进农村、进校园、进网站、进宗教场所)系列宣讲活动30余场(次)。依托全市“百人百课百讲”工作,组建全县理论骨干宣讲组,深入乡(镇)、街道(社区)、村(组)、企业、学校通过举办辅导报告会、专题研讨会、座谈交流会、面对面对谈等多种形式作专题宣讲辅导20余场(次)。邀请省、市委宣讲团,市委讲师团开展党的十九大精神、省第十三次党代会精神宣讲10余场(次)。开展建党96周年征文活动和“两学一做”学习教育知识竞赛活动。

【意识形态工作】 2017年县委常委会专题研究宣传思想和意识形态工作8次，县委中心组学习意识形态工作相关文件精神6次，县委书记就意识形态工作作出批示12次。印发《张家川县党委(党组)意识形态工作责任制实施办法》、《张家川县党委(党组)网络意识形态工作责任制实施办法》、《张家川县党委(党组)意识形态工作责任制考核办法(试行)》、《张家川县委意识形态领域问题整改落实方案》。县委与各乡镇、县直有关部门党委(党组)签订《张家川县党委(党组)意识形态工作责任书》。加强对全县爱国主义教育基地、励志示范教育基地、图书馆、博物馆、展览馆、文化交流中心等文化阵地的管理。召开全县净化舆论环境专题会议，督促县直各部门和15个乡镇对辖区内论坛、贴吧、微博、微信等账户进行自查，网络舆论生态不断改善。印发《党的十九大期间张家川县网络安全应急协调预案》、《张家川县关于做好服务保障党的十九大网络安全工作方案》、《关于规范党员干部网络行为的意见》、《关于加强属地内网络新媒体管理工作的通知》，利用县政府门户网站、“张家川发布”等平台，发挥网评员、通讯员等优势，网络意识形态领域正面引导能力不断加强。与16家县公安机关备案的商业网站签订了互联网自律承诺书，重大时间节点及时对网站负责人进行约谈3次。理顺张家川县政府网站管理体制，将行政管理职能移交县政府办公室。

【舆论宣传】 印发《关于深入学习宣传贯彻党的十九大精神的实施意见》、《张家川县开展党的十九大宣传报道工作方案》，在县电视台、县政府网站、“张家川发布”微信公众号开设“喜迎十九大”“十九大时光”“学习贯彻十九大精神”专题专栏，宣传解读中共十九大的重大意义、总体要求和工作部署。围绕县委、县政府中心工作，深入一线跟踪采访宣传报道，开设“精准扶贫”“走基层”“学习塞罕坝精神”“全域无垃圾曝光台”等专题专栏，聚焦民生问题和中心工作，讲好张家川故事，传递好张家川声音，社会、群众影响广泛。截至11月底，县政府网站《今日视点》栏目共发稿1300余篇(条)。完成并播出航拍宣传片《航拍回乡风情园》、《航拍张家川》，策划拍摄风情旅游纪录片《行车张家川》，《弘扬塞罕坝精神 保护绿水青山》电视节目在天水电视台《直播天水》播出。举办全县第十八个记者节表彰活动，对全县2017年24名优秀新闻工作者及10篇“好新闻”进行表彰。2017年，在国家、省、市媒体刊发各类宣传稿件400余篇(条)，其中新华网4篇，中国新闻网3篇，甘肃日报9篇，天水日报整版6篇，天水电视台76条。编辑出版《张家川县2016年新闻图册》。

【精神文明建设】 制定《张家川县关于开展社会主义核心价值观主题宣传教育十大创建行动实施方案》，召开动员大会，打造张家川县民族风情园、张家川镇东城社区等一批社会主义核心价值观示范点。组织县文广局、县民政局、县民宗局等单位负责人赴庆阳市就整治高价彩礼工作进行考察学习，完成《赴庆阳市学习考察报告》，提出整治张家川县高价彩礼对策建议。印发《张家川县关于推动移风易俗树立健康婚嫁观念的指导意见》，把社会主义核心价值观贯穿融入到推动移风易俗树立健康婚嫁观念的全过程和各方面，提倡节俭持家、勤劳致富的优良传统，培育健康生活方式，推动乡风民风美起来。开展十五个方面“最美人物”评选活动，组织参加省、市先进典型人物评选活动，成功申报“最美天水人”7人，“天水好人”8人，“甘肃最美人物”1人，“岗位学雷锋标兵”1人，8名同学被评为第五届“天水市美德少年”。4家单位和2名个人被省委、省政府授予甘肃省第十三批文明单位和先进个人荣誉称号。加强未成年人思想道德建设，充分利用乡村学校少年宫、青少年校外活动中心、沈遐熙革命纪念馆、民族展览馆等场所，开展清明祭英烈、“六一”学习和争做美德少年、“七一”童心向党、“十一”向国旗敬礼等活动。在公路沿线设置大型宣传广告牌10块，印发《倡议书》《市民公约》等宣传资料3万余份。

【文化文艺】 按照中宣部《少数民族地区贫困县村级综合文化服务中心覆盖工程》“七个一”

电影《小儿锦》在天水宾馆首映

建设标准，完成240个行政村综合文化服务中心建设项目，全县255个行政村综合文化服务中心(包括15个村综合文化服务中心示范点)建设实现全覆盖。在255个行政村数字电视网络全覆盖(宽带乡村)工程。建成社区综合文化服务中心3个、乡村记忆馆15个，农村固定放映点3个，提升完善农家书屋272家，创建村级文化文体社团269个。开展“六进”活动，“书香传家 成就梦想”朗诵比赛，“庆祝十九大翰墨颂清风” 廉政书画展张家川县巡展，甘肃宁夏“花儿”张家川专场演出等一系列文化文艺活动。举办以第四届关山文学笔会、第二届关山“花儿”演唱会。开展了“影像张家川 魅力秦家塬”全国无人机摄影大赛和全县宣传文化系统秦家塬环保行志愿者活动，大力弘扬塞罕坝精神，助推全县生态文明建设。出版《原石拓本比对——东汉刘福功德颂》及《书法丛刊》等四种学术类刊物。组织拍摄天水市首部以张家川区党组织特派员沈遐熙同志的真实革命事迹改编而成的红色题材电影《小儿锦》。创作《小儿锦》主题曲《关山浩歌》。出版《张家川县馆藏文物精华》《关山文艺》杂志书刊4期。

中共张家川县委宣传部领导班子成员名录

部　长：薛林荣

副部长：马浩瑜(女，回族)

窦亚龙(4月任职)

(供稿：梁晖)

统战工作

【“两个共同”示范县建设】 全年实施建设项目95项，累计完成投资12.56亿元。争取到位国家和省市投资12.07亿元。主动融入国家“一带一路”建设，全面实施“招大引强择优入张”工程。全县新签约招商引资项目20项，总投资51.56亿元。发展清真餐饮经营店17800家、宾馆1700家，从业人员达10万人，年创收20亿元以上；建成专业化畜禽交易市场6处、规模养殖场(小区)124个，发展规模养殖户1.35万户，各类畜禽饲养量达到195.66万头(匹、只)；发展皮毛加工户410户，皮毛贩运户2261户，皮毛产业销售总额达2.4亿元。推进农业供给侧结构性改革，农业总产值达到3.63亿元，实现农业增加值2.28亿元，较去年同期分别增长5.97%和5.6%。新增造林面积2400公顷，新增土地流转面积573.33公顷。先后投资1.57亿元，实施六大跨乡镇、跨流域的集中供水工程，完成11村1647户农村饮水安全巩固提升、东峡水库城区供水取水设施改造等工程，有效解决24.14万人的饮水不安全问题，基本实现全县农村饮水安全化。市委市政府于10月20日召开省市支持张家川县优惠政策落实现场推进会，将省民委下达张家川县2017年中央少数民族发展资金877万元、省级配套资金43万元、民族自治县扶贫资金200万元，市上下达张家川县2017年少数民族文化事业发展专项补助资金58万元，共计1178万元，分别安排为张家川、龙山、大阳、胡川、刘堡、张棉驿、木河、阎家等8个乡镇改善乡村基础设施建设。县委常委会、县政府常务会多次专题研究部署示范建设工作，及时解决工作中的具体问题。制定《关于深入推进“两个共同”示范县建设的实施意见》，进一步明确示范建设的指导思想、工作目标、主要任务和工作措施。在天水电视台、天水在线和县电视台、县政府网站分别开设“两个共同”示范建设专栏，全方位、多角度、广泛深入的对示范建设进行宣传，充分调动各方面力量参与示范建设工作。2017 年共争取省市示范建设专项资金 900 万元，其中省级专项资金 600 万元，结合脱贫攻坚，按照专项资金向贫困乡镇、贫困村倾斜的要求，安排民族、宗教、民生、教育、生态等项目 11 项，切实改善了部分贫困群众的生产生活条件。严把项目立项和审批关，对各乡镇、各单位申报的项目进行认真筛选，确保每一个项目符合《甘肃省“两个共同”示范县建设专项资金管理办法》规定。按照省、市要求，及时联系发改委、财政局、审计局等部门，对专项资金使用情况进行审计。开展张川镇查湾村、大阳镇刘沟村 2 个民族文化特色村寨示范点和张棉驿乡丝路驿站文化园、刘堡镇中华传统文化点创建工作；把清真餐饮业作为示范建设的特色产业，建立“伊香拉面师”培训基地。制定《张家川县民族团结进步创建工作规划纲要（2016—2020）》。开展创建工作“六进”活动，全县展现出经济繁荣发展、民生持续改善、社会和谐稳定、群众安居乐业的生动局面。5 月召开张家川县争创全国民族团结进步示范县启动大会。各乡镇、各单位按照县上总体安排，创新载体，突出特色，全面开展民族团结进步创建活动。各中小学校创编乡土教材，把民族团结宣传教育作为独立课程进行安排学习。县民族博物馆和回乡风情园确定为全省民族团结教育基地；县人社局、县职教中心、太极集团、大阳镇政府被确定为全省民族团结进步示范单位。

【民族宗教的统战】 制定《关于进一步加强和改进新形势下宗教工作的实施意见》。在甘肃社会主义学院举办三期宗教界代表人士培训班，全县 15 个乡镇的 150 名宗教界代表人士参加培训；组织 50 名寺管主任赴宁夏北方民族大学进行专题培训，学习当地依法管理宗教事务的好经验和好做法；召开伊协、佛协、道协代表会议，全面系统地传达学习宗教工作的新要求、新思维和新部署；连续三年在县职中开设宗教人士国民学历教育大专班，249 名宗教代表人士接受汉语言大专学历教育；组织 42 名宗教界代表人士赴湖南、广东两

张家川县召开争创全国民族团结进步示范县启动大会

省进行考察学习。结合“宗教政策法规学习月”活动，举行 3 场宗教工作会议精神宣讲活动。

【其他领域的统战】 制定《关于推动非公有制经济跨越发展的意见》《关于推动非公有制经济跨越发展十大工程实施方案》《张家川县扶持非公经济发展办法》等一系列加快非公经济跨越发展的政策文件。县财政每年采取贷款贴息、担保费率补贴和税收奖励、财政奖补等方式落实非公经济发展专项资金，并整合其他资金用于扶持非公有制小微企业、农民专业合作社发展。对年销售收入或营业额达到 80 万元以上且纳税达到 3 万元以上有一定规模的个体工商户转型企业，择优给予 1 万～3 万元奖励。连续三年先后在西北师大、北方民大、省社会主义学院等省内外高校举办非公有制经济代表人士综合能力提升培训班。举办全县非公有制经济人士学习党的十九大精神报告会。开展“百企帮百村”、“百千万工程”行动。完成工商联换届各项工作任务，完成全国工商联新版组织会员数据库的信息录入工作，共录入会员 405 人（家），其中：个人会员 378 人，企业会员 23 家，团体会员 4 家，发展吸收新会员 8 名。推荐党外干部参加省、市、县各级各类培训。建立科学的跟踪考察评价体系，为推选各级人大代表、政协委员、党外干部、工商联副主席、常委、执委以及优秀社会主义事业建设者等评选表彰提供科学依据。通过基层推荐、民主评议、组织考核等方式，推荐县人大代表候选人 127 名，安排使用 73 名党外代表人士为县第十六届人大代表，占人大代表总数的 39.9%；确定政协张家川县十三届委员会党外

委员87名,常委19名,涉及18个界别;安排使用党外领导(副科级以上实职)38人。在广西大学举办为期5天的党外干部培训班,参训人员45名。对全县新社会阶层人士进行全面摸底,了解他们的基本情况和动态,并分类登记造册,建立新的社会阶层代表人士人才库档案。符合条件的民营企业和外商投资管理技术人员有22人;社会从业人员7人,主要分布于民营学校和民营医院;新媒体从业人员1人。

【对台澳和海外统战】 县委党校开设对台工作课程,讲授反分裂国家法、两岸关系形势、当前对台工作形势、祖国统一问题等方面,增强全县党政干部的爱国热情和统一祖国的信念。开斋节、春节期间,县委台办多次走访慰问台属,将党的对台方针政策送到台属家中。开展台胞台属节日慰问帮扶活动。加强与澳门莲花慈善基金会的衔接沟通,完成澳门莲花慈善基金会资助和平村小学43名贫困学生各项工作,全年共发放救助资金7.74万元;争取项目资金6.36万元,硬化和平小学场地530平方米。

中共张家川县委统战部领导班子成员名录

部　长:李国恩(回族)

副部长:李世刚(回族)　王哲麻(回族)

(供稿:兰鸿)

法治工作

【法治张家川建设】 开展法制宣传教育,组织全县近万名干部参加法律知识考试,编制印发《张家川县关于在公民中开展法治宣传教育的第七个五年规划(2016—2020)》。开通网络红页和司法微博、微信平台,共播出电视法制栏目《身边》88集。修改完善"谁执法谁普法"工作机制,召开"六五"普法总结表彰暨"七五"普法工作推进会议,组织实施"七五"普法及法律"八进"活动。在全县255个行政村开展法治宣传教育,引导广大群众

甘肃省"百名法学家百场报告会"在张家川县举办

增强法治观念。加强县乡两级刑释人员信息管理系统、社区矫正管理信息平台、法律援助信息管理平台、人民调解信息管理平台建设,不断强化"智慧司法"信息化建设,提升基层司法行政工作信息化应用水平。开展执法司法为民活动,组织政法各部门深入各乡镇、相关单位进行法律宣讲,以案释法,执法司法公信力进一步提升。"12·4"宪法宣传日开展甘肃省"百名法学家百场报告会"天水市张家川县报告会,组织开展法治宣传活动和法律知识考试活动以及生态环境保护法专题报告会,宪法宣誓活动和"法律八进"活动等系列学法普法宣传教育活动。

【执法监督】 2017年,评查县法院各类案卷400余件,县检察院诉讼终结案件57件,县公安局各类案件731件。开展涉法涉诉重点人员的排查化解稳控及信访积案的清理活动。受理执行案件227件,执结175件,执结率77%。清理2016年9月至2017年2月涉民生案件44件,执结率100%。清理涉金融案件33件,执结25件,执结率75.8%。

【司法体制改革】 2017年,接待受理涉法涉诉信访案件23人次,群访5批次。开展以入额法官、检察官为核心的办案人员分类管理、司法责任制、办案人员薪酬待遇等各项改革,首次遴选出16名法官和14名检察官入额,并落实入额人员预付工资。开展人员分类定岗工作,制定法官、检察官、辅助人员、司法行政人员分类定岗实施方案。

【矛盾纠纷大排查大调处】 制定《张家川县健全完善矛盾纠纷多元化大调解工作机制的实施

意见》,在各乡镇完善人民调解工作机制,在县直各单位成立 18 个调处中心，构建纵向到底横向到边的人民调解、行政调解、司法调解相互衔接的矛盾纠纷大调解工作格局。2017 年,排摸各类矛盾纠纷 1941 起,已化解 1939 起,化解成功率为 99.2%。探索宗教界人士参与社会治理、调解矛盾纠纷的新机制,发挥宗教上层人士政策法律宣传员、社会治安管理员、民间纠纷调解员、重点人员帮教员的作用,重点针对全县经济社会发展中出现的新情况新问题中出现的矛盾纠纷的排查调处。

【防控体系建设】 完善立体化社会治安防控体系“五张网”建设,把推进派出所警务运行机制和城区巡逻机制改革与整合防控力量结合，把各种群防群治力量和机关企事业单位内保力量整合,科学划分巡防区域,优化防控力量布局,强化统一调度指挥。加强信息化装备建设,建成 114 路前端监控点和 1 处一体化指挥中心实战平台,并督促推进各乡镇单位在交通要道和治安重点区域加强视频监控建设。对城乡视频监控设施进行升级改造。开展中小学校、幼儿园、金融机构、商业场所、医院、居民小区以及各类重点场所的安全防范及周边治安综合治理，有效预防减少多发性案件和重大治安案事件的发生。

【治安问题整治】 开展命案治理和“零命案”乡镇创建活动，分级分类排查命案高发的区域场所，紧盯易激化矛盾纠纷的排查化解，预防减少“民转刑”“刑转命”案件的发生。公安机关共立刑事案件 469 起，破案 204 起。共受理行政案件 1206 起,其中查处治安案件 989 起。开展社会治安重点整治工作,以城中村、城乡接合部、棚户区、中小旅馆、娱乐场所等为重点,建立滚动排查和常态整治机制，坚决消除治安盲点。开展依法惩治“村霸”和宗族恶势力专项行动,排摸全县“村霸”和宗族恶势力团伙线索，铲除黑恶势力滋生发展的“社会土壤”。对全县快寄物流行业进行清理整顿和安全检查,围绕油、气、水、电、矿山、桥涵以及地上地下管网等,开展安全隐患排查,进行风险等级评估,制定整改方案,及时有效解决一批突出公共安全问题。

【流动人口服务管理】 健全完善特殊人群服务管理机制,按照中央和省、市关于对重度精神障碍患者监护工作实施“以奖代补”的政策措施的要求,落实 1543 名严重精神障碍患者责任保险。加强预防青少年违法犯罪、校园及周边治安综合治理等工作,推进实施“护校安园”专项行动。健全完善农村留守老人、妇女、儿童关爱帮扶体系,不断加大救助帮扶、心理疏导力度,预防和减少严重侵害“三留守”人员合法权益案事件的发生。

【社会稳定风险评估】 2017 年评估各类事项 42 项,其中,重大活动 3 项,重大项目 39 项。开展社会稳定风险评估创建活动，建立健全与实际相适应、具有各自品牌特色的管理体制和运行机制,发挥典型引领和示范带动作用,推动稳评工作全覆盖、规范化、上水平。

【防范处理邪教】 在 15 个乡(镇)建立反邪教警示教育室，并结合工作形势和要求不断更新“一墙一窗”宣传内容。组织开展反邪教宣传活动,制作平安建设宣传资料袋 10000 余个，印发各类宣传资料 14000 余份。开展反邪教网上宣传及平台建设工作，及时运转县政府网站反邪教网上宣传专栏,推进“平安张家川”微信平台建设工作,完成反邪教宣传稿件 40 余篇。

中共张家川县政法委领导班子成员名录

书　记:高建平
副书记:马金泉(回族)
张　弛(5 月任职,兼依法治县办主任)

老干部工作

【概述】 张家川县委老干部工作局现有工作人员 4 人,其中公务员 2 人,分别为局长 1 名,副局长 1 名;事业管理人员 1 人,借调事业管理人员

3人;机关工勤人员1人。2017年,服务管理离退休干部59人,其中离休干部19人(副地级1人,副县级18人;党员16人,非党员3人;年龄最大94周岁,最小82周岁,平均年龄86周岁);退休县级(及以上)干部37人(副地级2人,正县级8人,副县级27人)。

【老干部工作制度】 制定《张家川县进一步加强和改进离退休干部工作实施办法》(以下简称《实施办法》)主要内容包括总则、基层党组织建设、服务管理、发挥作用、阵地建设、组织领导、自身建设、附则等八个方面,提出34条细化的具体措施。《实施办法》的印发逐步完善老干部工作运行机制,促进老干部工作规范化、制度化水平的提升,推动形成对老干部工作更加重视、老干部工作围绕中心服务大局更加自觉、老干部爱党护党更加坚定、老干部工作队伍更加进取的良好局面。

【老干部党建】 在县老年大学、社区服务中心等老干部集中学习、活动、居住的场所建立临时党组织。拓展党组织活动,组织离休干部党支部书记参加市、县举办的培训班5期,开展“永葆革命本色、携手共建党组织”活动和“最美老干部”先进事迹巡回展4次,为支部订阅报刊杂志8种,参观县民族博物馆、县展览馆、县沈遐熙革命纪念馆8次,引导老干部“离岗不离党、退休不褪色、在党旗下永远年轻”。为老干部发放《中国共产党章程》、《党的十九大报告辅导读本》等书籍,并通过“上门送学”等形式为部分行动不便的高龄党员上门宣传十九大精神,引导老干部深入学习。通过举办学习会、报告会、培训会、座谈会等形式,组织老干部读原著、学原文、悟原理,以中共的十九大精神武装头脑,增强使命感、责任感、紧迫感。

【老干部服务管理】 离退休干部政治待遇方面。对身体状况较好、行动方便的老干部,采取“四就近”的原则,组织集中学习;对居住边远、行动不便的老干部,采取“送学上门”,每周定期送2次。每年为老干部订阅《老年文摘》《老年博览》《天水晚报》各一份。2017年邀请老干部参加或列席全县重大会议和县四大组织重要会议56人(次),参加全县脱贫攻坚工作、社会事业发展和《政府工作报告》等征求意见会39人(次),并对老干部提出的意见及时签交有关部门整改办理,定期向老干部通报落实情况。全年共支出老干部特需费11.53万元。离退休干部生活待遇方面。按政策及时调整,全额兑现高龄补贴和专项生活补贴,确保政策执行不打折扣、政策落实不留死角;按照“单位尽责、社会统筹、财政支持、加强管理”的原则,离休干部门诊费、住院费实行全额实报实销。2017年累计报销23万元,其中门诊费14万元,住院费9万元;7月对全部老干部遗属开展走访慰问;开展“零距离、家政式”优质服务提升活动。做好老干部的住院手续办理及协调等工作,组织51名老干部进行健康体检。

【发挥老干部能量】 在全县离退休干部中发出争做最美老人、争做模范老人、争做先锋老人、争做时代老人、争做阳光老人“五个争做”的倡议,县老年大学龙山分校开展“畅谈展望”座谈会。在老干部活动中心、老年大学、社区等老年人集中的场所作倡议宣讲5场,发放资料1560份。组织开展进学校、进社区、进农村法律知识、“两史四情”、传统文化、民族团结、家教家风等宣讲活动28场,受教育青少年1.3万人。在440个基层关工组织开展“我看十八大以来变化”和“建言十九大”座谈访谈、“看发展、晒幸福、赞变化”主题征文、“喜迎十九大,翰墨颂中华”书画展、“最美张家川”摄影展、“最美老干部”事迹巡回展、“喜看张川新气象新变化新发展”政情通报会和“学习十九大·欢度重阳节”座谈、参观、书画交流等系列活动25场,参加人数达510多人次,征集建言215条;为市老干局选送征文11篇、书画作品25幅、摄影作品38幅;印发“畅谈展望”快讯19条,撰写调研报告2篇;出版印刷《桑榆晚霞》丛书。

【关心下一代工作】 县关工委协助各中小学把社会主义核心价值观学习教育纳入德育教学内容,充分发挥学校课堂主阵地、主渠道作用,组织爱国主义报告团成员开展以《深入开展党史国史教育，引导青少年听党话，跟党走》和《知县情，爱家乡，做贡献》为题的进机关、进社区、进企业、进乡镇、进学校“五进”活动，累计宣讲28场，受教育青少年1.1万人。以“注重家庭、注重家风、注重家教——关工委在行动”为主题，举办家教家风母亲讲堂、“教育的第一原则——家庭教育理念”和美德教育宣讲活动等8场。开展“情暖孤儿、快乐成长”走进县曙光孤儿院慰问活动，为孩子送上了2000元爱心金，并连续开展6次“快乐流动图书屋”送书下乡活动。开创“关工委＋志愿者＋环境监督”的模式，在广大青少年中开展珍惜时间、远离网吧；珍惜生命、远离毒品；珍惜品德、远离陋习；珍惜正道、远离邪教；珍惜亲情、远离手机的“五珍惜、五远离”活动。在恭门镇中学等9所农村留守儿童相对集中的学校建立“爱心书屋”，正确引导贫困地区留守儿童“爱读书、读好书”。联合361°甘青宁分公司等3家爱心企业为恭门镇西坡村小学等8所偏远贫困农村小学学生捐赠价值18万元的童鞋710双。在龙山镇召开关工工作联建联创活动经验交流会，龙山镇所辖的16个关工委(组)负责人作交流发言，并印制《张家川县关工工作龙山镇联建联创活动经验交流材料汇编》。

中共张家川县委老干部工作局领导班子成员名录

局　长：肖　荣(回族)

副局长：马秀芳(女，回族)

(供稿：马世杰)

党校工作

【干部培训】 2017年举办各类集中培训班28期3527人(次)。其中，举办主体班次培训11期1710人(次)，全县科级领导干部学习贯彻党的十九大精神培训班3期800余人，学习贯彻党的十八届六中全会精神全县党组织书记专题研讨班1期180人，入党积极分子和发展对象培训班2期277人，新任大学生村官培训班1期25人，村党支部书记培训班2期208人，县直机关党支部书记培训班1期160人，党务工作者培训班1期60人；举办其他培训班17期1817人(次)，包括县人大代表培训班1期240人，政协张家川第十三届政协委员会委员培训班1期157人，全县纪检监察干部培训班2期180人，张家川县精准脱贫世行六期扶贫培训班1期140人，驻村帮扶队队长暨第一书记培训班1期90人，精准扶贫帮扶工作队培训1期200人，“陇原巧手”培训班4期356人，“妇女面对面”培训班1期110人，新型职业农民培训班5期344人。

【教学教改】 把突出教学主体的针对性作为深化教学改革的切入点，针对不同层次、不同岗位的培训对象需求差异，增强教学的问题导向和破题指向，科学设置培训班次，合理确定培训内容，创新教学方式方法，加强学员规范管理，有针对性地帮助党员干部消除思想困惑。突出主业，贯彻“大规模培训干部，大幅度提高干部素质”要求，办小班、多办班、办短班，严要求、严管理、严考核，着力培养造就“四铁”干部队伍。突出主课，从最新理论、党性教育、中心工作、廉政建设、能力提升、基层组织等六个方面布局全年教学工作，确保主体班理论教育和党性教育课不低于总课时的70%，各类班次党性教育课不低于总课时的20%。抓好教师和学员两个主体，教育和学习两个环节，开展集体备课、同课异构、新课试讲等活动，发挥集体智慧，研究教学方案，设计教学提纲，提高党校教育培训的针对性和实效性，综合运用案例式、体验式、情景模拟式和现场教学、“流动党校”、送课下乡等方式以及网络信息技术等现代教学手段，开展教育培训和理论宣讲，增强教学的吸引力和感染力。

【科研工作】 有目的、多层次、全方位地加强对基础理论和重大现实问题的研究，建立教学、科研联动机制和教学科研奖惩机制，努力推动教学、科研、咨询一体化发展。围绕基层党建、“一路一带”陇山文化建设、供给侧结构性改革、精准扶贫精准脱贫等工作，组织教职工开展研讨活动，撰写

《张家川县贫困户致贫原因分析》《抓基层党建工作的重点应放在精准扶贫的有效落实上》《补短板发展文化旅游，着力助推张家川县域经济发展》《马克思主义哲学原理在供给侧结构性改革的时间应用》《家风与官德修养的理性重塑与思考》等调研和理论文章24篇。其中甘肃省哲学年会研讨会入选论文3篇，甘肃省社科联组织的“精准扶贫和环境治理”研讨会入选论文7篇。做好科研进课堂工作，促进教学研究良性互动，制作专题课件28个。

【理论宣讲】 依托“流动党校”平台，抽调6名骨干教师，承担习近平新时代中国特色社会主义思想、中共十八届六中全会精神、中共十九大精神、“两学一做”学习教育相关内容等宣讲任务，开展进机关、进乡村、进社区、进学校、进企业、进宗教场所“六进”理论宣讲活动45场(次)，听众达4000余人。

中共张家川县委党校领导班子名录

校　长：夏　草(兼)

常务副校长：马　婷(女，回族)

副校长：姚春莲(女)

(供稿：马悦)

机构编制工作

【行政审批制度改革】 对全县行政审批事项进行10次动态调整。全县共取消行政审批项目97项，承接(新增)行政审批项目46项，23项行政审批项目合并为10项，取消部分审批内容的行政审批项目3项，承接部分审批内容的行政审批项目9项，调整更名的行政审批项目6项，工商登记前置审批改为后置审批的行政审批项目27项，行政审批事项调整为政府内部管理事项的项目10项。另外，驻县单位取消行政审批事项67项。全县26个县直单位共保留行政审批项目139项。

【权责清单制度】 坚持“法无授权不可为，法定职责必须为”为原则，经过“三报三回”的工作程序，建立了权力事项库，制定《张家川县权责清单管理暂行办法》，确保权力事项库规范运行。2017年县政府40个单位共保留行政权力2502项，其中：行政许可139项、行政处罚1790项、行政强制125项、行政征收15项、行政给付6项、行政裁决8项、行政确认50项、行政奖励20项、行政监督19项、其他行政权力330项，完成所有行政权力事项的流程图加载工作，并全部在甘肃省政务服务网上上传公布。

张家川县“多证合一”执照首发仪式

【公共服务事项】 印发《张家川县简化优化公共服务流程方便基层群众办事创业实施方案的通知》，组织各单位梳理公共服务事项，对没有明确法律依据或不符合全面深化改革和经济社会发展要求的事项全部取消，并对保留的事项进一步优化办理流程，简化办理要件，压缩办理事项。完成公共服务事项梳理工作，确认县级公共服务事项183项(其中：县政府部门、直属事业单位公共服务事项105项，县政府部门所属事业单位公共服务事项56项，国有企业公共服务事项10项，中介服务机构公共服务事项12项)，已全部加载在甘肃政府服务网上。

【行政审批监管】 按照省市规定，对行政审批项目取消调整后，及时在甘肃政务服务网上对相关项目调整内容向社会公开，实现“目录之外无审批”。着力推进行政许可标准化，进一步优化了审批流程、简化审批程序、精简申报材料、缩短审批时限，提高行政服务效能。对审批事项逐项编制服务指南，明确许可事项的设定依据、适应范围、办理要件、工作流程、办理时限、收费依据等项目，并制作审查工作细则，直观反映相关行政许可事项的办理环节和程序，真正让群众能看懂、会操作，方便办事、利于监督。建立完善窗口服务岗位责任制、服务承诺制、限时办结制、一次性告知制，健全行政审批投诉受理、处理和结果的公开等配套制度，加强对行政审批事项的监管，有效规范了行政审批行为。

【事业单位法人登记管理】 3月底，完成161家事业单位的年度报告公示、新版《事业单位法人证书》换发和部分事业单位法人、住所等变更登记事项，并在张家川县机构编制网进行公示。建立各类事业单位统一登记管理制度。办理事业单位法人设立登记2家、变更登记47家。制定印发《张家川县机构编制委员会办公室关于开展党政群机关统一社会信用代码赋码工作的通知》。完成57家党政群机关、3家垂管机关、4家群团类统一社会信用代码赋码工作。开展事业单位法人公示信息抽查工作完成教育、卫生、文化、农业、林业等行业16家事业单位的实地核查。

【事业单位分类改革】 按照政事分开、事企分开和管办分离的要求，采取先易后难、分步实施的办法，稳步推进事业单位分类改革工作。完成所属事业单位类别划分和结果批复工作、第三批全县40个公益一类事业单位的批复工作。开展部分公益一类事业单位“三定”规定的制定和完善工作。

【机构编制管理】 2017年对全县实名制个案信息逐人逐条开展全面核对、完善工作，完成130个单位1500多人的信息核对工作，共修改、完善、补录信息1036条。同时与组织、人社等部门协调，按照相关部门的任免通知、人员退休批复、新分配及调动人员文件等，按文号排列，逐一核查登记，及时更新和完善数据库信息，确保实名制信息系统的真实性和时效性。严控机构编制总量，盘活机构编制资源。2017年出编172人，入编275人，维护实名制信息系统个人信息1600多项。会同县人社局、教育局解决了全县128名乡镇之间借调教师近年遗留问题，发放事业单位实名制信息管理卡。严格按照机构审批权限和程序报批机构。全年共向市上申请上报县环境保护局机构变更隶属关系、宗教局和价格认证中心增加领导职数、成立房屋征收补偿办公室、体育发展中心、少数名民族科普工作队等7个机构，县编委会发文通知县机关后勤服务管理中心、县卫生局卫生监督所等2个机构更名升格、县机要局等结构调整和核增领导职数，县劳动就业局加挂张家川县清真餐饮业服务中心牌子，县安全生产执法监察大队加挂张家川县安全生产应急指挥中心牌子等机构编制事宜。

张家川县机构编制委员会办公室
领导班子成员名录

主　任：付永红
副主任：马少强（回族）
　　　　窦克明（兼事业单位登记管理局局长）

档案工作

【概况】 张家川县档案局主要负责全县档案监督、检查、指导、整理、保管和利用工作，内设办公室、业务股、库房管理股。1997年6月县机构改革中，档案局与档案馆合并，一个机构，两块牌子，为事业单位，隶属县委。2002年5月县机构改革中，档案局由原县委直属事业单位变为政府直属事业单位。2010年机构改革中，县档案局定为参照公务员管理事业单位，定编领导2人，参公编制10名

【档案业务】 指导完成组织部、宣传部、统战部、交警队、妇联、林业局、气象局、森林公安局、天然林保护办公室、检察院、司法局、人社局、药监局等单位的各类文件材料的归档整理工作，共整理档案资料851盒8622件;整理马关镇政府1960—

2011年文书档案52盒470件326卷;大阳乡政府人事档案2001—2016年25盒,文书档案2005—2016年42盒,换届、党建等各类资料档案142盒。完成建明味业民营企业档案整理工作,共整理2015-2016年的文书档案,永久期8盒39件;30年期4盒10件;10年期2盒25件,共计14盒74件。

【信息化建设】 2017年档案扫描已完成182825副,对扫描文件目录同步录入,并完成所有电子文件录入和扫描的异地备份工作。力争到"十三五"末,档案馆馆藏永久、长期档案全部完成数字化转换,并及时以数字化档案代替原件提供利用,纳入档案馆档案接收范围的单位,确保到期进馆档案全部数字化,保证电子文件形成规范并能及时归档接收保存,在向档案馆移交档案时实现实体档案和数字档案、电子档案的同步移交。

【档案利用和服务】 根据《中华人民共和国档案法》对馆藏档案定期进行慎审、划控、鉴定,除涉及国家安全或者重大利益以及其他到期不宜开放的档案外,凡是自形成之日起满30年的馆藏档案,依法及时向社会开放;对接收进馆文件均进行严格检查,对残损和不完整档案责令其单位进行补救和完善,对进馆合格档案开具档案合格证。全年接待社会各界利用者300余人(次),利用档案资料1000余卷(册),摘抄复印3000余张。工作人员根据借查阅利用工作中的真实事例编写效益事例4篇。

【档案培训与法制建设】 4月份,档案局举办文书、会计档案整理新办法培训班,参加培训的单位有80多个,采取理论讲解和实际操作的形式,现场讲解人员和学员互动及时解决相关问题,全县档案工作者的业务水平得到提升。6月9日(国际档案日),档案局在馆内举办爱国主义教育基地展览活动,邀请中小学生、老党员干部等各界人士参展,展出展版28幅,参观者800多人(次),接受群众咨询40余人(次)。8月上旬,档案局下发《关于开展档案行政执法检查工作的通知》,并组成档案行政执法检查领导小组,对全县各单位及乡镇的档案进行重点检查,对存在问题的单位提出了限期整改意见责令其限期整改。

张家川县档案局领导班子成员名录

局　长:毕古柏(回族)

副局长:丁慧芳(女,回族,5月离职)

(供稿:马小花)

重要会议

【人大常委会议】

2月24日,张家川县第十六届人大常委会第三次会议开幕。会议听取并审议通过县人大常委会关于全县信访秩序专项整顿情况的审议意见;县人大常委会关于全县城市管理专项整顿情况的审议意见;县人大常委会关于全县城区土地管理秩序专项整顿情况的审议意见;县人大常委会关于实施法制宣传教育第七个五年规划的决议。

4月25日,张家川县第十六届人大常委会第四次会议开幕。会议听取并审议通过县人大常委会关于全县精准扶贫工作情况的审议意见;会议对县人民政府落实县人大常委会关于贯彻实施《宗教事务条例》审议意见情况进行测评;听取并审议通过《张家川县人民代表大会常务委员会议事规则》《张家川县人民代表大会常务委员会关于讨论决定重大事项的规定》《张家川县人民代表大会常务委员会关于开展满意度测评工作的暂行规定》《张家川县人民代表大会常务委员会关于宪法宣誓的组织办法》《张家川县人民代表大会常务委员会会前学法制度》《张家川县人民代表大会常务委员会组成人员守则》。

7月6日,张家川县第十六届人大常委会第五次会议开幕。会议听取并审议通过县人大常委会关于全县安全生产监督管理工作情况的审议意见;听取并审议通过县人大常委会关于全县贯彻执行《中华人民共和国环境保护法》情况的审议意见。

8月17日,张家川县第十六届人大常委会第六次会议开幕。会议听取并审议通过县人大常委会关于县人民法院基本解决执行难工作情况的审议意见;会议对张家川县人民政府落实县人大常委会关于贯彻实施《中华人民共和国土地管理法》审议意见情况进行测评;通过人事任免。决定免去马建荣县人大常委会科教文卫工作委员会副主任职务、王永青县人大常委会城建环保工作委员会副主任职务。决定任命:吴晓堂为张家川县人民政府副县长、王青为张家川县人民政府副县长。

8月29日,张家川县第十六届人大常委会第七次会议开幕。会议听取并审议通过县人大常委会关于全县2016年财政预算执行及其他财政收支情况审计工作的审议意见;县人大常委会关于批准全县2016年财政决算的决议;县人大常委会关于全县2017年上半年国民经济和社会发展计划执行情况的审议意见;县人大常委会关于全县2017年上半年财政预算执行情况的审议意见;县人大常委会关于批准2017年上半年县级财政预算调整方案的决议。会议通过人事任免:决定任命邓怀飞为张家川县人民政府副县长。

10月26日,张家川县第十六届人大常委会

第八次会议开幕。会议听取并审议通过县人大常委会关于全县义务教育均衡发展情况的审议意见；听取并审议通过县人大常委会关于贯彻执行《中华人民共和国农业技术推广法》情况的审议意见；会议对张家川县人民政府落实县人大常委会关于贯彻实施《中华人民共和国食品安全法》审议意见情况进行测评。通过人事任免:决定免去武向明张家川县人民法院副院长、审判委员会委员职务;马志海张家川县人民法院副院长、审判委员会委员职务；马永生张家川县人民检察院检察委员会专职委员职务；马永恩张家川县人民检察院检察委员会委员职务。决定任命:马恩龙为张家川县人民法院副院长、审判委员会委员;马应录为张家川县人民法院审判委员会委员；铁成为张家川县人民法院审判委员会委员；孙剑云为张家川县人民法院龙山人民法庭庭长；马鸿冲为张家川县人民法院审判员、恭门人民法庭副庭长;马永生为张家川县人民检察院副检察长、检察委员会委员;马小改为张家川县人民检察院检察委员会委员;马建荣为张家川县人民检察院检察委员会委员;苏小强为张家川县人民检察院检察员。

11月28日，张家川县第十六届人大常委会第九次会议开幕。会议听取并审议通过县人大常委会关于全县农村医疗卫生体系建设情况的审议意见；听取并审议关于召开县第十六届人民代表大会第二次会议的决定。

12月20日，张家川县第十六届人大常委会第十次会议开幕。会议听取并审议通过县人大常委会公告(草案);县十六届人大二次会议议程、日程(草案)及各项名单(草案);县十六届人大二次会议列席范围(草案);县十六届人大二次会议选举办法(草案);张家川县人大常委会工作报告;张家川县人大常委会2018年工作要点;张家川县人大常委会关于批准2017年县级财政预算调整的决定;张家川县人大常委会关于批准全县2017年国民经济和社会发展计划部分经济指标预期目标调整方案的决定。接受辞呈:同意李兆珍辞去县第十六届人大常委会委员职务。

12月25日，张家川县召开第十六届人大常委会第十一次会议。通过人事任免:决定免去苏永平县监察局局长职务。决定任命苏永平为张家川县监察委员会副主任；马雪平为张家川县监察委员会副主任;王建国为张家川县监察委员会委员;马玉芳为张家川县监察委员会委员；张筱覃为张家川县监察委员会委员；许斌为张家川县监察委员会委员。

常委会工作

【监督工作】 开展调研、视察和督查,常委会领导班子成员主动加强对各自包抓乡镇、分管部门的工作指导和检查,推动各项重点工作依法、高效开展。2017年,共召开常委会会议10次,主任会议12次,听取和审议“一府两院”专项工作报告18项,开展专项执法检查2次,作出审议意见13项、决议决定5项,组织调研、视察12次,跟踪督查审议意见落实情况3项，以实际行动保障和促进县委决策部署和重点任务的落实。

【人事任免】 常委会始终坚持党管干部和人大依法任免干部的有机统一，保证了县委推荐的人选通过法定程序成为国家机关领导人员。坚持对拟任命人员实行主任会议审查、供职发言、常委会议票决、颁发任命书、组织新任命人员向宪法宣誓等制度,2017年依法任免国家机关工作人员48人,其中,决定任命县人民政府副县长4人,任免县人民法院副院长3人，任命县人民检察院副检察长1人，任免人大常委会委办主任、副主任5人,决定任免县人民政府组成人员23人,任免审判委员会委员、检察委员会委员、检察员、基层人民法庭庭长10人，接受县人大常委会委员辞职2人。县委重视人大干部的培养、交流和任用,1名乡镇人大主席交流到同级党政主要领导岗位任职,1名人大机关干部交流到政府主要部门任职。

【代表工作】 按照全覆盖、抓规范、促提升的要求,通过健全制度、深入指导、考核督查等措施,扎实推进“人大代表之家”建设，将全县1038名省、市、县、乡人大代表按居住区域和行业分编到每一个“家”内开展活动。建“家”以来，人大代表在“家”接待选民660人(次)，收集提交意见建议520条，办理512条，“人大代表之家”真正成为代表学习培训、联系选民、开展活动、展示形象的主阵地。全县15个乡(镇)人大全部开通微信圈、QQ短信平台，及时上传代表履职相关知识，引导代表通过微信圈、QQ短信平台开展学习交流，收集意见建议，拓宽代表履职渠道。广西凭祥市、秦州区、麦积区、秦安县人大常委会，天水市人大常委会代表人事工委组织两区四县代表人事工委，先后赴张家川县参观学习。县十六届人大一次会议代表提出的126件意见建议，至年底已全部答复代表，已办理100件，其他26件建议正在积极创造条件办理，建议解决率、满意率逐年上升，办理质量不断提高。

【信访工作】 高度重视群众来信来访，切实加大信访案件督办力度，及时化解社会矛盾。全年共接待来访32人(次)、来信8件，办理市人大常委会转办信件2件，为维护社会和谐稳定发挥了积极作用。

张家川县人大常委会领导班子成员名录

主　任：李肖锋(回族)

副主任：汪丽琴(女)　王　璟

安保平(回族)

米文贵(回族)　王金祥

县人大常委会办公室及各专门委员会领导班子成员名录

主　任：李学林(回族)

副主任：马宇星(回族)

县人大常委会民族法制工作委员会

主　任：马振科(回族)

副主任：马志忠(回族)

县人大常委会财政经济工作委员会

主　任：马鸿鸣(回族)

副主任：张震龙

县人大常委会科教文卫工作委员会

主　任：马　骋(回族)

县人大常委会代表人事工作委员会

主　任：马小平(回族)

副主任：马忠红(回族)

县人大常委会农业农村工作委员会

主　任：陈明华

副主任：杨景峰(回族)

县人大常委会城建环保工作委员会

主　任：张成发

(供稿：石化龙)

张家川县人民政府

重要会议

【县政府常务会议】

2月23日,张家川县委副书记、县长马筱宁主持召开张家川县第十六届人民政府第3次常务会议。会议研究审定《县委、县政府关于聚焦总目标、打赢攻坚战奋力推动全县农业农村工作持续健康发展的实施意见》,研究审定《政府投资项目公示管理制度》等事宜,会议还研究了其他事宜。

3月8日,张家川县委副书记、县长马筱宁主持召开张家川县十六届人民政府第4次常务会议。会议研究审定精准扶贫精准脱贫2017年项目资金使用、张家川县法治政府建设实施方案(2016—2020年)(草案)等事宜。

3月31日,张家川县委副书记、县长马筱宁主持召开张家川县第十六届人民政府第5次常务会议。会议审议《县委、县政府关于加强和改进新形势下宗教工作的实施意见》,研究召开全县宗教工作会议事宜;审议《县委、县政府关于打赢脱贫攻坚战的实施意见》《张家川县2017年财政涉农资金整合使用实施方案》《张家川县脱贫攻坚工作任务落实问责暂行办法》;研究了2017年污染治理"十大工程"任务分解、《环境保护目标责任书》《水污染防治目标责任书》及召开全县环境保护委员会全体会议暨环境保护工作会议等事宜。

5月11日,受张家川县委副书记、县长马筱宁的委托,县委常委、常务副县长赵东红主持召开张家川县第十六届人民政府第6次常务会议。审议通过《张家川县"三城联创"实施方案》《张家川县创建省级文明县城实施方案》《张家川县创建省级卫生县城实施方案》《张家川县创建省级园林县城实施方案》;研究召开张家川县"三城联创"工作动员大会事宜以及审计发现问题整改落实情况。

5月23日,张家川县委副书记、县长马筱宁主持召开张家川县第十六届人民政府第7次常务会议。会议研究易地扶贫搬迁项目融资、规范机关事业单位人员调动管理、2016年度公务员考核、城区水价调整、新建小学分校项目建设、采取PPP形式合作建设有关项目、县水暖公司机构设置、县政府专题会议研究审定项目提交县委常委会议和县人大常委会议审议县财政配套资金、扶贫资金监管使用等有关事宜,审定通过部分标准地名、龙山镇马河村等5个美丽乡村规划、龙山镇等4个镇总体规划、县城户外广告和提升城市改造工程环境景观规划设计,审定通过《张家川县县级粮食风险基金管理办法》《张家川县农民合作社和家庭农场联席会议制度》《关于做好城镇住房保障家庭租赁补贴工作的实施意见》《张家川县畜禽养殖禁养区划定方案》等。

6月8日下午，张家川县委副书记、县长马筱宁主持召开张家川县第十六届人民政府第8次常务会议。会议研究国家开发银行支持精准扶贫工作、迎接国务院安全生产巡查准备工作和其他相关事宜。

7月18日，张家川县委副书记、县长马筱宁主持召开张家川县第十六届人民政府第9次常务会议。会议研究一级煤炭配送市场项目建设用地事宜，研究审定《张家川县党政领导干部生态环境损害责任追究实施办法》《张家川县生态环境保护工作责任规定》《张家川县生态文明建设实施方案》《张家川县贯彻落实中央环保督察反馈意见整改方案》《张家川县2017年统筹整合使用财政涉农资金实施方案》《张家川县统筹整合使用财政涉农资金管理暂行办法》《张家川县清理盘活财政存量资金工作实施方案》《张家川县教育教学质量奖励办法》等办法和文件，听取2017年上半年经济运行情况汇报及迎接国务院第四次大督查准备情况汇报。

7月31日，张家川县委副书记、县长马筱宁主持召开张家川县第十六届人民政府第10次常务会议。会议研究审定《张家川县全面推行河长制工作实施方案》《张家川县全域无垃圾工作实施方案》《张家川县脱贫攻坚领导小组专责工作组组成人员及工作职责》《张家川县2017年下半年财政专项扶贫资金安排》等事宜；召开张家川县全域无垃圾推进会暨落实河长制工作动员会议方案和召开全县脱贫攻坚推进会议有关事宜。

8月21日，张家川县委副书记、县长马筱宁主持召开张家川县第十六届人民政府第11次常务会议。会议研究审定《张家川县深入推进县域经济发展的意见》县级政府部门第十四批取消调整和承接行政审批项目、调整两税部门税收征收经费和超收奖励、2017年县级财政预算调整方案事宜；审议张家川县张川镇前山村等22个村庄规划等事宜。

8月29日，张家川县委副书记、县长马筱宁主持召开张家川县第十六届人民政府第12次常务会议。会议研究审定《研究筹备召开庆祝第33个教师节暨表彰大会相关事宜》《张家川县全面推行河长制督查方案》《张家川县全域无垃圾治理工作督查方案》等事宜。

9月5日，张家川县委副书记、县长马筱宁主持召开张家川县第十六届人民政府第13次常务会议。会议研究县级领导及乡镇(部门)领导包抓信访案件、构树扶贫有关事宜，审定《张家川县贯彻落实天水市环境保护督察组反馈意见整改方案》《张家川县保障天水市环境保护督察工作方案》《张家川县贯彻落实国务院安委会安全生产巡查反馈意见整改方案》《张家川县关于"土小"企业清理取缔工作以奖代补资金补助办法》《张家川县城乡居民医疗救助实施办法》《张家川县城乡居民临时救助实施办法》。

9月15日，张家川县委副书记、县长马筱宁主持召开张家川县第十六届人民政府第14次常务会议。会议研究张家川县环境保护重点问题整改、政府投资与社会资本合作PPP项目及县域经济发展规划编制、公开招聘辅助执法工作人员和2017年免费师范生及转业士官安置、东峡水库生态保护用地有关事宜，审定《张家川县市政基础设施专项规划》《张家川县重大项目开辟绿色通道的实施意见》《张家川县关于加强投资项目服务的意见》。

10月21日，张家川县委副书记、县长马筱宁主持召开张家川县第十六届人民政府第15次常务会议。会议研究审定《张家川县自然村通硬化路项目建设规划（2018—2020年）》《张家川县加速县级重点工程项目推进的若干规定》《张家川县龙山镇汪堡村等5个美丽乡村规划》《张家川县人民政府关于统筹推进县域内城乡义务教育一体化改革发展的实施意见》《关于加快张家川县教育发展实施方案》《张家川县人民政府关于向本级人大报告重大事项的规定》《省、市支持张家川县优惠政策落实现场推进会议精神贯彻意见》《张家川县划定高污染燃料禁燃区方案》及中央环保督察组反馈意见整改问题清单销号等事宜。

11月11日,张家川县委副书记、县长马筱宁主持召开县人民政府第16次常务会议。会议研究审定《张家川县公证处体制改革实施方案》,研究张家川县2017年—2018年政府采购协议供货和定点采购相关事宜,研究部署全县综合治税信息共享相关工作。

11月20日,张家川县委副书记、县长马筱宁主持召开张家川县第十六届人民政府第17次常务会议。审定《张家川县国有林场改革实施方案》,研究《省委省政府关于推进安全生产领域改革发展的实施意见》有关事宜。

11月29日,张家川县委副书记、县长马筱宁主持召开张家川县第十六届人民政府第18次常务会议。研究审定《张家川县整合城乡居民基本医疗保险制度实施方案》《张家川县脱贫攻坚实施方案》《张家川县畜牧产业养驴项目资金分配方案》《张家川县2018年财政专项扶贫资金项目预安排方案》《张家川县胡川镇脱贫攻坚实施方案》《张家川县刘堡镇脱贫攻坚实施方案》《张家川县人民政府质量奖实施办法》《关于支持太极集团甘肃天水羲皇阿胶有限公司生产经营及项目建设的八条意见》和张家川县规范性文件清理结果等有关事宜。

12月20日,张家川县委副书记、县长马筱宁主持召开张家川县第十六届人民政府第19次常务会议。研究审定提交县第十六届人大二次会议审议的有关报告和《张家川县2018—2020年脱贫攻坚实施方案》《张家川县安全生产责任追究暂行办法》《张家川县生产经营单位安全生产主体责任实施细则》《张家川县关于深入推进招商引资工作实施方案》《张家川县招商引资项目管理办法》等事宜。会议还研究《张家川县关于进一步促进民办教育健康发展的实施方案》《张家川县关于进一步加强信访法治化建设的实施方案》《张家川县全面推进卫生与健康事业发展的意见》《张家川县推进防灾减灾救灾体制机制改革的实施意见》等其他事宜。

政府办公室工作

【文秘工作】 在公文处理上,坚持从严、从精、及时、实效的原则,严格按照《国家行政机关公文处理办法》的规定,从文书处理的收发、印制、传阅、清退、归档、销毁等各个环节入手,严把政策关、时效关、公文体例格式关、文字关和校核关,力求政策清楚、主题突出、观点准确、格式规范、逻辑严谨、准确及时。同时,规范发文行为,精减文件数量,努力做到少行文、行短文、行实文。在会务工作上,严格执行会议审批制度,认真审查会议议题,努力做到少开会、开短会。同时,狠抓会前准备、会中服务、会后落实三个环节,力求会议主题明确,中心突出,务求实效。

【综合管理】 坚持严谨求实,着力提高文件起草审核质量。行文力求准确、简洁、规范、高效,内容力求全面准确地体现政府决策和领导意图;对部门代办代拟文件分块负责,认真修改,统一审核。2017年,制发审核县政府和政府办公室文件400份。加强拟定、核稿、签发、盖印、复查等各个环节的审核把关;加强电话接办工作,严格电话记录、拟办、批办等处理程序,遵守文件保密制度,控制文件传阅和发放范围,严格执行带有密级文件销毁制度。共签收处理各级各类文件(含群众来信)1400多份,处理各级各类电话10000多次。立足发挥参谋助手作用,围绕全县重大决策和各项中心工作,广泛调研,深入思考,力求所起草的每一篇文稿都具有较强的思想性、指导性和操作性,以高质量的文稿为领导提供高效服务,共为县政府领导撰写各类讲话稿230篇,省市领导检查汇报材料40篇。办公室筹备组织全县重大工作部署、政情通报等重要会议40余次,县长办公会议30余次,有力保障了中央及省市重大政策的及时贯彻落实和县委、县政府各项决策的安排部署。立足为领导决策指导提供及时准确全面的信息服务,坚持扩充数量、提升质量和及时、准确、全面的原则，积极督促各乡镇、各单位及时报送工作信息。继续推行信息编写全员制。鼓励办公室和后勤中心干部全员编写报送信息，上报市政府政务信息826条，至10月底，被省市政府累计采用40条。

【后勤保障】 转变思路，超前思考，细致服务，努力为行政中心每个单位开展提供精细周到的后勤服务，对行政中心楼道、会议室、公寓楼、地下车库的消防设施进行了彻底的维修。为行政中心安装饮水机8台，进一步优化了干部职工办公环境。坚持"突出特色、细致高效、热情周到、勤俭节约"的原则，按照《党政机关厉行节约反对浪费条例》的规定，进一步严格接待标准，规范接待程序，压缩接待费用，圆满完成了各项接待工作，累计接待省、市领导检查、调研等30多批，400多人（次）。积极推进公共机构节能工作，机关事务管理局先后被评为省级、国家级公共机构节能示范单位。坚持从健全和严格落实门卫值班等制度入手，强化安全保卫责任制，实行24小时安全保卫制，加强对行政中心大楼办公楼、公寓楼、车库等重点区域和重点时段安全值班。注重加强司机的安全教育与管理，坚持文明行车、安全行车，确保了安全行车无事故。

【依法行政】 坚持把法治思维和法治方式贯穿于深入推进依法行政、加快法治政府建设的全过程，建立健全依法决策制度机制。严格落实常务会前学法制度和法制讲座制度，专题学习了《中华人民共和国宪法》《中华人民共和国土地管理法》《中华人民共和国城乡规划法》及国务院《信访条例》等法律法规。制定并认真落实《张家川县人民政府工作规则》等六项制度，对事关全县经济社会发展的土地征收、城乡规划、重大建设项目、机构设置等重大决策和重要行政措施，坚持把公众参与、专家论证、风险评估、合法性审查和集体讨论决定作为重大行政决策的必经程序。严格落实县人大、县政协领导及监察、法制办等部门负责人列席常务会议制度，自觉接受监督，确保了政府重大决策和重要行政措施公开、公正、合法。加强社会

县长马筱宁对河长制落实和全域无垃圾工作进行督查

稳定风险评估工作。对涉及群众切身利益的重大事项全面实施社会稳定风险评估，依托"甘肃省政府法制信息网"执法系统建立41个行政执法主体和914名行政执法人员名录库。依托甘肃省企业信用公示系统建立全县市场主体名录库。按照"谁执法、谁普法"的要求，组织会前学法80余次，举办法制讲座2期，全面提升行政执法人员依法行政能力。

【政务督查】 围绕人代会提出的工作重点和政府常务会议议定的事项，多次采取现场督查、上门督办、电话催办等方式开展督查。全年共督查20余次。高度重视"两案"办理，共承办市人大代表建议9件，市政协委员提案13件，县人大代表建议126件，县政协委员提案89件。

张家川县人民政府领导班子成员名录

县　长： 马筱宁（回族）

副县长： 赵东红　马庭坚（回族）　张树增　马国杰（回族）　汪　萍（女）　王大新（挂职）　王　青（挂职）　邓怀飞（挂职）　吴晓堂（挂职）

张家川县人民政府办公室领导班子成员名录

主　任： 魏雄志（回族）

副主任： 马小玲（女，回族）　孙海军（回族）　马文江（回族，兼）　焦存生（回族，兼）　李秋红（女）　雒名珍（回族）

（供稿：杨光）

信访工作

【概述】 2017年共接待来访群众402人(次),受理来信23件,来访195件402人,其中初访188件395人(次),重访7件7人(次),集体访9批164人(次)。全年共交办各类重点信访案件44件,办结40件,按期办结率为90.9%,息诉罢访率达98.3%。

【矛盾排查】 2017年开展大型排查调处活动4次,排查各类矛盾纠纷88件,彻底化解82件,化解率93.2%。在县信访接待大厅引入律师及公、检、法、司和宗教界人士联合接访工作机制,对群众信访问题结合县级领导接访及时组织责任单位进行现场接访和一站式处理答复。截止11月中旬县级领导接访受理案件36件,现场一次性办结30件,限期办结6件 。针对多年以来形成的信访积案、老案,严格实行领导包案、集中交办和限期办结,按照“救助一批、安抚一批、稳定一批、解决一批”的原则,通过有效采取政府救助、社会救助、司法救助、民政救助、医疗救助、信访救助等措施,结合精准扶贫帮扶工作,与困难群众结成帮联对子,及时解决个别群众的因访致贫、因灾致贫的特殊困难。对带有倾向性、苗头性的信访问题和群体性事件,建立应急工作机制。

【建立追究机制】 年初与乡镇、部门签订《目标管理责任书》,制定印发《张家川县信访工作责任追究暂行办法》等相关制度,对违反群众工作纪律,损害群众利益,对群众反映的问题不及时解决,致使发生影响社会稳定的重大问题和越级上访的责任单位,在全年目标责任管理考核中严格实行“一票否决”,并对相关领导和直接责任人严肃追究责任,极大地推动力各级各部门抓信访工作的大局意识和责任意识。

信访维稳推进会

【源头治理】 始终把初信初访作为源头治理的关键环节,严格从信访事项的受理、转送、交办、审核等基础程序抓起,将所有群众来信来访信访事项全部按“应录尽录”的要求全部录入甘肃省信访信息系统,并通过领导批示交办、召开会议议案,及时交由责任单位快速办理,并且建立了与之相配套的督查通报和备案登记制度,由县委政法委牵头,组建了两办、信访、公检法司联合督查工作队伍,对乡镇和部门信访机构设置、人员配备、领导接访、案件办理尤其是初信初访办理工作进行专门督查和跟踪督办,针对问题提出督察建议和整改意见,靠实首办责任,使一大批信访案件在初始阶段得到有效化解,从源头上预防和减少信访问题的发生。

【阳光信访】 信访局和有权处理信访事项的乡镇、部门将受理办理的信访事项全部录入信访信息系统,共录入来信23件,来访195件402人次,其中初访188件395人次,重访7件7人次,集体访9批164人次。通过网上信访信息系统收到的信访事项,信访部门都能及时受理并转送有权处理的部门进行办理,信访局的受理率为100%;职能部门的及时受理率为66.9%。通过网上信访信息系统受理的信访事项,均按照期限进行了答复,按期答复率为100%;通过网上交办的信访案件,均由责任单位和部门按期进行了办理,并对不能在期限内办结的信访案件提交了延期办理申请。通过网上信访信息系统第一次登记受理的信访事项,群众对信访部门满意率为100%;群众对职能部门的满意率为100%。全年向市信访局报送工作信息、经验材料等共计23条。完成专题调研报告5篇。

张家川县信访局领导班子成员名录

局　长：马文江(回族)

督察专员：南玮刚

行政审批

【项目进驻】2017年，依照县级行政审批事项目录的调整变化，对进驻单位和项目进行了调整与充实。在原进驻单位的基础上，又将工商、国税、地税的相关业务全部纳入，入驻大厅集中办理业务的单位共有35个，窗口工作人员47名。26个部门的139项审批项目进驻大厅集中办理，占应入驻单位和应入驻项目的100%。同时，民政局的医疗救助、平安保险的大病救助等便民服务事项持续办理，为办事群众提供更加方便贴心的服务。

【互联网+政务服务建设】完成15个乡镇及5个社区电子政务平台和监察系统建设。推进县乡社区电子政务平台和电子监察系统建设，促进实体政务大厅向网上办事大厅延伸。对纳入中心办理的事项，逐单位、逐事项完善基础信息，充分发挥网上查阅、咨询、投诉、预审、办理等功能，促进政务服务规范运作，政务信息公开透明。对加载到甘肃政务服务网上的便民服务事项进行二次梳理，共梳理出各类问题413项。梳理出的问题，汇总成表册及时通知相关单位进行整改，并将整改结果上报市政府，以保证"网上行权"的全面开展。

【规范化建设】各进驻单位按照"一窗受理、限时办结"的要求，不断优化运行机制，简化办事流程，缩短办理时限，规范完善岗位责任制、限时办结制、一次性告知制等内部管理制度，组织开展的"双五双十"活动为载体，有效提升了事项办理质量和办事效率，赢得办事群众和企业的交口称赞，推行"多证合一"改革，将几个单位的职能整合起来，精简优化流程，健全运行机制，使服务效能稳步提升。2017年中心共办理审批及服务事项18825件，办结率100%。

张家川县行政审批中心领导班子成员名录

主任：焦存生(回族，5月任职)

(供稿：王丽娟)

地方志工作

【年鉴编纂】　完成《张家川年鉴(2016)》稿件的编辑、校对、评审，稿件已送出版社印刷出版。《张家川年鉴(2016)》共计完成38万余字，照片和插图80余幅。指导、收集、整理《张家川年鉴》(2017)入鉴资料。按照省地方志办、天水市人民政府办公室的安排，收集、整理、编纂《甘肃年鉴(2018)》《天水年鉴(2018)》中2017年张家川县入鉴资料，完成内容23个方面，2万多字，图片资料40余幅。

已出版《张家川年鉴》

【二轮修志工作】　完成《张家川县志》篇目中1985年至2017年度的大事记。1985年至2010年度张家川县的建置区划章节。征集完成《张家川县续志·人物志(1990年—2010年)》入志人物的相关资料，已收回征集资料函件300余份；现已将收集到的人物志进行整理和编撰，初步完成二轮县志中人物志的编写任务。

【部门志编修】　指导部门志编纂，《张家川县气象志》《张家川县环境保护志》《中共张家川县委组织志》《张家川县法院志》等完成终审；《中共张家川县委宣传志》《张家川县教育志》《张家川县公安志》完成初审。

张家川县地方志编纂委员会办公室
领导班子成员名录

主　任：马　嵘(回族)

副主任：张向阳

政协张家川县委员会

重要会议

【常务会议】

4月13日,政协张家川县第十三届委员会召开第三次常委会议。会议由县政协主席关春生主持。会议传达学习全国政协十二届五次会议、天水市委政协工作会议、县委工作会议精神;审议政协张家川县委员会关于全县公共文化服务体系建设情况的调研报告;通过有关人事事项。

6月20日,政协张家川县十三届委员会召开第四次常委会议。会议由县政协主席关春生主持。会议传达学习中共中央办公厅《关于加强和改进人民政协民主监督工作的意见》,省第十三次党代会精神,县委关于认真贯彻落实中国共产党甘肃省第十三次代表大会精神的安排意见;听取县政府关于2017年上半年全县经济社会发展情况的通报;审议县政协关于全县农业综合开发项目实施情况的报告。

11月14日,政协张家川县第十三届委员会召开第五次常委会议,会议由县政协主席关春生主持。会议安排县政协学习宣传贯彻落实中共十九大精神,部署当前和今后政协工作。会议传达学习中国共产党第十九次全国代表大会精神、新修订的《中国共产党章程》、11月3日召开的县委常委会(扩大)会议精神和10月25日召开的县委政协工作会议精神。

专门委员会工作

【政协提案】 政协张家川县第十三届二次会议期间共收到委员提案90件。提案审查委员会根据《政协提案工作条例》有关规定,对收到提案进行认真审查,共立案84件,占收到提案总数的93.3%。其中县政协专委会集体提案2件,委员个人或联名提案82件,参与提案的委员255人(次)。提案内容涉及工农业、经济建设方面的20件,占立案数的23.8%;涉及城市环保、道路交通建设方面的36件,占立案数的42.9%;涉及科技、教育、文化、卫生方面的18件,占立案数的21.4%;涉及民族宗教、人民团体方面的3件,占立案数的3.6%;涉及政策及其他方面的7件,占立案总数的8.3%。对内容相同的8件提案作了并案处理。对不符合政策、内容宽泛难以交办的2件提案未立案。

【调研视察】 2017年组织6项调研视察和1次考察活动,县委、县政府主要领导对调研视察报告7次作出批示。制定《关于进一步加强政协工作推进人民政协协商民主建设的实施意见》。围绕做好“三农”工作,就全县农业综合开发项目实施情况开展重点调研,召开常委会议专题进行研究讨论,完成《关于全县农业综合开发项目实施情况的调研报告》,从提高农业综合开发项目综合效益、助推脱贫攻坚等方面提出7条具体建议。组织政协各参加单位和政协委员，精选课题，深入视察，为推动全县经济社会各项事业健康发展建言献策。先后围绕新型城镇化建设、重点项目建设、教育教学管理、农村卫生室建设等课题开展了专项视察，围绕推动特困地区贫困人口易地搬迁、劳务输出赴新疆开展专题考察，从破解城镇化建设难题、提高教育教学质量、完善基层医疗卫生服务体系以及贫困地区人口脱贫等方面提出19条具体建议。结合华夏文明传承创新区建设、推进公共文化服务体系建设，围绕构建丝绸之路关陇段特色文化旅游区、促进全县文化与旅游产业深度融合发展、促进社会主义文艺繁荣发展和坚定文化自信等重点问题，提出一些成效的意见建议。开展监督视察，定期邀请县政府领导及有关部门负责人通报情况，当面听取委员意见。关于开展全域无垃圾综合治理的部署，完成《关于全县全域无垃圾治理工作视察情况的报告》，并持续关注追踪监督、推动整改。

【联络联谊】 先后参与接待省市政协及外地政协组织对张家川县的视察和考察活动。做好民营企业创业人员、外出务工返乡人员、张家川在外知名人士等新社会阶层人士工作，支持他们参与张家川开发建设。4月20日，省政协民族宗教委员会副主任卫孺勤带领调研组深入张家川县调研少数民族流动人口服务与管理工作。5月19日，张掖市高台县政协副主席顾万章一行到张家川回族自治县考察学习提案工作。考察组先后深入马家塬遗址、宣化冈拱北、回乡风情园、县博物馆等地，就张家川县历史文化、宗教文化、民俗文化进行了参观考察，并就政协提案征集、审查、立案、交办、督办、协商办理等工作进行学习交流。5月25日，天水市政协副主席刘永年带领调研组一行深入张家川县调研农村公路建设与管理工作。5月26日，天水市政协副主席、市诗词学会会长屈光平带领天水市诗词学会会员深入张家川县开展采风活动。采风团先后到宣化冈拱北、云鼎陶博物馆、回乡风情园、县博物馆等地，详细了解张家川县民族风情、历史文化，考察旅游产业发展情况。7月3日，天水市政协主席张明泰深入双联行动联系点——张家川县龙山镇汪堡村调研，并走访慰问农村党员。7月3日至4日，张掖市临泽县政协主席王佩文、副主席岳世峰带领临泽县政协考察团到张家川县考察学习清真食品加工、文化教育、美丽乡村建设情况等。

【文史宣传】 落实《张家川县关于推动移风易俗树立健康婚嫁观念的指导意见》，宣传教育引导群众坚决抵制高价彩礼、炫富攀比、大操大办、薄养厚葬、封建迷信、赌博败家等陋习，净化社会风气，树立文明新风。以弘扬民族文化和历史文化，征编出版第十三辑《张家川文史资料》专辑，有效推动红色文化、历史文化大众化。

政协张家川县委员会领导班子成员名录

主　席：关春生（回族）

副主席：张成林（回族）　王存珠

马玉萍（女，回族）　张彦林

汪双家

秘书长：马海云（回族）

党组成员：马建英（回族）

办公室及各专门委员会领导班子成员名录

主　任：马海云（回族）

副主任：窦亚明

提案法制委员会

主　任：海福成（回族）

副主任：韩永良

民族宗教委员会

主　任：妥兴旺（回族）

副主任：范志明

学习宣传文史资料委员会

主　任：马世祥（回族）

副主任：马彩霞（女，回族）

经济委员会

主　任：马银龙（回族）

副主任：杨万忠（回族，7月离职）

米鸿宗（回族，7月任职）

教科文卫体委员会

主　任：洪　斌

副主任：李根泰

（供稿：窦亚明）

纪律检查

【全面从严治党】 制定《中共张家川县委常委会带头履行全面从严治党基本职责工作制度》《中共张家川县委常委会会前学习党章党规党纪制度》和《张家川县全面从严治党"两个责任"工作清单》等6项制度,明晰责任内容,厘清责任边界,构建起完备的责任落实体系。研究部署党风廉政建设和反腐败工作14次,坚决整改县委从严治党方面存在的问题,专题听取县人大、县政府、县政协、县法院、县检察院党组履行全面从严治党主体责任情况和县委常委会委员履行"一岗双责"情况,定期开展述责述廉,及时约谈提醒,精准传导压力。县委书记认真履行第一责任人职责,经常听取纪委工作汇报,研究解决重大问题,批办信访举报,督办重要案件,始终遵规守纪、带头讲党课,抓好班子、带好队伍。县委常委会委员严格落实政治责任,找准定位、以身作则,做到了权力运行与履行职责同步延伸、责任落实与自我表率同步运行。全年开展责任落实提醒约谈227人(次),通报曝光单位8个,通报批评领导干部6人,问责处理2人。

【纪律检查】 聚焦作风建设领域"虚、隐、顽"等突出问题,坚持查纠治理与巩固预防双管齐下,严查严治,常紧螺丝,坚决打好作风建设攻坚战持久战。牢固树立作风建设永远在路上的理念,严格执行中央八项规定,全面贯彻习近平总书记关于进一步纠正"四风"、加强作风建设重要批示精神,提前向全县各级党政组织下发关于加强党员干部廉洁自律的工作通知,认真传达学习中办国办《关于做好2018年元旦春节期间有关工作的通知》,及时召开集体约谈会,敲响"两节"期间纪律作风警钟,引领各级党组织和党员干部深入开展"三带头三走遍"主题实践活动,改进工作作风,转变会风文风,精简会议文件,以良好的党风带动民风社风向善向上。开展高档白酒消费专项整治、党员领导干部婚丧喜庆事宜报备督查"回头看"专项督查行动,推动党员干部作风持续好转。突出明察暗访,从基层单位财务支出着手,严查顶风违纪行为,点名道姓曝光问题,坚决遏制"四风"问题蔓延反弹,持续释放执纪必严、违纪必究的强烈信号。全年开展明察暗访14次,查处违反中央八项规定精神及侵害群众利益的不正之风腐败案件39件,给予党政纪处分52人。利用"留言板"和信访举报热线"五位一体"民生监督受理平台,听取群众意见建议,受理各类投诉反映,督促各乡镇、各单位及时对群众反映的各类热点难点问题进行整改。全年收到网民反映问题841件,已办结841件,办结率100%。

【反腐倡廉】 实践运用监督执纪"四种形

态”，对日常监督检查和群众反映党员干部的一些苗头性、倾向性问题，及时运用提醒谈话、诫勉谈话予以警示，坚决用纪律管住“大多数”。开展约谈352人，警示谈话141人，诫勉谈话42人，通报批评65人，批评教育40人。聚焦省市纪委部署的“七个严查”重点任务，深入推进“两查两保”专项行动，严肃查处发生在群众身边的不正之风和腐败问题，坚决做到发现一起、查处一起，持续巩固和强化“不敢腐”的高压态势，切实维护人民群众切身利益。县纪检监察机关共受理信访举报158件（次），初核案件线索158件，立案审查59件，给予党政纪处分74人。结合全市“三级联动、直通直查”专项督查活动，在全面配合市上完成专项督查任务的同时，组织县乡纪委对市上扶贫领域监督执纪工作未涉及的乡镇，逐村开展专项督查，实现扶贫领域监督执纪工作“全覆盖”。2017年共查处扶贫领域腐败问题28件，给予党政纪处分34人。深入推进“三纠三促”专项整治，聚焦纠促清单列出的13个方面60项具体问题，对各乡镇、各单位开展了高密度、高频次的跟进督查，对“不担当、不作为、弄虚作假”的公职人员进行组织处理96人。突出政治巡察，对5个乡镇的95个行政村开展第二轮巡察，共收集各类问题、群众意见和线索722条，其中普遍性问题391条，诉求类问题223条，问题线索108条。开展核查整改工作，对市委巡察组交办的74件问题线索，制定巡察反馈问题整改方案，进行调查核实。

【全面深化改革】 2017年县乡纪委共梳理排查各项制度73项，其中新建12项，修订26项，废止3项，继续沿用32项。强化自我监督，由各纪委常委带队，对各乡镇、各单位纪委（纪检组）干部作风、线索核查、案卷管理、规范建设等工作进行多次督促检查，推动基层纪委（纪检组）规范履行监督职责。制定出台县纪委委常委包联乡镇单位和纪检监察室联系乡镇单位包案2项制度，对各乡镇、各单位党风廉政建设和反腐败工作由各纪委常委分片包抓，对案件线索办理工作实行纪检监察室分包负责，有效解决了问题线索多头受理、

“张家川回族自治县监察委员会”正式挂牌

重复调查、不会办案、效率低下等难题。加强队伍建设，严格落实“月报告、季通报、半年考核、年终评比”工作机制，推动纪律检查各项工作扎实有序开展。对9名纪检干部向外进行调整交流。全面加强业务培训，扎实开展“四个一”岗位练兵活动，不断提升纪检干部整体素质和工作水平。按照中央顶层设计，根据省市纪委和县委安排部署，全力以赴推进深化国家监察体制改革试点工作，按照省市要求，从检察院转隶人员6名，从法院转隶人员1名，进入纪委监委工作。2017年12月25日，县人大常委会选举监察委员会主任，主任提请副主任及委员人选，大会表决通过。下午，张家川县监察委员会挂牌成立。

【廉政文化建设】 制作马元章家规家训宣传专题片，以文教化育人，弘扬清风正气。专题片被选定为2017年喜迎十九大全市纪检监察工作巡礼专题，并在甘肃电视台经济频道播出。全县创建综合性廉政文化教育基地1处，在各乡镇创建廉政文化示范点68个。与文广、文联等单位联合，共同完成天水市“庆祝十九大、翰墨颂清风”廉政书画展张家川县巡展工作，组织全县各乡镇、各单位3000余名党员干部深入开展学习党章党规党纪，增强“四种意识”答题活动，教育党员干部讲规矩、守纪律，做到心有所畏、言有所戒、行有所止。加强廉政宣传，全年编发信息简报140期，被省市廉政网采用64期，着力营造“以廉为荣、以贪为耻”的良好社会氛围。县、乡同步开展警示教育，县委、县纪委通过深刻剖析发生在身边的人和事，对全县

480余名党员领导干部集体进行警示教育，在公安、教育系统分别召开专题警示教育大会;15个乡镇和县直单位用发生在身边的典型案例，有针对性地开展警示教育,以案说法,以案明纪,教育广大党员干部筑牢拒腐防变思想防线。2017年分层召开警示教育大会28场（次），教育党员干部2780余人。

【舆论引导宣传】 把党章党规党纪作为“两学一做”学习教育、干部任前廉政考试和廉政谈话的重要内容,专题举办党组织书记学习贯彻党的十八届六中全会、中共十九大精神研讨培训班和3期科级干部培训班。组织全县各乡镇、各单位3000余名党员干部开展学习党章党规党纪、增强“四种意识”答题活动。改进培训方式,在市、县党校、清水农校举办各类示范培训班9期950多名。坚持学用结合,开展为期一个月的“项目大发展、我该怎么做”大讨论,建立“三单三化”制度深化学习借鉴牡丹江经验,有效破解了项目落地难题,推动形成了想干事、能干事、敢干事、干成事的鲜明导向。

【干部监督管理】 县委常委会委员严格遵守和带头落实党章、准则和条例要求,把加强和规范党内政治生活、加强党内监督作为全面从严治党的重要抓手,以身作则落实好“三会一课”、民主生活会、领导干部双重组织生活、谈心谈话等16项制度和规则,严肃开展批评和自我批评,不断增强党内政治生活的政治性、时代性、原则性、战斗性,在严肃党内政治生活、严明政治纪律和政治规矩上为全县作出示范。强化监督管理,以各级领导班子和领导干部为重点,突出重要岗位和关键节点,严格领导外出请假报备制度，认真执行领导干部个人有关事项报告制度，切实加强了对党员领导干部的监督管理。

【自身建设】 探索建立了《非领导职务干部管理办法》《规范机关事业单位干部遴选调动的通知》等12项制度,落实《领导干部个人有关事项报告制度》《县以下公务员职务与职级并行制度》,健全完善干部容错纠错机制,形成严管厚爱结合、激励约束并重的政策体系。坚持一次一个重点,依事选人、因事择人,实现了人岗相适,全年共调整干部279名，清理清退长期借调积压干部69名,有效激发了干部队伍的生机与活力。特别是对县直部门领导班子成员中5年以上领导干部全部进行交流,有效解决了干部交流“堰塞湖”的问题。严把干部选用廉政关,坚决执行任前廉政谈话、廉政考试等制度,分4批次开展廉政谈话279人、廉政考试127人。严把廉政意见回复关,共出具廉政证明21份1756人，对5名村级组织人选提出不推荐建议,坚决防止干部“带病提拔”“带病上岗”。

中共张家川县纪律监察委员会领导班子名录

书　记:苏　华(回族)

副书记:苏永平(回族)

马雪平(女,回族)

办公室主任:马小红(女,回族)

副主任:马召生(回族,5月离职)

党风政风监督室副主任:杨占斌（回族）

案件审理室主任:马玉芳(女,回族)

信访室副主任:杨福杰(回族)

纪检监察室主任:张筱覃

副主任:王志学　孙建仁(回族)

陈少武(回族)

（供稿:李荣兰）

工商业联合会

【思想政治工作】 加强非公有制经济人士思想政治工作。组织50名非公有制经济人士在甘肃社会主义学院进行学习、考察；引导广大非公有制经济人士转变观念，提高守法诚信意识、企业管理能力和防范法律风险的意识，更好地推动企业转型升级、提质增效。武汉分会组织在武汉务工经商人员400余名分会会员参加“清真餐饮创业培训班”。非公人士组织举办2期大学生创业就业培训班，52人参加培训，21人就业。11月19日，县工商联组织以第十二届执行委员为主、相关业务联系单位和非公有制经济代表人士80人参加培训学习。

【非公经济人士帮扶】 引导非公企业通过发展产业，帮助贫困户增加收入。2月，县伊真香清真淀粉制品有限公司与甘肃省手牵手种植养殖农民专业合作社联合，以每亩年租金150元~200元的价格流转张棉驿乡喜湾等5个村13个组865户农户的100公顷土地种植优良马铃薯，雇佣当地120人参与马铃薯种植，从4月初到6月底完成种植，人均收入在5000元左右，雇佣工资60万元。张家川县以民族商会为主体，开展以扶贫助困为主的光彩事业。开展斋月爱心救助活动，救助对象涉及15个乡镇258个村救助全县孤寡残人员760多户，筹资22.8万元；救助重大疾病患者12人(次)，救助资金10万余元。5月21日，工商联联合县民宗局、民族商会赴陇南市礼县、宕昌县及定西岷县、漳县等4县12个清真寺捐赠太阳能热水器143组，价值71.5万元。民族商会资助县阿阳中学的10名孤儿每人每月200元生活费。9月初，张家川县金亿房地产开发有限公司董事长马金虎出资24000元资助2017年高考录取的12名单亲大学生，每人2000元；积极实施“光明行—白内障复明”公益项目。争取到张家川民族商会、省慈善总会、兰州爱尔眼科医院对张家川县贫困白内障眼病患者免费实施手术的公益项目。在15个乡镇及所属村组开展白内障、泪道、胬肉、倒睫等各类眼病筛查工作，检查各类眼病患者1000余

张家川县民族商会暨非公经济人士精准扶贫斋月爱心礼包发放仪式

人，免费实施手术168例。2017年帮扶资金220余万元。

【参政议政】 坚持把开展调查研究作为组织非公经济人士建言献策、参政议政的基础性工作，组织干部对全县非公有制企业发展、经营等情况开展专题调研。调研组先后深入张家川县建明清真食品有限公司、张家川县伊味思清真食品有限责任公司、太极集团张家川回族自治县羲皇阿胶有限公司、张家川县伊真香清真淀粉制品有限公司、张家川回族自治县绿源中医药饮片有限公司、张家川县贾家清真醋业有限公司等18家民营企业，就全县非公经济发展现状、企业履行社会责任情况、非公有制经济发展硬环境、非公有制经济发展的软环境、企业融资环境、非公企业在发展过程中存在的困难和主要问题等几个方面进行全面、详细的调研，完成“上规模民营企业”的调研填报。积极参政议政。组织工商联界别政协委员和人大代表围绕全县经济社会发展积极撰写议案和提案，全年提交集体提案14件，个人提案6件。

张家川县工商业联合会领导班子成员名录

主　席：马秀琴(女，回族)

(供稿：袁小玲)

总工会

【基层组织建设】 2017年新发展农民工工会会员1620人，改选基层工会组织4家，新增工会组织4家。将张家川县同仁建材市场工会、张家川镇中城社区工会、张家川镇工会、刘堡镇工会、恭门镇工会、阎家乡工会、马鹿镇工会、马鹿镇宝坪村工会、平安乡工会、大阳镇工会建成工会示范点。全年为12个乡镇工会争取省市总工会基层组织建设补助经费12万元。

工会组织建设

【劳动竞赛】 2017年，县总工会组织“2017年全县卫生应急技能竞赛”活动，将成绩优异的张家川县第一人民医院、县中医院、县疾控中心3支代表队派遣参加由天水市总工会和天水市卫计局组织的市一级竞赛，其中有7人获得三等奖、1人获得二等奖，3支代表队分别获得“突发急性传染病防控”、“突发事件紧急医学救助”和“突发中毒事件处置”团体三等奖。

【劳模管理慰问】 2017年，县总工会邀请21名省市劳模和县四大组织领导召开劳模座谈会，筹措资金49.64万元，开展对困难职工的帮扶救助和劳模的慰问工作。其中在元旦春节期间给慰问困难企业和困难职工发放慰问金6万元，9月，筹措资金28.22万元救助561名困难职工，对已脱困的400多名困难职工档案进行注销；并对26名二本线以上的困难职工子女每人发放“金秋助学”资金2000元，共计5.2万元；开展“夏送清凉”活动，购买茶叶、杯子、冰糖等4.4万多元的慰问品，慰问太极集团部分一线职工和回乡风情园环卫工总计300人；调查摸底全县劳模状况，慰问6名省级困难劳模，发放慰问金4.27万元；慰问8名市级困难劳模，发放慰问金1.55万元。

【关爱妇女】 2017年，加强女职工劳动安全卫生保护工作，县总工会在开展工资集体协商的同时，促进各企业签订女职工劳动卫生专项合同并深入部分企业、农村发放宣传书籍2000余本，深化女职工法治宣传教育，强化女职工维权服务，促进社会和谐稳定按照市总工会“书香 三八”工作要求，县总工会向各基层工会下发征文通知并收到各种文章10篇选送市总工会，其中1篇被省总工会评为书信类优秀奖。

【小额借款工作】 2017年，按照市总工会关于小额借款工作的总体要求，县总工会组织人员多次下基层开展宣传工作，鼓励有能力、懂技术的困难职工开展创业活动，经过对基层工会上报30多人的申请条件审查，经过严格筛选和论证，最终确定经营状况良好，社会信誉好的虎玉琴、李宏鸿2人为首批放款对象，按照小额借款实行“个人申请、组织审批、小额短期、无息使用、到期还本、专款专用”的原则，每人发放50000元的借款用以持续经营和扩大生产经营规模。

【天津保税局对口帮扶】 2017年，借天津市保税区对口帮扶张家川县机遇，县总工会向天津保税区总工会争取帮扶资金12万元(4万元是职工书屋建设资金，8万元用以困难职工救助)，连续救助3年并逐年追加帮扶资金。

【工会改革】 2017年，县总工会认真学习贯彻落实中央、省市委党的群团工作会议精神和中央、省、市、县委全面深化改革相关会议精神，成立县总工会全面深化改革工作领导小组，确立具体负责人和工作人员，紧紧围绕保持和增强政治性、先进性、群众性这条主线，聚焦和克服“机关化、行政化、贵族化、娱乐化”现象，改革县总工会机关的组织机构、管理模式、运行机制和活动方式、解决脱离职工群众的突出问题，提升服务职工群众的能力和水平。县总工会多次召开会议研究部署全面深化改革问题，并先后向15个乡镇工会、13个系统工会及部分企业单位工会下发征求意见稿30多份，梳理出意见建议10多条，并多次向市总工会和县委相关领导进行了汇报，与县政府和相关部门进行了沟通，张家川县总工会改革实施方案已于2017年12月25日提交县委深改领导小组会议讨论通过并已印发，改革工作已全面进入实施阶段。

张家川县总工会领导班子成员名录

主　席：喜文选(回族)

(供稿：杨富宽)

共青团县委

【第十一次团代会】 14日至15日，共青团张家川县第十一次代表大会召开，全县130余名团代表参加会议。县委书记陈晰出席会议并讲话，团市委副书记张兴到会祝贺，县人大常委会主任李肖锋，县政协主席关春生，县委副书记夏草，县委常委、组织部长陈海龙，副县长汪萍出席会议。尚立军代表共青团张家川县第十届委员会向大会作了题为《凝聚青春力量，勇于改革创新，为张家川县精准扶贫精准脱贫全面建成小康社会贡献青春和力量》的工作报告。大会选举产生马鹏、马宏伟、马文斌、马思荣、马婧、马芳、刘新安、苏靖潘、李云、李斌(信用社)、杨尔利、李斌(平安乡)、沙丽娜、张亚兰、尚立军、钱花、郭旭东、康玉峰、湛枭枭、窦皓亮、黎扬为共青团张家川县第十一届委员会委员，选举尚立军为第十一届委员会书记，马鹏为副书记。

【青少年教育】 2017年，组织开展中共十九大精神宣讲、“我的中国梦”“红领巾相约中国梦”、纪念抗战胜利70周年、纪念建党95周年、“青春喜迎十九大·不忘初心跟党走”等系列宣教活动10余场次，数千名青少年接受教育；组织开展“十八岁成人仪式”“与人生对话”“清明祭英烈·共铸中华魂”“团旗飘扬、团徽闪耀、团歌嘹亮”“雷锋榜样进校园”“社会主义核心价值观记心中”演讲比赛等实践活动7场次，数千名青少年参与实践体验；组织开展“五四红旗团委、团总支(团支部)”“优秀少先队员、优秀少先队辅导员”等推选表彰工作和“最美中学生”“最美中职生”等寻访活动。组建青微队伍和网络文明志愿者队伍，形成官方微博、官方微信、“张家川青年之声”互动社交平台为基础的“两微一平台”团属媒体矩阵。组织发起“点赞四个全面”“网上祭英烈”“网络植树节”等网络活动。制发“喜迎十九大”“砥砺奋进的五年”等主题文化产品，得到青年网友广泛转发。

【青少年服务】 充分发挥团组织和青年群体优势，利用新媒体手段多方位广泛宣传“精准扶贫、精准脱贫”方针政策，动员全县广大青年积极助推精准扶贫工作。全力参与帮扶村脱贫工作，为川王镇铁洼村和冯家村开展各类帮扶资金6万元余元。积极培育树立农村青年致富带头人14人并在麦积区参加青年致富带头人培训和观摩交流活动；推荐各类先进27名参加省市组织的培训，争取陕西师范大学第十九届研究生支教团4人在张家川县开展扶贫支教工作；联合张家川县5家企业开展助力精准扶贫3.5学雷锋敬老院爱心慰问活动，联合上海意康眼镜有限公司开展青少年视力健康工程公益活动，为广大学子捐助价值25.8万的眼镜框和镜片1000副，为全县15名贫困生发放7500元爱心助学金，向全县200名教师发放爱心眼镜卡片200副，价值4万元。继续加大对困难学生和留守儿童等群体关爱力度，发放各类奖助学金8.6万元；争取团省委专项资金，在大阳学区、龙山学区、连五学区建立农村留守儿童七彩小屋3个，继续为马关学区、川王学区申报2018年农村七彩小屋2个；依托青年企业家，按照既定帮扶安排，通过开展爱心募捐、争取资助项目等方式，积极筹措物资，为60余名特殊困难青少年提供帮助，开展“送温暖、献爱心”慰问活动8场次，价值7.5万元。积极利用新媒体搭建婚恋交友平台，引导青少年树立正确的婚恋观和破除传统的婚姻模式；联合县直有关部门举办青少年文体、文艺等比赛等活动，丰富青少年业余生活；组织青少年参与城乡环境卫生综合整治工作，5000余名青少年参与其中，为城乡环境卫生综合整治工作助力。

【团建工作】 夯实乡镇团组织的一线堡垒作用，在乡镇建立“团委书记＋专职副书记”的工作力量，乡镇团委书记由乡镇党委班子副职中年轻成员兼任，设专职副书记，由所属党组织从后备干部中择优选派，负责乡镇共青团工作。完成村级(社区)团组织换届选举工作。启动共青团张家川县委改革工作，12月下旬，县委改革领导小组通过了《共青团张家川县委改革方案》。2017年全县发展团员910名。

共青团张家川县委员会领导班子成员名录

书　记：付宝强(5月离职)
　　　　尚立军(5月任职)
副书记：马　鹏(回族，5月任职)

妇女联合会

【妇女创业培训】 加强与劳务输转基地的协作，整合利用资源，组织有一定技术特长、有就业意愿、符合帮扶条件的对象就地工作。发挥妇联带动妇女创业就业的先锋引领作用，针对农村建档立卡贫困妇女，制定符合实际、特色鲜明的培训计划，2017年举办陇原巧手培训班5期，培训贫困妇女500人，培训“陇原月嫂”100名，增加农村贫困妇女的就业门路。

【“两癌”免费筛查】 2017年，继续做好农村妇女“两癌”免费筛查工作，不断加大“两癌”免费筛查宣传力度，提升妇女群众知晓率、参与率，依托县妇幼保健院开展农村妇女“两癌”免费筛查，为广大妇女健康提供保障。积极为“两癌”患病妇女争取“贫困母亲两癌救助”专项资金，通过精心筹备组织，3月4日集中为12名“两癌”贫困母亲每人发放1万元的救助金。将23名“两癌”患病妇女上报到全国“两癌”筛查专项救助系统，等待筛查救助。继续做好农村唇腭裂儿童摸底上报工作，至年底，全县摸底上报唇腭裂儿童31人，符合手术条件的10名患儿赴兰州接受免费手术治疗。

【法律法规宣传】 各级妇联组织在“三八”维权周活动中，设立宣传摊点，在全县15个乡镇的中心村组向广大妇女群众发放《中华人民共和国反家庭暴力法》《中华人民共和国婚姻法》《中华人民共和国未成年人保护法》等各类法律法规知识宣传单及资料。利用妇女之家、网站、微信平台等媒体广泛宣传男女平等基本国策、宣传保障妇女

张家川县基层妇联组织改革工作动员大会

合法权益的法律法规,宣传妇女儿童发展规划以及促进妇女事业发展的政策措施,宣传妇女对推动经济社会发展的重要作用,宣传一批优秀妇女典型。结合一年一度开展的春节“三下乡”文化活动,把好政策、新法规等宣传到基层,传递到千家万户。

【妇联组织改革】 围绕全国妇联“上面千条线下面一张网”的妇女工作新格局的要求,按照省、市妇联改革目标任务,制定张家川县基层妇联组织改革方案,全县60个县直部门,255个行政村、7个社区基层妇联组织改革目前已全面完成,选举产生乡镇妇联主席15名,专职副主席15名,兼职副主席27名,委员408名(不含专职、兼职副主席)。选举产生村(社区)妇联主席262名,副主席521名,委员3109名(不含主席、副主席),机关妇委会(小组)成员全部进行改选改建。按照《张家川县村级妇代会换届选举实施方案》的要求,全县255个行政村村妇代会换届选举工作全面完成。

【家庭文明建设】 聚焦中国梦的主题思想,结合现代家庭特征,深化家庭文明建设,开展“五好文明家庭”创建、寻找“最美家庭”活动,深入挖掘在家庭和谐、岗位建功、公益事业中发挥主人翁精神,思想积极、表现突出的优秀人物,讲述身边的真情故事,传播正能量。贯彻落实省市妇联“陇原妇女面对面母亲讲堂乡村行”宣讲活动精神,省、市、县三级妇联上下联动,逐级推进,在乡镇、社区开展母亲讲堂宣讲活动6期,参加妇女2000余人次。

张家川县第十三次妇女代表大会

【第十三次妇女代表大会】 11月20日县妇联召开第十三次妇女代表大会,全县120多名代表参加。大会选举产生县妇联新一届领导班子和新一届执行委员会,全体代表就张家川县第十三次妇女委员会工作报告进行认真的讨论,对报告的进一步修改和完善提出意见建议。

张家川县妇女联合会领导班子成员名录

主　席:赫金梅(女,回族)

副主席:马凤英(女,回族)

科学技术协会

【青少年科技创新】 2017年,组织开展青少年科技创新活动,举办“科技活动周”“食品安全周”等科普宣传活动。运用展板、挂图、散发宣传资料等方式进行宣传。全年发放科普图书6000余本,科普宣传彩页20000多份,展出版面200多块,义诊群众600多人次。组织开展减灾防灾演练宣传活动。先后组织成员单位40余人次,深入新建小学、大阳镇高沟小学等开展防灾减灾应急演练及系列科普专题宣讲活动,同时联合县教体局举办青少年科技创新大赛活动,全县申报青少科技创新作品116(幅)件报送天水市科协参与市科协33届青少年科技创新大赛活动。

【科普大篷车巡展】 县科协参加甘肃省科普大篷车巡展活动,通过在各中小学等地开展机器人表演、各种物理实验等活动,丰富青少年学生及公众科普知识,同时也锻炼县科协工作人员的实操能力。开展科普宣传服务活动。在大阳乡云景苑种养殖协会察看科普惠农项目的落实情况,并在

5个农技协举办专题宣传培训班5场次。县科协与县政法委联合，组织开展大学生暑期实践活动。7月18日至21日，天水师范学院参与张家川县举办的“科技助力，精准扶贫”学子返乡社会实践服务活动。在张家川镇各社区、胡川镇张堡村、恭门镇陈子村、木河乡李沟村、大阳镇、马关镇、龙山镇、张棉驿乡等地，采取散发传单、播放音频视频宣传资料、为群众测量血压等方式，向群众宣传讲解饮食保健、种养技术、春夏疾病预防、农作物病虫害防治、防灾减灾应急避险、生态环保、低碳节能等贴近农民和中小学生生活实际的科普知识。同时在木河乡李沟村举行助听器转赠仪式，将魏基成夫妇捐赠的20台助听仪器捐赠于本村听力困难的20位村民。

【全国科普日】 组织筹办全国科普日活动，在大阳镇高沟小学等学校、阿胶集团等企业开展防灾减灾演练3场次，发放《苹果树栽培技术》《无公害保护地番茄栽培技术》《农村实用技术二十项》《社区科普》《科普小常识》《反邪教宣传图本》等相关书籍以及宣传资料12种3500多份（册），悬挂横幅4条，展出宣传版面10块，开展科普知识宣传咨询500余人次。结合全县“第十四个民族团结进步宣传月”活动，在各学校、企业分别举办“反对邪教弘扬社会主义核心价值观”专题宣讲活动，发放各种宣传资料，为公众讲解防灾减灾科普知识，现场播放灾害应急专题科普宣传片，及时推送防灾减灾科普信息。

【科普培训】 2017年，县科协围绕全省“1236”扶贫攻坚行动计划和县委“1+18”精准扶贫方案，举办各种大型主题培训6场(次)，培训群众6000余人次。围绕“科普进乡镇、进社区、进学校、进企业”四进活动，大力开展科普宣传培训活动。组织各成员单位开展科普宣传、咨询、培训、讲座、文化、卫生等重点活动13项。其中悬挂横幅8条，展出展板148块，培训科技明白人2000人，印发图书资料8类1200余册(份)，送致富信息20余条，解答群众提出的问题89条。大力开展特色产业培训。组织县林业局、畜牧局相关技术人员，分别举办东部畜牧养殖培训会，西部种植、养殖专题培训会，在西部7乡镇举办林果业培训会，印制养殖专业技术书籍、科普宣传品。开展科普带头人培训。县科协通过开展农产品经纪人培训，在农业生产中涌现出一批优秀的科普示范协会和优秀个人，恭门镇兴盛源养殖协会，通过培训引导，积极申报2017年科普惠农项目，争取到科普惠农项目资金15万元，至年底该协会养羊存栏2000余只，建成饲草料种植加工与良种羊育肥为一体的养殖基地1处。

【科普表彰会议】 9月30日，张家川县召开成立农村专业技术协会联合会暨科普表彰大会，参会16人。这次会议吸纳农技协、企业科协、合作社、基层科普带头人、致富能手、农场主、会员共106人。大会通过联合会《章程》和《选举办法》，选举产生出张家川县农技协联合会第一届理事会，并对2017年的科普示范集体和科普先进个人进行表彰奖励。

张家川县科学技术协会领导班子成员名录

主　席： 李国琪(回族)

副主席： 苏长生(回族)　洪玉鹤(女)

红十字会

【大病救助募捐发放】 为使全县患有癌症、白血病、先天性心脏病等重大疾病患者得到救助，红十字会在全县发出爱心捐款倡议书，通过电视、网络等媒体广泛宣传，使全县人民了解并开始关注这些患有重大疾病却无钱治病的群众。2017年，县红十字会开展大病救助现金发放活动，发放资金3700元。针对5户大病特困户，进行公示无疑义后分发救助资金。

【博爱送万家】 为了弘扬“人道、博爱、奉献”的红十字精神，筹集到市红十字会救助箱价值2万元，县红十字会配套面粉价值1.9万元，春节期间，集中进行“博爱进万家”慰问活动，发放救助箱100个(棉衣、棉被、大米)、面粉200袋、食用油100桶、大米100袋，惠及10个乡镇500多户2000余人。

"博爱送万家"发放的大米、面粉

【红十字特色活动】 开展"学雷锋志愿者服务"活动。在第54个学雷锋日来临之际，县红十字会与县团委、县医院一起走访县敬老院、县儿童福利院，为他们进行免费体检，并发放治疗感冒、高血压、冠心病等常见病的药品。为了纪念第70个世界红十字日，张家川县红十字会在阎家中心小学组织应急避险逃生演练，参加此次演练的有阎家中学全体师生、志愿者共200余人。

【防灾救灾】 每年的7、8月是张家川县洪灾、泥石流的易发期。红十字会从5月份开始实行24小时值班制度，切实把握灾情、了解灾情和及时上报灾情，从物资上、组织上和人员上做好了应对灾害的准备。

【救护培训】 2017年，红十字会在全县15个乡镇先后开展红十字救护员培训，救护员包括各乡镇卫生院乡村医生、学校教师，分六次在乡镇中小学开展普及性应急救护培训进校园活动。全年，县红十字会开展普及性应急救护知识培训6期，12个课时，完成普及性培训3000人，救护员培训800人。

【援建项目】 2017年，县红十字会申请援建项目8个，援建资金1378万元。其中中国红十字会援建2个(刘堡乡卫生院工程、县妇幼保健院业务楼工程)；中国红十字基金会援建1个，川王镇冯家小学教学楼工程；日本红十字会援建5个，包括阎家乡中心小学、阎家乡中学教学楼、木河乡杜渠小学校舍工程、大阳镇小阳小学教学楼工程、川王镇毛寨小学校舍工程。其中：已完工的阎家中学宿舍楼改造项目申请到日本红十字会援助资金63.7万元，县教体局配套20万元。

张家川县红十字会领导班子成员名录

专职副会长：陈珍花(女)

残疾人联合会

【概况】 2017年，全县有残疾人2.39万人，占全县总人口的7.82%，其中城镇残疾人951人，农村残疾人22950人。在各类残疾人中，肢体残疾人7463人，占残疾人总数的31.2%；视力残疾人4011人，占残疾人总数的16.8%；听力残疾人4702人，占残疾人总数的19.7%；言语残疾人729人，占残疾人总数的3.1%，智力残疾人1941人，占残疾人总数的8.1%；精神残疾人1597人，占残疾人总数的6.7%；多重残疾人3454人，占残疾人总数的14.5%。

【出台惠残政策】 制定下发《张家川县"十三五"残疾人发展规划》《张家川县"加快推进残疾人小康进程政策落实年"活动实施方案》《张家川县残疾人精准康复服务行动实施方案》《张家川县残疾人基本服务状况和需求信息数据动态更新工作实施方案》《关于2017年度全县用人单位缴纳残疾人保障金的通知》等一系列文件，为加快残疾人事业健康发展、维护残疾人合法权益提供有力政策保障。

【精准康复服务】 举办盲人定向行走培训班，为20多名盲人进行现场授课和集中培训，并发放盲杖。为全县50多名0～6岁听力、肢体、智力、视力和脑瘫患者、"三瘫一截"等残疾儿童进行筛查，对患者进行康复训练，对亲属开展康复指导。启动2017年度"康复体育关爱家庭计划"项目，为30名不易出户、特困的重度残疾人，针对其自身实际提供适宜的康复体育器材，发放手脚踏健身车、液压踏步机、手脚拉力器、握力器等

县委书记陈晰调研全县残疾人工作开展情况

康复器材30件,折合资金1.4万元。向天水市第三人民医院输送精神病人13人,落实补助资金4.68万元。

【康复中心建设项目】 康复中心项目建设场地位于张家川县滨河北路东侧,占地面积2667平方米。总建筑面积5785.84平方米,包括康复中心(七层框架结构),建设面积5641.84平方米,布置康复休息室24间,床位48张。食堂(一层),建筑面积144平方米。该项目总投资1736万元,其中中央预算内投资800万元,地方投资936万元。建设工程费用为1515.12万元,工程建设其他费用92.29万元,预备费用128.59万元。

【扶贫解困】 认真开展扶贫解困工作。配合民政部门为2312名重度残疾人发放护理补贴,为1902名残疾人发放特困生活补贴计505.68万元。扶持张家川镇纳沟村残疾人梁耀平发展养殖项目,争取天水市残联补贴资金3万元。为残疾人大学生杜文慧提供“交通银行”助学资金2000元。扎实开展2017年贫困残疾人听力障碍筛查活动。配合甘肃省残联康复人员和甘肃海洋听力技术有限公司专业人员,为全县350名听力障碍患者无偿佩戴助听器700台,价值488.6万元。联合县博爱慈善服务中心实施“天籁列车——听力障碍人士康复工程”,为全县304名听障贫困群众免费检查检测,现场捐赠数码助听器。

张家川县残疾人联合会领导班子成员名录

理事长:李东昌(5月任职)

副理事长:妥耀忠(回族)

(供稿:魏玉芳)

文学艺术界联合会

【概况】 2017年,文联成立9个文艺家协会、2个乡镇文艺团体和1个文化交流中心。全县文学艺术界的各类会员达到510余人,其中国家级会员3人,省级会员36人,市级会员107人。

【文艺宣传】 《关山文艺》作为培养写作者、文艺交流和展示成果、推介文艺作品及文艺人才的有效平台。2017年出刊四期,成为繁荣全县文艺创作的主阵地。初步形成张家川县域文化品牌。

张家川县首届临帖展

【文化惠民活动】 2017年,县文联充分发挥联络、协调、服务职能,开展丰富多彩的文艺活动:结合县委宣传部组织的送文化、卫生、科技“三下乡”活动,县文联组织为期5天的“送书画下乡”活动及“欢乐下基层”活动;组织“文化进校园”活动2场,先后走进胡川镇仓下小学与张绵驿乡中学;在张家川县举办(关山)文化旅游节期间,成功举办第四届关山笔会,天水市及本土作家50余人参会;在张家川县青少年活动中心成功举办“庆七一喜迎党的十九大暨全县首届临帖(摹)展”,展出书画作品100余幅;在天水市第三届“羲皇杯”舞蹈大赛中,张家川县文联选送的3个基层舞蹈队,获得1个三等奖与2个优秀奖;11月,成功举办“清风颂”天水市廉政书画展张家川县巡展活动;天水市文艺志愿者“深入生活,扎根人民”走进张家川县龙山镇榆树村送文化活动。

【关山文化旅游节】 6月,张家川县关山文化旅游节以“西北内陆鲜有的林海碧原,丝路古道深呼吸的驿站——关山生态游”为主题,展示张家川县优质旅游资源和旅游文化精品,本次文化旅游节通过第四届关山笔会、关山花儿演唱会、招商引资企业参观考察全县“236”主要旅游景区、邀请来宾参观“张家川记忆影像1936”图片展等活动,推进全县“236”文化旅游资源开发利用,推动丝绸之路关陇段特色文化旅游区建设。

张家川县文学艺术界联合会领导班子成员名录

主　席:惠文辉

副主席:马福俊(回族)

(供稿:窦小龙)

公安

【刑事犯罪】 全年破获刑事案件210起,其中破获命案现案2起、电信诈骗案件27起、经济案件13起,打掉黑恶势力团伙1个,抓获犯罪嫌疑人134名;大力开展禁毒严打斗争,全年破获毒品案件8起,抓获犯罪嫌疑人8人。

【社会治安管理】 围绕"平安张川"建设目标,排查治安热点、难点问题,严厉打击涉黄涉赌、涉危涉爆、食药环等违法犯罪活动,全面加强安全保卫和治安管理工作,集中整治治安乱点,适时组织清理清查行动,解决群众关切的治安问题。全年受理各类行政案件1477起,对年初确定的10个重点区域开展专项治理,破获刑事案件4起,破获非法占用农用地犯罪案件3起、销售假冒伪劣产品犯罪案件1起;联合综治、教育部门,对全县中小学、幼儿园进行走访排查,不断强化校园内部安全防范,严厉打击涉校涉生违法犯罪活动,确保全县校园安全形势持续平稳,整治校园周边公共乱点29处,开展法制教育宣传156场次;登记流动暂住人口1421人、出租房屋1138家,对27名易肇事肇祸精神病人全部纳入全国重性精神病人管理系统;开展户籍制度改革,全面推行流动人口居住证制度,顺利完成农业转移人口和其他常住人口落户城镇2000人的目标任务;处置火灾事故警情43起,抢险救援4起,查处各类交通违法行为82267起。

高考安保执勤

【道路交通管理】 在城区部分路段设立单行道,在主干道施划停车位、安装中间隔离护栏,主要交通路口设立行人提示牌、施划人行道,公路沿线学校门口均安装了警示灯和减速带,有效缓解交通拥堵现状,提高交通安全保障;全县15个乡镇均设立交通劝导站,并协调当地政府各抽调7~10名工作人员参与道路交通劝导工作,配合交警部门查处农村道路交通违法行为;投资700余万元实施智能交通系统建设,进一步织密道路交通智能防护网。

【信息化应用】 全面实施视频资源整合建设,建成114路前端监控点,同时建成一体化指挥中心实战平台1处;加大对交通管理工作的资金投入力度,在城区公园路、兴旺路安装电子警察,在庄天二

民警执勤照片

级路刘堡段建成区间测速1处;智能交通系统建设工作已开工,计划建成7条主干道35处违停抓拍系统,9个主要路口电子警察系统,10个点位的智能卡口系统,4个交叉路口智能交通信号系统以及1个交通智能指挥中心。

【执法规范化】 完善执法监督机制,下发执法监督整改通知书10份,执法预警提示4期,发现整改问题22条。加大执法办案场所、视频信访系统的建设、管理、使用,按照“五个一律”的原则,强力落实办案活动全部在办案区进行,一线民警出现场执法办案必须随身携带执法记录仪,进一步规范案件办理程序,使执法安全程度明显提高。

张家川县公安局领导班子成员名录

局　长:杜　军

党委副书记:马小琦(回族)

政　委:蔡国权

副局长:马喜斌(回族)

田　野(回族)

付建军(兼禁毒办主任)

马宝军(回族)

检查

【职务犯罪侦查】 2017年,初查贪污贿赂案件线索10件,立案侦查职务犯罪案件3件7人;初查渎职侵权职务案件线索4件,立案侦查玩忽职守犯罪案件1件4人,挽回经济损失10万余元;开展预防宣传和警示教育19次,开展行贿犯罪档案查询290次。

【刑事检察工作】 2017年,受理公安机关提请批准逮捕案件34件44人,经依法审查,批准逮捕19件26人,不批准逮捕15件18人,批捕准确率为100%;全年受理移送审查起诉案件89件106人,经审查后提起公诉79件93人,改变管辖1件1人,退回补充侦查2件2人,结案率为100%。

【法律监督】 2017年,办理立案监督案件6件11人,纠正违法3件(次),开展量刑建议活动,对法院判决提请抗诉1件1人。深入开展公益诉讼活动试点工作,积极排查公益诉讼案件线索,向有关职能部门发出检察建议2份。针对全县16家采砂厂存在安全隐患,向法院提起公益诉讼案件1件;全年对看守所进行安全防范大检查12次。积极开展社区矫正活动,对判处缓刑、假释、保外就医、管制的228名罪犯回复考察3次,办理羁押必要性审查案件2件,对发现脱管、虚管等问题提出书面监督意见4件。受理举报线索3件,办理民事检察监督案件1件,刑事申诉和控告案件3件;争取资金4.3万元救助刑事案件被害人4人;开展法制宣传教育4场次;接待控告申诉等来信来访65件104人(次),全部进行分类处理。

【司法责任制改革】 贯彻落实党中央关于检察体制改革的决策部署,开展员额检察官遴选工作,14名干警被遴选为员额检察官;对员额检察官、检察辅助人员、书记员、司法警察进行优化配置,实行分类管理,并给予授权,明确权力清单,细化办案权限和责任;组建5个主任检察官办案组,建立检察官联席会议制度,加强对重大疑难复杂案件以及职务犯罪案件的查办和商讨。2017年,院领导办理案件27件39人,达到人均办案数的30%至40%。按照甘肃省检察机关内设机构改革意见精神,将现有的科室合并成立“四部一室”,其中将原案件管理办公室、控告申诉检察科、法律政策研究室合并成立案件管理部,将原侦查监督科、公诉案件审查科、刑事执行检察局、未成年人刑事检察科合并成立刑事检察部，将原民事行政检察科更名为民事行政检察部，将原政工科、监察室合并成立政治部，将原办公室、检察技术科、司法警察大队合并成立办公室；由于自侦部门转隶，反贪污贿赂局、反渎职侵权局、职务犯罪预防科暂时保持不变。

张家川县人民检察院领导班子成员名录

检察长：邵新建

副检察长：马治中(回族) 李 坤(回族)

马永生(回族,8月任职)

检察委员会专职委员：马玉瑞(回族)

纪检组长：王映林(回族,8月任职)

政工科长：王文举(8月任职)

法院

【概况】 2017年，县人民法院有干警52人。内设机构：纪检监察室、政治科、办公室、立案庭、刑事审判庭、民事审判第一庭、民事审判第二庭、行政审判庭、审判监督庭、审判管理办公室、执行局、法警大队、信访室及派出的龙山、恭门、马关3个基层人民法庭。全年受理各类案件1054件，与去年同期相比收案增长了17.8%，审结1036件，结案率98.3%。

【刑事审判】 2017年，受理刑事案件86件，审结86件，结案率100%，判处罪犯96人。依法审结交通肇事等危害公共安全犯罪48件，审结破坏社会主义市场经济秩序犯罪1件，审结故意伤害等侵犯公民人身权利、民主权利犯罪10件，审结诈骗、盗窃等侵犯财产犯罪13件，审结妨害公务、走私、贩卖、运输、制造毒品等妨害社会管理秩序犯罪12件，审结贪污贿赂犯罪2件。严格执行罪刑相适应、宽严相济等刑事政策，落实未成年人犯罪记录封存制度和社会治安综合治理措施，积极参与禁毒和特殊人群帮教管理等工作，切实维护国家安全和社会稳定。

【民商事审判】 2017年，受理民商事案件684件，审结673件，结案率98.4%。依法保护妇女、儿童、老年人合法权益，审结婚姻家庭、继承纠纷案件481件。依法保护人身财产权益，审结财产损害赔偿、人身损害赔偿等权属、侵权纠纷案件143件。依法保护市场主体合法权益，审结民间借贷、建设工程施工合同等商事案件49件。坚持“调解优先、调判结合、案结事了”的原则，注重多元化解民事纠纷，形成“三调联动”工作机制，民商事案件调撤率59%，对经人民调解、行政调解达成协议的案件予以司法确认86件，全力维护社会和谐。

【行政审判】 坚持合法性审查原则，审查非诉行政执行案件2件，发出司法建议2份，切实保护行政相对人的合法权益。

【执行工作】 2017年，受理执行案件282件，执结275件，执结率97.5%，执结标的1220.62万元。清理2011年至2016年度未执结积案68件，执结68件，执结率100%。6月，下发《张家川县执行工作联席会议制度》，建立执行联动工作机制，在银行、工商、国土、房管等部门查询被执行人财产信息1420余次，切实提升执行工作质效，形成全社会解决执行难工作的合力。穷尽法律赋予的各种司法强制措施，移送公安机关追究拒执罪5案7人，协助查找18案26人，临控到位1案1人；拘留8案8人，拘传5案5人，搜查2案2人；公布失信人名单42案46人；冻结划拨存款86万余元，确保胜诉当事人的合法权益。

【司法为民】 推行远程视频接访、视频提讯、巡回审判等便民利民措施，努力为当事人提供全方位的诉讼服务。强化高效便捷审判工作机制，案件简易程序适用率79.5%。依法为当事人减、缓、免诉讼费1.71万元，落实司法救助资金15.5万元。深入推进审判流程、执行信息、裁判文书和庭审公开“四大平台”建设，裁判文书上网率100%，庭审网络直播案件178件。人民陪审员参审案件123件，陪审率96.85%，切实保障公众对司法工作的知情权、参与权、表达权和监督权。

【宣传教育】 落实依法治县重大部署，制定“七·五”普法规划和年度实施计划。结合“6·26”国际禁毒日、“12·4” 国家宪法日暨全国法制宣传日、

“法律八进”和巡回审判等活动,组织开展主题法治宣传,现场接待群众800余人,发放宣传资料12000余份,传播法律知识,提高群众尊法、学法、守法、用法的意识。坚决落实意识形态工作责任制,严格稿件审批和新媒体管理工作。上报信息、简报68期,其中在中国日报民生法制周刊等国家级新闻媒体上刊登报道6篇,在甘肃法制报等省级新闻媒体上刊登报道22篇,在天水日报等市级新闻媒体上刊登报道95篇,在直播天水《周末说法》栏目以“难以兑现的赔偿金”为题对1件典型执行案件进行宣传,在县政府网站刊登报道41篇,发布官方微博12条,传递司法正能量。

张家川县人民法院领导班子成员名录

院　长:黎平生(回族)

副院长:韩　维　　马恩龙(回族)

焦效文(回族)

纪检组长:苏建忠(回族)

审判委员会专职委员:马世忠(回族)

王小建(回族)

执行局局长:妥国兴(回族)

司法行政

【法治宣传教育】 落实“谁执法谁普法”责任制,开展“法律进机关”活动,全面提升县直机关和干部依法行政能力;结合全县“三下乡”和“两个共同”示范建设工作,开展“法律进乡村”活动。在春节、“3·8”妇女维权周和“3·15”国际消费者权益日等活动中,深入龙山镇、恭门镇、大阳镇、张家川镇、胡川镇等7乡镇举办法治宣传教育活动18场(次),接受法治宣传教育的群众达50000余人,悬挂普法宣传标语横幅20条,法治宣传教育活动展板54个,设置法律咨询窗口10个,法制宣传窗口10个,发放《农村法律常识100问》《务工人员法律援助服务手册》《人民调解法》《公民学法歌》及宣传画册等资料,计50000余本,接待法律咨询187人(次);以社区青少年、下岗职工、社会闲散人员、回归人员、流动人口等法治宣传教育为重点,开展“法律进社区”活动,推进社区法治宣传阵地建设,开展“民主法治社区”、“依法治企”和“诚信守法企业”创建活动,建立健全企业法律顾问制度,推进企业依法决策、依法经营、依法管理,提高依法治企的能力和水平;转发《青少年法治教育大纲》,指导学校建立完善普法依法治校各项规章制度;在恭门镇中学、龙山镇中学、木河乡下庞小学、木河乡桃园小学、胡川镇中心小学、大阳中学等学校开展“法律进学校”专题法治报告会巡回演讲活动,接受法治宣传教育师生达5349人(次),展示禁毒法漫画知识活动展板34个,向在校师生发放《公民学法歌》《食品安全药品安全知识读本》《致中小学生的一封信》等相关法律知识资料和书籍45687份,分别在张家川镇中学、龙山镇中学、恭门镇中学、胡川镇中学、胡川中心小学建立青少年法治教育基地6处,提高教师和学生法律意识;结合全县宗教场所人员相对集中的特点,开展“法律进宗教场所活动”,在每个宗教场所指定一名有文化、懂政策、懂法律、有威望的人士为法制宣传员,在每个寺院设立一处法律图书室或法律图书角,定期开展法治宣传教育活动,切实提高宗教教职人员和信教群众遵纪守法的自觉性。

【人民调解】 建立完善矛盾纠纷调处“横向到边、纵向到底”工作机制,出台《张家川县健全完善矛盾纠纷多元化大调解工作机制的实施意见》,健全完善人民调解、行政调解、司法调解“三调联动”和“人民调解诉前司法确认机制”。至11月底,全县调处各类民间矛盾纠纷2399件,调解成功2369件,履行2369件,调解率100%,成功率98%,履行率96%,司法确认15件。完成调委会的换届工作,将全县298个调委会(其中包括:18个县直调委会、15个乡镇调委会、255个村级调委会、5个社区调委会、5个专业性行业性调委会),1300多名人民调解员基本信息,按要求逐类逐项录入“智慧司法”网络信息管理平台,推进县、乡、村三级人民调解工作网络化信息化。全年各基层调委会调处规范制作各类人民调解卷宗142份、四联单 158 份，统一制作颁发人民调解员证 1300 多本,人民调解徽 1300 多个。

【特殊人群服务管理】 按照省司法厅社区矫正执法规范化专项督查活动要求,制定下发《张家川县社区矫正执法规范化专项督查活动实施方案》,建立社区矫正风险评估机制,认真开展社区矫正审前社会调查工作，从规范入矫前社会调查评估,矫正中分级管理,解矫前矫正质量评估入手,严把“入口关”“矫正关”“解矫关”三个关键环节,做到风险可测、可评、可控,11 月底,办理审前社会调查 60 件。接收社区服刑人员 457 名,解除 301 名,在册社区服刑人员 156 名(其中缓刑 145 人、管制 5 人、假释 2 人、暂予监外执行 4 人)。不断加强过渡性安置帮教基地建设,全年衔接刑释人员 124 名,其中解除社区矫正 66 名,帮教率 99%。推进远程会见帮教系统建设,完成监狱服刑人员“远程会见帮教系统”建设,成功开通远程监狱探视系统。依托“智慧司法” 协同办公系统和全省社区矫正信息管理平台,全面推行远程监控技术,在县级层面建成远程视频监控中心，运用手机定位系统构建 “虚拟围墙”，对全县 156 名正在接受矫正的服刑人员实施动态监管,实现动向明,活动区域清,越界报警,声纹识别,电话训问,有效防止脱管失控发生,平台手机定位率达 90%。

【法律服务】 逐步建立完善法律顾问制度,11 月底,律师事务所办理案件 51 件,办理法律援助案件 6 件,代写各项法律文书 102 余份,免费接待法律咨询 160 余人（次)，承担政府法律顾问单位 3 家。积极稳妥推进公证机构改革工作,下发《张家川县公证处体制改革实施方案》，确保公证体制改革依法有序推进。不断创新公证服务方式,为群众提供更加便捷的公证服务,至年底,办理各类公证事项 58 件,公证收费 1.01 万元,免费为当事人代写、修改法律文书 8 件，接待群众法律咨询 30 余人（次)。进一步抓好省政府法律援助为民办实事项目,整合公证、律师、法律援助、社区矫正、人民调解资源,设立一站式服务窗口和党员示范岗,在县法院设立法律援助工作室,参与审判工作。全年办理法律援助案件 210 件,其中:民事诉讼案件 21 件、刑事辩护案件 1 件、非诉讼案件 188 件,法律援助代书 80 余份,解答法律咨询 860 余人次。

张家川县举行“法律进家庭”知识讲座

张家川县司法局领导班子成员名录

局　长: 赵俊伟(撒拉族)

副局长: 杨宝成(回族,5 月任职)

马国元(回族)

县公证处主任: 毕竟成(回族,5 月任职)

甘肃乾鑫律师事务所副主任: 李魁正

(供稿:妥霞)

军事

人民武装

【战备训练】 落实战备值班制度,及时修订各类预案(方案),常态组织战备应急拉动演练,战备基础更加巩固。狠抓现役干部基础训练,组织应急分队开展强化训练,完成分区统一动员部署的民兵应急分队及储备队伍的训练任务。调整优化民兵编组,认真开展国防动员潜力数据调查,全县编有基干民兵,应急队伍、支援队伍、特殊力量队伍三种类型分队,基干民兵组建面达到100%。10月至11月,人武部组织民兵应急分队,摩托车队,指派张家川镇组织民兵蹲点守候,全天候协助公安维护十九大期间驻地社会稳定,承担县一中、职业中学军训任务。

【新兵征集】 落实兵役登记,适龄青年登记率达98%。围绕"一好三无"目标,按照"五率"要求,突出重点,完成全县新兵征集任务。

【安全保卫】 开展"学、用、守""学、训、整"和"百日安全"活动,学习贯彻军委国防动员部6个安全管理规范性文件,干部职工法规意识和纪律观念不断强化。认真履行安全工作主体责任,紧盯重点要素,开展安全隐患排查,及时纠治安全隐患。严格落实安全形势分析、安全风险评估制度,扎实开展安全教育训练,安全稳定工作基础持续向好。

张家川县人民武装部领导班子成员名录

部　长:鲁国玺

政　委:刘洪轩

副部长:党小军

消防

【概况】 张家川县消防以部队正规化和执法规范化建设为目标,以防火监督和灭火救援为重点,狠抓队伍管理,加大火灾隐患排查整治力度。截至年底,全县发生火灾34起,抢险救援4起,无人员伤亡,直接财产损失52.85万元,同比上年,火灾起数上升18%,直接财产损失上升45%。

【火灾防控】 开展"冬春火灾防控工作""夏季消防安全检查"专项行动、易燃易爆危险品场所消防安全、高层建筑消防安全专项整治以及消防执法领域突出问题专项整治等专项行动。大队结合辖区特点,联合多部门对辖区17类近百家单位场所开展隐患集中排查整治,共检查敬老院3家,福利院1家,寄宿制学校10所,幼儿园13所,医院8家,劳动密集型企业1家,易燃易爆危险品场所6家,指导培训清真寺等宗教场所6座,检查人员密集场所38家。在春节、元旦、清明、"五一"、高考和国庆节期间,大队集中警力,通过"地毯式"排查和“错时”检查及夜查等手段,对辖区内宾馆、饭店、商场、市场、网吧、KTV和加油站、油库、农村火灾防控、老旧住宅小区、居住出租房屋、生产小作坊、各小区电动车集中停放和安全充电等重点薄弱领域网格化火灾隐患排查整治工作。发动各网格分类排查“三合一”场所、“九小场所”、小加工作坊等场所,逐家登记,查明情况,分类建立台账,全面掌握各类场所存在的火灾隐患。完成建筑装修防火材料见证取样10件,消防产品检测4件。办理开业前消防安全检查合格证8家,截至年底,在各类专项行动中,检查单位1625家(次),发现火灾隐患2985条,督查整改火灾隐患及违法行为2983条,下发《责令改正通知书》511份,处罚单位12家,“三停”单位5家,临时查封场所10家,罚款185500元。

【消防宣传教育培训】 全县消防宣传开展“七进”活动,利用重大节日、重要活动以及“119”消防宣传周,先后举办各类消防宣传活动10次,对天胶公司、阿语学校、张家川镇中、幼儿园、清真寺、购物广场开展消防安全培训及逃生演练。同时,尔德节、古尔邦节等重大节日期间利用双语开展消防知识培训,开展消防法律法规、日常防火宣传,传播家庭防火知识,重点教授火灾隐患相关知识和隐患检查整改方法。在主要街道、县行政广场设立消防公益广告牌或消防专栏20余处。利用赶集、节假日群众聚集的机会,通过设置咨询台、摆放宣传展板等形式,开展消防法律法规和常识的宣传,向过往群众发放宣传资料,并解答群众防火难题2000余人次。发动全县15个乡(镇)255个行政村800余名村干部接受消防培训。对乡镇长、村“两委”负责人开展消防工作“带头人”和“明白人”学习培训。至2017年底,全县开展各类消防宣传教育培训活动13次,组织企业、中小学和幼儿园、住宅小区开展消防演练16场次,张贴《居民消防安全提示》《电动车使用和管理消防安全提示》等各类宣传资料8000余份,发送消防短信4000余条,利用LED显示屏滚动播放消防提示标语120条,利用精准扶贫机会入户宣传2100家次。利用“张家川消防”微信公众号,发送消防常识、消防法律法规、消防安全提示等内容480余条,设置消防宣传牌3块。

【建立区域联防组织】 对辖区5个社区和23家消防安全重点单位建成微型消防站并实体化运行,从硬件和软件两方面全面开展“户籍化”“网格化”管理。结合“智慧消防”建设,依托电子政务网,将消防网格化纳入县社会治理综合信息系统,实现“信息化”与“网格化”的融合。消防网格员利用手持终端综治手机,按照“任务派遣—信息收集—任务处理—结果反馈—核查结案”五步闭环式流程,检查整改消防安全隐患。逐步建立全民消防安全区域联防组织,做到人人动手抓、人人有责任,人人参与的火灾防控体系。对全县实有68个消火栓进行全面的普查维修保养,并建立消火栓管理档案,为灭火救援工作提供保障。

张家川县公安消防大队领导班子成员名录

大队长:李岳鹏

责任人:崔 楠

(供稿:余小龙)

农工部

【帮扶工作】 2017年,坚持把帮扶力量向深度贫困乡镇和深度贫困村倾斜,制定下发《关于调整加强全县脱贫攻坚帮扶工作力量的实施意见》,为15个乡镇和255个行政村合理确定包抓领导和帮扶单位。7个省级单位176名干部帮扶26个贫困村633户贫困户;17个市级单位523名干部帮扶26个贫困村738户贫困户;83个县直单位1576名干部帮扶36个深度贫困村、63个贫困村7403户贫困户。省、市、县41名领导和107个部门已全部与各自包抓贫困村、贫困户进行对接,为群众帮办实事46项,总投资900.72万元。

【美丽乡村建设】 2017年,全县整合扶贫专项资金1106万元,在全县72个村实施村容村貌整治和环境整洁项目;整合6840万元,建设省级示范村2个,市级示范村3个,整洁村35个。投资420万元,在全县范围内开展全域无垃圾创建工作。修建垃圾收集池656个,垃圾填埋点10处,配备垃圾清运保洁人员2900余人。全年建成省级示范村8个,市级示范村12个,县级示范村22个,环境整洁村145个。

【农业产业化】 全年新增土地流转面积573.33公顷,流转面积6760公顷,占耕地总面积的18%;发展新型农业经营主体,新增农民专业合

马铃薯种薯繁育

作社76家,家庭农场13家,登记注册农民专业合作社275家、家庭农场48家,示范带动农户2万户。举办第二十八届伏羲文化节农产品展销会和全省农业博览会,为甘肃省首届农博会推荐上报招商引资项目3项,组织2家农产品加工企业产品进驻全国加油站便利店。为建明调味品有限公司申报省级重点龙头企业,为7家新型农业经营主体申报中央和省级农业生产发展资金210万元。发展农业产业化龙头企业16家,带动农户增收总额1950万元。

中共张家川县委农工部领导班子成员名录

部　长:王保林

副部长:王小军(5月任职)

县农业区划办公室主任:郭思华(回族)

种植业

【农作物种植】 全县农作物播种面积4.34万公顷,其中粮食面积3.14万公顷,夏粮1.27万公顷,占粮食面积的44.8%(冬小麦1.17万公顷,夏杂1200公顷),秋粮1.75万公顷,占粮食面积的55.2%(玉米8633.33公顷,马铃薯7690.8公顷,秋杂1166.67公顷)。油料4466.67公顷(冬油菜3333.33公顷,胡麻1133.33公顷),蔬菜4660公顷,大麻666.67公顷,中药材1013.33公顷,青饲料180公顷。全县粮食产量达11.08万吨,增长0.6%,油料0.56万吨,较上年增长5.7%,蔬菜总产20.31万吨,实现总产值32490万元。全县种植业增加值达52300万元,农村居民人均可支配收入达6345元。

覆土穴播小麦

【特色产业】 实施马铃薯脱毒种薯全覆盖工程,以中东部乡镇为主,推广种植脱毒种薯9666.67公顷,在阎家乡阎家、神树2个村落实原种种植6.67公顷,在马鹿、阎家、恭门、平安、张棉驿、刘堡6个乡镇种植一级脱毒种薯333.33公顷,在胡川、马关、连五、大阳、木河、梁山6个乡镇种植二级脱毒种薯360公顷,大田推广脱毒种薯8966.67公顷;种植蔬菜6666.67公顷(正茬蔬菜3800公顷,复种2866.67公顷),在龙山镇韩川村、连五乡马嘴村新建钢架大棚100栋,改造加固破损大棚500栋,全县塑料大棚达到210公顷6200

脱毒种薯繁育

栋。蔬菜标准化生产面积4666.67公顷,建成优质优势菜种基地面积500公顷。推广种植地膜早洋芋666.67公顷,航天蔬菜新品种1000公顷,主要以航天辣椒和茄子为主,建成设施辣椒高产栽培示范基地33.33公顷,复种地膜菜瓜、架豆王666.67公顷,建成市级农产品质量安全追溯示范点3个。在连五乡马嘴村、木河乡庄河村建成蔬菜标准化生产基地2个10公顷300栋,建成常规育苗基地2666.67平方米4座、标准化穴盘育苗基地1333.33平方米2座,开展以高原夏菜、航椒5号、陇椒3号、5号、10号等蔬菜品种为主的丰产栽培示范;在马鹿、阎家、马关、张棉驿、刘堡、梁山等乡镇推广种植党参、柴胡、红芪、板蓝根、黄芪等中药材1013.33公顷,在马鹿镇川道区种植大麻666.67公顷。

【良种推广】 引进以冬小麦、玉米、马铃薯、蚕豆、油料和蔬菜为主的农作物良种104个,推广面积达3.07万公顷,良种率达100%。其中,冬小麦良种推广面积1.17万公顷,主推兰天19、兰天26、兰天27、兰天30,中梁32、中梁33、中梁34,天选57、天选61等品种,良种率达100%;玉米良种推广面积6666.67公顷,主推长城799,龙生1号、2号,五谷704、五谷568、先玉335、垦玉10、金凯3号、丰贮1号、2号等品种,良种率达100%;蚕豆良种推广面积1200公顷,主推了临蚕系列品种,良种率达100%;马铃薯良种推广面积达6666.67公顷,主推青薯168、陇3、陇6、陇7、天薯119、庄薯3号、克新2号等品种,良种率达

100%。胡麻以宁亚、天亚系为主,冬油菜以冬油1号、天油7号、8号为主，良种推广面积分别达1133.33公顷和3333.33公顷，良种率均达到100%;引进甘蓝、菜花、胡萝卜、娃娃菜等蔬菜新品种47个。

【农业科技培训】 依托新型职业农民培育项目,农业局抽调40多名技术骨干,分赴全县15个乡镇,开展以全膜双垄沟播玉米顶凌覆膜、新型经营主体创建、日光温室育苗、设施蔬菜栽培、中药材种植、沼气安全、测土配方施肥、田间管理和病虫害防治为主要内容的培训班40期(次),发放各种宣传资料5万余份,受训人数3万人(次)。

【农业项目】 争取实施旱作农业、农机具购置补贴、“一乡一农机合作社试点”、新型职业农民培育、农民专业合作社、耕地力保护补贴等项目20多项,总资金3964.96万元。

【农业试验示范】 整合各类项目资金1000多万元，创建市县级农业科学发展示范基点20个,示范面积2380公顷。创建西部川区循环农业市级科学发展示范点133.33公顷,以龙山和大阳2镇5村为主,推广全膜双垄沟播、集成配套全程机械化、平衡施肥、绿色防控、增密播种、沼液沼渣利用等技术,引导群众粮改饲,发展“粮—畜—沼”循环农业新模式；创建新义梁中药材种植市级科学发展示范点67.8公顷；分别获得2017年全市农业科发展示范点奖励10万元和8万元。创建韦沟流域冬小麦绿色高产高效现代化示范片带、旱地马铃薯秸秆带状覆盖、小麦全程机械化、马铃薯全程机械化、统防统治、牧歌肉牛养殖专业合作社大型沼气等县级科学发展示范基点18个。

【农村综合改革】 农村土地承包经营权确权登记颁证工作通过省市验收。完成合同签订249村59414户占97.6%,确权面积约4.1万公顷。引导农村土地适度规模流转，新增土地流转面积573.33公顷。2017年全县流转面积达到6760公顷,涉及农户15655户。

【农业合作组织建设】 2017年,新增农民专业合作社119个,全县登记注册319个,获得省级示范社9个，省级百强示范社2个，市级示范社15个,县级示范社40个,注册商标1个,拥有无公害农产品质量认证的5个，成员总数达到15100户,带动农户19395户。在115个贫困村注册合作社202个,覆盖贫困户5471户。

【农机工作】 落实补贴资金145.87万元,购置各类农机具474台(套),受益农户390户,全县拖拉机拥有量达到8582台，各类耕作机械达到12582台(套)农机具配套比达到1:1.47;农机总动力达到17.9万千瓦，农机经营服务总收入达到1.29亿元，纯收入0.44亿元。完成机耕3.8万公顷,机械覆膜4000公顷,机播1万公顷,机收1.07万公顷,建成农机示范区5个,开展驾驶员培训4期,考证544人,检验拖拉机5689台,换证620本,补贴机具入户率100%,发放联合收割机跨区作业证10多本。

【农业综合执法】 开展“春季农资打假”“夏季百日行动”“放心农资下乡进村宣传周”等活动,出动执法人员188人次,深入张川、龙山、恭门、梁山、张棉驿等7个(乡镇)农资市场及经营门店,对全县种子、肥料、农药、农膜、农机具等农资进行巡回检查和全面清理整顿。查处农业违法案件5起,结案5起,下发责令限期整改通知书9份,与农资经营户签订《农资诚信经营承诺书》68份。

张家川县农业局领导班子成员名录

局　长:马永锋(回族,兼党组书记)

党组副书记:石永科

纪检组长:毛一昌(回族,7月任职)

副局长:王文科　张旭红(5月任职)
窦　昊(7月任职)

农技站站长:王志能

上磨良种繁殖场场长:糟清祥(回族)

农业机械管理站站长:卢晓明

农村集体经济管理站站长:柴　茂(5月任职)

种子管理站站长:马智峰(回族)

能源站站长:姬永华(回族)

农业综合执法大队队长:蔡向前

县郑家良种场场长:王三喜

畜牧兽医

【概况】 2017年底,全县各类畜禽饲养量达到188.67万头(匹、只),同比增长3.1%,其中:牛37.4万头、羊41.47万只、鸡109.8万只;出栏各类畜禽78.03万头(匹、只),同比增长3.01%,其中:牛11.36万头、羊14.18万只、猪3.87万头、鸡48.62万只。养蜂2830箱。全县肉、蛋、奶总产量达到25100吨,其中:肉类总产量达到18900吨,鲜蛋产量1900吨,鲜奶产量430吨。有专业化交易市场6处,各类畜牧养殖专业合作社54个,龙头企业6家,养殖专业村105个,规模养殖场(小区、合作社)124个,规模养殖户13450户,规模化饲养畜禽50.21万头只。全县实现畜牧业产值2.98亿元,农民人均牧业收入1168元。

【规模养殖】 全年新建标准化规模养殖场10个,改扩建1个。完成投资2047万元,建成标准化牛舍10920平方米,鸡舍2640平方米,管理用房、干草棚等2502平方米。建成各类养殖场(小区、合作社)124个,饲养畜禽50.21万头只。新建康王、河峪、花山、大滩 、袁河5个养殖专业村,新增规模养殖户625户,有各类畜禽养殖专业村103个,规模户13450户。按照畜禽养殖标准化示范场创建及管理办法要求,创建了旺发养殖专业合作社养牛场、旭东养殖场、蓬运达养殖场等3个省、市级畜禽养殖标准化示范场,全县创建省、市级标准化示范场18个。建成益发养殖场和旭东养殖场2个市级科学发展示范点。

【畜牧产业示范园区建设】 2017年投资1006万元,完成园区服务中心办公区主体工程,建成82.5平方米的文化墙;结合现代农业和环保项目,对园区内18个养牛场实施粪污无害化处理设施改造;开展“粮改饲”试点,在龙山镇圪垯川推广种植饲料玉米133.33公顷,在马黑曼村种植紫花苜蓿140公顷;引进“弗莱维赫”冻精,在园区改良肉牛800多头;举办养殖技术培训班8期,培训养殖人员1000多人次。

【饲草料资源开发与草原保护】 全面落实禁牧政策,实施牧草良种补贴,2017年完成3864户牧户基础信息、草原和人工草地图系统录入工作;春秋季完成人工种草6266.67公顷,其中:紫花苜蓿1586.67公顷,一年生牧草4680公顷。开展粮改饲试点,购置发放饲料玉米种子4吨,种植饲料玉米233.33公顷,建设青贮池1.8万立方米,青贮氨化饲草8.2万。

【畜禽良种繁育】 加强牛羊改良站点建设,新(改)建连五乡畜牧中心、河峪村、大滩村和县畜禽繁育改良中心4个牛改点。建成牛改点39个,羊改点25个。对改良人员技术培训,推广黄牛冻配改良、绵羊鲜精人工授精,引进杜泊种公羊48只。2017年全县完成黄牛冻配改良24114头,绵羊改良10100只。开展秦岭细鳞鲑人工驯养繁殖与保护。筛选秦岭细鳞鲑亲鱼成功孵化秦岭细鳞鲑鱼苗2万余尾。

【动物疫病防控】 2017年,按照动物疫病防控24字方针,加强重大动物疫病强制免疫,全县共用11种4.26万瓶(包、支、盒)疫(菌)苗免疫各类畜禽156.04万头(匹、只、次),重大动物疫病应免密度均达到100%;全年检测牛羊血清14027份,对检出的布病阳性羊只均按程序进行扑杀和无害化处理。强化包虫病防控,完成采集送检犬粪180份,牛羊血清270份;检查牛羊肝肺507份,检出包虫阳性样品11份;防控H7N9流感,对全县活畜交易市场和11个养鸡场进行采样监测,对采集的1646份鸡血清学样品进行H7N9感染自检,均为阴性。开展“消毒月”活动,以畜禽交易市场、养殖场大户、贩运户、屠宰场户、养殖专业村为重点进行消毒,发放消毒药品5820袋,消毒面积29.1万平方米。向省市疫控中心血清学集中监测送检1139份、病原学集中监测送检1835份,病原学自检样品657份。

【动物卫生监督管理】 加强产地检疫人员业务培训,落实产地检疫承包责任制,完成产地检疫各类畜禽15.87万头(匹,只)。按照《屠宰检疫规程》要求,实施检验检疫肉品333.59吨。查验羊0.8万只,牛2.86万头,家禽13万羽;对全县62户牲畜贩运户建立电子档案,实行动态管理;落实病死及死因不明动物无害化处理措施,;加强动物防疫条件审核,审核办理动物防疫条件合格证18份,规范养殖行为。围绕"瘦肉精专项整治""兽药饲料集中打假"等整治活动,完成"瘦肉精"检测600份,检测合格率达100%。检查饲料生产经营单位及门店7个,养殖场98个,乡村兽医12个,屠宰场1个,下达责令整改通知书3份。立案查处动物卫生违法案件5起,兽药违法案件3起,结案率100%。严格落实动物产品生产环节监督检查,督查养殖场(小区、大户)124家,7个告知书和3个承诺书发放签订到场到户。

【养殖污染综合治理】 制定下发《张家川县畜禽养殖禁养区划定方案》,对10个新建的规模养殖场坚持"先环评、后建设,先验收、后投产"的管理机制,在建设施工中将堆粪场等粪污处理设施与畜禽圈舍等主体工程同时设计、同时施工、同时投产使用。按照划定区域,核查出禁养区域内需要关闭搬迁的规模养殖场18家,已关闭11家。利用环保资金270万元,现代农业项目资金100万元,对26个规模养殖场给予畜禽养殖污染治理项目扶持,建成堆粪场1280平方米,沉淀池1076立方米,遮雨棚570.5平方米,雨污分离管道322米;对现有规模养殖场加大日常监管,禁止在集中式饮水水源一级保护区以及自然区核心区、缓冲区内新建水产养殖设施,关停取缔此区域内的水产养殖池塘;实施水产养殖池塘标准化改造,鼓励有条件的渔业企业开展集约化养殖;核查13家探(采)矿点、2家砖厂、1个水电站与秦岭细鳞鲑水产种质资源保护区的重叠情况;在小型养殖场户,采取堆肥发酵的方式,为周边种植业提供有机肥料,实现粪污的"零排放"。结合农业沼气项目,在牧歌牛场推广"养殖+粪尿+沼气+种植"的循环利用模式,促进粪污综合利用。

【项目建设】 2017年,争取市级以上在建投资项目7个,总投资2274万元,其中争取国家和省市投资1098万元。实施完成2016年现代农业生产发展肉牛产业项目在建项目,投资873.28万元新建标准化规模养殖场7个,改扩建1个;2017年现代畜牧业全产业链建设项目完成投资173万元,新建标准化规模养殖场3个,改扩建标准化养殖场3个;转变草原畜牧业发展方式项目发放家用中、小型铡草机1620台,采购3台饲料玉米联合收割机,完成燕麦人工种草320公顷。2个市列重点畜牧项目甘肃艾奈斯清真肉制品加工与农副产品深加工建设项目已完成投资1200多万元,建成办公区216平方米、生产车间4500平方米,引进肉牛屠宰加工PLC屠宰中央控制系统、胴体加工输送机、液压扯皮机等设备57台(套);嘉禾草业有限公司紫花苜蓿基地种植面积680公顷,带动连五乡周边农户种植优质紫花苜蓿266.67公顷。

张家川县畜牧兽医局领导班子成员名录

局　长:王学礼(回族)

副局长:洪贵生　　马建荣(回族)

林　业

【国土绿化】 新增生态造林726.67公顷,其中,造林补贴人工造林200公顷;天保工程人工造林66.67公顷;"三北"五期工程人工造林133.33公顷;森林植被恢复人工造林133.33公顷;公路面山绿化及延伸绿化工程造林75公顷,栽植构树4公顷,新一轮退耕还林工程人工造林109.73公顷。补植补造906.67公顷,新一轮退耕还林补植补造720公顷;公益林补植补造35.67公顷。关山林场创建生态建设市级科学示范点一处133.33公顷。在关山、马鹿两国有林场实施天保工程森林抚育666.67公顷,封山育林200公顷。组织县直机关单位2800余名干部职工开展义务植树活动,义务栽植面积73.67公顷,栽植苗木20.2万株。组织群众义务植树面积333.33公顷,栽植各类苗木87.6万株,参与人数20.8万人(次)。

【资源保护】 开展森林资源卫片执法，打击毁林开垦、非法占用林地等涉林违法犯罪行为，处罚少批多占违规企业1家，督促栽植各类树木3万多株。全年办理各类涉林案件86起，其中涉林刑事案件6起，治安案件5起，林业行政案件75起，全年无重大森林火灾及人员伤亡和财产损失。在五星梁风电项目区修建机械围栏6.6公里，在关山林场主要通道入口马家沟新修建管护站1处218平方米，维修马鹿林场马鹿护林站158平方米，维修林区防火通道30公里。完成全县古树名木普查工作，加强杨柳树烂皮病、松材线虫、落叶松球蚜等林业有害生物的防治防控，依法查处违法运输野生动物案件1起，处理违法人员2人，报批野生珍稀动植物经营加工5家，实地监测疫源疫病4处。

【果品基地建设】 完成果树建园820公顷，其中：苹果63.33公顷，核桃472.51公顷，花椒283公顷；在连五乡陈家梁建成果树建园市级科学示范点1处133.33公顷；在梁山镇、川王镇建成省级林果标准化核桃园36公顷；完成苹果标准化提质增效建设任务24公顷；苗木繁育5.67公顷，可出圃苹果、核桃、大樱桃等优质苗木45万株。推广杀虫灯、果实套袋、配方施肥、节水灌溉、无公害农药应用等技术，完成新型职业农民培训72期5842人(次)，果实套袋7000万个，病虫害防治3000公顷，疏花疏果2333.33公顷，黑地膜覆盖66.67公顷。组织参加上海农博会、甘肃农博会、天水花牛苹果宣传推介会和陕西杨凌农高会，对外宣传果品产业。

【林权制度改革】 深化集体林权制度配套改革，推进林权流转，促进林业适度规模经营，培育家庭林场、林业合作社等新型经营主体，引领农民组建合作经济组织5个，家庭林场2个，流转土地333.33公顷。发展林下经济产业，推进林果、林菌、林种、林养、林游、林工六大主导产业，林下种植1600公顷，林下养殖1.16万只(头)。发展森林旅游产业，在马鹿林场建设森林体验教育中心1处，包括森林展馆1座，探险通道1.5公里，以及游戏体验区。

张家川县林业局领导班子成员名录

局　长：李兴奎

副局长：马鹏程(回族，7月离职)
马敏洲(回族，5月任职)
刘永福(7月任职)
杨小明(女，回族)

纪检书记：窦　昊

森林公安分局局长：马国杰(回族，5月任职)

森林公安分局副局长：马国杰(回族，5月离职)
张双锁(5月任职)

总工程师：姚永栋(回族，5月任职)

水利

【概况】 2017年，争取国家及省、市投资3852万元，完成水利总投资5622万元，发展有效灌溉面积133.33公顷，新增节水灌溉面积293.33公顷，有效解决0.81万人饮水不稳定问题；争取县级财政投入200万元，完成固定资产投资3935万元。

【水利工程建设】 富川水源工程续建项目2017年度完成投资2188万元；高效节水灌溉工程总投资925.21万元；农村饮水安全巩固提升工程投资1249万元；东峡水库城区供水取水设施改造工程核定总投资为212.36万元，于7月28日完成招投标工作，现已完成投资212万元；刘堡梁项目区水土保持综合治理工程总投资314万元；张家川县山洪灾害防治工程投资172万元，以完善县级山洪灾害监测预警平台为主，完成相关人员的培训及应急演练工作，完成投资33.5万元。

【抗旱防汛】 对张家川县抗旱防汛指挥部成员进行调整和补充。每个乡镇组建一支不少于20人的防汛应急抢险队伍，每个村组建一支不少于30人的抢险队伍。乡、村两级编制完成乡、村两级防汛应急预案。足额落实抗旱防汛经费20万元，落实“户户知”工程运行维护经费30万元。加强物资储备并编制完成东、石峡水库运行调度计划;修订完善张家川县抗洪抢险预案;督促涉河建设项目单位编制度汛方案。

【水资源管理】 推行河长制,3月22日,在县城及龙山等乡镇举办第二十五届“世界水日”、第三十届“中国水周”进基层宣传活动。坚持取水许可制度和水资源收费,完善水资源费管理制度,纳入财政预算管理,实行收支两条线,专款专用,综合治理全县集中式饮用水源染源。

【法制培训】 学习《中华人民共和国水法》《甘肃省行政执法人员培训教材》,定期进行法制培训,全年举办法制培训班4次,培训执法人员50多人次。制定《张家川县河道巡查工作实施方案》等,利用逢集日在县城、恭门、龙山等乡镇开展河道管理宣传,发放传单2400份,张贴标语160多条,悬挂横幅28条。

张家川县水务局领导班子成员名录

局　长: 海　斌(回族)

副局长: 杨有河(回族,兼水务局党总支书记)

陈　明

总工程师: 李建国

扶贫开发

【建档立卡】 2017年验收脱贫人口15376人、退出贫困村19个。精准管理数据信息,全面监测国家建档立卡子系统和大数据平台信息动态,按时采集录入扶贫对象动态调整、帮扶责任人及扶贫资金使用等各类信息。

【扶贫项目】 2017年底,全县互助资金总量达到2.03亿元,发展会员19921户,当年发放借款2348户6599万元,累计发放借款6972户1.72亿元;发放7.45亿元精准扶贫专项贷款资金监管。争取省上2017年财政专项扶贫项目资金两批13646万元;世行六期产业扶贫试点示范项目总投资4419万元,完成世行提款报账250.24万元;完成与国家定点扶贫单位国家煤炭地质总局和东西部扶贫协作单位天津港保税区的协调对接,与天津港保税区签订东西部协作框架协议,计划投入帮扶资金1000万元;落实国家煤炭地质总局帮扶资金180万元。

【脱贫攻坚】 2017年发展龙头企业16家,农民专业合作社293个,家庭农场48家;新增土地流转面积573.33公顷,流转面积达6760公顷。发展清真餐饮经营店1.88万家、宾馆1700家,从业人员达10万余人,年创收20亿元以上;新建、改扩建标准化规模养殖场11个,建成各类养殖场(小区)124个,发展规模养殖户1.35万户,全县各类畜禽饲养量达到195.66万头(匹、只);发展商贸流通网点1.15万多个,其中网店660多家,物流快寄公司18家,电子商务网络交易额达9379万元。加快发展乌龙头、核桃种植,土蜂、胶原驴养殖等特色优势产业,新建果园933.33公顷,养殖土蜂1600多箱;发展劳务经济,新建劳务基地30处,输转农村富余劳动力6.85万人,创劳务收入13.29亿元;多元化发展壮大村级集体经济,114个贫困村集体经济收入达482.08万元。实施“千村美丽”示范村道路建设19.8公里,硬化贫困村道路153公里;整理耕地309.83公顷,实施平安梁农村饮水安全巩固提升工程,解决3乡镇11村1636户0.81万人的饮水不稳定问题,全县建制村通水泥路率达100%,梯田化率达96.6%,农村饮水安全工程通村率、供水保证率及自来水入户率均达到95%以上。新建易地扶贫搬迁安置点26个,搬迁1295户6556人,其中贫困户911户4451人;改造农村D级危房2465户。完成255个行政村综合文化服务中心建设任务。新增造林581.67公顷,补植补造904.47公顷,绿化公路311.4公里,义务植树107.8万株,森林覆盖率达

23.86%。整修亮化墙体8.56万平方米，安装太阳能路灯823盏，建成改善农村人居环境省级示范村2个、市级示范村3个、县级示范村9个、整洁村35个；推进全域无垃圾综合治理，全面落实河长制，新建垃圾池134个、垃圾填埋点4处。建成农村幼儿园91所，实施教育全面改薄项目41个，城乡学校D级危房全部消除；选聘贫困户生态护林员294名。执行“先诊疗、后付费”制度，贫困人口大病保险报销起付线降至3000元，家庭医生签约实现全覆盖，完成健康体检5.89万人，贫困人口参合率达100%。发放农村低保资金1.14亿万元、五保供养资金869.88万元。全年发放互助资金借款1.62亿元、精准扶贫专项贷款7.45亿元，开展各类培训1.6万余人次，各级帮扶单位为群众帮办实事159项，总投资5200余万元。

张家川县扶贫办领导班子成员名录

主　任：马　维（回族，11月任职）

副主任：马　晖（回族，12月离职）

海金魁（回族，11月任职）

外资中心主任：李晓娟（女，回族）

工业

综述

【概况】 2017年，全县规模以上企业完成工业总产值6.91亿元，较上年同比增长0.8%；实现工业增加值1.22亿元，较上年同期减少1.1%；工业固定资产投资35.2658亿元，同比下降30.89%；万元工业总产值能耗下降3.2%，万元工业增加值用水量下降6.7%。

【重点项目建设】 总投资5.326亿元的太极集团甘肃天水羲皇阿胶有限公司年产900吨阿胶系列产品项目二期工程二号生产线全面竣工；总投资500万元的贝尔克生物科技年产500吨清真明胶生产线项目已建成，正在进行设备安装；投资3900多万元的东关建材公司多孔砖生产线建设项目，完成一期工程。

【环境治理】 全县有“土小”砖瓦企业29户，对全县29户“土小”砖瓦企业全部断电关停。完成落后和过剩产能企业淘汰工作，联合相关部门完成对刘堡水泥厂设备的封存和部分设备拆除工作。全县一级煤炭配送市场建设预计总投资2000万元，占地3.33公顷，总建筑面积5万平方米，完成项目用地征收、地方附着物的清理等工作。

【安全生产】 开展安全生产大检查。深入13家重点企业，开展安全督查检查5次，企业主体责任逐步落实，各项规章制度逐步完善，针对“土小”企业关闭取缔、电力设施下面栽种树木、电力设施三线搭挂等存在的安全隐患问题，制定整改方案，摸排需整治点位护线86处，交越警示点位32处，已分别整改护线56处，交越点14处。

【信息基础建设】 全县255个行政村农村宽带网络全面建成，无线移动信号普及率达100%；所有乡镇政府所在地和部分行政村已开通电信4G无线网络。完成电商精准扶贫农村宽带网络建设目标任务的100%。全县完成前期立项的168个行政村的光纤接通任务；第二批延伸立项的74个行政村完成69个，占总任务的93%。完成新建通信铁塔85座、完成城区规划美化灯杆站2座。全县双向网络覆盖用户3万户以上，有线电视用户3.1万户以上，宽带用户3万户以上。

【电子商务】 全县建成县级电子商务中心1个，乡镇级的电子商务服务站15个，村级电商扶贫服务点建成133个，其中贫困村累计建成78个；已培训8期1048人，占年度计划任务的70%。在淘宝、苏宁、乐村淘等电子商务平台开办的网店640多家，从业人员3000多人；现有中小型物流企业5家，快递公司13家，近20家货运部，邮政速递EMS实现所有乡镇、行政村物流快递全覆盖，韵达、申通、汇通等快递公司业务延伸到重点乡村。全县电子商务网络交易额达 7158 万元,同比增长 31.6%。

【节会活动】 2017 年，在天水伏羲文化旅游节中西部名优新产品暨旅游区域联盟城市旅游商品展中,发放各类宣传资料 10000 余份,筹备参加 2017 第 23 届“兰洽会”,组织伊味思清香牛肉、太极阿胶、伊真香清真粉条、建明调味品等企业参展,累计销售额 50 万元,签约招商引资项目 3 项。

张家川县工业和信息化局领导班子成员名录

局　长:马金彪(回族)

副局长:杨万忠(回族,7 月任职)

程耀东(5 月任职)

张富荣(回族,兼商务局局长,5 月任职)

毛建国(回族)

电力

【概况】 2017 年，实现本年度安全生产 365 天、长周期安全生产 4468 天。全年售电量完成 12802.61 万千瓦时，同比增长电量 14807.94 万千瓦时，增长率 16.44%；综合线损完成 10.75%，同比下降 0.44 个百分点。电费收入 7934.29 万元，同比增加 794.41 万元，增长率 12.57%。开展用电检查查出窃电 16 户,查出违约用电客户 11 户，增收 5.14 万元，补收电量 1.23 万千瓦时。完成新报装客户 2793 户,其中高压报装客户 20 户。

【生产运行管理】 完成对 787 台公用配变容量、台区户数、户均容量排查摸底工作,排查出户均容量小于 1 千伏安配变 511 台，完成 76 台三相负荷不平衡配变负荷调整，有重点的加强负荷监测预控工作。完成 1.8 万棵树障清理和 87 处红外测温等工作。利用 110 千伏上磨变上川 111 线、解放路 123 线双电源技改措施,完成县政府、公寓楼、影视中心、公安局、自来水厂等 10 千伏双电源供电实施方案的落实。完成恭陈 116 重载线路的治理，将恭陈 116 线路 1000 千伏安专变负荷调整到马陈 111 线路进行负荷分流措施的落实；完成 3687 块杆号牌制作工作，完成 2015 年新增城镇配电网 11 项 102.2 万元工程项目和 2017 年大修技改 8 项 102.16 万元工程项目实施及结算、外审工作。建成 110 千伏上磨变 7 条 10 千伏出线 27 个数据转发站,完成 168 个故障指示器和不对称电流源的安装、调试、投运工作。

【电网建设】 2017 年全部完成 2016 年农网改造升级工程 23 个分项工程建设。2017 年农网改造升级工程完成工程完成 29 个分项工程施工任务。完成 2018 年农网改造工程项目储备,完成 2016 年—2017 年两年攻坚战迎检准备及相关资料完善;完成“十三五”三年项目储备规划和深度贫困县脱贫攻坚配电网规划的编制上报。完成宝兰客专供电工程建设投运。

【综合管理】 全年基层供电所上报大修技改项目共有 13 个,完成张家川镇、平安乡、梁山镇等供电所院内自来水引入、院内地基、围墙处理、办公楼室内外粉刷和城关供电所星级创建房屋维修;完成平安乡、阎家乡、木河乡供电所、马鹿镇变电站主控室屋顶防水处理和旧办公楼监控改造以及马关镇变所用变基础、杆基塌陷等维修工作。

张家川县电力局(公司)领导班子成员名录

经　理:李伟军(5 月离职)

蔡　辉(5 月任职)

支部书记:侯小林

副经理:妥保锋(回族)　马继荣(回族)

张向阳　　乔　栋(6 月任职)

金融

中国人民银行张家川县支行

【概况】 至12月底，各项存款余额为646736万元，同比增长7.3%，各项贷款余额为299647万元，同比增长2.9%。全辖存贷比为46.33%。

【金融服务】 持续推进征信体系建设，全年办理发放机构信用代码证130户，变更3户，企业征信查询14户，个人征信查询1553人次。散发征信管理宣传资料1500份，接待咨询2000多人次。构建完善的国库体系，提高经理国库水平，6月份TCBS核算系统实现财政无纸化和集中收付业务全覆盖；开展以“央行国库、为民服务”为主题的“国库宣传月”活动，完成大口径预算收入23113笔，金额1998.89万元；完成预算支出39239笔，金额243136.91万元；全县电子缴税笔数占比90.27%，金额占比41.09%。加强支付体系建设，全年办理银行账户开销变银行账户分别为255户、457户和117户。强化ACS业务管理，辖区网点共发起业务306笔，成功率99%。全年收缴假币6270元。

中国人民银行张家川县支行领导班子成员名录

行　长：龚海峰

副行长：汪青山

纪检组长：马新民(回族)

中国农业银行张家川县支行

【概况】 截至2017年底，支行各项存款余额15.75亿元，较年初增加4860万元，同比少增8353万元；各项贷款余额40332万元，较年初增加1531万元，同比少增8600万元，全年投放各项贷款1.83亿元，收回16935万元；当年贷款到期收回率为100%，年末不良贷款余额为56万元，较年初下降0.12个百分点；贷存比25.62%，较年初提升0.19个百分点。全年实现营业收入3599万元，同比多收81万元，实现利润总额2265万元，同比多增132万元。

【服务“三农”】 在全县建成惠农金融服务点280个，布放ATM自助机具19台，布放POS机19台，转账电话46个，建成四融平台有效点80个，惠注册农E通渠道商户4户、终端商户38户。全年发放小微企业贷款3户，贷款金额1.31亿元。

中国农业银行张家川县支行领导班子成员名录

行　长：毛毅明(回族)

副行长：麻继明(回族)　马繁荣(回族)

纪委书记：张明晰

中国邮政储蓄银行张家川县支行

【经营收入】 2017年各项自营存款余额1.58亿元，较年初增长1557万元，其中个人存款1.28亿元，公司存款3025万元。截至年末支县邮政储蓄银行贷款结余1.83亿元，不良贷款38.4万元，不良率0.2%，实现中间业务收入110万元。

【业务发展】 利用9元观影、9元洗车、超市购物返现等一系列活动，开展全员信用卡营销。全年发卡1008张。

中国邮政储蓄银行张家川县支行
领导班子成员名录

行　长：高　尚

中国工商银行张家川县支行

【概况】 2017年，各项存款余额达2.58亿元，较年初净增3984.26万元，完成全年任务99.6%。其中：储蓄存款时点达到1.42亿元，较年初净增2140.76万元。公司存款时点达到3892.58万元，较年初净增517万元。机构存款时点达到7690.08万元，较年初净增2360.54万元。对公账户新增26户，完成全年拓户数20户的130%。完成个人客户类指标，全年净增客户2988户，有效客户数达到1.53万户，信用卡净增发卡1353张。各项贷款余额2.71亿元，全年发放6788万元，其中个人贷款余额1.3亿元，全年发放2967万元。公积金贷款1.41亿元，全年发放4282万元。中间业务完成62.84万元。

中国工商银行张家川县支行领导班子成员名录

行　长：张希清(回族)

副行长：钟永旺　王贵军　潘海龙

张家川回族自治县农村信用合作联社

【概况】 2017年，全县农村信用社各项存款余额25.05亿元，较年初净增1.26亿元，增幅5.29%，完成省联社下达计划2.25亿元的55.98%，存款总量占县内金融机构总额的38.4%；各项存款余额达到21.36亿元，较年初净增1445万元，增幅1.68%完成省联社下达年净投放计划2.1亿元的9.67%，存贷款增幅、总量均居全县金融机构第一位；不良贷款余额1.62亿元，较年初上升6441万元，不良贷款占比7.56%，较年初上升2.98个百分点；各项收入完成1.93亿元，同期增加1872万元，增幅10.74%；完成中间业务收入204万元；各项支出1.72亿元，同期多支1475万元；实现净利润2470万元；计提拨备7300万元，拨备覆盖率为150.05%；资本充足率10.06%；动卡率12.51%，电子银行替代率37.55%。

张家川县信用联社领导班子成员名录

理事长：李小明

主　任：孙　斌

监事长：马国成(回族)

副主任：米永文(回族)　孙芝和

甘肃银行股份有限公司张家川县支公司

【概况】 2017年，各项存款余额达到6.85亿元，其中储蓄存款4.38亿元，比年初新增1.18亿元；对公存款2.47亿元，比年初新增1.55亿元；各项贷款余额达1.51亿元；神舟兴农卡发放4.42万张，比年初净增1.78万张；开立对公账户128户，比年初净增24户；企业网银新增6户；缴费易客户新签约2户；陇盈商城入驻商户1户，POS机具新增14部；二维码商户新增386户，其中收单金额10000以上的商户48户；个人电子银行渠道签约客户银行2511户。

甘肃银行张家川县支行领导班子成员名录

行　长：马玉祖(回族)

保险

中国人寿保险公司张家川县支公司

【概况】 2017年，全年实现总保费收入1976.23万元。其中个险期实现保费收入479.5万元;团险渠道实现保费收入91万元;银保渠道实现趸交保费收入424.9万元，期交保费28万元;续期保费实现保费收入962.72万元。业务支出2288.02万元,其中理赔给付665.57万元,简单赔付率565.99%,其中“三户一孤”理赔案件359件,赔付金额597.4万元,占全部短险案件的92.5%。

中国人寿保险公司张家川县支公司领导班子成员名录

经　理:许　强(4月离职)
张建斌(5月任职)

中国人民财产保险公司张家川支公司

【概况】 2017年，支公司实现保费收入1836.1万元,同比增长43.72%,已赔款555.72万元,同比增长9.52%,简单赔付率30.27%。其中车险保费846.54万元，同比增长9.47%,已决赔款359.66万元,同比增长10.62%,简单赔付率37.49%；商业非车险保费收入524.58万元,同比增长245%,已决赔款42.71万元,同比增长98.78%,简单赔付率27.66%;政策性农险保费收入352.11万元,同比增长52%,已决赔款151.55万元,同比下降5.75%,简单赔付率43%。

中国人民财产保险公司张家川支公司领导班子成员名录

经　理:武战存

副经理:马小燕(女,回族)　杨丽霞(女)

商业贸易

【概况】 2017年,全县实现社会消费品零售总额8.7亿元,同比增长11.9%。批发业商品销售额完成196675.2万元,同比增长20.31%;零售业商品销售额完成106750万元,同比增长17.64%;住宿业营业额完成3884万元,同比增长12.56%;餐饮业营业额完成26490万元,同比增长8.98%。

【项目建设】 在刘堡镇米家村建设全县煤炭一级配送市场,10月16日完成土地移交等相关工作。建成县级电子商务中心,新建达标6个乡镇级的电子商务服务站,建成176个村级电子商务服务点,其中115个贫困村建成98个;全县所有行政村宽带网络覆盖率已达100%,无线网络已全部覆盖所有行政村,在淘宝、苏宁、乐村淘等电子商务平台开办的网店有660多家,从业人员3700多人。全年共举办培训班10期1500人次。全年电子商务网络交易额达1亿元。

【商务推介】 参加2017年中西部名优特产品及旅游区域联盟城市商品展和第23届“兰洽会”“西洽会”等各类节会。组织全县具有民族地方特色的伊味思清香牛肉、太极阿胶、伊真香清真粉条系列、建明调味品系列等产品参展,销售额达150万元,签约招商引资项目3项,签约投资17亿元。

【市场建设】 投资400万元的张家川镇城区综合市场,占地2.2公顷,摊位1000多个;投资1500万元的夜市美食城,内设小吃摊位120个,配有游泳池、洗浴中心、健身房、超市等。

【市场监管】 开展酒类流通市场专项整治,对四个加油站点和市场上的成品油经销违法违规经营行为,与公安部门分三次进行拉网式检查,并完成穆斯林实业有限公司油品储存罐进行双层防渗漏改造工作。对全县50多处煤炭经营场进行拉网式检查,关闭8家。对煤炭经销户销售煤质不符合标准、防尘、防火及安全生产措施落实不到位的5户予以取缔。

张家川县商务局领导班子成员名录

局　长:麻玉成(回族,5月离职)
张富荣(回族,5月任职)

招商引资

【概况】 2017年,全县新签约招商引资项目20项,总投资51.56亿元,开工建设20项,到位资金31.48亿元;实施续建项目11项,到位资金12.15亿元;实施各类招商引资项目31项,到位资金43.63亿元。

【项目洽谈】 017年,张家川县相继与香港炬通程国际(山东商会)、重庆乌江涪陵榨菜集团、江苏麦立特粮业有限公司、宏大建设集团有限公司、中国五矿集团公司、天水恒顺房地产开发有限公司、广东省江西兴国商会等企业达成合作开发管道天然气、清真榨菜、机动车检测中心及大型汽车超市、城市综合管网提升工程、民俗风情度假村建设、冷鲜清真牛羊肉屠宰加工等项目投资意向。

【项目签约】 2017年先后组团参加“兰洽会”“西洽会”“文博会”“西交会”“丝博会”“天水伏羲文化节”等大型节会。第23届兰洽会签约项目5个,分别是民族风情度假村建设、金亿城市商业综合体开发、阳光水岸城市综合体建设、百信医院和现代果业标准化示范园建设项目。总投资17.5亿元。

【项目实施】 新型绿色建材产业园项目30公顷建设用地指标获批，招拍挂和环评手续办理完毕,杆线迁移工作完成;羲皇阿胶生产线扩建项目(三期)完成土地征用、可研编制等前期工作;清真肉制品加工与农副产品深加工项目建成1400平方米厂房设施，产品陈列展厅和办公楼基础工程完工;百信医院项目开业运营;现代果业标准化示范园区建设项目在龙山镇马河村流转土地666.67公顷,栽种苹果、樱桃等果树经济林木,育苗基地和厂房建设竣工；民俗风情度假村建设项目开展旅游度假区高端住宅工程建设。

张家川县招商局领导班子成员名录

局　长: 李志恒(回族)

副局长: 惠彦斌

粮食流通

【仓储管理】 2017年,全县库存地方储备粮油共计小麦5226吨,其中省储粮2000吨,县储粮3001吨,县储油籽225吨。开展仓库设施设备检查,对现有7台粮仓机械、设备,使用维修保养制度健全，运转正常，现有7幢仓房(10300吨仓容)。需大修仓房2幢容量1400吨,待报废仓库2幢容量1400吨。县粮油储备公司上磨粮库和龙山新库共4189吨储备粮配备了粮情有线和无线智能测控管理系统。上磨粮库2000吨省储粮应用了“双低”储粮技术。龙山新库2189吨县储粮应用轴流风机排除仓顶积热,使储粮安全过夏。县粮油储备公司上磨、龙山、恭门3个粮食储备库点均达到省粮食局二类“一符四无”粮仓单位标准。

【安全生产】 有4名保管员参加2017年6月天水市粮食局举办的“两个安全”培训班,有3名粮库业务骨干持证上岗。粮库均设有醒目的安全标识。公司自筹16万元,对上磨和恭门两个粮库的260米危墙和无墙部分进行拆除重建和新建,同时疏通排水渠,排除了两个粮库防盗、防汛安全隐患。投资5000元给3个粮库配备更换灭火器20个。

【粮食市场监管】 2017年,县粮食稽查大队协调县工商、食药监、公安、物价等部门多次开展联合执法,对市场粮油收购、加工、批发、零售等环节的监督检查,对超市、“放心粮店”和农贸市场进行巡查。组织开展粮食科技活动周宣传活动,出动宣传车3辆次,人员20人次,散发宣传资料3600多份。

张家川县粮食局领导班子成员名录

局　长: 吴浩玉(回族)

副局长: 马文江(回族)

供销合作

【概况】 2017年全系统商品销售总额完成4亿元,农副产品收购完成4600万元,利润完成85万元。

【惠农服务】 全年建成4个专业合作社,全部完成工商注册登记。县供销社协调积极配合县劳务办，对全县各乡镇的农民经纪人进行巡回培训,参加培训的农民经纪人达到1500人。全年举办服务农民培训1200人次，服务农户数500户，组织基层社代表参加省市培训2人2次。全年全系统购进各类化肥2800吨,同比增加3500吨,销售各类化肥2800吨,同比增长3800吨,购进各种农药55吨,销售各种农药51吨,同比增加5吨,购进农膜150吨,同比增加20吨,销售农膜140吨,同比增加15吨。

【项目兴社】 申报张家川县农资公司日用品配送中心项目;支持和帮助大阳乡云景苑种养殖专业合作社和川王乡三马肉牛羊养殖专业合作社,向省财政申请争取农业综合开发项目,该项目通过中央财政下拨项目资金140万元;争取龙山供销社职工住宅楼135套棚户区改造项目。

张家川县供销社领导班子成员名录

主　任:马鹏程(回族,8月任职)
　　　　米鸿宗(回族,8月离职)
副主任:王忠明(回族)
　　　　丁志平(回族)

烟草专卖

【概况】 2017年全县销售卷烟7191.97箱,较上年同期增幅0.31%;销售额13526.84万元,较上年同期增幅4.91%;毛利额3175.81万元,较上年同期增幅5.08%;单箱销售额达到每箱1.88万元,较上年同期增幅4.58%;三类以上卷烟销售结构47.67%,较上年同期提升3.07个百分点。省产烟销售5114.54箱,较上年同期增幅5.85%,省外烟销售2077.43箱,较上年同期2337.67箱下降11.18%。

【专卖管理】 2017年,出动专卖执法检查人员598人次,执法检查车辆147台次,检查零售户2224户次。全年查获案件起数127起,查获卷烟87.19万支,案值41.51万元,罚没款8.08万元。一般案件92起,简易案件35起,大要案件3起,无证运输案件3起,查获非法流通卷烟31.37万支,案值21.95万元。

【许可证管理】 对许可管理新版文书开展网上行政许可,对新办、注销、暂停、恢复营业等工作进行网上录入及纸质版案卷制作。全年受理办证申请19份,其中准予许可8份,不予许可11份;对人证不符、证照不符、证址不符等问题采取集中清理整顿与日常检查走访调查相结合的方式进行清理,全年注销各类零售许可证37户,清理空壳店4户;辖区内共有无证户55户,潜在无证户60户。

张家川县烟草局领导班子成员名录

局　长:陈　昕(9月任职)
　　　　陈永吉(9月离职)
副局长:海鹏飞(回族)
副主任:张永安(3月任职)
　　　　姬鹏翔(3月离职)

食盐专营

【食盐购销】 2017年,全年购进各类盐产品1168.72吨,较上年同期减少3.7%,其中入口食盐893.72吨,同比增加41.14吨,增幅4.82%。全年销售各类盐产品1072.1吨,同比下降317.94吨,降幅22.87%,其中入口食盐销售783.6吨,较上年同期减少150.16吨,降幅16.08%。工业盐销售124.56吨。各类非盐产品销售14.5万元。营业收入310.01万元,同比下降213.29万元,降幅40.76%。利润总额1.25万元,同比下降14.15万元,降幅91.88%。费用总额153.27万元,同比下降11.53万元,降幅6.7%。

【盐政管理】 全年开展三次盐业市场专项整顿,对辖区内的超市,零售终端户,餐饮店,学校食堂进行专项检查,通过食盐经营户进货售证,食盐质检报告,税务发票等的检查,将不规范的销售商退出市场,查封3家物流配送公司盐产品。出动执法人员300余人次,查处盐业违规案件12起,查扣违法违规盐产品11.5吨,罚没款3000余元,查封厂家违规库存盐产品80余吨。

张家川县盐务局领导班子成员名录

局　长:李　斌(回族)

副局长:王仲雄　马国军(回族)

图书销售

【**拓展服务领域**】 2017年,报纸、期刊订购增加了10种,达到73种,购置新书2235册;推进数字图书馆建设工作,相继购入数字阅读机、报刊期刊阅读机和少儿娱乐一体机,盲人听书机24小时自助借阅。

全年图书借阅量为1.3万册次,接待读者2.12万人次。开展“图书进军营”“图书进校园”“图书进社区”活动,保证每周开馆时间49.5小时。开展2017年中小学生寒、暑假有奖阅读活动。对全县15个乡镇所有“农家书屋”进行摸底,更新农家书屋管理员联系方式,检查图书补充情况,给农家书屋管理员在图书分类编目,上架编排等提供业务指导,并纠正存在的问题,组织带领部分农家书屋管理员赴庆阳参加全省农家书屋管理员业务技能培训班。承办报送,参加省、市级“优秀农家书屋”“优秀农家书屋管理员”“耕读人家”“农民读书明星”的评选活动。

【**全民阅读宣传周活动**】举办以“书香传家、成就梦想”为主题的朗诵比赛。在县中队和县一中建立流动图书站,简化程序由一次集体借阅100本提高到一次220本,针对农民读者开展流动图书车送去农技科学读物。在4月23日“世界读书日”当天,走进新建小学和张川镇中学校园,通过传单,展板宣传读书活动,激发学生的阅读兴趣。同时,在电视台、网站、微信公众平台、QQ群等媒体,广泛宣传全民阅读活动。把流动图书车开到县城行政广场、县城主街道、人口比较集中的乡镇集市,深入街头,现场宣传,现场阅读,解答咨询,现场办证等,形成一个“流动图书馆”。八一建军节,流动图书车开进武警中队,进行流动图书站图书更新,为中队官兵送上精品图书借阅阅读活动。配合“2017全国少年儿童阅读年”活动,举办“2017年全县中小学生寒暑假有奖阅读”活动,利用购进的云屏数字借阅机、歌德报刊借阅机、儿童学习娱乐一体机、盲人听书机,加快了数字图书馆建设的步伐。

甘肃新华书店飞天传媒股份有限公司
张家川县分公司领导班子成员名录

经　理:金元甲

副经理:张安旭

交通运输

【概况】 2017年续建古土梁至清水县薛堡三级公路改建工程7.5公里，投资1069万元，2016年9月开工建设，完成投资260万元。续建龙山镇至张棉三级公路改建工程26公里投资1.12亿元完成投资190万元。开工建设韩川至梁山三级公路20.6公里，批准总投资7915.5万元；马堡至庄浪盘安三级公路10.3公里，批准总预算5642.2万元。完成“千村美丽”示范村道路建设工程，涉及龙山镇汪堡村、胡川镇张堡村2个建制村通组道路计19.8公里。完成2017年农村公路安全生命防护工程23.1公里。开工建设危桥改造工程3座（张棉桥、韩川桥、大阳桥）补助资金221万元。完成张恭二级公路剩余1200米路段，剩余工程量362.8万元。

【农村公路养护】 主要养护公路6条103公里，标准养护率达到100%。清扫公路里程45公里，疏通边沟93.5公里，路肩草42公里，填补坑槽5600平方米，清理塌方1200立方米，疏通涵洞13道。组织施工队伍重点对张大路、张秦路、庄北路路面沉陷、翻浆进行挖补，修补坑槽430平方米。

【公路路政管理】 清除路障298起5320平方米，拆除非公路牌8块，制止违法建筑5起102平方米。执法人员上路225人次，查处超限超载车辆22台次，卸载车辆19辆，加大宣传，书写墙体标语12条、悬挂条幅9幅、散发宣传材料1800份。

【道路运输管理】 完成道路运输车辆年度审验工作，审验班线车辆85辆、出租车120辆，审验货车356辆。投放营运客车2492辆次，运送旅客19万人次。加大客运市场整治力度，出动执法人员1440人次，出动执法车辆360台次，检查社会车辆600余辆，暂扣涉嫌非法营运的“黑车”60辆。

张家川县交通运输局领导班子成员名录

局　长：马志龙（回族）

纪检组组长：惠晓福

副局长：张元喜　王致红　马凡恩（回族）

运管局局长：张全德

农村公路养护站站长：汪志文

公路养护

【公路养护与管理】 2017年，完成“春运”保畅任务，“春运”期间，采备融雪盐59吨、防滑料735.5立方米、雪天养护工上路217人、8次，撒融雪剂31吨、撒铺防滑料226.8立方米、打冰、除雪458.1立方米。开展日常养护，整修路容路貌190.2公里。全面排查整治公路安全隐患62处,整治62处,整治率达100%。全面开展标准化养护,完成修复边沟及路肩墙破损48.6立方米、619.85米;桥涵维修364.88平方米、31道;设边沟涵93.5米、31道;沥青路面贴缝4547.1米;油路修补2741.3立方米;车道换填砾石196立方米;刷新百米桩、里程碑1789根、L形边沟抹面28.5立方米、300米;挡土墙勾缝552.71平方米;更换波形护栏80米;标线补划1313.1立方米;刷新防撞墩876块、防撞墙1688米;警示柱刷新3342根;更换标牌106个;隧道更换灯具54个、安装道钉577个、安装轮廓标20个、更换防撞桶25个;清洗波形护栏13636米。

张家川县公路管理段领导班子成员名录

党支部书记:王宏祥

段　长:陈剑锋

工会主席:梁建设

副段长:秦继荣　刘彦明

邮政

【概况】 2017年,收入完成2445.81万元,较去年同期下降4.05%。其中:函件收入9.22万元,报刊完成收入73.53万元,集邮完成15.53万元,分销完成31.18万元,电子商务完成98.24万元,代金完成2102.35万元,递寄完成101.01万元,其他完成14.72万元。

【专项业务营销】 根据县情开展“斋月”(5月27日至6月28日)专项营销活动,走访清真寺262家,挖转存款879.1万元。开展“夏季大会战”暨“送金融知识进万家”营销活动。走访村庄23处,走访返乡会员424户,移动展业开卡86张,发展会员386户,转入邮政银行资金共计1085.8万元,发放宣传折页3万张,车险31单,保费3.86万元,扫码支付31户。开展客户节活动,全年邀约客户257户,存款566万元。开展跨省外活动,走访武汉南京路、江岸区、鄂州、黄石市、黄冈大冶、汉口等300家饭馆,微信绑卡60户,发展“邮伊俱乐部”新会员60名,发卡50张,会员转款260万元。

张家川县邮政局领导班子成员名录

总经理:马建荣(回族)

副总经理:魏鸿森(回族)

通信

中国电信股份有限公司张家川分公司

【经营指标】 2017年完成业务收入2309.33万元,完成年度预算的89.89%,同比增长16.6%;其中:移动业务收入完成1322.73万元,完成年度预算的87.31%,同比增长15.84%;固网业务收入完成986.60万元,完成年度预算的93.6%,同比增长17.53%。重点营业指标为:全年新增移动用户约2.78万户,净增约8700户;净增用户同比增长63.5%。新增宽带用户约9500户,净增约8200户,净增用户同比增长157.1%。全年电视用户发展装机达到约9100户,占宽带比例约为95.79%,电视用户装机同比增长8.8%。2017年移动用户过网市场份额达到28.56%,相比增长2.96%。

【业务营销】 全年发展综治E通240户,翼校通850户,班班通700个,人人通120户,物联网400户。在流量经营方面,加大3升4换卡(3G升4G)工作力度,在6月底前完成4500个用户的换卡工作,发展新用户全部是4G用户。800M终端销售占比达到80%。

【网络建设】 新建平安乡铁古村等25个FTTH光网改造村,完成张川镇城区等34个村的扩容延伸工程,完成恭门村等8个小CEO民资光网改造村。推进乡镇800M基站建设。建成以A设备为基础的新的传输网络,新建800M基站29个,更换优化基站47个,优化县城1.8G为主的4G网络覆盖，建设基站光缆136皮长公里。建成县局BAS设备，安装NE401台，并完成业务的割接和电信电视的组播下移。建成以龙山、马关等重点乡镇为主要节点的OTN传输环，强化宽带OLT设备的安全性。新增OLT设备9台，宽带交换设备4台。

中国电信股份有限公司张家川分公司领导班子成员名录

总经理：姬胜军

副总经理：李　宏

业务经理：王向军

中国联合网络通信有限公司张家川县分公司

【经营指标】　2017年可移动业务（指手机用户）收入863.04万元，其中移动网业务出账收入833.08万元，固网出账收入29.96万元，同比增幅达到23.9%，较2016年同期增长106万元，2I2C出账收入262.82万元，出账用户数14201户。

【市场营销】　2017年新建营销网点合作厅12家，代销直供网点53个，全年完成放号4.85万户，与上年相比，增长85%。截至12月份，签订25家大客户，发展用户1250户。

中国联合网络通信有限公司张家川县分公司领导班子成员名录

总经理：柏文文

中国移动通信集团甘肃有限公司张家川县分公司

【经营业绩】　2017年，出账收入6609万元，完成目标值的88.9%；手机上网收入3605万元，完成目标值的87.2%；数字化服务收入完成747万元，完成目标值的92.3%；政企数字化服务收入完成162.5万元，完成目标值的116.6%，行业应用信息化收入完成146.6万元，完成目标值的97%；截至年底，期末通话份额降幅6.57PP,4G渗透率提升11.3PP,4G客户DOU增幅74.1%，累计净增宽带客户7484户，完成目标值126.7%，净增宽带份额47.4%，宽带市场占有率达到30%。2016年短板的政企信息化收入增幅达到57%。

中国移动通信集团甘肃有限公司张家川县分公司领导班子成员名录

总经理：杜　峰

副经理：夏　鹏　　肖　勇

发展与改革

【概况】 2017年全县实现生产总值27.84亿元,增长2%,其中,第一、二、三产业增加值分别完成6.64亿元、2.94亿元和18.26亿元,分别增长5.8%、-1.7%和1.1%。规模以上工业增加值1.43亿元,增长-1.1%。固定资产投资35.27亿元,下降30.9%。公共财政预算收入完成9315万元,下降36.48%。社会消费品零售总额8.7亿元,增长11.9%。城镇居民人均可支配收入2.26万元,增长8.2%。农村居民人均可支配收入6354.4元,增长8.8%。

【项目建设】 2017年计划建设项目122项,总投资50.41亿元,完成投资12.56亿元(其中:续建项目34项,总投资20.5亿元,完成投资2.96亿元;新建项目88项,总投资29.93亿元,完成投资9.56亿元)。全年开工建设项目95项,开工率77.86%,竣工45项,竣工率36.89%。在推介的6项PPP项目中,北川热源厂和污水处理厂项目完成PPP初步实施方案审查,并召开两次论证会,张家川县城区综合管网和道路改造提升工程完成可研、待评审。全县固定资产投资完成35.27亿元,同比降低30.8%。完成全年任务34.2亿元的101.5%。2017年,全县入库固定资产项目117个,完成投资24.39亿元。自2017年2月1日起,全县范围内全面启动“1+(2+X)”并联审批工作,解决重大项目前期审批工作28项。自在线审批监管平台建设以来本局在线接件、受理审批、备案项目共128项,其中:审批类项目108项,备案类项目20项。

【以工代赈项目】 2017年,以工代赈项目总投资608万元,实施东关至刘家公路2.875公里,排水渠2.85公里;张家川镇瓦泉村,恭门镇团结村、杨坡村,胡川镇深坷村,阎家乡丁河村,龙山镇马黑曼村桥梁共6座152.12米;堡山村道路硬化0.694公里,瓦泉村护坡300米,阳洼排洪渠450米,庄河新村防洪工程121米。

【易地扶贫搬迁项目】 2017年项目计划投资3.25亿元,对15个乡镇92个村1295户6556人实施易地扶贫搬迁,其中,建档立卡贫困户911户4451人,新建集中安置点26个。现已完成住宅主体1153套,其中,建档立卡贫困户完成住宅主体842套。

张家川县发展和改革局领导班子成员名录

局　长:杨　茂(回族,兼党委书记)
党组副书记:马志雄(回族,6月任职)
副局长:王康福　马喜平(回族)
马　骥(回族,6月任职)
程耀东(6月离职)
纪委书记:李国正

(供稿:王国斌)

物价管理

【收费管理】 完成和谐家园保障房住宅小区的物业服务等级提升工作，核定新的物业服务标准，完成商品住宅小区物业费的市场化改革，加强了明码标价管理，规范物业收费秩序。按照深化改革的要求，顺利完成县城居民生活用水阶梯价格改革工作。完成县城集中供热价格的成本监审和价格调整工作。按照上级主管部门的统一部署，指导县内各公立医疗机构按期完成了当年医疗价格改革任务。从8月31日零时起，新的医疗价格标准已在全县正式执行。按照新版《甘肃省定价目录》要求，核定县内公墓管理服务费收费标准。按照《甘肃省机动车停车服务收费管理办法》，核定县城医疗机构配套停车服务设施的收费标准。启动市场准入类政策的公平竞争审查工作。

【市场价格监管】 加大价格监督检查力度，规范市场价格秩序，3月开始，对涉农、涉企、明码标价、教育、电信、药品和医疗等收费和服务价格进行专项监督检查。查处一般价格违法行为2起，收缴违法所得5万元。

【价格举报和价格认证】 2017年接到群众价格投诉举报案件5起，均已现场解答或处理。涉及的举报内容主要涉及医疗收费、物业收费、客运价格、农村水价等问题，通过当场解答和处理，举报人反映良好。受理刑事案件涉案价格认证案件438起，为全县司法公正和社会稳定做出了积极贡献。受有关单位委托，完成国有资产价格认证12起。

张家川县物价局领导班子成员名录

局　长：王彰晖

物价检查所所长：马维君（回族）

物价检查所副所长：米延俊（回族）

财政预算与管理

【财政收支】 2017年全年大口径财政收入完成18920万元，完成年初预算26242万元的72.6%，比上年24083万元减少5032万元，下降20.89%。其中：公共预算收入完成9315万元，完成年初预算15980万元的58.84%，比上年14664万元减少5262万元，下降35.88%。财政支出完成233800万元，比上年217258万元多支16542万元，增长7.6%。其中：一般公共预算支出完成238010万元，比上年212544万元多支25466万元，增长11.98%。

【财政改革】 严把预算和执行关口，严控一般性支出增长，加大财政直接支付比例。规范政府采购行为，促进政府采购工作的健康有序运行。实施政府集中询价采购367次，预算采购1733万元，实际采购1687万元，节约资金46万元，节约率2%。公务卡制度改革持续推进，全面实施公务卡强制结算目录，截至年底交办理2340余张（不包括基层学校），在国库直接支付系统中已经维护482张，提高公务卡办卡、使用、支付比率。实施财政专户一体化改革，按照财政部认证备案的财政专户予以保留，其他专户一律撤销的要求管理财政专户，保留的财政专户纳入财政一体化建设范围，实行财政一体化管理监督使用，全部完成专户撤销任务，撤销财政专户16个，撤销预算单位账户51个，乡镇财政专户46个。扎实推进公车改革工作，为顺利实施全县公车改革，全面完成公务用车管理调度平台建设，根据县公车改革总体方案，县级共保留公务用车49辆，其中部门保留车辆40辆（政策性保留：县委办3辆、县人大办2辆、县政府办4辆、县政协办2辆、乡镇共15辆、行政事业单位共14辆），其余9辆车由县级公务用车服务平台集中管理，统一调度。

【财政监督】 按照建立财政“大监督”和财政“两基”工作要求，加强财政监督检查和财政基础工作。完善预算编制、执行、监督相分离、相制约的管理机制。认真执行新《中华人民共和国预算法》等法律法规，自觉接受人大和审计部门对财政预算、执行、决算各个环节的法律监督。继续做好财务会计监督和财政专项资金检查工作。年初会同审计、监察部门,制定检查工作方案,有针对性地开展会计信息质量检查，及时纠正会计核算中的违规行为,提高全县财务管理水平。充分发挥财政投资评审中心作用。全年完成各类财政投资评审项目 5 项，送审金额为 135.50 万元，审定额为 134.80 万元,审减金额 0.7 万元,审减率为 0.52%。

【农业综合开发】 实施 2016 年张家川镇小流域治理项目 2 个,完成主要内容:新修溪流护岸 2.2 公里,衬砌 U40 渠道 17.9 公里,新建渠系建筑物 204 座;新修机耕路 45.3 公里;营造防护林 24 公顷，经济林 47.67 公顷，水土保持林 214.33 公顷;技术培训 1400 人次;累计完成总投资 1215.7 万元。实施 2017 年大阳镇小流域治理项目:完成溪流护岸 0.5 公里;完成机耕路 13 公里。通过农业综合开发项目实施，完成项目区小流域治理 800 公顷,增加农田林网防护面积 133.33 公顷,控制水土流失面积 6.8 平方公里，新增粮食 45.5 万公斤,其他农产品 16.5 万公斤,新增种植业总产值 185 万元，项目区农民收入增加总额 64 万元。2017 年申报“一事一议”财政奖补项目 93 个,其中:村内道路修建 86 个,农田水利 2 个(护坡 1 个,水渠 1 个),村容村貌亮化 5 个(广场建设 1 个,安装太阳能路灯 4 村)。项目总投资 4292.5 万元。村级筹集资金 1398 万元,申请财政奖补 3410 万元(县级 1000 万元,省级 2410 万元)。9 月份,对全县 2017 及以前年度的项目进行全面清理,与乡镇就项目实施及完成情况进行对接,至 11 月中旬实际完成 66 个,完工率达 71%。2017 年一事一议财政奖补资金到账总额为 3410 万元,其中省级奖补资金 2410 万元,县级奖补资金 1000 万元,截至 11 月,预拨和报账资金 1096.47 万元。

张家川县财政局领导班子成员名录

局　长:铁宝禄(回族,兼党委书记)

副局长:张向平　窦双娃(7 月离职)　王国忠(7 月离职)　毛继荣(7 月任职)

总会计:马　寒(回族,7 月离职)　马国林(回族,7 月任职)

专职党委副书记:孙军军(回族)

农业综合开发办公室主任:

麻智斌(回族,7 月离职)

马　寒(回族,7 月任职)

国库集中收付核算中心主任:

毛继荣(7 月离职)

王旭东(7 月任职)

财监局局长:李宏伟

国家税务

【税收收入】 2017 年,组织入库各项税收收入 8272.3 万元(其中:车购税 938.68 万元),占市局下达年计划 5600 万元的 147.72%,超收 2672.3 万元，同比增长 79.72%，占县政府下达年计划 10080 万元的 72.75%,同比增长 103.24%。

【税收征管】 为营改增“四大行业”纳税人减免税款 652.32 万元,减幅 13.77%;小规模纳税人免征增值税 305.2 万元;为 253 户(次)企业减免所得税 1688.17 万元;征收 1.6 升及以下车辆购置税 1432 辆,征税 938.68 万元,减免税额 189.48 万元。认真落实好 5 类 20 项便民措施,不断加快实名办税进程,采集纳税人信息 769 户;开展“银税互动”,签订三方协议 80 户次;大力推广应用电子税务局，推行增值税电子发票，减少办税等候时间,纳税服务水平不断提升。

【税收服务】 国地税联合办理税务登记 216 户,变更登记 5430 户(次),注销登记 583 户,国地税共享数据信息 11 次 1635 条;联合开展税务稽查 5 户,查补入库税款 32.92 万元;联合进驻地方政务大厅共建税务窗口，办理涉税业务 11715 户(次)。

【税收执法】 推行分级分类管理，共组织应对风险任务8批52户次，入库税款334.12万元，风险命中率100%。制定《税收执法大督察工作实施方案》，及时给予3类12户（次）执法过错责任人通报批评处理。清理规范性文件6件，订购普法书籍24册，建立“七五”普法专用书架14个。坚持做到“放管服”三管齐下，共受理审批事项17项，未出现乱批、该批不批等问题。完成2017年度企业所得税汇算清缴，汇算面达100%。税务稽查立案检查5户，结案5户，查补入库税款、滞纳金177.8万元，查实率和结案率均为100%。

【干部队伍建设】 依托思想政治教育、精神文明创建、国税文化建设“三大”项目，选拔任用中层领导3名，交流轮岗干部21名。充分发挥先进典型的示范带动作用，评选表彰优秀党员7人，先进党支部2个，向市局推荐优秀党员3人，先进党支部1个，受省局表彰“营改增”先进个人3人。开展大练兵、大比武活动，2名干部在市局比武活动中名列前茅，1名青年干部进入全省领军人才序列，结成师徒小组10对，签订“以师带徒”协议书10份。

张家川县国家税务局领导班子成员名录

局　长：王海平（回族，11月离职）

贾晓明（11月任职）

副局长：马耀俊（回族，1月离职）

哈存魁（回族）　高建峰（回族）

纪检组长：崔小伟

（供稿：师念龙）

地方税务

【税费收入】 2017年，完成税费收入8525万元，其中地方税收收入完成3720万元，占市局下达任务的104.79%；社会保险费完成4778万元，其中养老保险金和失业保险金合计完成3911万元，占市局下达任务2708万元的144.42%；工会经费完成27万元，残保金完成257万元，全面完成目标任务。全年稽查7户，结案7户，查补入库收入34万元，自查入库税款及滞纳金234万元，入库收入268万元。责令企业补缴税款和滞纳金合计补缴入库税款151.89元，滞纳金0.76万元，对4户企业做出罚款处理，罚款1.5万元。

【小税种管理】 按照全省地税工作会议提出的“提升税种管理水平”精神和市局关于加强税种管理工作的指导意见，进一步加强企业所得税汇算清缴，抓好个人所得税全员全额明细申报和代扣代缴。通过国地税对比及疑点数据应对，加强了附加税种、房产税和城镇土地使用税征管，入库各附加税578万元。通过加强对土地增值税预缴管理，预征入库土地增值税293万元。通过规范保险公司代收代缴行为，强化与交警、车管等部门信息对比，入库车船税238万元，堵塞了车船税管理漏洞。

【国地税合作】 国地税协同管理户籍，定期交换征管数据，定期开展起征点以上管户定额核定、非正常户认定和欠税管理工作。全年新认定双定户152户，极大方便了双方后续管理。开展“12·4国家宪法日”税法宣传和税法宣传月宣传活动；开展联合稽查，对4户企业开展联合稽查。同时，统一税务行政处罚裁量权标准，国地税建立纳税人维权中心；开展联合信用评价，完成2017年度纳税信用评价工作，评出A类纳税信用等级企业1户，B类26户，C类67户，D类18户，共计112户。开展联合培训。针对企业所得税汇算清缴相关政策、国务院6项减免税政策等内容，举办2次税收业务知识培训，培训纳税人205人次。

【以地控税工作】 与县国土局联合印发《张家川县开展“以地控税 以税节地”工作实施方案》，经过数据采集，采集纳税人房产、土地信息73处，宗地信息180余份，建立起“以地控税”数据库，实现房产、土地税源一体化覆盖管理。

【税收优惠政策】 结合国家供给侧结构性改革的实施，认真落实国家稳增长、促改革、调结构、惠民生的一系列税收优惠政策，全年，累计为小微企业、西部大开发企业及文化企业共9户企业减免税款8.52万元。严格落实减税让利政策,积极服务社会发展。

张家川县地方税务局领导班子成员名录

局　长:赵　超(兼党组书记)

副局长:沙剑均(回族)　王忠科　刘保银

纪检组长:马　刚(回族)

工商行政管理

【服务发展】 2017年,全县发展私营企业96户,注册资本1.12亿元,增速分别为14.39%和8.46%;发展农民专业合作社99户,成员出资额1.10亿元,增速分别为52.11%和50.21%;发展个体工商户576户,资金数额5537万元,增速分别为7.61%和17.30%。全县内资企业累计发展到887户;注册资本15.21亿元;私营企业累计发展到755户,注册资本14.06亿元;农民专业合作经济组织289户,成员出资总额3.29亿元;个体工商户累计发展到7623户,资金数额3.49亿元。共核发加载社会统一信用代码的"多证合一、一照一码"营业执照28户,其中:新设企业16户、农专社8户,办理变更换发登记4户。全县非公经济从业人员累计达到26779人,占全县总人口的7.5%,非公经济增加值完成10.39亿元,增速为11%,非公经济增加值占生产总值49%,非公经济税收完成10057.66万元,增速-46.5%。2017年,提交申报注册商标122件,成功注册商标25件,全县有效注册商标已达117件。

【市场监管】 2017年,全县各类企业完成2016年度年报717户,年报率90.42%;农民专业合作社年报185户,年报率97.37%;个体工商户年报7235户,年报率95.28%,年报率均高于去年同期,对2016年度未年报的76户企业、5户合作社和345户个体工商户列入经营异常名录,实施了惩戒。同时,有序推进"僵尸"企业清吊工作,全县被列入的82户僵尸企业中通过教育引导自行注销5户,2户办理了年报补报工作。2017年1月至10月,适用一般程序办结行政处罚案件11件,其中涉及企业1户,个体经营户10户,罚没款2.07万元。全部案件信息均已公示,其中涉及7件无照经营案件在张家川县人民政府门户网络上公示,其余4件在行政执法案件管理系统上公示,公示率100%。积极开展企业信息抽查,完成对48户企业、6户农民专业合作社、209户个体工商户的抽查任务,出动执法人员45人/次,企业、农专、个体公示抽查正常率分别为89.58%、83.33%、61.72%,公示率分别为100%、100%、99.5%。深入开展"红盾护农"行动,开展流通领域化肥、种子、农药、农膜、农机具等质量抽查,规范清理农资经营主体资格。组织开展元旦、春节、"五一"、"六一"及烟花爆竹市场整顿、非煤矿山专项检查等各项整治活动。

【消保维权】 深入开展消费者权益保护法和消保条例的宣传,着力推动区域消费维权机制建设,切实解决制约消费维权的突出问题,不断提升消费维权整体效能。继续加强流通领域商品质量监管,围绕投诉举报集中的热点商品和涉及人身财产安全的重点商品,加大对家用电器、服装鞋帽、儿童用品、汽车销售及服务等商品、服务质量监管工作力度,组织专项整治4次,检查各类经营户326户(次)。积极开展"3·15"系列宣传维权活动,共计发放宣传资料1.5万余份,制作宣传横幅6条,接受咨询约300余人次。推荐的绿源中药饮片有限公司等4户市场主体,被评为2016年度市级"诚信单位",在天水市2017年"3·15"活动现场受到表彰。2017年,全系统共受理申诉12件,举报4件,建议1件,办结率100%。

【非公党建】 2017年,全县有非公企业党组织101个,有非公企业党员370名。加强"小个专"党建工作,加大直接联系点、党建示范点规范化建设力度。深入创新推进"三岗联创"活动,发挥"双创"主力军作用,在企业中设立党员责任岗、党员示范岗、党员先锋岗,在5家企业设立党员责任区8个，党员示范岗12个，党员先锋岗5个，引导党员在非公企业中贯彻落实党的方针政策，弘扬正能量。

张家川县工商行政管理局领导班子成员名录

局　长：刘立群

副局长：李川平（回族）　马红英（女，回族）

马建文（回族）

纪委书记：马建斌（回族）

审计监督

【概况】 张家川县审计局人员编制24人（公务员编制7人，事业编制16人，工勤编制1人），实有31人。下属县经济责任审计办公室和三农资金审计中心，设有办公室、政府投资审计组、经济责任审计组、行政事业审计组、预算执行审计组、专项资金审计组、计算机审计组7个业务科室。

【审计成果】 2017年天水市审计局和县委、县政府下达审计项目计划22项，共完成各项审计任务共132项，占计划任务的600%，审计资金总量631936.25万元，审计指出管理不规范资金11437.87万元，违纪违规资金7619.99万元，审计收缴77.98万元，罚款14.66万元，核减投资495.88万元，审计查出问题133条，已整改114条，限期整改19条，整改率为85.71%，提出审计建议293条，被审计单位采纳293条，问责诫勉谈话3人。出具审计报告和专项审计调查报告132篇，被批示、采用7篇。提交审计信息232篇，被批示、采用33篇。向社会公告审计结果6篇。

【财政预算执行审计】 先后对县级财政预算执行情况和县环保局、人社局、民政局、药监局、司法局等11个一级预算单位预算执行情况进行审计，重点对预算分配、预算支出进行审计，审计资金总量441092.07万元，审计指出管理不规范资金3867.94万元，违纪违规资金82.24万元，审计后收缴31.51万元，罚款2.7万元。审计查出问题37条，已整改30条，限期整改7条，提出审计建议33条，被审计单位采纳33条，问责诫勉谈话3人。

【领导干部经济责任审计】 对民政局原任局长马晖等30名县直领导干部进行经济责任审计。审计资金总量160182.19万元，审计指出管理不规范资金5911.79万元，违纪违规资金5988.47万元，审计后收缴1.87万元，罚款5.08万元，审计查出问题95条，已整改84条，限期整改11条，提出审计建议84条，被审计单位采纳84条。审计发现，部分单位对财产、资金的管理使用不规范，往来款项没有及时结算清理，应交纳的税款没有按规定交纳，有的单位采购物资未按规定实施政府采购等问题。

【民生资金项目审计】 对全县2015年至2016年农村五保户供养资金管理使用情况进行专项审计调查，并采集县民政局相关股室、人社局、财政局、卫计局的业务数据，利用计算机辅助审计对采集到的业务数据进行对比筛选，确定90岁以上81人为可疑对象。经民政局、张家川镇等乡镇工作人员核实，最终确定2人已经死亡仍享受五保供养资金。审计资金量达1579.11万元，审计查出不符合条件的4人领取农村五保户供养资金1.89万元，农村五保户供养资金发放不规范315.07万元，账册金额相差3元，发放花名册信息不完整3700人次，审计指出管理不规范资金319.45万元，罚款1万元，已解缴县财政1万元，提出审计建议2条，采纳2条。

【固定资产投资审计】 全年共完成89个政府投资项目，其中30个项目通过中介公司进行审计，审计资金总量29082.88万元，审计指出管理不规范资金1338.69万元，违纪违规资金1548.28万元，审计后收缴44.6万元，罚款5.88万元，核减投资495.88万元，提出审计建议174条，采纳174条。

【其他审计】 天水市审计局采取“上审下”和“交叉审”相结合的方式，对全县2017年一、二、四季度贯彻落实国家重大政策措施情况进行跟踪审计,发现的问题涉及资金量49421.2万元,共查出问题26个,已整改16个,限期整改10个。审计指出部分单位滞留闲置专项资金、项目工程进度缓慢、项目实施不规范、政策措施落实滞后。市审计局为了确保新农合基金管理规范、运行安全、使用合理,切实帮助农民抵御重大疾病风险,解决农民看病难、看病贵等问题,对县新农合基金筹集、管理、使用和效益情况进行审计,主要延伸乡镇卫生院和私立医院执行新农合政策情况。审计资金总量16284.27万元,发现3个方面的10个问题,查出违规违纪资金151.27万元。同时,审计局还配合省市开展2016年保障性住房安居工程跟踪审计,发现管理不规范问题6条,责成相关单位进行整改;选派两名干部参与清水县、甘谷县2015至2016年扶贫政策措施落实和扶贫资金分配管理使用情况审计,选派一名干部参与市财政预算执行与其他财政财务收支审计,选派1名计算机能力较强的干部开展天水市新农合基金审计,选派1名干部参与2017年保障性住房安居工程现场审计工作。

【审计整改】 按照天水市审计局和县委、县政府的安排部署,对2014年以来审计发现问题进行统计,发现问题427个,其中:上级审计机关审计发现问题137个,县审计局审计发现问题290个,并向相关乡镇和单位下发审计整改文件和整改问题清单,召开审计整改促进会,加大对审计整改工作的跟踪检查力度,对整改不力的按照有关条款,该移交的移交,该问责的问责,触犯刑律的,坚决移交司法部门,完善审计整改执行工作机制,督促被审计单位切实整改有关问题。同时,加强与纪检监察等部门的协作配合,及时移送处理审计查出的违法违纪案件线索。全年整改问题413个,正在整改问题14个。

张家川县审计局领导班子成员名录

局　长:马小平(回族)

副局长:马志赟(回族)　马维著(回族)

(供稿:马小娟)

统计监督

【统计调查】 围绕地区生产总值核算,全面抓好农业、工业、能源、投资、服务业、社会等各项常规统计。深入基层调研各产业生产经营状况,及时将达到规模和限额的企业纳入联网直报范围,力求应统尽统。全面搞好第三次农业普查工作,确保各项指标数据准确、逻辑严谨、上报及时。重点做好企业联网直报,全县"四上"企业,按照联网直报要求,通过网络顺利向国家报送月报、季报和年报等原始数据,上报率达100%。工作中我们恪守联网直报"四条红线",坚持"先进库、再有数",不自行修改名录库;坚持由企业独立报送真实的统计数据,不干预企业、不代填代报,保证一套表联网直报系统健康正常运行。

【统计信息服务】 编印《张家川县2017年国民经济和社会发展统计公报》小册子,下发到各乡镇和各部门。加强统计信息和分析工作。2017年,撰写统计信息148条,被省、市采用102条;撰写统计分析28篇,被省、市采用16篇,为县委、县政府把握形势,谋划发展提供参考依据。编纂《张家川统计年鉴(2016)》,为全面总结2016年经济发展成效,科学谋划今后全县经济发展规划提供强有力的支撑基础。

【统计法制建设】 2017年针对统计工作组织领导、统计基础工作台账、县域经济监测指标等方面进行全面检查。检查采取召开座谈会,查阅有关资料,听取各单位统计工作情况及对统计工作的意见和建议等方式进行。通过检查,切实提高统计数据质量和水平。对每个专业业务人员进行统计法律法规的宣传培训,下发普法培训材料,派专人讲解统计普法知识,培训人次达180余人次,提高统计人员的法律意识。利用"全国第八个统计开放日"专题活动,走上街头进行统计法宣传讲解,散发宣传资料5000余份,扩大统计法的宣传面。在统计执法检查中,向被检查单位的领导和统计人员宣传统计法律法规，使广大群众和社会各界充分认识到统计工作的重要性,做到依法统计,将统计法融入实际工作中，对统计违法案件的发生做到防患于未然。同时,为了增进统计对象对统计工作的理解与支持,我们印发《统计政策法规文件汇编》1000余份,《统计报表制度和主要统计指标计算方法》1000余份,《GDP是怎样算出来的》小册子100余份。

张家川县统计局领导班子成员名录

局　长:马亚军(回族)

副局长:张福祥　　王喜业(5月离职)

李富强(5月任职)

农村社会经济调查队队长:

焦存生(回族,5月离职)

质量技术监督

【质量管理】 5月31日,召开全县质量发展暨全国质量强市示范城市创建工作推进会议,制定下发《张家川县贯彻质量发展纲要实施意见2017年行动计划》《张家川县"十三五"期间质量品牌建设安排意见》《张家川县创建质量强县示范城市工作质量示范点活动方案》《张家川县质量发展暨质量强县创建工作任务分解责任清单》,提出年度重点目标和工作任务；县联民畜牧养殖有限公司的艾姆呢牌清真牛羊肉和县建明清真食品有限公司的鑫阳牌清真系列调味品荣获"甘肃名牌产品"称号;县伊悦万福清真食品有限公司和县伊真香清真食品有限公司获得A级质量信用等级评价、县伊味思清真食品有限责任公司获得AA级质量信用等级评价；按照市政府和市局下发2017年天水市产品质量监督抽查工作实施计划,与市质检中心互相配合对全县的产品进行抽检,抽检89批次(其中6个批次样品不合格),对不合格产品进行后处理;利用春节、"3·15"消费者权益日和"进校园、进社区、进乡镇"消费者教育活动等节假日开展宣传咨询服务活动，制作质量安全宣传展板5块，横幅标语4条，发放质量安全手册1000份，宣传材料5700余份，接受群众咨询20余人次;积极开展"质量服务在企业"活动,根据企业反映和记录在案的数据统计,通过服务企业,收集企业需解决的问题22个,已解决21个,解决率为95%;协调解决问题满意的企业的有12家,企业满意率为100%。

【标准化监管】 认真贯彻落实《关于进一步加强标准化工作的实施意见》,制定出台《张家川县推进标准化工作实施方案(2016—2020)》,调整充实张家川县标准化委员会成员单位。加大标准化良好行为企业创建力度,创建标准化良好行为企业1户;有3家工业企业进行产品标准自我声明公开。

【计量监管】 对各加油站、液化石油气充装站、集贸市场、超市商场、医疗机构和眼镜店等场所进行季度日常监管巡查；对集贸市场与农村医疗卫生单位纳入范围的计量器具实施2017年度免费计量检定工作，免费检定计量器具1983台(件);签订诚信计量承诺书16份,有1家企业获得"诚信计量示范单位",有三家企业正在申报"诚信计量示范单位";紧紧围绕"5·20"世界计量日等活动,采取到企业开展检查、宣传、派发资料或粘贴宣传海报等形式开展宣传活动；对县环境监测站、县污水处理厂和三立商砼三家的实验室设备进行强制计量检定；县局质量技术监督检测所通过省市的标准器考核和机构授权考核。

【特种设备监管】 开展元旦、春节、五一、六一、十一和十九大期间等重大节日安全生产专项检查;开展全市油气管道隐患整治攻坚战工作、涉氨制冷企业特种设备专项治理工作、燃煤锅炉节能减排专项治理工作及气瓶专项整治、电梯专项治理攻坚战、视情开展(厂)内专用机动车辆普查登记;收集、归档特种设备使用单位的机构、设备、人员等各类信息资料2000余份,完善监管平台各类信息800余条；完成特种设备注册权限下放承接工作,办理电梯注册8台;开展执法检查9次,出动监察人员70余人次,排查隐患企业11家,检查各类特种设备使用单位42家次,检查设备200余台(件),排查安全隐患80余条,发出《特种设备安全监察指令书》10余份;特种设备信息化平台上录入在用特种设备223台,使用单位37家,登记率达到95.06%,检验率99.53%,电梯检验率100%,维保合同存放率98%;免费发放电梯安全责任警示牌71面,对1家存在安全隐患的电梯使用单位进行安全约谈;散发宣传资料2000余份,与2家单位联合进行特种设备事故应急演练。

张家川县质量技术监督局领导班子成员名录

局　长:李翊军(回族)

质量技术监督检测所所长:李和平(回族)

(供稿:王远明)

食品药品监督

【食品安全监管责任落实】 2017年全县办理食品从业人员健康证1510个,新办食品经营许可证394户(含到期延续),申请办证正在审核43户,办理“三小”食品经营登记证153个,(其中食品生产加工小作坊证75个,小经营店共77个),清理登记整顿“三小摊点”267户。为健全完善食品安全责任体系,对全县64家大中型餐饮单位、超市、食品生产企业以及15个乡镇食药监所对辖区食品流通和餐饮户进行“两方责任”大约谈,参加人数1300多人,全面靠实食品安全监管责任,督促告诫食品生产经营企业落实主体责任。县食药监局积极实施食用农产品快速检测室建设,已部分超市和农贸市场建立4个食用农产品快速检测室,在15个乡镇食药监所建立快检室;在“好又多”等五个大中型超市安装食品溯源机,对任意预包装食品都能通过溯源机来查询到生产信息,起到食品安全保障作用;开展食品安全示范创建活动,今年全县创建省级学校示范食堂1户,市级学校示范食堂2户,流通环节创建省级示范店2户,

组织两方责任约谈会议

市级示范店4户,餐饮业创建省级示范店2户,市级示范店4户,在县城公园路创建市级食品安全示范街1条,市级食品药品安全示范街1条;开展食品安全外置公示牌制度,已在食品流通、餐饮经营户安装公示牌435家,外置公示牌达到85%以上;落实食品生产企业远程视频监控制度,安装系统5套,药品生产经营企业安装系统2套,并与市局监管系统完成对接,实时监控生产加工情况,提高监管水平;推动食品安全责任险承保工作,已在食品生产企业、学校和幼儿园参保67户,投保金额15.41万元。

【药品安全监管】 药品医疗器械化妆品监管方面相继开展疫苗等冷链管理药品专项检查、无菌和植入性医疗器械专项整治、互联网医疗器械经营专项整治、涉药械单位质量安全诚信评价管理工作、药包材生产使用专项检查等一系列专项整治活动。根据统计,全县现有化妆品专营店77家,已办理化妆品经营登记证42

药品安全监督抽检工作

家，占 54.55%，待办证 35 家，正在进行资料审查和现场核查阶段。

【食品药品安全宣传】 开展“食品安全知识”进村社进校园活动、“3·15”国际消费者权益日宣传活动、“12331”投诉举报主题宣传月活动、“全国食品安全周”主题宣传活动、“全国安全用药月”宣传活动、假冒伪劣食品药品集中销毁活动、“陇原护老”专家巡讲专题讲座、食品药品科普知识大讲堂活动、“全国安全用药月” 主题宣传活动等 9 次专题宣传活动。2017 年发放各类宣传教育活动宣传材料 7 万份，接受群众咨询 1170 多人次，参加师生 8200 多人次，食品药品企业单位参加 400 多人次。撰写并发布食药监管信息 125 篇，被省市县主流媒体网站采用 70 余篇，建立微信公众号、今日头条号等网络媒体信息发布平台，其中微信公众号已发布 12 篇，今日头条号已发布 21 篇，有 730 余人点击关注，收到良好的宣传效果。

【履行监督检测责任】 县食药监局抽调专门力量成立抽检小组，制定工作方案，对各乡镇食药监所和大中型超市下达食用农产品抽检任务，对全县范围内重点区域、重点场所、重点品种及高风险食品进行集中抽样。2017 年出动检测车辆 54 台次，出动检测人员 275 人次，完成食品抽样送检 505 批，其中食用农产品 360 批，现制现售食品 145 批，已出具检测报告 505 批，不合格 10 批（均为食用农产品），合格率为 98%；药品和医疗器械抽样送检 84 批，其中基药 33 批，非基药 5 批，中药饮片 42 批，医疗器械 2 批，药品抽验实现乡镇医疗机构全覆盖。2017 年食品快检方面，建立并运行的两个农残检测室完成快检 3605 批（爱家超市 1805 批，好友多超市 1800 批），15 个乡镇食药监所共完成 2897 批次，同时对食品检测进行年度分析，对抽检高风险的酱腌菜、粉条、月饼、枣类进行重点抽样送检，对存在的问题及时进行归纳分析，对不合格食品根据检验报告及时核查处置，严肃处理抽检不合格食品业主及企业，防止假劣食品向市场流入。

【依法行政】 食品监管方面相继开展节前食品药品安全大整顿，元旦春节期间、中高考期间、夏季暨“尔德节”期间、中秋国庆等节日期间的食品市场专项整治，重大节会食品安保工作、食品市场“三小”经营专项整治、实施“明厨亮灶、透明车间、阳光仓储”专项治理、儿童食品和校园及周边食品安全专项整治、春季秋季学校食品安全专项整治等一系列食品安全专项整治活动。带领乡镇食药监所执法人员进入各辖区食杂店、餐饮店、集贸市场、商场等食品市场进行监督检查并现场指导，及时排查食品安全隐患并解决难点问题，严厉打击和震慑食品安全违法犯罪行为。全市开展药品交叉执法检查活动，市局第二检查组对全县 6 家药品经营使用单位开展全面检查，相关企业对查找出的问题进行彻底整改并全部提交书面整改报告，经现场检查验收予以通过。2017 年出动执法人员 5260 人（次），车辆 564 台（次），监督检查各类经营户 2638 户（次），查处各类违法违规经营户 316 户（次），共警告 207 户（次），下发责令整改通知书 184 份。办理案件 35 起，其中药品和医疗器械 25 起，食品 10 起，罚没款 8.47 万元。

“两节”期间市场专项整治

张家川县食品药品监督管理局领导班子成员名录

局　长：李安泰(兼党组书记，县食安委会办公室主任)

党支部书记：杨万荣(回族)

副局长：马宝平(回族)　丁向阳(回族)

安全生产监督

【概况】 2017年，全县发生各类安全事故3起，死亡4人，直接经济损失0.38万元。发生的事故为道路交通事故，全县工矿商贸行业没有发生死亡人员事故，未发生火灾事故。全县安全生产事故四项控制指标在市政府下达的控制指标范围之内。

【责任体系建设】 2017年县委常委会、县政府常务会分别6次研究安排安全生产工作，先后制定《张家川县领导干部安全生产职责清单》《张家川县安全生产工作责任清单》《2017年安全生产执法监察计划》《张家川县安全生产责任追究暂行办法》《张家川县生产经营单位安全生产主体责任实施细则》等文件。在全县建立健全"党政同责、一岗双责、齐抓共管、失职追责"的安全生产责任体系。县级领导一线指导督促乡镇、行业主管部门、企业安全隐患问题排查整治实现了常态化。

【监管队伍建设】 全县组织举办4次安全生产和职业健康专题培训班，积极组织安监干部参加国家、省、市、县各类安全生产业务培训13期，培训400余人(次)。全力加强县乡安全生产监管规范化建设，将县、乡(镇)安全生产专项资金纳入县财政预算，落实乡镇安监人员岗位津贴；同时，为乡镇安监站配发办公电脑、摄像机、执法仪、录音笔等执法设备；在20个负有安全生产监管职责的部门设立安全监管股，配备专职工作人员；在全县开展安监队伍"大练兵"活动，为15个乡镇购买国家注册安全工程师资格考试教材，组织5名业务骨干参加注册安全工程师考试，在全省安监系统也是首次，得到省、市考核组的肯定；并组织部分乡镇安监干部和安监局股室负责人赴秦州区观摩学习安全生产工作。

【安全生产专项整治】 围绕"企业安全生产主体责任落实年"活动以及国务院安委会在省市两次巡查督查反馈的意见和自查等四个整治"清单"，查处安全生产隐患和问题6141条，已完成整改5986条；安监、消防、运管等单位累计处罚58起，罚款23.95万元。为全县55所农村中小学、幼儿园门前安装了减速带(条)、警示牌、报闪灯；以农村"五小车辆"治理为重点，依法严厉查处非法营运和"三超"行为，查处各类交通违法5814起。以地下矿山、采石场、尾矿库为重点，共计查处各类安全隐患128条，现场勒令整改120条。在加油站、矿山炸药库等场所查处安全隐患39条，查扣取缔非法违法经营、无证经营、不符合有关规定烟花爆竹零售点54个。以公众聚集场所、高层建筑、商(市)场、"三合一""多合一"场所等为重点，查处各类问题和隐患124条。以防倒塌、高处坠落、塔吊等起重设备事故为重点，查处各类问题和隐患36条。在城乡管网、电力、通信安全隐患整治方面进行大面积的排危整修；特种设备、水利、电力、文化旅游等行业主管部门也开展专项整治活动，有效消除一大批安全生产隐患。

【应急救援能力建设】 根据全县生产安全应急救援实际需要，及时修订《全县生产安全事故应急救援预案》，完善非煤矿山、危险化学品、建筑施工、道路交通、公众聚集场所等重点领域应急救援预案。全面开展应急救援预案专项检查和应急救援物资、设备调查摸底工作，指导重点行业及企业进行应急救援预案的制定及报备工作。组织开展5次较大规模的重点行业生产安全事故应急救援演练。

【安全生产宣传教育】 全县上下积极开展

学习贯彻《中共中央国务院关于安全生产领域改革发展意见》和《中共甘肃省委省政府关于推进安全生产领域改革发展的实施意见》活动，以“安全生产月”和“安全生产法宣传周”为主，以安全知识“七进”活动为载体，组织乡镇及交警、运管、农机、电力、消防部门采取多种形式大力宣传十九大精神、安全生产相关政策法律法规，全力普及安全生产基本常识，各种现场接受咨询群众5000多人(次)，发放各类宣传资料8万余份；建立健全县、乡(镇)、村三级安全生产“两微一端”信息宣传体系，已发布、转载和推送各类安全生产相关消息达20余万条。微信点击量进入12月份“全国百强县”。

张家川县安全生产监督管理局领导班子成员名录

局　长：陶　枫(回族，兼安委会办公室主任)

副局长：马云生(回族)　刘永福(8月离职)

李金熠(8月任职)

安全生产执法监察大队大队长：闫　修

国土管理 城乡建设与环境保护

国土资源管理

【耕地管理】 围绕耕地总量动态平衡和基本农田“总量不减少、用途不改变、质量不降低”的目标,开展全县永久基本农田划定,落实永久基本农田片块1198个,图斑6963个,编制各类基本农田保护图件110幅,签订目标责任书270份,设立永久基本农田保护牌15个,完成基本农田保护数据库建设,确保全县耕地面积稳定在5.22万公顷,基本农田面积稳定在4.22万公顷。完成自主开发新增耕地项目申报确认工作,项目建设规模1486.56公顷,总投资2402万元,新增耕地98.77公顷,新增耕地率6.64%,已上报上级主管部门审核验收确认。

【土地整治】 2017年编制了《张家川县“十三五”土地整治规划》,实施张巴梁高标准农田建设项目,总投资700万元的,建设规模368.53公顷,整理耕地面积309.83公顷,新增耕地12.93公顷,已全面完工,待验收;争取到土地整治项目2个,分别是大阳乡南山梁高标准农田建设项目和木河乡李沟村等三村高标准农田建设项目,分别下达资金700万元、500万元,项目将在2018年度组织实施。

【土地利用管理】 落实节约集约用地和保障民生用地的措施要求,依法依规在市公共资源交易中心出让国有土地2宗,面积4.292公顷,成交价款626.4892万元。其中,公共设施用地1宗,面积1.9286公顷;工矿仓储用地1宗,面积2.3634公顷,为全县经济社会发展提供用地服务和保障。完成2012年至2016年出让划拨宗地47宗,宗地坐标数据填报工作。严格落实土地动态巡查制度,对项目开发利用情况进行动态、全程监测监管,确保土地依法依规及时有效供应,全年无闲置土地情况发生。棚户区改造项目用地应保尽保,落实土地面积4公顷。

【矿产资源管理】 落实中央环保督察组反馈问题整改工作,依法对全县所有采石厂进行关停整顿和断电处理,下发《责令停产停工通知书》13份,涉及采矿企业15家,强制拆除采矿设备5套,其中:碎石机5台、传送带30余条、振动筛6件。责令采石企业开展矿山环境恢复治理,已拆除其碎石设备。整平清理采矿区矿渣和危崖体,对裸露区进行回填土层和恢复植被工作,回填土方1000余方,栽植旱柳1800余棵,播撒的草籽300公斤,改善矿山生态环境。完成“三区”矿山企业核查工作,在保护区范围内共清理清查出探矿单位6家和采矿企业9家,并对此15家矿业权人逐一进行约谈,并下发责令停产停工通知书。开展全县土小企业清理整顿工作,共清理出砖瓦厂29家,按照环保要求依法全部进行关闭。做好矿山安全生产工作,年初与各矿业权人签订《安全生产目标责任书》40份,开展安全生产检查60余次,发现安全隐患5起,现场整改4起,限期整改1起,已全面整改落实到位,确保矿山安全生产。推动机制砂项目建设,编制《矿产资源总体规划》,待《规划》批复后即可组织实施。完成矿山储量年报,矿业权公示系统的填报工作。

【地质灾害防治】 制定下发《张家川县突发地质灾害应急预案》和《张家川县2017年地质灾害防治方案》,严格落实汛期地质灾害24小时值班制度、巡查制度和速报制度,建立健全县、乡、村、组四级地质灾害群测群防网络,成立汛期地质灾害应急分队,负责地质灾害值班、险情排查、监测预警和抢险救灾工作,对全县地质灾害隐患点进行全面排查,全县排查出地质灾害隐患点190处,涉及到全县15个乡镇140个行政村。因地质灾害受威胁群众6944户44590人,潜在经济损失16.2059亿元,以乡镇为单位制定排查报告,提出科学的防治措施。与县气象局建立地质灾害预警信息发布平台,全年发布地质灾害气象预警信息和防范措施50次3000余条。开展全县2016年度地质灾害搬迁避让工程,总投资796万元,其中:川王镇海湾村102户、704人,川王镇关河村61户、377人,大阳镇陈阳村36户、227人,合计199户1308人,已搬迁群众102户;开展张家川城区(西窑村段)南北山滑坡崩塌综合治理项目(二期),投资800万元,已完成40%工程建设任务;开展张家川镇查湾村滑坡地质灾害治理工程(二期),总投资800万,已完成招投标工作。

【农村集体土地确权登记】 开展"房地一体"确权发证登记工作,已完成胡川镇王安村、胡川村外业调查,调查452宗地,其中203宗发生变化,灭失5宗,农房补充调查新增82宗地,最终调查为534宗。完成全县2016年度土地变更调查。全县下发图斑344个,面积104.03公顷,变更为建设用地的图斑为223个,建设占用耕地41.80公顷。

【国土资源执法】 制定执法监察巡查方案,由7个国土所实行分片包干责任巡查制度,开展动态巡查62次,发现违法行为35起,立案查处18起,制止违法行为17起,配合执法局拆除违章建筑3宗。同时,加大对2016年移送公安机关的4起土地违法案件巡查力度,完善案件的后续工作。年初国土部下发县土地卫片图斑344个,经核查确定建设用地图斑202个,面积36.32公顷,占用耕地29.92公顷。详查变更后,确定土地疑似违法图斑22个12宗,多为临时建筑和小面积非固定建筑,对疑似违法图斑查处整改后,确定违法图斑7宗,为交通用地和教育用地;国土部下发县矿产疑似违法图斑16个,其中采石厂5个、砖瓦厂11个,经核查5个采石厂于2016年底已全部关停,对11个砖瓦厂依法进行立案查处,处罚已到位。以上土地矿产违法问题全部查处整改到位,共收缴罚款10.56万元。参加天水市国土局执法监察业务培训班10人,学习行政执法、行政诉讼法律法规,提高执法人员自身执法水平和应诉能力。

【不动产登记工作】 县财政拨付专项资金245万元,由天水三和数码测绘院实施不动产登记信息平台建设工作,用于数据平台建设、不动产信息机房建设和大厅的改造维修,建成200平方米的标准化办公大厅,目前已完成机房建设,数据整合和软件安装建设,不动产登记信息平台与国家级信息平台成功对接,完成增量数据汇交180条。同时,完成土地121宗、房屋102幢3156户存量数据整合建库,已申报国土资源部存量数据汇交。

张家川县国土资源局领导班子成员名录

副局长:高建宝(回族)　白　璟(回族)
李少武(回族)

纪检组长:喜　平(回族)

执法监察大队队长:魏世宏(回族)

执法监察大队副队长:王海河

土地收购储备中心主任:赵建斌(回族)

矿产资源所所长:张建勤

建设用地股股长:马富春(回族)

地质环境监测站站长:王　刚(回族)

张家川镇国土资源所所长:赵　峰

龙山镇国土资源所所长:马颖军

恭门国土资源所所长:马志林(回族)

(供稿:马乾)

住房和城乡建设

【项目建设】 2017年,全年负责实施的城镇建设重大项目20项,总投资3.77亿元,完成投资9220万元。迎宾大道已完成路床工程2400米,正在敷设雨污管道,完成投资2000万元。工业道路建设工程已完成雨污管道敷设和路基工程,完成投资550万元。风情园河道治理工程基本完工,正在进行后期修补完善,完成投资950万元。风情园综合服务管理区1号楼已完工,完成投资950万元。南部路网道路工程已完成道路施工1390米,完成投资1300万元。北滨河路道路工程已完成道路施工1300米,完成投资1400万元。新城大桥桥面梁板吊装已完成2/3,完成投资550万元。天平铁路张家川站站前广场已基本完工,正在进行后期修补,完成投资1250万元。龙山镇道路改造工程已完成铺设污水管道450米,完成投资120万元。中街清真寺便民公厕、水房完工,完成投资120万元。宏昇路道路工程已完成路基工程280米,完成投资270万元。迎宾大桥已完成招投标等前期工作。北山城市森林公园已完成可行性研究报告批复。县城区净水厂二期工程附属工程、县城区生活污水处理厂除油改造工程正在进行施工图设计。县城区燃煤锅炉提标改造工程正在浇筑基础承台,已完成投资120万元。县城区新增管网工程正在对阿阳大道阳光水岸小区东南侧排污口进行排污改造,已完成投资80万元。县城区生活垃圾填埋处理厂滑坡治理维修工程完成坝体加固和入场道路硬化、排洪渠维护、场地平整及地磅安装,正在建设渗滤液处理站。恭门镇生活垃圾填埋处理场正在进行初步设计。恭门镇道路改造工程已完成施工图审查等前期工作。

【建筑市场管理】 以规范建筑市场各方主体的市场行为为重点,开展建筑市场执法检查,对违反基本建设程序等违法行为进行认真查处,今年共监督工程项目12项,其中新开工项目5项。共核发《建筑工程施工许可证》5项。定期对全县建筑工程的质量安全进行监督检查。全年开展建筑工程质量检查7次,下发整改通知书8份,停工通知书10份。全县工程监督率达到100%,施工图纸审查率达到100%。按照省市安全生产专项巡查和行业安全生产要求,认真贯彻执行《建设工程安全生产管理条例》和《中华人民共和国安全生产法》,全面落实安全生产责任制,加强重点部位安全监督管理,及时落实省、市、县安全生产工作任务和要求,确保全县建筑行业安全生产态势平稳健康运行。2017年,开展行业安全生产专项检查5次,查出各类安全隐患15处,并督促落实整改,有效地防止安全事故的发生。

【村镇建设】 2017年全县实施D级农村危房改造2465户,按类别分,精准扶贫建档立卡户902户、低保534户、分散供养特困人员96户、贫困残疾人32户、优抚对象及原国民党抗战老兵5户、其他农户896户。按照乡镇划分,张家川镇648户,龙山镇118户,恭门镇88户,马鹿镇141户,梁山镇100户,马关镇263户,大阳镇125户,川王镇75户,胡川镇95户,刘堡镇109户,木河乡153户,连五乡267户,阎家乡82户,张棉驿乡191户,平安乡10户。计划10月底前全面完成2476户D级危房改造任务,按期完成项目验收。

张家川县住房和城乡建设局领导班子成员名录

局　长:李　毅

党委书记:宫留凡(回族)

纪检书记:马宝瞳(回族)

副局长:扁志学(回族)

(供稿:毕志梁)

城乡规划局

【规划编制】 委托天水市城乡规划设计院编制了县城老城区 3.07 平方公里的控制性详细规划，使县城控规覆盖率将达到 100%。完成《张家川回族自治县城区市政工程专项规划（2016—2030）》审批备案工作，该规划分为道路、给水、雨水、排水、供热、燃气、供电、通讯八个专项规划，提升县城综合服务承载能力。同时，启动县旅游规划及秦家塬修建性详细规划编制工作，为做靓打响“生态旅游 +”文化旅游品牌提供规划依据。完成刘堡、胡川、大阳、川王 4 个建制镇和张棉驿、木河等 5 个乡的总体规划修编工作。目前，除县城所在镇以外的 14 个乡镇新编、修编总体规划实现全覆盖。编制张家川镇杨店村等 7 个乡镇的 25 个村庄规划，完成汪堡村、张堡村 2 个省级美丽乡村规划和王安村、赵湾村、李沟村 3 个市级美丽乡村规划评审报批备案工作。至年底，已编制村庄规划 220 个，占全县 255 个村庄的 86.3%。

【规划审批】 2017 年 3 月中旬至 4 月初，组织开展了以“贯彻落实城乡规划法 依法加强城乡规划管理”为主题的宣传活动。广泛向群众宣传城乡规划相关法律法规、技术规范，并发放城乡规划宣传手册，不断加大宣传力度，让广大市民充分了解规划、参与规划、监督规划，对建设工程按照要求全部悬挂监督公示牌，确保审定一个项目，向社会公示一个项目，公示率达到 100%。全年发放《建设项目选址意见书》14 份，核发建设用地规划许可证 17 份、建设工程规划许可证 22 份、乡村建设规划许可证 35 份、规划竣工验收合格书 5 份。审批建设项目 49 项，各类用地面积（不含道路）15.8 万平方米，总建筑面积 12.3 万平方米。其中市政类项目 1 项，其他项目 48 项，总建筑规模 1.52 万平方米；规划竣工验收建设工程总建筑面积 9.86 万平方米。

【规划管理】 完善规划公示制度，对建设项目的用地面积、总建筑面积、容积率、建筑密度、

天水市城市总体规划（2015-2030 年）纲要征求意见会

绿化率等强制性内容全部按照要求，挂牌公示，进一步提高规划的透明度。对在建的阳光水岸、盛世阿阳、医药公司棚户区改造项目、龙山供销社棚户区改造项目、新建的商会大厦全部按照要求实行公示，悬挂公示牌 5 副，公示率达 100%。在动态跟踪管理中发现并处理 4 起违规案件，向执法局函告 5 起。对需要组织验收的项目工程，成立规划验收小组，按照规划验收的条件、程序和标准，予以受理或验收。对未按相关规定进行单项验收的项目，不进行规划综合验收，推动规划专项验收规范化运行。2017 年验收各类工程项目 8 项，其中商住开发项目 2 项，卫生项目 5 项，公益性项目 1 项。

张家川县规划局领导班子成员名录

局　长：李亚斌

副局长：李　强（回族，5 月离职）

赵掌平（5 月任职）

刘　铭（回族，5 月任职）

（供稿：吴清选）

房地产管理

【房地产市场运行】 2017 年，全县完成房地产开发投资 7000 万元，新开工建设商品房 9.6 万平方米 744 套。商品房交易面积达 5.83 万平方米，销售金额 2.19 亿元，交易商品住房 501 套。商品房买卖合同备案 2400 余份。提供档案查询 1600 余起，出具房屋查询证明 1600 余份。目前，商品房库存 5.31 万平方米，436 套，其中住宅面积

4.84 万平方米。全年完成房地产开发投资 2260 万元,同比增加 21%,房地产开发施工面积 31000 平方米,同比增加 83%。

【住宅成交价格】 从销售价格指数看，房价涨幅趋缓，商品住宅均价为 3760 元 / 平方米,同比增加 7.2%，环比增加 1.8%。二手住房价格为 3085 元 / 平方米,同比增加 0.6%,环比增加 2%。

【房屋所有权证办理】 2017 年全年办理产权登记 199 宗，其中房屋登记 156 宗，登记面积 1.54 万平方米，抵押登记 99 宗，抵押面积共计 8190 平方米,抵押金额 316 万元。

【保障性住房建设】 全年市政府下达全县新实施 272 户棚户区改造任务。结合全县实际情况，计划投资 3900 万元实施老城区棚改项目 100 户，计划投资 6708 万元实施原国税局棚改项目 172 户。老城区 100 户棚改项目采用货币化安置,目前正在进行拆迁安置协议签订中。原国税局家属区片区棚户区 172 户改造任务，计划按照熟化土地政策由政府返还开发商 70%~100%土地出让金后由开发建设单位自己消化拆迁费用。但由于甘肃省土地熟化政策已于 6 月停止执行，一定程度上影响了该项目实施进度。目前，经县政府研究决定,将该项目调整至张家川镇实施,计划对张家川镇西街村分散居住的住户进行零星拆迁，统一安置。安置地点为张家川县阿阳大道风情园对面,共计建设经济适用住房 629 套（含原国税局片区 172 套)。续建项目中,2016 年开工建设的龙山镇街亭小区项目,计划投资 9360 万元建设 21600 平方米 240 户棚户区安置住房；恭门镇凰祥小区项目，计划投资 11700 万元建设 27000 平方米 300 户棚户区安置住房。以上两个项目,目前已完成投资 6000 万元,已完成主体施工。

【保障性住房配租配售】 县和畅嘉园保障性住房小区共分三期建设,一期完成 2011 年 800 套廉租房建设任务和 420 套城市棚户区改造任务，二期完成 2012 年各项保障性住房建设任务,三期完成 2013—2014 年公租房、棚户区改造住房 932 套,目前小区主体工程已全部完工交付使用。和畅嘉园共建设经济适用住房 2787 套，共配售 432 套，剩余 2355 套,2017 年全年配售经适用房 95 套,共回收资金 1920 万元。建设廉租房 1600 套,共配售 1542 套，剩余 58 套,2017 年销售 42 套,共回收资金 1680 万元。

【租赁补贴发放工作】 按照实施意见对租赁补贴发放工作流程进行重新梳理，明确相关单位的工作责任,以保证补贴发放工作的公开、公平、公正。全年共计发放住房租赁补贴 712 户 1358 人,发放金额近 261.2 万元。

【物业管理】 发挥物业服务行业协调管理作用，加强对在县物业服务公司的法律法规宣传活动，对县城区域内所有商品房住宅小区的环境卫生情况进行专项检查，重点对个别小区居民反映强烈的垃圾斗暴满外溢,渗液横流,清运不及时问题进行治理，引导物业服务企业提升各小区环境卫生清理能力。同时,结合全县“三城联创”和“全域无垃圾治理”工作,重新对县城内所有居民小区的物业管理情况进行摸底,对小区的名称、地址、物管情况和“创卫”活动开展情况进行造册登记。对老旧小区印发居民物业管理规定、制度及日常管理资料,并积极与张家川镇、社区等单位进行联系,引导无物业服务的老旧小区成立业主委员会,督促未实行物业管理的居民小区进行规范的管理,进一步做好小区基础设施养护、环卫保洁和环境卫生管理,美化人居环境。

张家川县房管局领导班子成员名录

局　长:范志明(回族,11 月离职)
杨国峰(回族,11 月任职)
副局长:韩昌龙

(供稿:马华)

公用事业

【安全供水】 2017 年,水费收入突破 200 万元,同比增长 23%,新增自来水用户 300 余户,目前自来水用户共计 20000 户（其中卡式水表用户

2800户）。安装维修收入43万元，同比增长3%。防止出现爆管跑水，用户的水表、闸阀、水嘴等设施也在冬季会经常冻坏等现象，建立24小时轮流值班制度，值班人员24小时开机，在接到报修电话后迅速安排出动，及时处理跑水事件，保证群众财产安全，减少公司损失。全年安装维修水表124块，更换水表玻璃81块，安装更换水龙头35个，抢修爆管19处。抓好供水稽查工作，对城区卡式水表、基建工地和抄表发现的问题逐一解决，对无表用水、偷水、私接乱改用水、表坏用水用户进行严厉处罚，维护供水秩序。

【安全供热】 采取平衡供热的方法，安装流量阀，减少热能浪费，以达到降低能源消耗的目的。将距离热源近的管线降低供水流量，做到逐级控制热水流量，保证较远管线的正常供热。通过按用户热负荷分配流量，使每个用户室温达到一致且满足要求，降低循环泵电能的消耗，减少部分住户多余热量的损失。合理安排锅炉燃烧时间，注意调整煤层、根据供、回水温度有效控制鼓、引风机和“炉排”运行速度，巧妙地利用班组现有设施及时调整“双炉”或‘单炉”满负荷运行时间和程度，控制供水温度，减少浪费。做到5个结合，满负荷送热与单炉送热相结合，集中提温时满负荷燃烧，恒温送热时单炉燃烧；集中供热与间歇供热相结合，在供热时断可采用波浪式供热法，以减少住户室温过热现象发生；天气温度与送热时间相结合，初、末寒期：可根据炉况单炉送热，控制送热时间；严寒期：可采取集中波浪式供热或恒温供热，满足多数住户需求为主；煤质变化与锅炉燃烧工况相结合，适时调整煤层；集中供热与恒温供热相结合，避免住户室温过热、过凉，让社会采暖效果取得住户的认同。做好测温工作，实现和谐供暖。

【服务与管理】 做好住户来信来访记录，用数据体现工作量、接待量。住户报修时间、报修住户地址、报修部位室内或室外、报修种类漏水、不热，维修人、维修方式换件或临时处理，处理结果修好了或修不了，处理后的时间。把住户维修情况进行加工整理，存档，可查可看。文明用语、礼貌接待，做到耐心、细心、关心、将心比心；不争、不吵、不斗、不还、不动。文明上门、文明维修、文明询问、文明清尝、文明告辞。人员分工负责制，包片，包活，包量，包质，包服务。

张家川县水暖公司领导班子成员名录

经　理：马　晖（回族，兼党支部书记，6月任职）

副经理：马文波（回族）

　　　　　妥宝峰（回族）

（供稿：马建宏）

市场建设

【市场建设】 2017年，计划投资70万元，扩建张家川镇农贸综合市场。现已全部完成。张家川镇西城路社区市场，该项目占地面积4000平方米，建筑面积5000平方米，总投资1100万元，年度投资1100万元，已全部完成。张家川镇蔬菜瓜果批发交易市场，该项目总投资80万元，年度计划投资80万元，完成投资20万元。张家川镇和畅家园社区市场，该项目总投资60万元，年度计划投资60万元，完成投资30万元。

【市场管理】 以市场秩序综合整治为主，深入推进市场管理工作。环境卫生管理，对市场内的蔬菜、肉类、水产品、熟食等各类行业进一步规范化管理，联合食药监局与经营户签订食品质量安全责任书等，明确责任，在市场公示栏设置食品检测结果公示，落实不合格食品退市制度，做好市场场容场貌、卫生保洁、食品安全等规范管理工作，使市场规范化管理工作做到有章可循。市场秩序管理，对市场周边的流动摊点、店外占道经营、乱堆乱放进行全面清理、整顿。加大对市场周边机动车和非机动车辆的停放管理，实行专人引导和管理，确保市场周边停车秩序良好。落实长效管理，在市场周边配备管理人员，加强日常巡查管理，确保市场周边市容秩序良好。

张家川县市场建设服务中心领导班子成员名录

主　任:马小荣(回族)

副主任:任小刚

(供稿:张芳芳)

市容监管

【日常管理】 2017年,取缔人民路零散摊点、马路市场、游击摊点;对解放路、中城路长期存在的固定摊点,疏堵结合,归位经营;季节性水果、蔬菜等游击摊点,坚决禁止在马路上摆摊设点。有针对性地取缔各类马路市场,搬迁取缔阿阳大道和人民路的鸟类、活禽交易市场,全面清理城区内自发形成的各类临时交易点;搬迁取缔人民路花卉交易市场,确保人民路的畅通;清理取缔中城南路、西城路、中城北路等几处皮毛临时交易点。坚决清理露天烧烤,全年取缔规范占道烧烤摊点58家,规范烧烤经营门店17家,暂扣烤炉15个,公安机关立案查处1人,规范露天烧烤经营行为,净化空气。严查渣土运输车辆沿路漏撒行为,由执法局牵头,抽调公安、交警、运管等部门执法人员组成联合整治小组,在胡川和刘堡设立两处检查岗,严管重罚车辆漏撒行为,累计查处违规运输车辆150余辆(次),有效打击运输液体、散体物料车辆漏撒现象。对城区规划区域内的违法建筑进行实时掌控,做到早发现早处理,有效缓解城区乱搭乱建现象。2017年,县执法局已拆除违法建设6处,正在立案调查12处。整顿阿阳大道煤炭经营点,针对煤炭交易点污染环境的问题,执法局开展多次整治行动,组织执法人员,调用铲车,重点对南川桥头、原商贸城南门口煤炭交易场所占道经营行为进行集中清理整治,共规范煤炭经营场所8家,下发《责令限期整改通知书》17份,当场处罚1家,没收交易工具12件。开展河道垃圾清理工作,出动挖机4台(次)、拖板车2台(次)、反斗车一台,人员23人,对河道两侧沉积已久的垃圾及河道内漂浮的塑料袋、食品包装盒、尼龙袋、杂草等垃圾全部清理和转移。

清理占道堆放垃圾

【专项整治】 集中清理城区"牛皮癣"广告,全年清除电线杆、树木等涂写张贴的小广告3000余处;拆除各类墙体广告188处,有效遏制违章户外广告的蔓延势头;加大对机动车乱停乱放的管控力度,2017年张贴《违法停车告知单》680余份,移除人行道上的"僵尸车"19辆,有效地打击了长期占用人行道停车的违法行为。签订"门前四包"责任书,加强环境卫生监管。与城区内400多家单位、商铺、住户签订了"门前四包"责任书,全面落实四包责任,动员全社会参与城市管理工作。联合食药监部门对城区125家餐饮店进行油烟净化改造工作,安装油烟净化装置及使用清洁能源共96家。对未按期改造的29家餐饮馆已经全部下发《责令限期改正通知书》,并督促按期整改。加强"五堆""八乱"监管力度,下发限期整改书80份,规范施工现场70多处,治理工地扬尘污染30余处。拆除违法建设15家,违建面积1000余平方米;行政处罚5家,罚款金额60余万元;正在立案调查12处,有效缓解城区乱搭乱建现象。规范管理渣土车运输,全年处罚违规运输车辆285辆,当场教育违规司机680余人,确保城区道路干净整洁。全年给市、县级相关部门报送执法动态46篇;发放城市管理相关宣传资料30000余份,树立城管新形象。

【市场搬迁整治】 按照县委、县政府的决策部署,自2017年12月1日起,县执法局组织本单位执法人员和抽调单位工作人员共205人,出动执法车辆和后勤保障车420余次，联合相关职能部门开展市场搬迁整治行动，通过20多天的连续奋战，县城人民路、中城路、解放路、阿阳大道等主要街道的马路市场和影响市容市貌的“八乱”现象得到彻底治理，执法人员动员搬迁商户760余家，拆除占用人行道搭建棚伞190余处，清理占道堆放杂物、垃圾230余处，雇用挖机、铲车6台(次)，运输垃圾、杂物80余车(次)，规劝处罚倚门经商200余家，清理占道设置广告灯箱180多个，拆除私自设置路障5处，印发各种宣传资料20000份。

【执法宣传】 利用县政府官网、张家川县电视台、微信公众号等平台，开展城市管理法律法规宣传，以“人民城管为人民”为主题，广泛发掘和宣传先进典型事迹，积极传播正能量，努力营造“人民城市人民管，管好城市为人民”的浓厚氛围。

张家川县城市管理行政执法局领导班子成员名录

局　长：王　涛(回族)

副局长：马东武(回族，5月离职)

梁小荣(回族，5月任职)

马文峰(回族，7月任职)

(供稿：刘继斌)

环境保护

【环境质量】 2017年，全县PM10平均浓度91微克/立方米，PM2.5平均浓度为45微克/立方米，二氧化硫(SO_2)平均浓度13微克/立方米，二氧化氮(NO_2)平均浓度10微克/立方米，一氧化碳(CO)平均浓度1.5毫克/立方米，臭氧(O_3)平均浓度138微克/立方米，环境空气质量监测优良天数264天，优良率79%，城市空气质量综合指数4.30。地表水后川河水质得到明显改善，饮用水61个监测项目全部达标。环境噪声监测点平均等效声级43.2分贝，基本符合国家规定的居住环境噪声标准。化学需氧量、氨氮、二氧化硫、氮氧化物均控制在目标值以内，企业自行监测结果公布率80%以上，监督性监测结果公布率95%以上。

【防污减排】 强化燃煤锅炉淘汰整治力度，淘汰改造各类燃煤锅炉27台。城区集中供热脱硫脱硝投入使用，总投资约3亿元的北川热源厂建设项目，正在进行可研编制。加强煤炭经营场所管控力度，总投资2000万元的煤炭一级配送市场，目前正在进行基础施工。启动清洁能源改造即“三改一补”工作，完成城区重点区域1000户的改造任务。实施餐饮油烟及机动车治理工程，目前安装油烟净化装置116家，清理取缔露天烧烤摊点65家。报废黄标车22辆，注销老旧车312辆。污水处理管控与提标工作同步并举，城区污水处理厂除油工程和污泥干化处置工程进展顺利，新增污水管网工程已完成管道铺设工作。龙山镇南北河道水污染治理工程已完成工程任务的30%。结合“三城联创”创建活动和全域无垃圾工作，定时清扫、适时洒水，切实减少二次起尘。对城区破损路面进行修补，隔离带进行立体绿化，城区小巷道实现硬化全覆盖。加强烟花爆竹销售点管控，严格规范烟花爆竹燃放和殡葬祭祀行为，切实减轻对空气质量的影响。完成畜禽养殖“禁养区”划定工作，禁在禁养区搬迁关闭养殖场10家。深入推进“土小企业”整治行动，关闭砖瓦厂27家。制定印发《张家川县土壤污染防治工作方案》，积极开展土壤污染防治工作，严格落实建设用地准入管理，完成农用地土壤污染状况详查点位核实与取样工作。

【环境监管】 严格执行环境评价等相关规定，审批项目10件，验收项目7件，环评和“三同时”执行率100%。督促指导1家企业完成强制性清洁生产审核工作，4家企业开展“一考双评”工作、8家企业完成排污许可证换证和新增证核发工作。对全县重点污染源和一般污染源以及2处水源地进行全面检查。认真查处信访案件，受理办结信访投诉5件，查处解决环境问题16件。

张家川县环境保护局领导班子成员名录

局　长：李德录(回族)

科技活动与管理

【科技项目】 申报科技项目，争取市列项目2项,科技项目经费12万元。筛选2017年度县列科技项目6项,补助资金18万元。组织实施玉米秸秆压粒饲料营养强化综合技术试验示范、张家川县梅花鹿人工驯养产业提升技术研究、张家川县特色产业科技创新服务平台建设等科技项目3项。组织天水市科学技术进步奖的申请工作,获得天水市科技进步奖二等奖1项，三等奖2项的优异成绩。组织专家对2016年县列“高寒阴湿区冬小麦栽培技术提升研究与示范”和“张家川县冷凉地区油菜新品系的引进与栽培技术研究”项目;2016年县列“张家川县甜高粱新品种引进实验”项目;2016年“张家川县林业有害生物普查”项目进行验收并通过。

【科技宣传】 参与开展“三下乡”科普宣传活动。组织专家就农业、畜牧业方面的政策法规及种植、养殖技术向大阳乡闫庄村、恭门镇付川村、龙山镇汪堡村等地的群众进行了广泛的推广,咨询群众达1500人(次),印发科技宣传资料1800份(册)。参与全县第九个“防震减灾日”集中宣传活动,发放各类宣传资料1200册,展示宣传挂图8副。

【科技志编撰】 完成从1985年至2015年科技志编纂工作,时间跨度为31年,目前科技志编撰工作已完成,共9篇,43个章节,30余万字。

【专利挖掘与申请】 专利发明以工业企业为主向农业、畜牧、林业、教育、卫生等领域延伸,申请量逐年攀升,2017年专利申请量80件。

张家川县科学技术局领导班子成员名录

局　长:麻玉成(回族)

气象

【气象服务】 全年共编发决策服务材料149期,同时通过国突预警系统“12379”网络、手机短信、微信、传真、钉钉软件等公众服务渠道共发送信息量4.8万人次。与农业部门合作开展“直通式”气象服务,有蔬菜种植大户8户、果品种植大户5户、经济作物种植大户5户,养殖业大户10户,作为开展气象服务联系点,加强互动交流,开展“直通式”试验示范农业气象服务工作。完善农村气象信息队伍建设,加强信息员培训。据统计，全县共有气象信息员和协理员582人。同时创建张家川镇、龙山镇、大阳镇为标准化气象灾害防御镇。

【监测预警体系】 2017年全县有国家级地面气象观测站一个，区域气象观测站29个,2017

年9月，经国家局批准，把马关、关山牧场升级为国家地面天气骨干站。全年国家级自动站及时率、业务可用性均为99.99%；乡镇区域站、土壤自动水分站数据传输及时率分别为93.0%、100%。5月10日配合市局完成对国家级自动气象站装备的条码管理；9月—10月内对区域站部分采集器运行不稳的站进行购买更换，有效地提高了资料的传输率。综合观测系统运行监控平台（ASOM）运行顺畅，资料一体化系统（MDOS）转入正轨，为地面测报业务正常、可靠、安全的运行提供了有力保障。

【人工影响天气】 全县有人工防雹炮点11处，炮工36名，2017年已投入使用的9处。全年共组织实施人工增雨2次，发射火箭8枚；防雹作业53点（次），共计消耗弹药496发，防御区域内未出现雹灾。

【气象宣传】 积极参加县科协组织的科普宣传活动，利用“3·23”世界气象日、“5·12”防灾减灾日、“12·4”法制宣传日、科技周与志愿者社区宣传和11月28日对大阳镇、张棉驿乡信息员培训等机会，开展气象科普宣传，培训信息员350人，发放气象宣传资料1万余份。

张家川县气象局领导班子成员名录

局　长：裴古娥

副局长：高旭东（6月任职）

防震减灾

【建立应急指挥系统】 10月，由市地震局统一实施，市财政专列项目建设经费20万元，在张家川县建立地震应急指挥系统。应急指挥系统的建立，为抗震设防提供了高效有序的信息保障，满足了地震系统视频会议、震情趋势会商、业务交流等多媒体信息服务需求。

【防震宣传】 5月初，地震局教育局配合，组织学生观看防震减灾宣传片、电影等68场；利用课堂教学开展专题讲座412次；制作展板、报刊、专栏1324条。5月12日，举行以“防灾减灾救灾”为理念的防震宣传活动。发放宣传资料1.5万余份，悬挂横幅4条，制作宣传版面12个，悬挂防震减灾挂图15张，设立咨询台，解答群众700余人次。

【防震演练】 在全县各中小学、幼儿园开展地震应急疏散、灾后救护、消防灭火等演练活动621人次；各乡镇组织应急救援队开展应急疏散，灾后救护、消防灭火等演练活动600人（次）。组织张家川学区3所小学在东街小学参观了省级防震减灾科普示范基地。

张家川县地震局领导班子成员名录

局　长：毕维俊（回族）

副局长：马海荣（回族）

教育 体育

教 育

【概况】 2017年,全县有各级各类学校390所,其中幼儿园126所,小学75所,教学点166个,初级中学9所,九年一贯制学校8所,普通高中3所,职业中学2所,特殊教育学校1所。在校学生52433人,其中幼儿园及学前班10123人,小学24592人,初中11783人,普通高中4894人,职业中学1013人,特教学生28人。回族学生35753名,回族学生约占全县学生总数的68.2%。教职工4378人,其中专任教师4313人,专任教师中幼儿园541人,小学2191人,初中1091人,普通高中380人,中等职业学校110人。

【学前教育】 打造县四幼为标准化幼儿园,利用农村小学闲置校舍资源,运用"6+1"或"3+1"的学前教育办学模式,在21个千人以下行政村改造建设附属学前班,新增园位523个,解决贫困村适龄幼儿"入园难"问题。深入贯彻落实《3~6岁儿童学习与发展指南》和《甘肃省幼儿园保教管理指导意见》精神,组织幼儿园园长、教师外出西安、兰州观摩学习、研讨培训,提高师资质量。落实民办幼儿园奖补优惠政策,为5所民办幼儿园落实奖补资金90万元。对全县民办幼儿园开展了两次专项检查,规范办园行为。有3~5岁适龄儿童11298人,在园(班)幼儿数10123人,其中:在园幼儿10091人,学前班幼儿32人;学前一年、二年、三年毛入园率分别达到102.11%、90.67%、89.6%。

张家川县新建小学举行庆"六一"文艺活动

【义务教育】 把义务教育阶段"控辍保学"工作确定为教育重点工作之一,主动提高控辍保学工作在年度目标责任书考核中的比重,协调乡镇、学校、村(社区)齐抓共管,督促各学校加大学困生帮扶力度,改进教育教学方法,确保适龄少年儿童不因贫失学、因厌辍学。全县2017年预脱贫的2936户2486名适龄少年儿童没有失学辍学现象,有力保障了精准脱贫。认真贯彻落实《中华人民共和国义务教育法》,严格落实义务教育就近划片招生和九年一贯对口招生政策,按照国家规定的课程改革方案开足开齐各门课程,严格控制学生作业量,学生的课业负担得到有效减轻。推进义务教育学校标准化建设,对规划达标的31所学校进行了评估验收,县域内义务教育城乡差异系数有了一定程度的缩小。全县所有进城务工人员随迁子女全部实现就近入学，留守儿童关爱体系基本建成,“三残儿童” 平等接受教育的权利得到有效保障。小学适龄儿童入学率为100%,小学毕业生升学率为90.98%，九年义务教育巩固率为93.5%,“三残”儿童少年入学率达到83.9%。

【普通高中教育】 落实国家普通高中课程方案,按各学科课程标准开齐了必修课,科学指导学生选修课,并完成了各学段的学分。组织召开全县高考备考研讨会和高中质量分析会,努力促进高中教学质量。联合天水恒顺地产公司,在县一中高一级设立“恒顺班”,企业为该班56名学生每生每年资助2000元完成三年高中学业。2017年高中阶段招生1598人，安排县一中将50%招生指标均衡分配到各农村初中学校，高中阶段毛入学率达到91.6%。2017年高考各类本科上线677人，应届生重点本科上线228人,较2016年增长51个百分点，应届生正式本科上线494人，较2016年增长10.27个百分点，共有1939人被各类高校录取,录取率达89.6%,高考成绩实现了再次提升。

【中等职业教育】 全县有中等职业学校2所,其中民办1所。按照教育精准扶贫工作任务,县职教中心共举办了3期清真拉面师培训班,培训学员421人。本年度全县中职招生465人,毕业638人，毕业生就业率达到98%以上。投资2500万元的职教中心实训楼完成主体工程。

【成人教育】 全县有农民文化技术学校261所,学校充分发挥远程教育设备的作用,累计举办果树栽培、烹饪技术、养殖技术、家政服务等各种实用技术培训653期，培训人数1.05万人次;利用农闲时节举办扫盲班,共扫盲1500多人。参加2017年高等教育自学考试9人,17科次,其中学历考试5人,14科次，教师资格考试105人,221科次。

【民办教育】 全县有民办学校13所，其中幼儿园12所,职业学校1所,在校学生3171人,聘请教师183人。中等职业学校为县阿拉伯语言学校,设有阿拉伯语言专业,2017年共有在校学生342人,当年招生131人,毕业43人,毕业生在国内外各行业中从事阿语翻译工作,就业率达到100%。

【教师队伍】 集中开展师德师风整治活动,解决教师队伍建设中存在的突出问题。依托“国培计划”项目,组织7970人(次)参加中小学教师各级各类继续教育培训,安排494人(次)进行了幼儿园教师能力提升专项培训。实施教育人才锻造工程,调整选聘中小学校长55名,考察任用学校中层管理人员39名，公开招考补充教师160名,解决了乡镇间128名教师借调遗留问题，为县内7所学校公开遴选教师67名，安排24名教师开展了“三区教师”支教活动。全县小学专任教师学历合格率达到99.95%，大专以上学历占79.6%;初中专任教师学历合格率99.8%，本科以上学历占77.2%;普通高中专任教师学历合格率92.5%,研究生以上学历占7.6%;中等职业学校专任教师合格率为76.4%,双师型教师占27.6%。专任教师中有高级职称264人,中级职称1292人,中级以上职称占专任教师总数的36.1%；专教师中有研究生以上学历29人,本科学历2268人,本科以上学历占专任教师总数的53.26%。生师比分别为小学11∶1、初中11∶1、普通高中13∶1、中等职业学校12.2∶1。

【督导教研】 开展义务教育均衡发展标准化学校建设评估认定工作,全年完成31所义务教育阶段学校标准化建设县级达标验收,其中16所学校通过市级评估认定。教育主管部门按照计划落实教研经费,加大教研员队伍建设,在全县范围内新聘兼职教研员89名。开展2017年度“一师一优课、一课一名师”、公开赛课等活动,组织56名中小学教师开展全县中小学教师优质课评选活动,分学段组织600余名教师开展全县初中、小学联片教研活动,分阶段召开两次高考、中考备考研讨会,42名优秀学科教师交流教学经验。

【教育惠民政策落实】 按照“发展教育脱贫一批”的总要求,全面落实各项教育惠民政策。全年免除19032人(次)在籍在园幼儿保教费978.56

万元,免除5215人(次)建档立卡贫困家庭高中就读学生学杂费和书本费239.58万元,免除265名建档立卡省内高职在校生学费132.5万元,为2599人(次)普通高中学生发放助学金259.9万元。为1362人(次)中职生发放助学金136.2万元,免除1850人(次)中职生学费185万元。为1190名大学生办理助学贷款708.1456万元,其中建档立卡贫困家庭大学生贷款499人284.386万元。47名建档立卡贫困家庭学生享受贫困地区定向招生专项计划政策,被高校录取。

【教育项目建设】 投资5550万元,完成2016年"全面改薄"续建项目23个,新建校舍面积19050平方米。2017年建设项目涉及学校39所,总投资8236.85万元,开工建设22所,17所年底前完成了招投标。为93所学校购置发放1149万元的录播教室、音体美器材等教学设备。投资363万元的6个2017年转移支付项目投入使用。投资657万元建成教师周转房项目1个,专项转移支付项目6个。为350所学校安装调试2016年"全面改薄"省级集中采购"班班通"设备1005套。2017年全县校舍总建筑面积48.1万平方米,生均建筑面积小学8.0平方米,初中11.16平方米,普通高中16平方米,中等职业学校13.9平方米。

体　育

【概况】 各级各类学校把"立德树人"作为学校工作的根本任务,成功创建省级德育示范校2所。扎实推进学校体育工作,成功举办2017年"县长杯"校园足球比赛和全县青少年校园足球锦标赛,选派三支队伍参加全市"市长杯"青少年校园足球冠军杯比赛。全县214所学校严格按照《国家学生体质健康标准》开展国家学生体质健康数据测试工作,数据上报率为100%。组建成立张家川县农村学校艺术教育援教联盟,帮助指导学校开展形式多样的艺术教育活动。不断加大对学校传染病和艾滋病预防、禁毒知识、国防知识的宣传教育工作,2017年全县没有发生传染病和食品卫生安全事故。

庆"五一"全民健身篮球比赛

张家川县教育体育局领导班子成员名录

局　长:王小键

副局长:李伟杰(回族)　王国忠(5月任职)

马耀武(回族)　姚玉琴(女,回族)

党委副书记:马忠义(回族)

纪检书记:马志千(回族,3月离职)

马正荣(回族,3月任职)

(供稿:苏孝义)

文 化 旅 游

文 化

【基础设施建设】 2017年，完成15个乡镇综合文化站三级以上定级达标，配备48万元的设施设备，提升乡镇综合文化站运行力。按照中宣部《贫困县村级综合文化服务中心覆盖工程》“七个一”建设标准，总投资4200万元，完成255个行政村综合文化服务中心（包括15个村综合文化服务中心示范点）建设任务。其中，建成标准较高的一类综合文化服务中心75个，二类综合文化服务中心180个，并为乡镇综合文化站及每个村配备全套文化器材及部分村广播器材，价值总计约500余万元。县财政安排360万元扶贫专项资金，提升完善47个预脱贫村村级综合文化服务中心（乡村舞台）各项考核指标。甘肃省广电网络公司总投资3400万元，完成255个行政村数字电视网络全覆盖（宽带乡村）工程。总投资400万元完成中央广播电视无线数字化覆盖二期工程马鹿镇小岭子梁转播台和马关镇新义梁转播台。建成社区综合文化服务中心3个。建成乡村记忆馆15个。提升完善农家书屋272家。建成农村固定放映点3个。创建村级文化文体社团269个。完成“文化集市”命名并授牌天水羲皇阿胶有限公司为“文化集市”生产基地，张家川云鼎陶文化传播有限公司为“文化集市”固定经营点。全年争取各类项目资金5549万元。

贯彻十九大翰墨颂党恩文化艺术交流

【群众文化活动】 以学习宣传贯彻落实中共十九大精神为主题，先后举办“喜迎十九大文艺颂中华”大型系列文化文艺活动总计60场次。通过民间社团组织，开展“爱我中华喜迎十九大”全域群艺集中展演活动。县文化馆承办2017年正月十四春节社火展演活动，承办张家川县第二届“关山文化旅游节”文艺演出。邀请省内外花儿专家与张家川县花儿歌手进行交流，赴天水市参加2017年伏羲文化旅游节非物质文化遗产展演。张家川花儿演唱团赴清水参加轩辕文化节友情演出。举办张家川县第一届广场舞大赛，共有40个代表队近千人参加比赛，评出一等奖1个，二等奖4个，三等奖6个，优秀组织奖14个，精神文明奖15个。承办“天水三江共流长”2017“文化动车丝路情天水行”（西宁、天水）两地公共文化交流活动。编排文艺节目,到川王镇参加“和谐团结谱新曲,花儿唱响鱼水情”民族团结进步文艺演出活动。组织文艺小分队,到县中队进行建军90周年慰问演出。县博物馆利用节假日开展系列社教活动20余(场)次。借助公共文化服务建设部分资金,县文化馆改造提升“非遗”陈列馆,县博物馆改造建成临时文物展厅及文创产品展室,局机关改造建成张家川县文化艺术交流中心和安全播控中心,其中文化艺术交流中心多次承办大型文化交流活动,填补全县无对外开展文化交流中心的空白。县图书馆推进数字图书馆建设,建成多功能厅,先后购置数字阅读机、报刊期刊阅读机和少儿娱乐一体机,添置大量图书,完成图书馆评估定级工作。举办“4·23”世界读书日和全民阅读活动,开展“优秀农家书屋”“耕读人家”“农民读书明星”“优秀农家书屋管理员”评选活动,张家川镇峡口农家书屋被评为四星级农家书屋。县文化广播影视局荣获全市农家书屋管理工作先进单位称号。启动农村电影扶贫放映季活动,全年完成农村电影3072场(次)放映任务,观影人次达8000余人(次)。扶持发展太平洋影城建设,使其成为丰富城乡群众文化生活的重要场所。举办张家川县第一届广场舞大赛和张家川迎新年读书朗诵比赛暨系列文艺展演颁奖晚会。受邀参展由中共陇县县委、陇县人民政府主办的陕甘宁三省(区)十一县(区)“大美关山”书画联(巡)展,参加书画家21人,展出书画作品12幅、书法作品9幅。受邀参展由中共清水县委、清水县人民政府主办的秦州—麦积—清水—张家川县四县(区)“中国梦—翰墨缘”书画联(巡)展,展出书画作品30幅。完成“翰圆澄怀”系列丛书的出版。300余幅作品参加国家、省市、县级书画交流展,并在不同期刊上发表。组织文化馆专业人员赴基层文化辅导150天(次),针对类别开展培训。配合各乡镇开展“乡村舞台建设”开展各类文艺演出及文化辅导30余次。

【非物质文化遗产保护】 组织专业人员及非遗传承人,参加由甘肃省文化厅主办,甘肃省非物质文化遗产保护中心、酒泉市文广新局、天水市文化和旅游局承办的2017“丝路记忆”全省国家级省级传统戏曲类非遗项目,天水市非物质文化遗产保护成果展演活动,演出3场,观众达到上万人。非遗保护小组于张棉驿乡田湾村摄制皮影戏,张家川花儿风歌曲《河里的石头翻三番》11月参加第十五届中国西部民歌(花儿)歌会并获铜奖。完成2017年花儿专项资金申报工作、非遗传承人考核,张家川县皮影戏传承情况统计工作。完成张家川县2017年“文化和自然遗产日”系列宣传活动,发放非物质文化遗产宣传册3000余份,《张家川县民间文学辑录》1000余本。张家川“小儿锦”和皮毛制作技艺入围第四批甘肃省非物质文化遗产代表性项目名录。成立张家川县“花儿”民间艺术协会。2016年度县文化广播影视局荣获全市“非遗”保护工作先进单位称号。

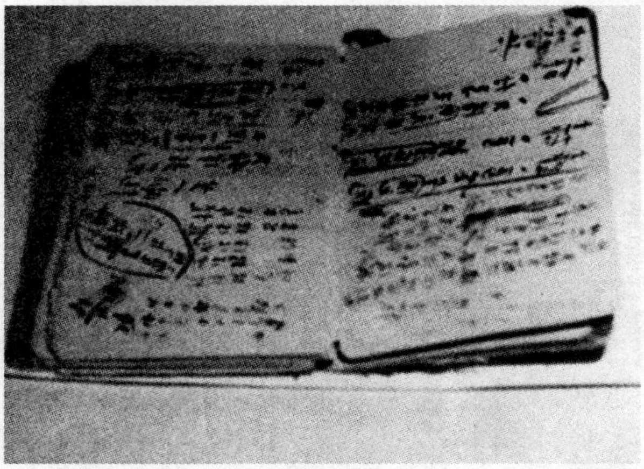

小儿锦笔记

【文化产业开发】 2017年,全县文化产业增加值3亿元,增速17.8%,文化企业入库23家,招商引资13亿元,到位资金0.8亿元,资产总额0.28亿元,从业人数1073人。

文化市场管理

【文化市场监管】 参加省市有关文化市场管理暨“扫黄打非”培训活动,制订出台《张家川县文化旅游市场综合执法提升行动实施方案》。联合公安、工商、消防、环保等部门开展元旦、春节、开斋节期间文化市场安全隐患排查治理,开展高考期间校园周边文化市场专项整治行动等联合行动。组织举办安全生产暨法律法规培训班2期,46人(次)制定《张家川县文化市场突发事件应急处置预案》,开展春秋季教辅市场专项治理活动,娱乐演出市场专项整治行动、艺术品经营单位专项检查行动等,出动执法人员204人(次),检查经营单位312家(次),处罚经营单位5家。制订《张家川县文化娱乐行业转型升级实施方案》,将张川镇设为全县转型升级示范区,确定瑞都夜总会、盛世格林歌厅为全县文化娱乐行业转型升级示范企业。配合甘谷县对全县文化市场进行明察暗访,与麦积区开展了交叉执法活动。

【娱乐演出市场专项整治】 开展“清源”“固边”“净网”“秋风”“护苗”和校园周边专项治理等六大专项行动。打击政治类、宗教类、淫秽色情类非法出版物和侵权盗版出版物以及非法新闻采编、印刷发行活动,加大中小学教辅教材出版发行、游商地摊违法违规经营行为的查处力度。加强对旅游景区、旅行社、旅行社服务网点、旅游中介等机构的管理,开展非法卫星接收设施、“黑广播”和境外卫星电视节目的专项整治,确保全县文化旅游市场健康稳定。建立健全“联动机制”,加强与公安、工商、安监、环保等部门协调,做到“联合执法”经常化。按照“七进”“十有”“五无”要求,推进“扫黄打非”进基层工作。全年出动执法人员285人(次),检查各类场所640余家,含宾馆2家(次)、旅游景点4家(次)、城区网吧5家、娱乐场所14家、学校21家(次)。处罚出版物市场5家,收缴各类非法出版物126册,处罚歌舞娱乐场所1家,网吧6家,其中网吧停业整顿2家。全年收缴各类非法出版物126册。

【艺术品经营单位行业普查】 向全县各艺术品经营单位下发《张家川县文化广播影视局关于开展艺术品经营单位备案登记的通知》,开展艺术品经营单位行业普查工作。出动执法人员120人次,执法车辆10车次,走访乡镇15个,深入重点商业密集区、农贸市场、车站、物流快递单位摸底调查,查清全县从事艺术品经营活动的单位有15家,符合备案要求的有6家,无营业执照经营的8家,取缔不规范经营户1家。

图书馆

【概况】 新购置报刊密集架及书柜、报架、期刊柜,并安装投入使用;建立多功能厅、古籍及地方文献保护室;报纸、期刊订购在2016年基础上增加了10种,达到73种,购置新书2235册,购买《回族典藏全书》235册,全年图书借阅量为1.3万册(次),接待读者2.12万人(次)。

【全民阅读宣传周】 贯彻落实《天水市2017年“书香天水”全民阅读工作实施方案》,推动全民阅读和加快“书香张川”建设步伐,举办以“书香传家、成就梦想”为主题的朗诵比赛,开展图书宣传周活动。在县中队和县一中建立流动图书站,简化程序由一次集体借阅100本提高到一次220本。针对中小学生开展寒、暑假有奖阅读活动,针对农民读者开展流动图书车送去农技科学读物。在4月23日“世界读书日”当天,走进新建小学和张川镇中学校园,展板宣传读书活动,激发学生阅读兴趣。同时,在电视台、网站、微信公众平台、QQ群等媒体,宣传全民阅读活动。“八一”建军节,流动图书车开进武警中队,进行流动图书站图书更新,丰富官兵们的军营文化生活。配合“2017全国少年儿童阅读年”活动,举办“2017年全县中小学生寒暑假有奖阅读”活动,利用购进的云屏数字借阅机、歌德报刊借阅机、儿童学习娱乐一体机、盲人听书机,加快数字图书馆建设的步伐。

文物保护

【馆区建设】 完成“恭门镇历史记忆馆”“张家川县云鼎陶文化陈列馆”“张家川非物质文化遗产陈列馆”“马家塬遗址博物馆”“张家川回乡文化风情园”五个历史再现博物馆、展览馆免费开放,建成“一园十馆”文化遗产“历史再现”工程,张家川云鼎陶文化陈列馆入选甘肃省第四批“历史再现”工程博物馆。

【文物保护】 总投资600多万元完成马家塬遗址安防工程设计方案，通过评审。以文化遗产“历史再现”工程为载体，建设张棉驿驿站记忆馆和马鹿关陇风物记忆馆。加大河峪摩崖石刻保护力度，委托麦积山石窟研究所编制河峪摩崖石刻保护规划。张家川县河峪摩崖石刻和宣化冈入选甘肃省第八批重点文物保护单位。截至2017年11月，张家川县全国重点文保单位有1处，省级文保单位6处，县级文保单位72处。共录入、收藏可移动文物2187件(套)，完成收藏文物的100.00%，实际文物数量15876件，其中上报文物2187件(套)，一级文物20件(套)，占所有上报文物的0.91%；二级文物61件(套)，占所有上报文物的2.79%；三级文物279件(套)，占上报文物的12.76%；一般文物1822件(套)，占上报文物的83.31%；未定级文物6件(套)，占上报文物的0.27%；录入1791件文物信息，提交报送1560件文物信息。

旅游

【概况】 实施宣化冈、老庵寺和街亭遗址3个特色景区旅游管理体制改革试点，完成回乡风情园智慧旅游平台建设；云凤山国家4A级景区和马鹿镇黄龙山大正觉寺A级景区创建工作尚在进行；启动创建旅游名镇1个(马鹿镇)、旅游名村1个(寺湾村)。推动张家川“花儿”、付川小曲、张家川口弦等传统民俗剧目和非遗传承项目旅游旺季进景区、进宾馆、进剧场、进茶苑，共同培育旅游演艺市场；编制完成《张家川县文化旅游资源开发利用工程实施方案》，由陕西西安开元文旅集团承担编制的《张家川县旅游总体规划》进入实质性编制阶段。完成20座旅游厕所改建新建任务，创建旅游名镇1个，旅游名村1个。创建智慧旅游饭店1家、智慧旅游商品企业1家。借助关山文化旅游节，与甘肃盛华文旅集团签订《张家川县旅游投资开发项目框架战略合作协议》，与甘肃建投签订《南河风情线项目战略合作协议》和《南北山城市森林公园项目战略合作框架协议》，总签约额达13亿元。制定出台全县旅游床位工程实施意见，新增社会饭店1家、床位120张开展“乡村旅游创客行动”，发展农家乐7户，带动农村就业43人；举办参与各类旅游培训班5期150人(次)。全年接待游客120万人(次)，同比增长28.5%；综合收入6.73亿元，同比增长29.5%，其中乡村旅游接待人数12.26万人，增长28.3%，乡村旅游收入达6984.86万元，增长30.2%。

【旅游宣传】 举办张家川县关山文化旅游节，协同举办了由市文化和旅游局、县委宣传部牵头的“影像张家川，魅力秦家塬”全国无人机旅游摄影大赛，协助甘肃省电视台《财富天下》栏目组拍摄《浩荡大关山，壮美张家川》文化旅游宣传片，参加天水市文化旅游论坛，敦煌市文博会，申请《张川旅游》微信公众平台，参与了秦家塬风景区环保行志愿者公益行动，参加武山县水帘洞祈福节、清水轩辕文化节等节会，加强与兄弟县区的联系。

【文化产品】 首款文创产品《关陇古道》丝卷在张家川——清水两县馆藏书画精品交流展暨水烟壶展览上首次亮相。该作品采用中国古地图传统方式——手卷式，长2.08米，幅宽0.34米，分印花和提花两种技法绘于丝帛之上，重点描绘丝绸之路和唐蕃古道在关山左右的路线图，起点为唐长安城，以羲皇故里(秦州)收尾，收纳包括长宁驿、邽县遗址、东汉摩崖河峪颂、轩辕故里、大地湾遗址等在内的20多个地名。

广播电视

【新闻宣传】 县电视台实施完成160万元的县广播电视制播能力提升项目，解决全县广播电视播出设施和采编设备滞后等问题。推出主题报

文化系统宣传秦家塬环保行志愿者活动

道、系列报道、跟踪报道和深度报道。在《今日张家川》栏目中开辟专题栏目，宣传国家大政方针和县委县政府的决策部署。立足本地实情，创办《亮点》《贴近》《记者走基层》《学习园地》等栏目。完成并播出航拍宣传片《航拍回乡风情园》《航拍张家川》。制作大型宣传片《张家川·穿越》，策划拍摄风情旅游泛纪录片《行车张家川》《弘扬塞罕坝精神 保护绿水青山》节目在天水电视台今日头条播出。开设《十九大时光》《学习贯彻十九大精神》等栏目，宣传党的十九大精神。局属各单位先后开通微信公众平台，宣传张家川文化（旅游、广电、文物）工作动态。2017年，县电视台共播发电视新闻1410条，其中上送市台新闻210条，刊播76条。全局有6人受到县委县政府“优秀新闻工作者”奖励。县电视台2人获得市委宣传部“好记者讲好故事”荣誉，6篇新闻稿件获“天水市新闻奖和县委宣传部好新闻奖”。

【安全管理】 中央广播电视无线数字化覆盖工程有序推进，完成园树梁高山台站基础设施建设，争取资金3400万元，实施农村广播电视网络全覆盖工程（宽带乡村）；加强对文化市场出版物和广播电视广告、音像制品的管理，联合公安、工商等部门打击非法销售安装卫星地面接收设施行为，加强非法广播频率及干扰信号的监管与查处，确保全县广播电视传输安全。

【电影放映】 启动农村电影扶贫放映季活动，全年完成农村电影3072场（次）放映任务，观影人次达8000余人（次）。建成农村固定放映点3个，开展“送电影下乡”活动，全县12台数字电影放映机，在全县255个行政村开展每村每月放映1场数字电影的放映工作，放映农村电影3072场（次），观影人次达3.3万余人（次）。

张家川县文化广播影视局领导班子成员名录

局　长：孙志平（兼党组书记）
党总支书记：马国栋（回族，兼党组副书记）
副局长：王江涛（女）
安耀军（回族，兼旅游局局长，5月任职）
哈国玉（回族）
杨东玲（女，回族）
纪检组长：苏建忠（回族，12月任职）
电视台台长：李玉明（回族）
电视台副台长：马云宝（回族）
马兰芳（女，回族）
文化馆馆长：李　霞（女，回族）
图书馆馆长：李春林（回族）
文化市场综合执法大队队长：李升平

（供稿：窦书勤）

卫生和计划生育

【概况】 张家川县卫生和计划生育局成立于2015年元月,局直属医疗机构和单位共30个(包括7个县级医疗卫生计生单位,1个社区卫生服务中心;5个中心卫生院、10个一般乡镇卫生院、4个卫生分院、3个卫生所),全县共有村卫生室255个,民营医院4所,个体医疗机构189所。各级各类医疗机构编制病床1320张,实际开放床位1190张(县医院330张、中医院220张、龙山镇中心卫生院130张、妇保所50张、14个乡镇卫生院300张、4个民营医院160张),每千人拥有床位3.46张。全县卫生计生系统专业技术人员有1115人,其中正高级职称6人,副高级职称58人,中级职称156人,初级职称895人。全县现有执业医师(含助理)354人,每千常住人口拥有1.1名执业医师(含助理),有执业护士429人,每千人拥有1.3名。全县有乡村医生285人。有离退休专业技术人员206人。

【医药卫生体制改革】 督促2家县级医院完成医保目录对码和新旧系统的切换工作,执行新的医疗服务价格收费标准。取消挂号费,降低大型设备检查及化验费用。县级财政每年列支400万元,用于县级公立医院综合改革。2017年全县新农合参合率为98.06%,人均筹资标准达到600元,全年共筹集到位新农合基金1.8亿元。实施新农合补偿费用即时结算和"一卡通"就医结算,全年新农合基金共补偿参合农民114.27万人次,补偿金额2亿元,住院实际补偿比达到64.7%。推进分级诊疗,将300个病种纳入分级诊疗管理,推行药品采购"两票制",预拨各医疗单位2017年药品零差率销售补助1128万元,拨付乡村医生实施基本药物制度定额补助资金137.28万元。基层医疗卫生服务体系建设力度加大,投资250万元在医院新址建成县医院重症医学科和新生儿重症监护病房,马鹿、平安、四方业务用房及职工周转宿舍建设项目完工,投资184万元的县疾控中心综合业务楼正在进行基础施工。

【计划生育】 2017年全县人口出生率13.25‰,人口自增率8.96‰,符合政策生育率98.5%,综合节育率达85%以上。开展免费孕前优生健康检查项目,共检查目标人群3112对(6224人)。全面推行网上生育登记服务,共开展网上生育登记服务510对。为奖励扶助对象、特别扶助对象、失独家庭、独生子女领证户、特殊困难家庭,发放奖励资金105.768万元。为计生"两户"家庭代缴新农保、新农合1242户3362人91.12万元,发放60岁以上老人养老补助金614人29.472万元。开展陇家福"健康百佳"评选活动,共推荐上报市级命名的先进单位(家庭)4个,先进个人14人。全面推进流动人口卫生计生基本公共服务均等化，为流动人口建立健康档案。

【公共卫生】 2017年，全县人均基本公共卫生服务经费补助标准从45元提高至50元，全年共到位资金1420.11万元。已拨付乡村两级1400万元，用于12类45项基本公共卫生服务项目。全县共报告乙、丙类传染病18种875例，死亡4例，无重大传染病疫情暴发流行。农村妇女“两癌”筛查工作，共检查3053人。实施孕产妇住院分娩补助、补服叶酸、婚前医学检查等一系列项目。

【中医药工作】 完成全县第二批三级中医师承教育工作的考核和验收，启动第三批中医师承教育工作。组织卫技人员参加全省西学中、中医类别全科医师转岗培训。举办2017年中医药适宜技术培训班，对全县各医疗单位的中医药业务骨干和部分乡村医生进行中医药基本理论知识和15项中医药适宜技术培训。

【执法监督】 全年检查公共场所124户次，学校、幼儿园62家，联合公安、工商、食药监等相关部门扎实开展了打击非法行医专项行动，共检查各级各类医疗机构136家，实施行政处罚20家，罚款3.5万元。

张家川县卫生和计划生育局领导班子成员名录

局长兼党组书记：张济安

党组副书记：李建峰

副局长：李　强（回族，5月任职）　李　煜
豆晓波　马芸静（女，回族）
王文军（回族）

纪检书记：祁生菊（女，土族）

妇幼保健

【概况】 农村住院分娩孕产妇补助2356人106.02万元，免费开展农村妇女“宫颈癌”筛查3053人，开展农村孕产妇艾滋病、梅毒、乙肝免费检测4646人，检测率达94.35%。全年增补叶酸预防神经管缺陷项目新增服用人数5604人，依从率达99.83%。

【孕产妇和儿童管理】 全县产妇总数4924人，活产数4945人，孕产妇管理4682人，系统管理率95.08%，住院分娩4943人，住院分娩率99.95%，高危孕产妇管理207人，孕产妇高危管理率和住院分娩率均达到100%，孕产妇死亡1例。7岁以下儿童系统管理34195人，管理率94.13%，婴儿死亡12人，婴儿死亡率2.43‰，新生儿死亡4人，新生儿死亡率0.81‰。

【新筛和听筛】 全年县内各医疗机构共开展听力筛查4681人，筛查率99.95%；开展新生儿疾病筛查4617人，筛查率98.59%，完成1200例新生儿多种遗传代谢病筛查任务，完成300例新生儿疾病筛查代金券项目任务，对153名农村孕妇进行免费产前筛查，对4126名儿童和105名教师进行健康检查并给予健康指导。

张家川县妇幼保健计划生育服务中心领导班子成员名录

主　任：马琼瑛（女，回族，5月离职）
铁建军（回族，兼党支部书记，5月任职）

副主任：王耀顺（5月任职）
马小凤（女，回族，5月任职）

疾病预防与控制

【概况】 张家川县疾病预防控制中心成立于2002年，是政府设立的实施疾病预防控制与公共卫生技术管理及各项服务的公益性事业单位，副科级建制，隶属县卫计局管理，其前身是1962年成立的张家川县卫生防疫站。在职职工28人，其中男14人，女14人，本科学历10人，大专学历15人，中专3人；副高2人，中级6人；初级20人。有离退休专业技术人员16人。中心内设办公室、财务室、传防科、免疫规划科、地方病科、结核病科、性病艾滋病科、慢病科、卫生科、检验科等10个业务科室。中心主要承担着全县疾病预防与

控制、突发公共卫生事件应急处置、疫情及健康相关因素信息管理、职业健康危害因素监测与控制、实验室检测分析与评价、健康教育与健康促进、技术指导与应用研究等七大职能。同时承担着社会委托的预防保健、公共卫生等方面的技术咨询、技术服务；参与社区卫生服务，开展预防保健门诊服务；为社会提供各类健康相关产品的卫生检测、评价报告等。是全县疾病预防控制技术指导中心，也是全县公共卫生检测检验中心。中心现有业务用房面积800平方米；新建综合业务楼1799.4平方米。

【传染病防治】 2017年全县报告乙、丙类传染病18种875例，死亡4例，报告发病率与去年同期相比下降0.11%；传染病网络报告及时率为100%，全年未发生爆发性疫情和公共卫生事件。

【免疫规划】 2017年接种疫苗103920剂次；全县儿童免疫规划建卡、建证率100%，疫苗接种率95%以上，报告确诊麻疹19例，风疹1例。

【结核病防治】 接诊肺结核可疑患者546例，确诊活动性肺结核病人187例，初诊病人查痰率43.41%，病原学阳性率3%。医疗机构转诊到位率93.33%，追踪率100%，追踪到位率88.24%。

【地方病与慢性病综合防治】 完成碘盐检测和碘缺乏病监测，2017年，全县累计高血压患病总人数为22149人，管理14007人，管理率63.2%，随访率3.49%；糖尿病2354人，管理1389人，管理率59.2%，随访率2.86 %；累计发现65岁及以上老年人17397人，体检11120，体检率81.82%。通过国家严重精神障碍信息管理系统登记录入确诊严重精神障碍患者1550人，在册管理1465人，管理率97.47%，规范管理率80.48%；规范服药率13.58%，稳定率93.47%。疾病谱排序上报566164例，其中，门诊553970例，住院12194例。

【卫生监测与检验】 对辖区相关人员检测1465余人（次），监狱羁押人员采样检测80人（次），求诊病人12人。检测布病111人，包虫病抗体检测658人（次），犬粪检测1000份，碘盐300份。开展农村义务教育学生营养监测。开展生活饮用水水质监测工作，对全县农村居民饮用水分别在丰水期和枯水期采样检测92份，并完成县城水龙头水每季检测上报工作及水质监测任务，监测结果每季度在县政府网站进行公示。

张家川县疾控中心领导班子成员名录

主　任：张田仓（兼党支部书记）

民政事务

【城乡低保】 完成城乡低保、农村特困供养提标提补工作，全县城市低保标准由341元提高到368元，月人均补差由302.5元提高到325元，月人均提高22.5元。农村低保指导标准提高22.6%，达到3500元，一、二类对象年补助水平分别提高到3500元、3300元，即一类对象由2016年的285元提高到292元，每人提高7元。二类对象由2016年的249元提高到275元，每人提高26元。三、四类对象月补助水平不再提高，分别为84元和58元。农村特困人员每人每年救助供养标准集中供养对象由年5998元提高到年6418元，即由2016年的月499.8元提高到月534.8元，每人提高35元。分散供养对象由年4923元提高到年5253元，即由2016年的月410.25元提高到月437.75元，每人提高27.5元。全年发放城市低保3453户6523人2564.17万元，为9户9名城市特困救助供养对象发放补差供养资金6.32万元，发放农村低保24624户67434人11436.92万元，发放农村特困供养对象保障金1473户1594人877.88万元。

【医疗救助】 全年救助城乡重大病患者8.25万人次(其中，资助参保参合7.26万人，救助农村重大病患者9902人)，发放救助金1613.9万元(其中，资助参保参合166.7万元，农村医疗救助1435.2万元，城市医疗救助12万元)。发放临时救助资金1091户4442人290万元。

【防灾减灾】 下拨冬春救助资金553.59万元，救助受灾困难群众29916人。

【社会福利】 全县有孤儿227名，为农村社会散居孤儿每人每月发放补助640元，按一折统形式发放补贴资金180.86万元。救助240人次，发放救助金5.68万元。落实残疾人“两项补贴”(困难残疾人生活补贴、重度残疾人护理补贴)政策，为全县2032名困难残疾人、2461名重度残疾人发放生活补贴、护理补贴，每人每月100元，全年发放残疾人“两项补贴”520.8万元。开展以助学、扶产业为主要内容的帮扶工作，帮扶孤残家庭2户，每户帮扶10万元。开展区划地名工作，编写地名普查目录3910条，录入地名词条3746条，建立数据库3743条，采集坐标3743条，完成普查任务的80%。开展地名标准化工作，为县城26条街道，255个行政村，69条巷子设置地名标志，设置标志牌305块。

【基层政权建设】 完成第九届村委会换届选举工作。全县辖15个乡镇，255个村委会，883个自然村，1275个村民小组，农业户口64232户，农业人口314547人，登记选民232190人，参加选举的选民206511人，参选率89%。经过依法依规选举，选出1094名村民委员会委员（女委员223名)，255名村民委员会主任（女主任1名)，27名副主任(女副主任9名)。选出945名村务监督委员会委员(女委员71名),255名村务监督委员会主任(女主任3名),4名副主任。完成第六届居委会换届选举工作。全县6个社区共有非农业户8453户,非农业人口27228人,登记选民17445人,参选选民13921人,参选率79.8%,选出社区居委会委员27人,成立第一届社区居监会,选出社区居监会委员23人。开展村居委会统一社会信用代码录入工作,截至11月底完成赋码系统录入工作,为全县255个村委会、7个城市社区居委会发放统一社会信用代码证书。加强社会组织登记管理,新登记社会组织13家,其中社会团体5家、民办非企业单位8家,变更法人登记26家,注销社会组织8家。全年登记社会组织340家,年检社会组织316家。

【优抚安置】 走访慰问驻军和重点优抚对象160名,重点优抚对象1212名,全年发放优抚资金900万元。安置转业士官3人,接收报到退役士兵42人,退役士兵免费职业技能培训21名。

【老龄工作】 开展《中华人民共和国老年法》《中华人民共和国老年人权益保障法》宣传活动,开展以"关爱老年人,欢庆十九大"为主题的活动,筹集4万元资金,对全县80名高龄老人进行走访慰问。全县有经济困难老人1148人,每人每月发放困难补贴100元。完善整顿15个乡镇、152个村的老年人日间照料中心以及乡镇敬老院,2017年新实施农村互助老人幸福院建设项目12所、城市社区日间照料中心建设项目1所。

【项目建设】 县儿童福利院项目占地面积3666.67平方米,建筑面积4311.91平方米,设有行政办公楼层、住宿区(床位140余张)、配给室、活动室、康复室、绿化区和儿童食堂,该项目设计总投资896.62万元,完成投资890万元。县东部中心敬老院项目建筑面积2152.62平方米,总投资498.63万元,设计床位48张,解决东部4乡镇(马鹿、阎家、恭门、平安)五保老人的养老问题,截至年底主体及装修全部完工,完成投资450万元。马鹿镇敬老院改扩建(总投资245万元)、张棉驿乡敬老院改扩建(总投资100万元)、大阳镇敬老院二期工程(总投资62.58万元)等3个项目均开展前期工作。

张家川县民政局领导班子成员名录

局　长:张世明

副局长:李　强(回族,5月离职)

韩兆芳(5月任职)

马建文(回族)　　刘永春

人力资源和社会保障

【概况】 人力资源和社会保障局是县政府负责全县就业再就业、劳务经济、劳动关系及养老、失业、医疗、工伤、生育、城乡居民养老保险等10多项具体工作的职能部门。单位行政编制14名,机关后勤服务人员编制2名。设局长1名,副局长3名,专职党委副书记1名,纪委书记1名。2017年7月,将张家川县劳动就业中心升格为张家川县劳动就业局,设一正两副局长,2017年9月,城乡居民医疗保险制度改革,将新型农村合作医疗办公室划归县人社局管理。

【城镇就业】 2017年完成城镇新增就业人数3030人,就业技能培训2245人,岗位技能提升培训215人,创业培训515人,小额担保贷款2600万元。

【劳务输转】 2017年全年输转富余劳动力6.85万人,年创劳务收入13.5亿元,开展技能培训9000人,其中开展精准扶贫贫困劳动力各类技能培训3565人,培训"张家川伊香拉面师"1276人,实现建档立卡贫困劳动力技能培训和劳务输转全覆盖。向新疆乌鲁木齐市水磨沟区输送高校毕业生22名(建档立卡贫困户高校毕业生3名),从事辅警工作,月收入3500元;向新疆喀什地区莎车县输送81名高校毕业生从事教师工作(建档立卡贫困户大学生23名)。

【民生保障】 全县城镇基本养老保险职工人数为3421人,失业保险参保职工人数6506人。征收基本养老保险金2806万元，征缴失业保险金85万元，其中养老保险清欠843万元，失业保险清欠21万元。发放养老金3882万元，发放率100%。发放失业保险金11.3万元，发放率100%。为未满三年的下岗失业人员发放养老保险补贴436人，221万元。为全县退休人员调整待遇，人均月增资163元。社保卡的数据采集14680人，入库13755人；城镇职工医疗保险费征缴3250万元，支出2500万元。城镇居民征缴264.67万元，支出485万元。工伤保险收缴146万元，支出96万元。生育保险收缴110万元，支出45万元；城乡居民基本养老保险应参保人数152111人，实际参保人数144708人，参保率95%。征缴养老保险费652.55万元，续保率75.96%。发放养老金2857.6万元，发放率100%。全民参保登记信息数据库录入317547人，占全县总人口的94%，险种信息录入共475284人(次)，完成率达95%。

【劳动监察】 2017年劳动合同签订率目标责任94%，完成100%。集体劳动合同目标责任85%，完成率90%。劳动保障监察举报投诉案件结案率目标责任95%，完成100%。解决拖欠工资658.7万元，涉及农民工315人。

【人事人才工作】 根据《天水市人力资源和社会保障局关于2017年市县区事业单位公开招聘工作人员的通知》精神，对全县1877名大中专毕业生进行资格审查、报名、组织考试，招聘110名大中专毕业生(其中：教育类50人，乡镇类20人，县直类15人，卫生类25人)；根据甘人社通〔2017〕196号和《天水市2017年选拔招募普通高校毕业到基层从事“三支一扶”工作公告》精神，对符合报考“三支一扶”岗位条件的429名全日制普通高校毕业生进行资格审查、报名，笔试公示后录用12人。根据《张家川县2017年公开招聘辅助执法工作人员公告》精神，对符合报考辅助执法人员岗位条件的1153名全大中专毕业生和36名退伍军人进行资格审查、报名、组织考试；对参加2016年继续教育公修课培训的6460名事业管理人员和专业技术人员给予登记；根据天水市人力资源和社会保障局《关于对上报2017年全市引进急需紧缺高层次人才岗位需求计划的通知》天人社发〔2017〕391号精神，经县委、县政府同意，上报计划引进急需紧缺高层次人才35人；给用人单位和个人提供人事代理526人(次)。安置2017年退出现役的士官4名。

张家川县人力资源和社会保障局领导班子成员名录

局　长：马　晖(回族)
党组副书记：吴志忠(回族)
副局长：马　德(回族)　李　平(回族)
张有学
纪检组长：杨书学
工会主席：陈建设
劳务办主任：肖晓春(回族)
劳务办副主任：妥　斌(回族)
劳动就业局副局长：高建忠(回族)
丁壮祥(回族)
资金管理中心主任：马军礼(回族)
医疗保险中心主任：张存国(回族)
新型农村合作医疗办副主任：谢　明(回族)

民族宗教

【民族工作】 第14个民族团结进步宣传月期间，召开张家川县争创全国民族团结进步示范县启动大会，省民委副主任秦耀、市委常委、统战部长温利平到会，并分别讲话。打造张家川镇查湾村、大阳镇刘沟村少数民族特色村镇，形成回族村镇文化。在张棉驿乡打造以张骞出使西域的丝路驿站文化园，在阎家乡打造以红色文化为主的“红色清真寺”建设内容初具规模。开展以进机关、进乡镇、进村社、进企业、进学校、进宗教场所“六进”活动，在各行各业培养典型，发挥示范作用。回乡风情园被命名为全省民族团结教育基地；县人社局、县职教中心、太极集团、大阳镇政府等单位被命名为全省民族团结进步示范单位；15户家庭命名为全省第一批民族团结进步示范家庭。建立民族团结进步宣传十里长廊和闫庄、庄子、下李、太原4个民族团结进步示范村。与人社部门的“牛肉拉面闯世界”、宣传部门的红色题材微电影《小儿锦》一起宣传全县各民族间团结进取精神风貌。

【宗教工作】 按照上级要求和朝觐工作报名排队办法,通过网上排名和省市审核,2017年办理朝觐人员相关手续135名,统送统接,完成朝觐工作。

张家川县民族宗教局领导班子成员名录

局　长:王小兵(回族)

副局长:马忠孝(回族)　张保珍

(供稿:王静峰)

张家川镇

【概况】 张家川镇位于张家川县中部，是县城所在地，为全县的政治经济文化中心。全镇总面积90.8平方公里，辖29个行政村5个社区，总人口69322人，其中农业人口50224人。全镇有基层党组织40个，其中党委1个，党支部39个，党员1501名。全镇主导产业为清真餐饮业、牛羊养殖业和商贸流通业，2017年全镇农民人均纯收入5874元。

【农业农村经济】 种植双垄沟播玉米1133.33公顷；缴纳玉米、马铃薯、小麦等农作物保险参保资金1.25万元；累计发放各类农业支持保护补贴318.49公顷261.43万元；完成27个村10540户4164.93公顷土地确权工作；开展春秋两季动物防疫工作，完成动物血清病样检测1000份，牛羊口蹄疫免疫6546头（只），圈舍消毒6.3万平方米；争取资金1960万元，实施背武、大堡、杨川、沟口、纳沟5村农业综合开发项目。成立产业专业合作社14个，培育发展规模养殖合作社6个，带动发展规模养殖户1545户，全镇畜禽总存栏量达48722头（只）。在纳沟、瓦泉2个村实施标准化核桃园48公顷。

【基础设施建设】 争取资金445.59万元，实施堡山、杨川、峡口、东关4村147户745人易地搬迁项目。投资947万元，实施大堡、背武、沟口、堡山、下仁、瓦泉、园树、纳沟、前山9个村31.9公里通组道路硬化项目。实施赵阳、下仁、瓦泉、崔湾、孟寺等村7公里通组道路硬化及油返砂建设项目。在背武、瓦泉2个村实施水毁堤防、护坡及桥梁建设工程，修建道路1.5公里、河堤150米、护坡50米，桥梁2座。争取资金1194万元，改造D级农村危房648户。投资104万元，实施南川、上磨、赵川、前山4个村1732户8961人安全饮水到户工程。争取资金422.71万元，实施大堡、赵阳、瓦泉、南川、崔湾、杨店、赵川、上川8个村“一事一议”道路硬化项目，硬化村内道路7.3万平方米。争取资金98万元，在赵阳、瓦泉各新建便民桥1座、在瓦泉新建河堤160米、护坡200平方米，在前山维修水渠160米。开展全域无垃圾工作，组建环卫队35个，购置环卫服装及清扫工具168套，动用挖掘机、铲车、垃圾清运车辆30余台（次），拆除广告牌120多个、清理乱涂乱画1200多平方米、清理道路杂物136吨，配备垃圾箱、垃圾桶270个、清理垃圾260吨。设总河长2名，镇级区段河长10名，村级河长50名，设置河长公示牌25个，安装护栏130米，对后川河南河、北河城区段进行集中清理，累计投入挖机18台156工时，投入人力860人次，清理河道34.7公里，平整河床15公里。栽植绿化树5400株，各类苗木8万余株。争取资金99万元，在大堡、杨川、赵阳、赵川、堡山、瓦泉、沟口、背武8村实施改善农村人居环境整洁项目,新建180米挡墙及围栏、安装路灯110盏、整修墙体2500平方米、广场排水硬化铺设500平方米、新建广场廊架1个。争取资金50万元,完成城区西街、西关2村土炕改造500个。

【精准扶贫】 推行扶贫互助资金“双助贷”,累计发放专项贷款2371户、近1.2亿元,累计发放互助资金802户1764万元。2017年有贫困村10个(大堡村、背武村、纳沟村、赵阳村、沟口村、杨川村、下仁村、瓦泉村、园树村、堡山村),非贫困村中深度贫困村3个(杨店、查湾、杨上),贫困户857户3688人,贫困发生率7.34%。

【社会事业】 完成孟寺村和西街村63户农户1.01公顷土地征收,拆迁2户,实现张恭二级路全线贯通;完成“宝兰客专”建设项目征地1公顷;完成阳光水岸与盛世阿阳小区建设土地征收遗留的3户农户0.7公顷土地征收,完成南部路网征地遗留问题上5户农户0.43公顷土地征收。启动西街村、东街村、西关村3村城乡一体化安置小区建设,协调办理西街村安置小区建设2.76公顷土地手续,建成3幢200套村民住房;办理东街村安置小区建设“三证一书”,申报批复1.6公顷建设土地。收缴2018年度“新农合”资金794万元、新农保9707人120.32万元;追缴养老保险疑似死亡人员资金4.9万元。落实最低生活保障、失地补贴、临时救助等政策资金,发放资金2941.4万元。开展城乡低保清理工作,调整城乡低保2100多人。办理流动人口婚育证明168例,完成免费孕前优生健康检查445例,发放奖励资金113人17.6万元,代缴计生“两户”“五保”、孤儿等优抚对象新农合、新农保807人14.5万元。实施杨川、沟口、赵阳、瓦泉等12村文化广场建设项目;争取县文广局支持,为29个村发放文化设备,为4个村配套体育健身器材。完成西城、南城、中城3个社区“一站式”多功能便民服务大厅建设;设立南城、西城、中城、北城4个社区老年人日间照料中心。开展食品药品安全专项行动10次,发放宣传资料4300多份,出动执法人员544人(次),抽样快检食品药品150种、检查食品药品经营户1793户、接待群众咨询700余人(次),办理食品从业人员健康证1029本。办理电动车驾驶证1100多本,发放道路交通安全告知书2万份,开展道路巡查36次。

【基层组织建设】 争取资金200万元,启动实施西窑、崔湾、纳沟、杨店4个村综合服务中心改扩建项目;完善背武、大堡、瓦泉、南川等7个村新建组织活动场所配套建设。整顿转化上磨村、东城社区、沟口小学等软弱涣散基层党组织3个,调整村级班子6个村8人,完成25个支部规范化建设。收缴党费5.3万元,培养入党积极分子9名,预备党员按期转正15名。开展“七一”表彰大大会,表彰先进基层党组织10个、优秀共产党员25名、优秀党务工作者10名,慰问困难党员35名。

张家川镇领导班子成员名录

党委书记: 马创成(回族)
人大主席: 麻继武(回族)
镇　长: 麻智斌(回族,兼党委副书记)
党委副书记: 王志刚
纪委书记: 马耀辉(回族)
纪委副书记: 马婉瑜(女,回族)
副镇长: 王　军　　付云周
钱　花(女)　马建光(回族)
武装部长: 赵亚斌

龙山镇

【概况】 龙山镇位于北纬35° 00′ ~35° 05′,东经106° 05′ ~106° 08′,地处县城西部,距县城15千米,东连木河乡、川王镇,南接大阳镇、西依马关镇,北靠连五乡,是全县的商贸重镇,也是全市唯一的皮毛集散地。辖20个行政村、1个社区,总人口10568户44652人,其中,农村人口7302户36598人,占总人口81.96%。耕地面积2093.33公顷,人均耕地面积533.33平方米。有皮毛交易、日用百货、建材等八大专业市场。是一个以清真餐饮服务业、皮毛贩运加工业、牛羊规模养殖业、劳务输出业为主导产业的回汉杂居镇。

【农业农村经济】 全镇种植全膜双垄沟播玉米566.67公顷，试验种植饲料玉米66.67公顷，推广种植全膜小麦100公顷。春季建园新增果园面积146.67公顷(其中：马河村苹果30公顷、连柯村育苗26.67公顷、榆树村花椒20公顷、汪堡村苹果33.33公顷、核桃13.33公顷、花椒6.67公顷、韩川村花椒16.67公顷)。新发展各类清真餐饮经营店100家，从业人员800人。发展养殖合作社2个、规模养殖场1个、养殖户50户。发展皮毛加工贩运户50户200人。采取"公司+专业合作社+基地+农户"模式，流转土地发展适度规模化经营，成立荣达果品种植专业合作社和裕丰果品专业合作社。流转土地192.07公顷建设集果品生产、科技示范、生态旅游、产业发展功能为一体的马河现代农业示范园区，栽植花牛苹果66.67公顷、矮化苹果53.33公顷、设施大樱桃20公顷，建成温室育苗大棚13座。扩大韩川村设施蔬菜基地规模，有大棚136座、冬暖棚1座、高位水池1座、配备百亩绿色蔬菜自动检测设备1套，全镇蔬菜大棚达到236座、牧草种植基地6个、规模果园7个，果树种植面积414公顷、牧草373.93公顷、蔬菜73.33公顷。免费培训养殖户247人(次)，发放养殖技术资料840余册。完成以夏洛莱、西门塔尔、细毛小尾寒羊等为主的牛羊品种改良1300余只。利用畜禽养殖废弃物，建成化粪池、沼气池4个。夏秋两季集中免疫家畜家禽2.38万头(只)。新建规模养殖场1个、养殖合作社1个，全镇养殖合作社达到26个、规模养殖场23个、规模养殖户1983户，各类畜禽存栏量1.86万头(只)。全镇清真餐饮从业人员达2185户1.16万人，年创收入1.5亿元以上；全镇皮毛贩运加工户752户2256人，年创收入2000万元以上。举办"伊香拉面师"、牛羊养殖、果树种植、"陇原巧手" 等各类培训班6期、700人(次)，输转农村剩余劳动力1.05万人，年创收入1.3亿元。完成春季绿化补植补造70公顷、退耕还林补植补造69.93公顷、建园146.67公顷、补植公路行道树25公里，栽植塔柏、香花槐、金丝柳、速生柳、侧柏、新疆杨等各类苗木共计9.74万株。

【基础设施建设】 总投资6200.92万元在汪堡、榆树、西沟、南梁4村实施易地扶贫搬迁工程(其中：汪堡村易地扶贫搬迁工程总投资1200万元，搬迁农户50户，一期工程36户主体全部完工；榆树村易地扶贫搬迁工程总投资1809万元，搬迁农户90户，主体全部完工；南梁村易地扶贫搬迁工程总投资1913.6万元，搬迁农户48户，完成一期30户主体建设；西沟村易地扶贫搬迁工程总投资1278.32万元，搬迁农户38户，主体全部完工)。新增8个村"一事一议"财政奖补项目，硬化村组道路1.92万平方米。实施农村公共服务运行维护机制项目17个，建设马河、韩川2村农机路2.9公里，砂化改造汪堡村道路3公里；汪堡村提水灌溉工程新建高位水池3个，压设引水管道2800米，架设输电线路3.2公里。实施清水河汪堡段流域治理，新建通村大桥1座，修建河堤2000米。建设冯塬、南梁、树坡、汪堡4个村文化广场。按照"三室分离，业务用房不低于60平方米"的要求，新建、改扩建村卫生室5个，完成D级危房改造75户。创建马河、汪堡2个省级"千村美丽"示范村，冯塬市级"千村美丽"示范村和西川、榆树2个县级"千村美丽"示范村。

马河村新农村航拍图

【精准扶贫】 入户核查2014年至2016年三年脱贫人口1682户8381人，精准识别47户272人回退对象。核实国家审计署驻兰特派办审计反馈疑似问题12条、市审计局反馈疑似问题994条，经核实不需整改的48条、已经整改的46条。推行"双线排序比对法"，建立25种册、单等软件资料，2017年脱贫5个村250户1403人。其中发展特色产业脱贫253人，劳务输出脱贫401人，易地搬迁脱贫93人，危房改造脱贫74人，医疗保险救助脱贫107人，教育脱贫73人，农村低保脱贫402人。

【项目建设】 将城区范围由官泉、南街、西门、北街4村扩大至北河、冯塬、西沟、汪堡、西川、韩川等共11村，郊区村为9村。新建续建重大项目21个，总投资达2.17亿元。投资1.2亿元建成"街亭小区"棚户区改造经济适用住房269套，完成街亭路步行街一期及附属工程建设，启动街亭路步行街二期拓宽改造工程，实现北滨河路、中城北路等8条城区主街道互联互通。实施城区道路改造工程，改造城区道路4.5公里，配套供热、供水等基础设施。投资105.64万元建设龙山镇汽车站一期工程。

【社会事业】 投资1200万元，建成新西小及第二幼儿园；投资813万元，启动建设马河村小学和幼儿园；实施龙山镇中学、汪堡小学改薄项目；新建、改建四方、汪堡、连柯、榆树、官泉、北河、郑家等村幼儿园10所。实施计划生育手术142例，免费孕前优生健康检查402对，育龄妇女综合避孕节育率85%以上，发放生育保健服务证137本。加强食品药品监督管理，与辖区5所学校、20个村、56家食品个体经营户、47家中小型餐饮店签订《食品安全目标管理责任书》，开展食品药品大型宣传5次、专项检查74次，快速检测60批次，没收扣押过期食品60箱(瓶)、过期药品2箱、过期化妆品25瓶(盒)，办理食品经营许可证32个、小作坊证11个，执法办案3起，处以罚金3000元。举办龙山镇2017年科技文化卫生"三下乡"集中活动，免费发放各类文艺书籍300册、宣传年画1000余张，免费书写春联500余幅、书画作品200幅，举办秦腔、歌舞演出4场(次)。创办老年大学龙山分校，鼓励龙泉艺术团、建成石器收藏馆等8个民间艺术团体开展文化活动。建成2000平方米的韩川村文化广场和200平方米的乡村舞台。组建88人的法治宣传队伍，利用"3·15""6·25""6·26""7·5"等节点日，开展普法宣传主题活动4场(次)，发放宣传资料3000余份，出动宣传车8台(次)，悬挂横幅5条，现场接受法律咨询、解答群众疑问200人(次)。排查各类矛盾纠纷76起，镇级排查解决16起，村级排查解决60起，调处率100%。设立"县乡村组"四级河长，实行环境保护网格化管理，设1个总网格长、3个副总网格长、40个网格长，清扫路面28公里，清理边沟渠36公里、绿化带杂草15公里、"五堆"182处、积存垃圾980吨。城区建成固定垃圾点23个、垃圾屋4个、投放大垃圾箱8个、塑料垃圾桶20个，配备保洁员36人，运行的垃圾清运车3辆、垃圾装载车2辆、手推式垃圾车18辆；农村建成固定垃圾点40个，为确定275名农村保洁员，配置手推垃圾车150辆、环保服装300套、火夹子300个。关停皮革加工厂1家、生鸡屠宰加工厂2家、皮毛脱毛生产加工厂5家、砖窑6家。

【基层组织建设】 按期完成村"两委"换届工作，调整6名村党支部书记和12名村主任。新培养入党积极分子45名，纳新党员14名。对近三年的村级账务、各类民生资金、扶贫资金发放情况进行核查，走访群众684户，发现整改问题79个、违纪违规问题线索5条，立案2起，处理村干部2人。运用"四种形态"监督执纪问责，约谈15人(次)、诫勉谈话3人(次)、效能告诫1人(次)、通报10起32人(次)、立案调查3起、给予党纪处分3人。

龙山镇领导班子成员名录

党委书记：陈金海

人大主席：赵金龙(回族)

镇　长：咸宝荣(回族，兼党委副书记)

党委副书记：马　敬(回族)

纪委书记：杨振坤

副镇长：李耀平　马小军(回族)

马小琴(女，回族)

武装部长：张思齐

(供稿：马勇)

恭门镇

【概况】 恭门镇地处张家川县城东10公里处，北纬34° 52′ ~35° 03′ 、东经106° 14′ ~106° 35′之间，东接阎家乡，南连清水县，西靠张家川镇，北与平安乡接壤，东北分别与华亭县麻庵乡、陕西省陇县毗邻。镇政府驻地西关村。总面积178平方公里，海拔1800米，年平均气温6.2℃，年降雨量653.4毫米，无霜期157天左右，属温寒半湿润区。全镇辖有27个行政村，137个村民小组，6108户，总人口28023人。其中，农业人口26793人，2017年底人均纯收入6150元。

【农业农村经济】 种植冬小麦1600公顷、全膜双垄沟播玉米333.33公顷、马铃薯466.67公顷、油菜213.33公顷、胡麻186.67公顷。办理小麦保险466.67公顷，马铃薯保险335.13公顷，玉米保险333.33公顷。补植补造各类苗木6.1万多株，新增生态护林员21人，全镇生态护林员达到47人，落实生态护林员报酬20.8万元。在古土梁、麻山梁种植各类树木10公顷，在S305省道沿线及村内适宜造林地带义务植树5000多株。建成养驴专业合作社2个，中蜂养殖合作社2个，新增能繁母牛400多头，新建成规模化养鸡场2个，发放铡草机244台，全镇有规模养殖户1536户，养殖场16家，养殖小区6个。

【基础设施建设】 根据全镇脱贫规划，实施张窑等10村总投资454万元"一事一议"项目，实现通自然村水泥路全覆盖。按照危旧房改造实施程序，启动2016年第一批151户危旧房改造项目。实施张良梁国土整治项目，整治毛山村、毛磨村土地376.67公顷，开展土地确权27村。实施美丽乡村建设工程，投资40万元建设城子村文化墙500米，投资110万元完成麻山易地扶贫搬迁点挡墙治理。

【项目建设】 启动实施凰翔小区经济适用住房项目，开工建设住房300套，主体完工8栋。规划设计建设农村文化服务中心27个、实施张窑"一事一议"财政奖补项目2.3公里、建成杨坡、团结至张窑"以工代赈"桥梁2座、实施2017年农村人居环境整洁项目两村5875平方米；在城子、西坡2村实施排水渠1200米，在柳沟、灵台、团结3村安装太阳能路灯75盏，在天河等5村新建垃圾池36个；实施麻崖、麻山村组道路硬化10.8公里；完成张巴梁国土整治项目81.31万立方米；投资14万元建成恭门镇生活垃圾填埋场。

【精准扶贫】 按照标准开展脱贫人口核查，回退4户19人，新纳入2户13人，剔除12户48人，整改完成61条审计反馈问题。比对评选"档内"重点对象158户651人，"档外"重点对象558户1904人。惠农政策向贫困户聚焦，实施完成贫困户易地扶贫搬迁76户、D级危房改造88户，收缴危房保险2525户7575元。申报基础设施建设项目296件，涉及资金1.59亿元。实施产业扶贫，因地制宜培育富民产业，种植核桃86多公顷，中药材20多公顷，紫花苜蓿133多公顷，年创收9万元以上。组织开展各类培训10余次，培训核桃种植、牛羊养殖等实用技能376人次，培训伊香拉面师300人次，累计发展大小清真餐饮经营店500多家、宾馆13家，输转富余劳动力3580人次，年创劳务收入7000余万元。全镇累计发放精准扶贫互助资金达1885万元，惠及贫困户724户，完成电子商务室4个，面向社会招募电商从业人员12名。实施教育卫生扶贫，落实"雨露计划"、省内精准扶贫高职（大专）学生学费减免等教育扶贫政策达35名；建立贫困户健康档案，开展健康检查10191人。

【社会事业】 全镇当年出生311人，符合政策生育率99.59%，人口自然增长率7.32‰，兑现计划生育奖励扶助对象42户4.66万元，完成孕前优生健康检查117对。投资190多万元新建中心小学教学楼1栋，总投资440多万实施水池村小学、张窑村小学、袁河村小学3个改扩建项目。全镇17个文化舞台建成并投入使用，发放文化器材25村，共计资金40多万元。完成27村"妇改联”工作,成立恭门镇工会,100多名农民工集中加入镇总工会。排查调处各类矛盾纠纷33件,转办结办信访案件27件。完成2017年清理清查和提标提补工作,清退低保户159户444人,其中,一类36户69人,二类39户113人,因家庭经济困难重新纳入444人;开展三留守人员(留守老人、留守妇女、留守儿童)排摸工作,摸底上报三留守人员190人;开展孤儿、经济困难老人、优抚对象及农村特困人员资金发放和审核申报工作,发放补助资金56.49万元;落实民政救灾资金及临时救助资金的审核、发放工作,发放民政资金44.8万元。开展“安全生产月”等专项行动,检查非煤矿山11次,消除安全隐患5件(个),纠正违规作业2次,发放整改意见书3份,禁止违法采砂2起;加强全镇31处滑坡点定时监测,开展汛期安全检查22次,培训灾害信息员等救灾骨干人员162人。检查镇村各类餐馆、小卖部等26家、医疗单位6家,推进交通安全管理“两站一室”建设,建成标准化劝导站27个,设置安全警示标志43处。

恭门镇领导班子成员名录

党委书记:李江宏
人大主席:马正国(回族)
镇　长:马文刚(回族,兼党委副书记)
党委副书记:马继荣(回族)
纪委书记:马小明(回族)
纪委副书记:铁志瑾(回族)
副镇长:马剑锋(回族)
马爱琴(女,回族)
马宏伟(回族)
武装部长:付义宏

大阳镇

【概况】 大阳镇位于张家川县城西南23公里处,北纬34°55′~35°01′、东经106°02′~106°07。东靠张家川镇、胡川镇,南邻清水县松树乡,西连秦安县陇城镇,北接龙山镇。镇政府驻小杨村。全镇辖24个村民委员会、95个村民小组、77个自然村,5116户,25543人。全乡平均海拔1930米,属温带半干旱浅山区,年平均气温7.6℃,年降雨量650毫升,无霜期159天左右。现有耕地面积2633.33公顷,其中粮田面积2566.67公顷,人均耕地1000平方米,2017年粮食总产量13011.9吨,农民人均纯收入5350元。大牲畜存栏9028头(匹),家禽存栏3.62万只,人口自然增长率7.2‰。固定资产投资1.07亿元,净增9.5%。

【农业农村经济】 推广种植双垄沟播地膜玉米800公顷,建成下李—疙瘩川连片333.33公顷双垄沟播地膜玉米示范点;在太原、闫庄、南山等合作社流转土地40公顷,种植饲料玉米40公顷。全镇建成规模养殖小区12个,新注册种养殖专业合作社7个,专业合作社累计18个。在小杨、大阳、河李、侯吴、中庄等5个村注册成立马家山庄、红土洼、努家园、农家宜、助民富等农民种养殖专业合作社7个,扶持发展种植油用芍药13.33公顷、花椒93.33公顷、核桃45.33公顷,养殖蜜蜂1200箱。

【基础设施建设】 投资660余万元,实施河李、南山等6个村道路硬化项目23.6公里;全镇通村组道路硬化实现全覆盖,小巷道硬化率从2016年的75%提高到90%。争取700万元南山梁土地综合治理项目和1300万元中庄梁农业综合开发项目。投资14.4万元,实施大杨村144户安全饮水改造工程。以大阳镇综合文化广场为中心,投资300万元,新建畜牧中心1处并主体完工;投资340万元,新建“五小工程”和附属工程;投资100万元,建成老年人活动中心1处;投资76万元,完成敬老院二期工程建设;投资180万元,安装太阳能路灯350盏;投资70万元,建美化墙3500米。建成小杨、陈阳、大阳3个新农村示范点。投资4000余万元,启动实施刘沟、中庄、河李、梁堡、双庙等5个易地扶贫搬迁建设,涉及244户1248人,其中贫困户159户743人。投资391万元,实施23个村级文化广场建设;完成贫困户农村D级危旧房改造125户。在云台山公园栽植紫荆780株，红叶李700株，侧柏1600株，香花槐800株、油松20000株；在庄子植物观赏园栽植珍珠梅、紫荆、牡丹、月季等苗木1.5万余株，在后沟流域栽植行道树5000株，在小杨村红土洼专业合作社和马家山庄专业合作社产业示范点栽植锁边侧柏2万株。投资6万元，为农村保洁员配置手推垃圾车100辆，并为每村配备保洁员10~15名，统一购置保洁服装366套。投资26万元，新建垃圾收集池65个，垃圾填埋点1个。

【基层组织建设】 投资140余万元，实施吴家、刘沟、中庄3村村级组织活动场所新建工作，全镇标准化村级组织活动场所实现全覆盖。发展党员19名，培养入党积极分子15名，转化软弱涣散党支部2个。

【精准扶贫】 新纳入贫困户7户36人，回退已脱贫户8户37人，剔除56户233人，自然增加264人，自然减少272人，遗漏430人。累计发放"双助贷"资金1377万元，到期收回186万元。组织开展"伊香拉面师"、蜜蜂养殖、畜牧养殖、特色种植等为主要内容的各类技能培训5期1000余人（次）。

【社会事业】 启动实施南山、刘沟、下李、汪洋、高沟、梁堡等7所薄弱小学改造项目。全镇合作医疗参合率达到98%以上，养老保险参保率达到70%以上。开展"婚育新风进万家"等宣传活动50余场（次），组织309对育龄妇女进行孕前健康检查。打击各类邪教组织和违法犯罪活动，调处各类矛盾纠纷65起。开展电动车登记办证工作，登记车辆130辆。开展农村五保低保清理清查工作，清理调整农村五保20户20人，低保570户816人。

大阳镇领导班子成员名录

党委书记：马创成（回族，12月离职）
　　　刘旭斌（12月任职）
人大主席：苏　伟（回族）
镇　长：刘旭斌（12月离职）
　　　马　晖（回族，12月任职，兼党委副书记）
党委副书记：刘旭斌（12月离职）
　　　惠　熠
纪委书记：王东宁
纪委副书记：李　悦（女，兼监察室主任）
副镇长：李宝华（回族）
　　　汪国兴　马永刚（回族）
武装部长：马笑冬（回族）

马关镇

【概况】 马关镇位于张家川县西部，距县城29公里，东接庄浪县盘安镇，南靠连五乡，西邻梁山镇，北与龙山镇接壤，地形主要以两道梁（新义梁、东庄梁）、两条沟（窦家沟、八杜沟）为总轮廓，全镇总面积5.15万平方公里。辖17个行政村，92个村民小组、5359户、27504人，全镇有耕地面积2660公顷，人均耕地1000平方米。素有张家川县"文化之乡"的美誉，主导产业为种植业、养殖业、建筑装修及劳务输转。2017年底，农民人均可支配收入6015.36元。

【农业农村经济】 争取省级帮扶资金65万元，在上河村成立毛驴养殖合作社。成立二坊、西山养殖合作社，实施西山养殖场续建工程。注册成立新义村花椒种植专业合作社，辐射带动黄花等7个村种植花椒70公顷，套种中药材、马铃薯、油菜等经济作物36公顷。以猪、牛、驴、鸡养殖为主，成立专业合作社32个，入社会员625户。

【基础设施建设】 投资6665万元实施扶贫、危房改造、异地扶贫搬迁等项目。推进D级危房改造工作，改造D级危房263户。在上河、新义两

新义村花椒产业园

村实施易地搬迁项目,集中安置86户426人。在西庄、赵沟、草湾3个村插花安置群众11户46人。投资376.74万元,实施赵沟等8个贫困村基础设施建设和地质灾害点治理工程。投资397.6万元在上豆等7村实施“一事一议”财政奖补小巷道硬化项目。争取项目资金97.9万元在庙湾等8村实施人居环境改善项目。在黄花村开展退耕还林补植补造工作,补植面积2.73公顷,补植刺槐1万株,油松、刺槐、景观树7600株。

【精准扶贫】 结合建档立卡系统数据清洗,对历年的建档立卡户进行核实,审计出8类情况160条疑似问题,逐条核实并进行解释说明。按照“双线排序比对法”的要求,确定重点监管对象841户。经过县乡两级验收,有1个贫困村、196户965人符合脱贫条件,贫困发生率由年初的11.7%下降到8.2%。开展建筑装修业培训1期50人,陇原巧手培训1期40人,开展贫困户实用技术培训3期432人,实现贫困人口务工转移752人,其中省内187人,省外565人。

【社会事业】 开展矛盾纠纷排查调处工作,全镇排查矛盾纠纷93起,化解90起。全镇共接访回访群众23人(次),协调解决各类信访问题27件。开展全镇地质灾害隐患点排查活动,排查隐患点18处。为全镇33户五保户统一进行房屋修建,解决实际困难,开展农村低保核查工作,清退38户111人,类别调整22户57人。

【基层组织建设】 全镇各级党组织共开展学习教育368次,专题讨论54次,讲党课54次。设立党小组23个,完成镇机关等10个党支部规范化建设及验收工作。整顿提升软弱涣散村党组织2个,实施草湾、韦沟2村村阵地扩建项目。争取村综合文化服务中心专项资金338万元,建成17个行政村综合文化服务中心;争取资金35万元,在西台村建成乡村舞台1座。争取文化建设经费8.5万元,为17个行政村购置文化器材。

马关镇领导班子成员名录

党委书记:马永平(回族)
人大主席:马向东(回族)
镇　长:杨志杰(兼党委副书记)
党委副书记:马世恩(回族)
纪委书记:孙　涛(回族)
副镇长:马志军(回族)　马海琴(女,回族)
武装部长:海世清(回族)

(供稿:窦世强)

胡川镇

【概况】 胡川镇位于张家川县县城西南12公里处,东接恭门镇,南邻清水县黄门乡,西依大阳镇和清水县松树乡,东北与张家川镇相连,西北与大阳镇、木河乡毗邻。全镇海拔1820米。辖16个行政村,92个村民小组,3700户17300人,其中回族占97.8%。面积65平方公里,是县城南大门,庄天二级公路和后川河横穿全境。全镇总耕地面积2733.33公顷,其中粮田面积2400公顷,人均1400平方米。2017年底,农民人均纯收入5640元。

【农业农村经济】 在祁沟、刘塬、潘峪、蒲家4村栽植优质核桃树(香菱、辽河)71.18公顷。涉及农户187户,其中贫困户56户18.67公顷,总投资53.35万元。举办伊香拉面师培训1次,参训347人;核桃建园现场技术培训2次,参训114人(次);畜牧养殖培训2次,参训380人(次)。发展清真餐饮业700余家,从业人员6000余人。

【基础建设】 硬化通村、组道路51.97公里,其中千村美丽9.8公里,扶贫28.17公里,一事一

规模栽植的核桃园

议8公里,总投资1397.1万元。投资85万元,修建桥梁3座(王安、潘峪、前梁各1座),并配套管涵、水渠、护坡等基础建设。完成安全饮水到村到户5村455户,其中贫困户113户。完成易地扶贫搬迁2个村104户的入住,其中贫困户16户,D级危房改造95户,插花安置24户,全部完成并入住。申请专项资金300万元,建设1200平方米的综合办公楼1栋,主体完工;投入134万元对7个村阵地进行改扩建,其中重建3个(柳湾、阳山、潘峪),改扩建4个(刘塬、夏堡、蒲家、窑上),全部完工投入使用,并投资16万元为8村配备办公家具和用品。

【精准扶贫】 全年累计发放精准扶贫贷款568万元。对接帮扶单位5个,帮联干部230人(其中乡镇干部68人),组建6个驻村帮扶工作队,下派16村第一书记和工作队长;组织帮扶干部外出培训43人,各帮扶单位共帮扶胡川镇开展项目19个,帮扶资金371.5万元。

【社会事业】 申报5个村级幼儿园建设项目,其中独立幼儿园1处;劝返辍学学生25名;开展普法和十九大精神进校园宣传活动6次;完善宁马、深坷、前梁3村的卫生室后续工程,新建阳山村60平方米标准化卫生室。完成养老保险收缴6227人,完成孕前健康检查对象171对;落实残疾人两项补贴274人16.44万元,发放军人抚恤金10.09万元;投入314万元,在16个村修建村级综合文化广场和乡村舞台。栽植各类树木62.27公顷,其中退耕还林7.6公顷,荒山绿化13.33公顷;种植紫花苜蓿14.67公顷,绿化二级公路沿线河滩、荒坡26.67公顷。为各村配备清洁工具,发放清运车92辆,扫帚320把,铁锹184把,建立垃圾池32处,垃圾屋6处,垃圾填埋点1处,各村组建垃圾清扫、清运、监管3支队伍。实施张堡、胡川2村省级千村美丽建设项目和祁沟、深坷、前梁、王安、夏堡5村县级村容村貌整洁项目。接待群众来访25人次;办理信访督办案件2件,结案2件,答复市长留言板案件10件。开展"法律进校园""法律进宗教场所"普法宣传活动,发放防邪教宣传资料300余份、禁毒宣传资料600余份、食品药品交通安全知识资料1200余份。成立30人应急队伍和3个小分队,开展以应对突发性地质灾害救援、群体性暴力事件应急等内容的演练活动4次15天。对辖区内学校、幼儿园、相关民营企业、宗教场所等开展安全隐患排查4次,为群众免费挂牌发证325本。

胡川镇领导班子成员名录

党委书记:洪三姓

人大主席:崔小成(回族)

镇　长:马　亮(回族,兼党委副书记)

党委副书记:陕国华(回族)

纪委书记:朱小芳(女)

纪委副书记:马　刚(回族,兼监察室主任)

副镇长:梁喜军　张彦军

武装部长:李小平(回族)

(供稿:张杰)

平安乡

【概况】 平安乡位于张家川县东部,距县城13公里,全乡平均海拔2231米,气候高寒阴湿,年平均气温5.3℃,无霜期147天,年降雨量500毫米左右。全乡总面积133平方公里,耕地面积1706.67公顷,草山面积4000余公顷。辖8个行政村42个村民小组、1394户6436人;有党支部9个、党员355名;村干部24名,组干部42名(含村干部兼任)。全乡群众收入主要以种植业、养殖业和劳务输出为主。

【农业农村经济】 种植双垄沟播玉米66.67公顷,种植培育优质小麦6.67公顷,优质蚕豆100公顷,蘑菇1万棒,脱毒马铃薯繁育33.33公顷。投资200万元,在新庄村流转土地33.33公顷,建立饲养量500头标准化养殖场1处,组织引导群众种植紫花苜蓿66.67公顷。全年牛饲养量6332头,其中200头以上的养殖大户2户,10头以上的60户;马饲养量624匹,其中100匹以上的1户;羊饲养量3738只,其中200只以上的3户,100只以上的8户。畜牧业从业人员达到712户2848人,畜牧收入达734.9万元。畜牧养殖技能培训2期240余人(次),种植技能培训1期60余人次,“伊香拉面师”培训1期110人(次)。在北京、兰州、西安、新疆等大中城市开饭馆的平安籍商户92家,从业人员368人,年创收入500余万元。

【基础设施建设】 落实各类基础设施建设项目23个。实施易地搬迁项目113户,其中贫困户49户208人。完成24户政策保障户、10户D级危房改造。投资48万元在水泉村修建村级“五保家园”1处300平方米。全年解决危房160户,受益群众640人。投资184万元,实施9个文化广场建设;投资80余万元,完成大湾、水泉2村村级组织活动场所改扩建项目;投资290万元实施平安中学教学楼、水泉村小学、梨树村小学教室改扩建工程;投资120万元实施平安乡卫生院办公楼300平方米;硬化水泉村小巷道2公里,在梨树村修建护坡900立方米;投资28.9万元,在梨树、包梁2村申报实施村居改善工程项目,安装路灯40盏、亮化美化4000平方米,建立垃圾填埋点1处;利用民族宗教专项资金49万元,硬化水泉村小巷道4条3600平方米,对8个村级组织活动场所的围墙、护坡进行整修。

马塬村新农村建设

【精准扶贫】 针对全乡218户910人未脱贫实际,发展特色产业111户543人,劳务输出164户490人,易地搬迁43户210人,生态保护9户9人,教育扶贫104户162人,医疗保险救助56户194人,农村低保300户1185人,农村五保38户43人。完成减贫43户214人,完成包梁村整村脱贫,全乡贫困发生率由年初的14.2%下降到11.028%。

【社会事业】 全乡有低保户300户1184人、五保户34户39人。投资43万元完成乡敬老院改扩建工程280平方米。发放救助资金50.29万元、面粉500袋。收缴新农合参合资金93.73万元,参合率100%;收缴新农保参保资金25.72万元,参保率97%,化解矛盾纠纷39起。

【基层组织建设】 党委书记、乡长约谈或现场纠错30余人(次),纪委约谈23人(次)。立案查处群众身边的腐败问题2起,给予党纪处分2人,全乡范围内通报批评2个村。创建党建示范点3个,整顿软弱涣散村党支部1个,实施村级组织活动场所改扩建2个。制定村干部奖励报酬实施办法,奖励村干部18名,发放奖励报酬3.6万元,表彰先进工作者5人、先进基层党组织2个,优秀共产党员10名,培养入党积极分子16名,发展党员4名,选用年轻村干部3名。

平安乡领导班子成员目录

党委书记:张跃东
人大主席:米金珍(回族)
乡　长:兰雪艳(女,回族,兼党委副书记)
党委副书记:马建平(回族)
纪委书记:马玉梅(女,回族)
纪委副书记:王建刚
副乡长:王文田
武装部长:蒋宝平

(供稿:李斌 马彩琴)

刘堡镇

【概况】 刘堡镇地处张家川县城北部,距县城8公里,东临平安乡、北临张棉驿乡和川王镇、西临张川镇，人民政府驻刘堡村，辖18个行政村82个村民小组，53个自然村，3715户17549人，其中回族14286人，占总人口的81.4%。全镇海拔在1900—2100米之间，年平均气温6.22℃，昼夜温差10—15℃，年平均降雨量550毫米，无霜期140天左右，总面积4860公顷，其中耕地2206.67公顷，粮田面积2013.33公顷，公益林地面积466.53公顷，退耕还林面积175.93公顷。境内有一定储量的石灰石、石炭石、硫铁矿石，境内林区有天麻、党参、柴胡等中药材，自然资源丰富。

【农业农村经济】 种植全膜玉米266.67公顷、冬小麦733.33公顷，推广马铃薯新品种13.33公顷，配方实施完成573.33公顷，发放农药6.5吨，植保工程400公顷，农业保险600公顷，理赔73.33公顷。2017年全镇粮食产量7192吨，比2016年增加234吨，年递增3.36%。2017年全镇农民人均纯收入5805元，增幅11.5%。2017年新增种养专业合作社17个，其中联合社1个，累计达到24个，注册会员189人。在窑儿、王山、梨园建立13.33公顷乌龙头种植基地3个，在小湾、李山、峡里、郑沟建立100的种植点4个，其他村示范种植至少0.67公顷以上，全镇种植乌龙头106.67公顷，累计面积113.33公顷，当年有效益的3.33公顷。投资36.95万元，在2018年的乌龙头种植村新修产业路45条60公里，培训种植户10期400人次，注册乌龙头商标品牌1个。培训"伊香拉面师"学员210人，全镇新增清真餐饮业户数40

伊香拉面师培训

全域无垃圾环境卫生清洁整治

户，增加从业人员200余人，全镇清真餐饮业累计达到518家。新增牛羊养殖大户50户，带动贫困户20户以上，贫困户养殖大户大家畜存栏量达400头，户均5头以上；投资6万元在王家、峡里2村养殖土蜂100箱，新增贫困户养殖大户70户。累计防疫牛3250头、羊1535只、鸡1.85万只，群体免疫密度90%以上，耳标挂扣率达到100%。

【基础设施建设】 投资150万元硬化米家—董家通村道路1条3.3公里，投资325.12万元硬化窑儿、王家、罗湾、芦科、李山、郑沟、梨园7村通组道路10.34公里。投资76万元分别在董家、王山、峡里、米家、郑沟、李山建设护坡6处，在赵湾、董家、梨园新建水渠2700米。完成郑沟村6个组167户、王山村2个组88户群众的自来水入户工程，贫困村安全饮水实现到村到户全覆盖，实施堡子湾梯田建设120公顷。

【项目建设】 发改部门投资760万元，硬化刘堡镇街道及延伸段，附属硬化刘堡村内主道3条1公里，建设街道排洪渠1800米，村内排洪渠300米，架设渠道盖板，安装排洪渠护栏100米，建设绿化花坛2000平方米，安装限高门2个，配套建设太阳能光伏设施1套，安装太阳能路灯120盏。完成高家、刘堡、丰银、王山、赵湾、五星、芦科、罗湾、董家、峡里、小湾、窑儿、王家13个村的文化广场建设项目。完成符合政策愿意改造的D级危房116户，全部通过验收并拨付资金；完成王山、赵湾2村3户易地搬迁。采购水泥595吨，采取政府补助水泥，农户筹砂石出劳力自主硬化的办法,为小湾、李山、董家、王山等6个村412户群众硬化院落,硬化253户群众院落3.78万平方米。镇内安装太阳能路灯160盏,新建垃圾收集池6个,栽植各种绿化树木4000株,安装休闲凉亭4个,建设村内花坛1666平方米。

【精准扶贫】 经2017年镇村自验、县级初验、省市抽验,全镇脱贫312户1680人,贫困发生率由23.79%降至14.19%,赵湾村整村脱贫。

【社会事业】 开展土地确权工作，全镇权属资料收集和审核公示均达到3572户,占100%,合同签订3521户,占98.6%,矛盾纠纷调处23起,办结22起,土地确权工作通过省市验收。全镇合作医疗缴费252.9万元,缴费率98%,医疗保险报销2357人,其中贫困户提高5%,报销点报销600人,养老保险应缴费人数6753人，办理社保卡4655人。民政临时救助392人次15.26万元,医疗救助522户66.38万元。完成孕检130例。公示公开调整全镇农村低保,一、二类低保由497户1184人调整到288户624人,占总人口的3.5%。落实河长制和全域无垃圾制度,投入挖机5台120工时,投入人力650人(次),清理河道5.8公里,建立村级环保微信群18个，发放全域无垃圾倡议书2000余份,开展环境卫生清洁整治30余(次),清运垃圾300余车,清理垃圾200余处,配发垃圾清运手推车70个。配套清扫工具70套、垃圾箱5个,组建环卫队18个,落实环卫经费4.16万元。

【基层组织建设】 发展党员11名,在芦科村党支部专题组织生活会1次，慰问党员24名,发展村级后备干部108名,村"两委"致富带头人7名,致富带头人46人。新建阵地1个,维修阵地1个,支部规范化建设完成12个。约谈干部43名、诫勉谈话26人,集体廉政谈话6次,个人廉政谈话4人次,自办案件1起。

刘堡镇领导班子成员名录

党委书记:马建军(回族)

人大主席:马芸芸(女,回族)

镇　长:妥宝玉(回族,兼党委副书记)

党委副书记:陈正红

纪委书记:汪富平

副镇长:李嫦娥(女,回族) 刘海晏
马文斌(回族)

武装部长:豆　瑾

(供稿:蒋伟龙)

木河乡

【概况】 木河乡位于张家川县城中西部,距离县城10公里,北纬34° 49′ ~35° 04′ ,东经106° 06′ ~106° 13′ 之间,东连张家川镇,刘堡镇,西靠龙山镇,南邻大阳镇,北接川王镇。乡人民政府驻店子村，平均海拔1650米，年平均气温7.9℃,年降雨量550毫米左右,无霜期156天,属黄土梁峁沟壑区。全乡辖13个行政村,65个村民小组,3936户,20489人。全乡有党支部14个,党员523名。2017年,全乡人均纯收入为5800元。

【农业农村经济】 推广种植全膜双垄沟播玉米613.33公顷,"兰天" 系列优质小麦种植1000公顷。完成马铃薯保险66.67公顷,投保资金5250元;发放各项农业支持保护补贴125.3万元；实施农作物"一喷三防"533.33公顷。发展规模养殖户30户,全乡羊存栏达6363只,牛存栏5168头,散鸡养殖1万只以上。投入资金33万元,采取合作社+公司+农户运行模式,带动庄河村贫困户参与养殖11户,贫困户每年分红1万元。在马坪村种植花椒20公顷，建设13.33公顷构树种植基地。争取项目资金22万元,建立畜禽养殖互助协会,带动贫困户参与养殖9户,贫困户每年分红6000元。全年培训"伊香拉面师"86人,发放拉面证书86本。全乡新增清真餐饮业从业人员400多人,全乡清真餐饮从业人数达1034户2466人,年创收8000万元以上。全乡外出务工人员3000人次左右。

【基础设施建设】 硬化坪王、店子2村小巷道和通村道路20公里,实施庄河村2016年度92

户526人的三期易地扶贫搬迁和马坪村2017年度38户204人的易地搬迁及下庞村2018年56户316人的易地搬迁。完成2017年度D级危旧房改造153户,排摸C级危房113户。在李沟、杜渠、毛家、下庞4村安装太阳能路灯135盏,新建垃圾池4座,粉白亮化围墙1200米。创建李沟村为"市级人居环境改善示范村",投资75万元,建设2000平方米文化广场1处,文化墙150米,开通并硬化李沟至八卜通村道路3公里。

【精准扶贫】 全年实现143户786人建档立卡,毛家、杜渠2村整村脱贫。全乡贫困人口由2014年的946户4477人减少到479户2499人,贫困发生率由14.25%降至11.4%。全年发放精准扶贫贷款763户3695万元,互助协会及双助贷240户672.5万元。

【社会事业】 全年收缴参合资金296.5万元,新农合参合率稳定在98%以上。全年累计收缴新农保资金56万元,累计发放养老金2161人231万元,办理"社保卡"3631张。完成孕前优生健康检查246对,全乡出生率控制在15‰内,计生率达96%以上。发放低保金664.4万元,五保金39.5万元,军人优抚金32.7万元,老龄补助18人8.4万元,为27名孤儿落实发放生活补贴19.78万元,为245名重度残疾人和特困残疾人落实生活补贴29万元,其他各类民政救助和临时救助资金50万元。接待来信来访37起,答复解决37起。将全乡65个村民小组进行网格标注,组建调解委员会14个,选聘调解员44人。结对帮教精神病患者23名、刑释解教人员26名、社区矫正对象5名。组建联合督察组,深入学校、卫生院、砖厂、药房药店开展大检查6次,依法关闭停产砖瓦厂1处。在重要路段蹲点蹲守查处农用车、三轮摩托车违法载人事件95起,检查校园消防安全隐患2处,紧急通道安全隐患4处,砖厂安全生产隐患4处,全部通报相关责任人进行整改。

【基层组织建设】 全乡排查出流动党员82名,建立流动党员微信群定期推送学习篇目。慰问困难党员19名,纳新党员10名,预备党员转正5名。

木河乡领导班子成员名录

党委书记:马宝华(回族)
马志伟(回族,12月任职)
人大主席:苏建荣(回族)
乡　长:李　鑫(回族)
党委副书记:赵　勇(回族)
纪委书记:李　涛(回族)
纪委副书记:闫菲菲(女)
副乡长:马　骏(回族) 冯彦东
马锐琴(女,回族)
武装部长:马宝珍(回族)

川王镇

【概况】 川王镇位于张家川县城西北25公里处,北纬35°03′至35°39′、东经106°06′至106°13′之间,东连张棉驿乡、刘堡镇,西接龙山镇、连五乡,北与庄浪县毗邻,南与木河乡相依。镇人民政府驻小河村。总面积50.4平方公里,海拔1700米,年平均气温7.6℃,年降雨量511毫升,无霜期156天左右,属张家川县中部梁峁沟壑干旱山区。辖16个行政村,71个村民小组,3474户,17301人,其中农业人口17270人,回族人口17301人。全镇有党组织17个,党员460人,其中少数民族党员450名,占97.8%。女党员96名,占20.8%。全镇有耕地面积2020公顷,粮食总产量7890.8吨。2017年人均纯收入4820元。

【农业农村经济】 扩大玉米、马铃薯种植面积,种植全膜玉米333.33公顷,全镇马铃薯种植近466.67公顷。新增养殖大户17户,全镇牛存栏达到3922头,实现畜牧业收入3976万元。动物全部实施强制免疫,确保横向到边,纵向到底、免疫抗体合格率、免疫证明发放率、免疫档案建档率、家畜二维码耳标佩带率5个100%,防疫密度100%。投资20万元,巩固扩大范湾村核桃种植示范园,续种核桃苗木43.33公顷,千亩核桃示范园基础建设初步完成。投资2万元,在毛寨梁种植向日葵6.67公顷，投资1.3万元在川王村种植草莓2棚。实施农民培训工程,累计培训伊香拉面师、“伊民电焊工”等技能培训900余人次,创收7780万元。全镇从事二、三产业人员达到3975人,外出务工人员1682人,新发展清真餐饮店42家,带动从业人员220人,累计发展清真餐馆820家,从业人员3600人,年输出富余劳动力5100人(次),年均劳务收入3万元以上,创收4186万元。宾馆服务业46家,皮毛贩运和其他工业经济、商贸流通业也遍布各地。

【基础设施建设】 争取投入财政专项扶贫资金880万元,硬化松树湾、哈沟、毛寨等8个村通组道路7条19.6公里、小巷道12公里,修建桥梁1座。实施危房改造75户,竣工67户。推进峡口、关河、大庄等村159户新农村建设项目;开展全域无垃圾治理活动,新建垃圾池4个、垃圾屋1个,建成垃圾填埋点16个，成立环卫队16个80人,清理清运垃圾2450余方;打造西崖、河湾、范湾农村人居环境改善示范点3处。

【精准扶贫】 核查退出人口500户2557人,整改市审计局审计反馈问题151条。加强570户2677人扶贫对象精准监管,为900户贫困户落实精准扶贫小额贷款4500万元。开展贫困户劳动力技能培训694人(次),通过“伊民电焊工”、家政服务等培训懂技术、善服务的新型农民300多人,实现246户1324人和范湾村脱贫。

【社会事业】 通过“一折通”发放粮食和农资综合补贴款153.49万元,惠及全镇农村居民3546人;发放救灾款47.6万元。2017年全镇新农合参合农民17177人,参合率96%。为贫困户家庭学生落实雨露计划24人,6万元。全镇全年出生184人,出生率10.1‰,总出生性别比107,政策内出生183人,政策生育率为99%。全镇落实计划生育手术80例，综合节育率为89。完成孕检任务173例。为“两户”(独生子女二女户)家庭发放农村低保金13.25万元,发放新农保2.12万元,减免合作医疗自筹金1.72万元。投资218万元,建成海湾、马达、毛寨等13个村村级文化舞台。处理群众来信来访53件。

川王镇领导班子成员名录

党委书记:铁升平(回族)
人大主席:王　立
镇　长:李　敏(回族,兼党委副书记)
党委副书记:张志荣(回族)
纪委书记:王小江
副镇长:马玉莲(女,回族)
　　尚立军(5月离职)
　　马生宝(回族,5月任职)
武装部长:马向阳(回族)

(供稿:杨天亮)

连五乡

【概况】 连五乡位于张家川县县城西北,东与川王镇相连,南邻龙山镇,西接马关镇,北接平凉市庄浪县盘安乡。距县城38公里，乡域面积40.28平方公里。全乡平均海拔1930米,属温带半干旱浅山区,年平均气温7.6℃,年降水量600毫米,无霜期159天左右。全乡有耕地面积2420公顷,其中粮田面积2346.67公顷,人均耕地1386.67平方米,主要粮食作物为小麦、玉米、马铃薯,辅之以高粱、谷子、糜子等,经济作物主要为冬油菜、胡麻等。全乡辖14个村民委员会,68个村民小组,36个自然村,3445户,16908人，其中回族聚居村8个,11203人,占总人口的66.3%。人口自然增长率8‰以内。2017年,全乡工农业生产总值3460.5万元,粮食总产量8215.4吨,比上年增长1.2%,农民人均纯收入4860元,增长17.1%。

【农业农村经济】 在已有的16个养殖场基础上,在高庄村发展千只养鸡场1处、贠家村引导贫困户建成野生养鸡场1处。全乡规模养殖户达223户，羊存栏量达1.2万只，牛存栏量达3900头。种植双垄沟播玉米433.33公顷,种植马铃薯300公顷,种植小麦1066.67公顷。在马咀村新建钢架大棚50座,实施蔬菜大棚种植360座、冬暖棚4座,年创经营性收入90万元。全乡流转土地133.33公顷,种植优质核桃133.33公顷,流转土地种植乌龙头46.67公顷。举办青年农民培训班6期1500人(次),平均人均劳务收入1万元左右,总收入8000万元,占农民人均纯收入的60%。

【基础设施建设】 启动实施兰家村易地扶贫搬迁建设项目20户,主体完工。在马咀村安装太阳能路灯50盏,在黄家、张家、三合、中心4个贫困村投资52.8万元实施改善农村人居环境整洁项目,其中,三个贫困村整修墙体7000平方米,在三合村安装太阳能路灯10盏。新建文化广场6个,巩固提升6个,完成D级危房改造267户,种植侧柏油松1.1万棵,补植补造退耕还林1.2万苗,栽种巷道柳0.8万棵。投入资金24万元,新建垃圾屋21个,购置分类垃圾箱136个,手推式清洁车68辆,建立垃圾收集点45处,垃圾填埋点43处,确定保洁员28名、清运员14名,清运垃圾120吨。

【社会事业】 儿童"四苗"接种巩固率92%,入保率85%,全年完成孕前优生健康检查201对;发放60岁以上人员补助92.32万元,发放低保资金630.22万元,五保户88户95人,发放五保户供养费49.9万元,为79户362名群众发放临时救助4万元,为450户1366人发放冬春生活救助25万元,为16名孤儿发放补助资金12.29万元,为242名残疾人发放残疾两项补贴29.04万元。为48名复退军人发放抚恤金和定期定量补助24.44万元。

连五乡领导班子成员名录

党委书记:马金锁(回族)

人大主席:杨海鸿(回族)

乡　长:咸宝荣(回族,12月离职)

李兆珍(12月任职)

党委副书记:师宝平(回族)

纪委书记:豆天喜

纪委副书记:马登科(回族,兼监察室主任)

副乡长:李育钊　高　鹏(回族)　李　楠

武装部长:张志春(回族)

梁山镇

【概况】 梁山镇位于县城西北35公里处,北纬35° 01′ ~35° 07′ 、东经105° 54′ ~106° 02′ 之间。东连马关镇,西、北接平凉市庄浪县朱店镇,南邻天水市秦安县陇城镇。镇政府驻地梁山村。平均海拔1819米,年平均气温7.4℃,年降雨量619.7毫米,无霜期158天左右,属黄土梁峁沟壑区。全镇辖12个行政村,72个村民小组,有3298户,17237人。其中农业人口16940人,回族人口9827人。全镇总面积39.3平方公里,耕地面积2026.67公顷。2017年,全镇粮食总产量8025.5吨,大家畜出栏38542头,较上年增长13.7%;农业总产值7124万元,增长12.7%,人均纯收入达3980元,较上年增长17.8%。

【农业农村经济】 2017年全镇有清真餐饮业360家,以新疆、兰州和武汉最为集中,年收入约4850万元。种植全膜双垄沟播玉米600公顷,全膜覆土穴播小麦673.33公顷。在阳屲村套种大蒜40公顷,吕湾村种植花椒园60公顷。全镇规模养殖大户70户,并在唐刘、岳山建成规模养牛基地各1处,建成活畜交易市场1处。全镇牛、羊、猪较上年增产率分别为13.5%、20.5%和40%,畜牧业产值提升16.7%。培训农村劳动力30余次,培训人员1300人(次),劳务输转人员7500人(次),劳务收入3500万元以上。发放粮食直补资金3146户,12.9万元;良种补1240公顷,贴资金18.6万元。退耕还林植树0.8万株,发放退耕还林补助资金15.2万元,661户,113.8公顷。发放冬小麦一喷三防农药1720公斤,冬小麦病虫害防治农药940公斤,喷防673.33公顷。玉米投保593.33公顷,马铃薯投保171.07公顷。

【基础设施建设】 五方村整体易地扶贫搬迁49户,其中贫困户43户,新建岳山村、高营村文化广场2处,完成高营、阳屲2村通畅工程3.7公里,全镇农村公路硬化率达93%,通畅率达100%。

【精准扶贫】 全镇1208户贫困户5744人全部建档立卡,脱贫143户749人。岳山村整村脱贫。

【社会事业】 全镇12个行政村完成远程教育全覆盖,培训教育共产党员280人。镇党委在庆祝建党96周年大会上,表彰先进党组织4个、优秀共产党员18名、优秀党务工作者9名。召开计划生育专题工作会议20多次,计划生育孕前优生健康检查170多对。完善计划生育村级活动阵地12个,建成文化大院2个,文化长廊2个。全镇有低保户1397户3673人,享受五保对象63户,保障家庭受益人口69人,月保障金437.75元/人。

【基层组织建设】 培养入党积极分子7人,转正党员7人,纳新党员4名,培养村级后备干部72人,设立组干部48人。

梁山镇领导班子成员名录

党委书记:马向阳(回族)

人大主席:马　腾(回族)

镇　长:付宝强(兼党委副书记)

党委副书记:马　煜(回族)

纪委书记:王永鸿(回族)

纪委副书记:景　春

副镇长:窦喜东　蒋国平　安耀德(回族)

武装部长:晋波涛

(供稿:张鹏)

张棉驿乡

【概况】 张棉驿乡位于县城北部20公里处,北纬35° 04' 至35° 11'、东经106° 10' 至106° 23' 之间。东连平凉市华亭县东南接平安乡,南邻刘堡镇,西接川王镇,北与庄浪县接壤。乡人民政府驻地张棉驿村。平均海拔2040米,年平均气温6.2℃,年降雨量548毫米,无霜期148天左右,属温寒半干旱区。全乡辖11个行政村,58个自然组,2297户11456人,其中:农业人口11321人,回族人口6978人。全乡总面积94.9平方公里,其中耕地面积1786.67公顷。2017年,全乡农民收入纯收入6085元。

乌龙头种植

【农业农村经济】 种植优质马铃薯200公顷,在喜湾、上蒋、庙川、张棉4村连片种植优质马铃薯80公顷,种植双垄沟播地膜玉米133.33公顷;开展马窑村乌龙头示范种植3.33公顷;投资10万元开展张棉驿村蘑菇种植示范培育项目,建成板房式蘑菇棚200平方米,培育蘑菇包1万袋,创收近3万元。年内新增清真餐饮店17家,累计发展清真餐饮店367家,转移劳务人员3400余人。扶持发展养殖大户31户,新增基础母牛326头,羊1900只,良种猪60头,鸡3600只。组织开展农业种植技能培训及农机操作人员培训70人(次),农耕生产机械化率达到92.7%。成立种养殖专业合作社6个,实施龙南路沿线绿化12公里,栽植香花槐、油松等绿化苗木1.2万余株。

【基础设施建设】 投资1457万元,落实发展项目19个,开工建设19项。村级组织活动场所建设实现全覆盖,全乡通村道路实现全覆盖,通组道路硬化率达到98%;盘山村、马夭村部分自然村组安全饮水建设完成,实现全乡农村人口安全饮水全覆盖。推进村级组织活动场所建设,实施喜湾、盘山、和平3个村村阵地建设项目,实施村组道路建设24.42公里。开展张棉、上蒋、庙川、盘山4个村农村人居环境改善和村容村貌综合整治工作,修建仿古围墙共计731米,亮化粉刷墙面3500平方米,建成小花园4处。

东峡村美丽乡村建设

【精准扶贫】 实施马窑村易地扶贫搬迁集中安置项目21户123人，搬迁点房屋主体工程完工;完成易地扶贫搬迁插花安置15户,完成D级危房改造农户191户。完成盘山、马夭2个村4个自然组106户529人安全饮水工程。将全乡379户贫困户按照“好、中、差”三类进行民主评议、定性分析排序,确定全乡重点监管对象450户1715人。完成97户513人的脱贫退出,贫困发生率下降至12.49%。

【社会事业】 完成新农合、新农保收缴任务;完成五保户、贫困户水暖循环炕安装项目150户;排查各类矛盾纠纷15起,调处15起。实施乡敬老院新建工程，投资100万元建成两层框架结构482.3平方米的敬老院大楼,已主体完工。

【基层组织建设】 投资178万元，新建村级综合服务中心4处，改善维护农村综合服务场所5处。考察培养村级后备干部66名,调整村组干部9名。“七一”期间表彰先进基层党组织5个、优秀共产党员17名，走访慰问农村困难党员9名,纳新党员4名,按期转正7名。

张棉驿乡领导班子成员名单

党委书记:王旭升

人大主席:赵德平

乡　长:马兴周(回族,兼党委副书记)

党委副书记:马国有(回族)

纪委书记:李　军

纪委副书记:蔡　赟(兼监察室主任)

副乡长:赵秀芳(女)　李军平(回族)

武装部长:李　强(回族)

马鹿镇

【概况】 马鹿镇位于张家川县东部37公里处,北纬35° 04'至35° 11'之间、东经106° 10'至106° 23'。东连陕西陇县，北接张家川县平安乡,西接阎家乡,南与清水县接壤。全镇辖16个村67个村民小组,3045户13433人，其中农业人口2787户13156人，劳动力4130人。全镇总面积279.7平方公里,耕地面积2866.67公顷。

【农业农村经济】 在大滩等4个村建立生态苗木示范区45.33公顷，在牌楼至长宁沿川沿河浅山适宜区种植大麻800公顷，在大滩村示范种植大麻20公顷；在龙口等11个村种植脱毒马铃薯200公顷；在花园村建立乌龙头种植示范基地1处,种植乌龙头20公顷。在草川、花园2个村新建养殖合作社2个，改扩建龙口新源养殖专业合作社,在草川、花园、龙口3个村种植苜蓿、燕麦、饲料玉米等饲草各20公顷。全镇有专业养殖村8个,建成养殖场8个,农民专业合作社和产业发展扶贫互助协会实现16个村全覆盖。实施巩固退耕还林成果和生态保护项目,完成全镇7个村36.14公顷的退耕还林补植补造。

【基础设施建设】 在龙口、草川、大滩3个村实施易地扶贫搬迁项目,搬迁114户,其中贫困户92户,非贫困户22户。完成文化广场建设15个村，完成林峰村600米河堤、300米水渠建设项目,完成陡崖村桥梁及河堤建设任务。硬化龙口村道路1.7公里,新建河堤1.7公里。投资150万元在花园村启动一期旅游扶贫试点项目。全镇核实D级危房141户,完成改造141户。

【精准扶贫】 2017年底，贫困人口440户2094人,脱贫人口86户418人,寺湾村整村脱贫，贫困发生率下降至12.58%。

【社会事业】 完成新农合、新农保参合参保资金的收缴工作,新农合参合率在98%以上,新农保参保率在95%以上,60岁以上老人养老保险金发放率100%。排查各类矛盾纠纷7起,化解6起。在长宁、花园、寺湾发展农家乐5家,修建旅游厕所3处,停车场1处,在白杨、林峰2村种植油菜花33.33公顷,打造赏花沟1处。全镇互助资金累计达到1214.32万元,累计入会农户1045户,其中入会贫困户483户,累计借款773户1943.20万元,其中当年借款206户1943.20万元。

【基层组织建设】 建设草川、康王、金川3个县级党建示范点,打造沿S305线的党建示范长廊。"七一"期间镇政府表彰优秀党组织6个、优秀共产党员24名和优秀党务工作者4名,走访慰问高龄困难党员5名,新发展党员3名,培养入党积极分子5名。

马鹿镇领导班子成员名录

党委书记:马海荣(回族)
人大主席:马平平(回族)
镇　长:张元明(兼党委副书记)
党委副书记:付宝宏
纪委书记:马红霞(女,回族)
纪委副书记:蒲玉镯(女,兼监察室主任)
副镇长:窦彦君　　王小红(回族)
武装部长:哈志俊(回族)

阎家乡

【概况】 阎家乡地处张家川县东部,距县城22公里。全乡辖14个行政村,61个村民小组,43个自然村,2290户,10061人。全乡总面积91.5平方公里,耕地总面积2300公顷,人均2133.33平方米,其中粮田面积2080公顷,林地3333.33公顷,草地1066.67公顷,其中天然林场1133.33公顷,实施退耕还林248.9公顷。主要农作物为小麦、蚕豆、马铃薯、油菜、胡麻和玉米等。全乡从事餐饮行业人数有1200多人,开餐馆、小吃店(摊点)132家,占全乡总户数的5.4%,年创收2000万元以上。从事建筑等其他行业的群众有3000多人,年创收6000万元以上。

【农业农村经济】 在操场村、神树村种植脱毒马铃薯种薯66.67公顷,建设阎家乡种薯扩繁示范点;在大场村种植大麻20公顷。在三友、大场、车古等10村种植优质牧草66.67公顷。投资3万元,在车古、陈庙、草川梁流转土地73.33公顷栽植乌龙头。全乡有养殖户628户,其中养殖5头牛以上的养殖户186户,10头牛以上的养殖户96户,20头牛的养殖户55户。当年发放粮食直补及农资综合补贴2251户149.15万元;小麦、玉米良种补贴566.67公顷8.5万元;收缴马铃薯、玉米、小麦保险753.33公顷4.88万元;手扶拖拉机、旋耕机等农机具补贴4.59万元。在朝阳、丁河、付堡、神树等7个行政村实施退耕还林63.67公顷。

【基础设施建设】 投资39.2万元在后山村硬化通组道路1.4公里,投资1.56万元搭建涵洞2道12米;投资56万元在陈庙村硬化村组道路2公里,投资2.16万元修建拦水带270米,投资1.2万元修建护坡12米。完成D级危房改造任务88户。阎家、付堡2村2017年易地扶贫搬迁工程103户,完成主体建设任务88户。完成付堡村至清水新城乡张河村1.5公里断头路建设;投资50万元,在付堡村修建桥梁1座,修建河堤500米。实施阎家至付堡10.5公里道路硬化改造项目;完成车古村磨子沟梁至万家坪1.6公里断头路硬化项目;投资60万元在三友村硬化道路2公里;在14个村修建村级综合文化服务中心,并安装各类体育健身器材200余套。开展陈庙村整村推进扶贫项目建设工作,硬化村内道路7.94公里;硬化操场村通组小巷1.7万平方米,修护坡150米;在草川梁村计划投资48万元实施危房改造12户,投资5万元改道通村道路1公里,投资120万元硬化通村道路2.8公里,投资46万元硬化小巷道4600平方米,投资50万元实施危墙改造1100米;在大场村修水渠0.2公里,堤防5000米;硬化三友村通组小巷道1.8万平方米。在操场、陈庙2

村安装太阳能路灯180盏；在陈庙村刷白涂亮墙面4000米，修建围墙500米，危墙改造3000米；在操场村新建围墙500米，刷白涂亮墙面5000米。在朝阳、付堡、花山、陈庙、草川梁等7村补植补造退耕还林苗木63.67公顷。在阎家S305省道沿线、汤峪河沿岸，阎家易地扶贫搬迁点、朝阳村马塬路段栽植马尾松、红叶李1000余株。投资5万元在神树村实施墙体维修项目1250平方米、投资10万元在三友村实施墙体维修项目1250平方米、投资10万元在大场村实施墙体维修项目2500平方米。

【精准扶贫】 全乡有贫困村5个，分别是大场村、草川梁村、神树村、操场村和陈庙村，其中草川梁村、大场村、陈庙村属深度贫困村。全乡建档立卡贫困户864户3646人。2017年脱贫80户412人，贫困发生率为14.11%；神树村于2017年实现整村脱贫退出。全乡14个扶贫互助协会资金达到1041.57万元，入会会员700余户，累计借款347户965万元；利用互助协会资金新增5头牛以上养殖户19户，50只羊以上养殖户24户。

【社会事业】 全乡享受农村低保943户2389人，其中一类低保281户513人，二类低保165户420人，三类低保321户907人，四类低保176户549人。特困供养人员64户71人，其中分散供养60户67人，集中供养4户4人。军人优抚对象25人，孤儿9人，残疾人382人，护理补贴86人，生活补贴82人。民政医疗救助193户27.34万元。发放临时救助56户2.9万元。发放冬春生活救助376户16万元。困难老年人生活补贴74人。全年低保保障金447.99万元，分散供养金35.2万元，退伍军人抚恤金12万元，孤儿生活补贴资金6.14万元，残疾人两项补贴资金20.16万元，困难老人生活补贴资金8.88万元，全年民政补贴救助资金577.6万元。

【基层组织建设】 全乡有16个党组织，其中党委1个、党支部15个。有党员435名，其中预备党员6名，女党员84名，少数民族党员322名，农民党员385名，流动党员73名，大专以上学历58人。

阎家乡领导班子成员名录

党委书记：李国锋（回族）
人大主席：李兆珍（11月离职）
乡　长：李雁清
党委副书记：付宏强
纪委书记：魏金者（女，回族）
纪委副书记：马向军（回族）
副乡长：师广文　白军军
武装部长：李云云（回族）

（供稿：王启荣）

2017年张家川县国民经济和社会发展统计公报

张家川县统计局

(2018年4月15日)

2017年,面对错综复杂的经济环境和艰巨繁重的改革发展任务,在市委、市政府和县委的坚强领导下,张家川县人民政府认真贯彻党的十九大精神和习近平新时代中国特色社会主义思想,全面落实习近平总书记视察甘肃重要讲话和“八个着力”重要指示精神,坚定不移贯彻新发展理念,聚焦脱贫攻坚,聚力深化改革,突出结构调整,全县经济稳步增长,民生持续改善,社会安定和谐,各项经济指标趋稳向好。

一、综合

经济总量稳定提升:经省市评估核算,全年实现生产总值(GDP)27.84亿元,按可比价格计算较上年增长2.0%。其中,第一产业增加值6.64亿元,增长5.8%;第二产业增加值2.94亿元,下降1.7%;第三产业增加值18.26亿元,增长1.1%。

固定资产投资35.27亿元,比上年下降30.89;社会消费品零售总额达到8.7亿元,比上年增长11.9%;工业总产值9.08亿元,较上年增长0.1%,实现工业增加值2.4亿元,较上年下降0.4%,其中:规模以上工业完成总产值6.91亿元,较上年增长0.8%,实现增加值1.22亿元,较上年下降1.1%;农业总产值10.95亿元,较上年增长4.9%,实现农业增加值6.67亿元,较上年增长2.6%;粮食总产量达到110775吨,较上年增加0.6%。

二、农业

全年粮食总产量110775吨,较上年增加0.6%。其中,夏粮产量38807吨,比上年增长4.04%,其中:小麦产量34195吨,比上年增加4.3%;秋粮产量71968吨,比上年下降1.2%,其中:玉米产量45347吨,比上年下降0.2%,洋芋产量25882吨,比上年下降2.3%。主要经济作物中,油料产量5268吨,比上年下降1.4%,蔬菜产量15.49万吨,比上年增长15.79%。

粮食作物种植面积31693.33公顷,其中:小麦种植面积12670公顷,玉米种植面积8633.33公顷,洋芋种植面积7690.8公顷;油料种植面积4465.2公顷,其中:胡麻种植面积1125.2公顷,油菜种植面积3340公顷;蔬菜种植面积4660公顷。

年末大牲畜存栏12.4万头(匹),比上年末下降6.3%;其中:牛存栏11.3万头,比上年末下降5.6%;羊存栏12.28万只,比上年末下降2.1%;猪存栏1.28万头,比上年末下降3.8%。牛出栏4.59万头,比上年增长8%;羊出栏5.52万只,比上年末增长10%；猪出栏1.6万头，比上年末增长4.6%。年末家禽存栏31.08万只，下降6.2%，家禽出栏30.92万只，下降9.5%。

全年肉类总产量0.73万吨，比上年增长5.8%。

大力发展劳务经济，输转富余劳动力6.85万人(次)，创劳务收入13.81亿元。

三、工业

全年完成工业总产值9.08亿元，较上年增长0.1%，实现工业增加值2.45亿元，较上年下降0.4%，其中：规模以上工业完成总产值6.9亿元，较上年增长0.8%，实现增加值1.22亿元，较上年下降1.1%；

四、固定资产投资

完成固定资产投资352685万元，同比下降30.89%，其中：项目投资352685元，较去年同期下降31.7%。

五、交通、邮政电信

交通运输：交通运输业持续发展，运输条件不断改善。全县公路总里程达到2281公里(包括省市县乡村级公路)。旅运周转量11519.74万人公里，同比增长4.46%。货运周转量12135.35万吨公里，同比增长6.24%。

邮政电信：全年邮政电信业务收入11967万元，比上年下降3.1%，其中：电信业务收入9521万元，较上年下降2.9%；邮政业务收入2446万元，下降4.0%。

六、商贸

全年实现社会消费品零售总额8.71亿元，比上年增长11.85%，其中：城镇实现社会消费品零售额5.77亿元，占总额的66.3%，增长10.85%；乡村实现消费品零售额2.93亿元，占总额的33.9%，增长13.88%。分行业看，限额以上批发业完成销售额6709万元，增长14.92%；限额以上零售业完成销售额12399万元，增长20.65%；限上住宿业完成营业额3360万元，增长12.41%；限上餐饮业完成营业额1668万元，下降47.64%。

七、财政

全年完成大口径财政收入18920万元，同比下降21.4%，其中：公共财政预算收入9315万元，下降36.5%，税收收入10588万元，同比下降24.4%。财政支出233800万元，同比增长7.6%。

八、金融

全县金融机构各项存款余额达到646736万元，较年初增长7.3%，其中：城乡居民储蓄存款余额达到508902万元，较年初增长10.4%。各项贷款余额299647万元，较年初增长2.9%，存贷款余额差额347089万元，存贷比为2.15:1。

九、人口和人民生活

全县总户数72685户，其中：农业户数64232户；总人口341775人，其中：农业人口314547人，非农业人口27228人。经抽样调查省统计局评估，常住人口为29.49万人，人口自然增长率6.85‰。

城乡居民生活水平持续提高，全县农村居民人均可支配收入达6354.4元，比上年同期增长8.8%；城镇居民可支配收入22598.2元，增长8.2%；单位从业人员年均货币收入达到63586元，较上年增长28.9%。

十、精准扶贫

紧扣“一号工程”，强化责任担当，合力脱贫攻坚。全县退出贫困人口2926户1.54万人，退出贫困村19个，贫困发生率由16.6%下降到11.6%。认真落实到村到户到人帮扶措施，发放互助资金借款1.62亿元，累计投入帮扶资金5200万元，帮办实事159件，集中解决了一批热点难点问题。坚持产业富民取向，累计发展清真餐饮经营店17800家、宾馆1700家，输转劳务人员10万余人，年创收20亿元以上。建成规模养殖场(小区)124个，发展规模养殖户1.35万户，全县各类畜禽饲养量达到195.66万头(匹、只)。大力发展乌龙头、核桃种植、土蜂养殖等特色优势产业，农民增收渠道不断拓宽。充分发挥脱贫扶持政策叠加效应，整合财政涉农资金2.01亿元，全力改善农村基础设施条件。全县建制村通水泥路率达100%，梯田化率达96.6%，农村饮水安全工程通村率、供水保证率及自来水入户率均达到95%以上,宽带网络实现行政村全覆盖。加强社会保障兜底,为贫困人口报销基本医疗费2800万元,全员实施“三户一孤”大病救助保险。

十一、城乡建设

充分发挥规划引领作用,编制完成市政基础设施8个专项规划、老城区控制性详细规划、9个乡镇总体规划、部分村庄规划和美丽乡村规划。加快推进重点工程建设,风情园河道治理、风情园综合服务管理区、县城新增管网、天平铁路张家川站前广场、城区燃煤锅炉拆除并网和提标改造、生活污水处理厂除油改造和污泥干化处置、城区生活垃圾填埋场滑坡治理维修等工程基本建成,迎宾大桥、新城大桥、县城区净水厂二期工程附属工程扎实推进。实施棚户区改造272套2.7万平方米,建设商品房744套9.6万平方米,交易商品房501套5.83万平方米,县城聚集发展能力不断增强。扎实推进城镇化建设,启动实施龙山镇、恭门镇、刘堡镇等道路改造工程。对15乡镇92村1295户6556人实施易地扶贫搬迁,新建安置点26个,改造农村危房2465户。加快美丽乡村建设,建成省市级示范村5个,县级示范村9个、整洁村35个。深入开展“三城联创”活动,大力整治城市“脏乱差”,全力创建省级文明县城、园林县城、卫生县城。实行最严格的环境保护制度,巩固提升中央环保督察反馈问题整改成果,健全完善“八项机制”,深入实施“十大工程”,建立健全“河长制”责任体系,开展全域无垃圾创建活动,污染防治取得显著成效。

十二、各项社会事业

集中开展师德师风整治活动,完成中小学校长选聘、城区学校教师招考工作,乡镇间借调教师遗留问题得到解决,校长和教师队伍建设明显加强。积极构建高效课堂,落实教育教学质量奖励,教育教学质量显著提升,高考成绩再创历史新高。完成教育改薄项目86个,70所行政村幼儿园全部建成投入使用,教育基础设施不断完善。全面深化医药卫生体制改革,严格执行基本药物制度,不断健全基本医疗保障制度,全县新农合参合率为98.06%,补偿参合农民95.5万人(次),补偿金额1.71亿元。建立健全医疗卫生服务体系,马鹿、平安、四方卫生院业务用房及职工周转宿舍基本建成。认真实施全面两孩政策,巩固提升国家级计划生育优质服务县成果,人口和计划生育工作不断加强。公共文化设施日趋完善,改造提升图书馆、文化馆、博物馆等“三馆一站”服务水平,完成15个乡镇文化站定级达标,建成255个行政村综合文化中心,提升完善农家书屋272家,拍摄完成首部红色题材电影《小儿锦》。加强文物保护利用,河峪摩崖石刻和宣化冈入选甘肃省重点文物保护单位。加大就业扶持力度,新增城镇就业3030人,城镇登记失业率2.96%。全面实施全民参保登记计划,“五险合一”上线运行,城乡居民社会养老保险参保率达到95%。危房改造、一事一议、职教中心实训楼、村组道路、高标准农田等5件2017年民生实事得到落实。城市低保、农村低保、农村特困救助供养提标提补工作全面完成。救灾救济、医疗救助、优抚安置等民生工作得到加强,有效保障了特殊困难群众生产生活。双拥共建、扶残助残活动深入开展。统计调查、防震减灾、科技、档案、史志、气象、红十字会、爱国卫生、人防等事业健康发展。电力、通信、银行、保险、税务、烟草、盐务、石油等行业为县域经济发展发挥了积极作用。

说 明:

1.地区生产总值,各产业增加值和规模以上工业增加值绝对数按现价计算,增长速度按可比价计算。

2.财政、税收、劳务输出、社会保障、教育、卫生等数据由相关职能部门提供,金融数据由人行张家川支行提供。

2017年国民经济和社会发展主要指标完成情况

表1

指标名称	单位	2017年	2016年	2017年较2016年增减+-	2017年较2016年增减+-
一、土地面积	万亩	196.8	196.8	—	—
其中:耕地面积	万亩	56.19	56.19	—	—
其中:粮田面积	万亩	47.04	47.04	—	—
二、户数和人口					
1.总户数	户	72685	72332	353	0.5%
其中:农业户数	户	64232	64008	224	0.3%
其中:回族户	户	44787	44601	186	0.4%
汉族户	户	19445	19407	38	0.2%
2.总人口	人	341775	339450	2325	0.7%
其中:男	人	175585	174300	1285	0.7%
女	人	166190	165150	1040	0.6%
在总人口中:①农业人口	人	314547	313101	1446	0.5%
其中:男	人	160974	159682	1292	0.8%
女	人	153573	153419	154	0.1%
②非农业人口	人	27228	26349	879	3.3%
在总人口中:回族	人	237030	235318	1712	0.7%
汉族	人	104745	104132	613	0.6%
3.行政村	个	255	255	0	0
4.村民小组	个	1275	1275	0	0
5.人口自增率(省统计局评估)	‰	6.85	6.97	-0.12	-1.7%
6.常住人口(省统计局评估)	万人	29.49	29.32	0.17	0.6%

续表1

指标名称	单位	2017年	2016年	2017年较2016年增减+-	2017年较2016年增减+-
三、国民经济综合指标					
1.全县生产总值(现价)	万元	278393	273632	—	—
其中:第一产业增加值	万元	66414	64755	—	—
第二产业增加值	万元	29353	31934	—	—
第三产业增加值	万元	182625	176944	—	—
2.全县生产总值(可比价)	万元	274126	268812	5314.36	2.0%
其中:第一产业增加值	万元	71596	67688	3907.81	5.8%
第二产业增加值	万元	28042	28537	-494.69	-1.7%
第三产业增加值	万元	174488	172587	1901.24	1.1%
3.财政收入	万元	18920	24075	-5155	-21.4%
其中:公共财政预算收入	万元	9315	14664	-5349	-36.5%
4.财政支出	万元	233800	217258	16542	7.6%
5.从业人员年均人数	人	13687	13606	81	0.6%
6.从业人员工资总额	万元	87031	67122	19909	29.7%
7.从业人员年均货币收入	元	63586	49332	14254	28.9%
8.城镇居民人均可支配收入	元	22598.2	20893	1705.2	8.2%
9.农村居民人均可支配收入	元	6354.4	5843	511.4	8.8%
10.农民人均生产粮食	公斤	352	351	1	0.3%
11.金融机构各项存款余额	万元	646736	602629	44107	7.3%
12.城乡居民储蓄存款余额	万元	508902	461004	47898	10.4%
13.各项贷款余额	万元	299647	291265	8382	2.9%
14.税收收入	万元	10588	14001	-3413	-24.4%
15.劳务收入	亿元	13.81	12	1.81	15.1%
输转劳务人数	万人\次	6.85	6.9	-0.05	-0.7%

续表 2

指 标 名 称	单位	2017 年	2016 年	2017 年较 2016 年增减 +-	2017 年较 2016 年增减 +-
四、农业和农村经济					
1.乡村劳动力资源总数	万人	21.75	21.55	0.20	0.9%
2.农林牧副渔业劳动力	万人	11.14	11.15	-0.01	-0.1%
3.农业机械总动力	万千瓦时	15.7	17.04	-1.34	-7.9%
4.农用化肥折纯量	吨	3402.2	3758.62	-356	-9.5%
5.全县用电量	万度	12802	10995	1807	16.4%
其中:农村用电量	万度	2788.5	2777.13	11	0.4%
6.农业总产值(现价)	万元	109522.16	104369.98	5152	4.9%
其中:农业	万元	84640.18	80048.16	4592	5.7%
林业	万元	778.22	667.19	111	16.6%
牧业	万元	23016.38	22700.65	316	1.4%
渔业	万元	44.38	46.98	-3	-5.5%
农林牧渔服务业	万元	1043	907	136	15.0%
7.现价农业增加值	万元	66686.01	64992	1694	2.6%
其中:农业	万元	50197.78	49200	998	2.0%
林业	万元	293.52	285	9	3.0%
牧业	万元	15881.15	15225	656	4.3%
	万元	42.38	45	-3	-6.6%
农业服务业	万元	271.18	236	35	15.0%
8.粮食总产量	吨	110774.84	110110	665	0.6%
亩产	公斤	233	234.41	-1	-0.6%
	亩	475352	469726	5626	1.2%
其中:(1)夏粮总产量	吨	38806.71	37300	1507	4.04%
亩产	公斤	180.28	174.74	6	3.2%
面积	亩	215260	213464	1796	0.8%

续表 3

指 标 名 称	单位	2017年	2016年	2017年较2016年增减+-	2017年较2016年增减+-
其中:①小麦产量	吨	34195	32800	1395	4.3%
亩产	公斤	179.93	174.01	5.92	3.4%
面积	亩	190050	188500	1550	0.8%
②蚕豆产量	吨	4611.71	4500	111.71	2.5%
亩产	公斤	182.93	180.26	2.67	1.5%
面积	亩	25210	24964	246	1.0%
(2)秋粮产量	吨	71968.13	72810	-841.87	-1.2%
亩产	公斤	276.7	284.12	-7.42	-2.6%
面积	亩	260092	256262	3830	1.5%
其中:①玉米产量	吨	45347.27	45424	-76.73	-0.2%
亩产	公斤	350.17	355.71	-5.54	-1.6%
面积	亩	129500	127700	1800	1.4%
②洋芋产量	吨	25882.36	26500	-617.64	-2.3%
亩产	公斤	224.36	233.56	-9.2	-3.9%
面积	亩	115362	113462	1900	1.7%
9. 油料产量	吨	5267.8	5340	-72.2	-1.4%
亩产	公斤	78.64	75.56	3.08	4.1%
面积	亩	66978	70672	-3694	-5.2%
其中:(1)胡麻产量	吨	1422.04	1555.96	-133.92	-8.6%
亩产	公斤	84.25	82.45	1.8	2.2%
面积	亩	16878	18872	-1994	-10.6%
(2)油菜产量	吨	3845.8	3784.3	61.5	1.6%
亩产	公斤	76.76	73.06	3.7	5.1%
面积	亩	50100	51800	-1700	-3.3%
10. 蔬菜面积	万亩	6.99	6.85	0.14	2.0%
产量	吨	154967	133836.00	21131.00	15.79%

续表 4

指 标 名 称	单位	2017 年	2016 年	2017 年较 2016 年增减 +-	2017 年较 2016 年增减 +-
11.当年人工造林面积	万亩	3.75	1.25	2.5	200.0%
封山育林面积	万亩	0.3	4	-3.7	-92.5%
12.果园面积	万亩	4.59	4.59	0	0.0%
其中:苹果面积	万亩	3.81	3.81	0	0.0%
13.水果产量	吨	6.78	6.19	0.59	9.5%
其中:苹果产量	吨	5.66	5.14	0.52	10.1%
14.肉类产量	吨	0.73	0.69	0.04	5.8%
15.大牲畜年末存栏数	万头匹	12.40	13.23	-0.83	-6.3%
其中:牛	万头	11.30	11.97	-0.67	-5.6%
马	万匹	0.10	0.17	-0.07	-41.2%
驴	万匹	0.79	0.87	-0.08	-9.2%
骡	万匹	0.20	0.22	-0.02	-9.1%
16.大牲畜年末出栏数	万头匹	5.04	4.77	0.27	5.7%
其中:牛	万头	4.59	4.25	0.34	8.0%
马	万匹	0.12	0.23	-0.11	-47.8%
驴	万匹	0.27	0.24	0.03	12.5%
骡	万匹	0.06	0.05	0.01	20.0%
17.年末羊存栏数	万只	12.28	12.54	-0.26	-2.1%
年末羊出栏数	万只	55.17	5.02	50.15	999.0%
18.年末猪存栏数	万头	1.28	1.33	-0.05	-3.8%
年末猪出栏数	万头	1.60	1.53	0.07	4.6%
19.年末家禽存栏数	万只	31.08	33.12	-2.04	-6.2%
年末家禽出栏数	万只	30.92	34.18	-3.26	-9.5%
20.塑料薄膜使用量	吨	910.37	936.64	-26.27	-2.8%
塑料薄膜覆盖面积	万亩	13.75	13.51	0.24	1.8%
其中:地膜玉米	万亩	12.95	12.77	0.18	1.4%

续表 5

指标名称	单位	2017年	2016年	2017年较2016年增减+-	2017年较2016年增减+-
地膜洋芋	万亩	0.18	0.12	0.06	50.0%
塑料大棚面积	万亩	0.45	0.44	0.01	2.3%
21.水窖建设	眼	25622	26969	-1347	-5.0%
22.使用沼气的户数	户	3790	4079	-289	-7.1%
23.水平梯田	万亩	52.9	52.39	0.51	1.0%
其中:当年新增	万亩	0.6	0.94	-0.34	-36.2%
24.有效灌溉面积	万亩	3.47	3.47	0	0.0%
25.保证灌溉面积	万亩	2.8	2.8	0	0.0%
26.农药消耗总量	吨	8.5	10	-1.5	-15.0%
五、工业					
1.全县工业总产值(现价)	万元	90755	90650	105	0.1%
其中:规模以上工业	万元	69080	68529	551	0.8%
2.规模以上工业产品销售产值	万元	33882	53954	-20072	-10.4%
3.现价工业增加值	万元	24493	30352	-5859	-0.4%
其中:规模以上工业	万元	12193	12889	-696	-1.1%
六、社会消费品零售总额	万元	87118	77888	9230	11.9%
七、固定资产投资	万元	352685	510350	-157665	-30.89%
其中:项目投资	万元	352685	516667	-163982	-31.7%
房地产投资	万元	0	2500	-2500	-100.0%

续表 6

指 标 名 称	单位	2017 年	2016 年	2017 年较 2016 年增减 +-
八、交通运输邮电通信业				
1.公路线路长度(省市县乡村级)	公里	2281	2281	0
2.邮政电信业务收入	万元	11967	12352	-385
其中:邮政业务收入	万元	2446	2548	-102
电讯业务收入	万元	9521	9804	-283
3.移动电话拥有量	万户	12.39	15.16	-2.77
九、教育和卫生				
1.教职工数	人	4378	4156	222
其中:小学教师	人	2191	2163	28
中学教师	人	1587	1593	-6
2.在校学生数	人	52433	50256	2177
其中:小学学生	人	24592	24010	582
中学学生	人	17690	16632	1058
3.学龄儿童入学率	%	100	100	0
4.高考本科上线人数	人	677	674	3
5.医院数	所	24	24	0
6.医院床位树	张	1132	1132	0
7.医生数	人	1201	1182	19

注:工业增速为可比价计算

人物与先进集体

人物

张家川县2017年新任县级干部

焦旭红 女，生于1973年9月，甘肃省金塔县人，硕士学历，中共党员。1997年7月毕业于兰州大学法学专业；1997年8月至2001年12月在甘肃省委政法委研究室工作；2001年12至2004年10月，任甘肃省委政法委研究室副主任科员；2004年10月至2008年12月，任甘肃省委政法委研究室主任科员；2008年12月至2012年9月，任甘肃省委政法委综合基层建设指导处副处长；2012年9月至2017年8月，任甘肃省社会治安综合治理委员会办公室一处处长；2017年8月后任张家川县委副书记(挂职)、正县级干部。

王青 男，生于1970年12月，天津市人，研究生学历，中共党员。1989年7月毕业于天津市塘沽区第一职业中学财会专业学习；1989年12月参加工作并于天津市塘沽区财政局工作，先后担任天津市塘沽区财政局农业科副科长、社保科副科长、社保科科长等职。2011年9月至2014年10月，任天津市滨海新区新村街道办事处副主任；2014年10月至2017年7月，任天津市滨海新区塘沽街道办事处副主任。2017年7月后，任张家川县人民政府副县长(挂职)、副县级干部。

吴晓堂 男，回族，生于1971年3月，甘肃省秦州区人，大学学历，中共党员。1993年7月毕业于西北民族学院工商行政管理专业，1993年10月参加工作，并先后于天水市工商局秦州分局、天水市工商局工作。2004年6月后先后任天水市工商局秦州分局党组成员、副局长，清水县工商局党组书记、局长，天水市工商局党组成员、副局长，天水市食品药品监督管理局党委委员、副局长。2017年7月至今，任张家川县人民政府副县长(挂职)、副县级干部。

邓怀飞 男，生于1979年4月，甘肃省环县人，大学学历，中共党员。2003年1月于甘肃一建安装工程公司工作，先后任甘肃一建集团金建房地产开发公司工程科科长，甘肃一建集团金建房地产开发公司副经理，甘肃一建集团金建房地产开发公司副经理、安建物业公司副经理，甘肃一建集团金建房地产开发公司副经理、房地产管理部副部长，甘肃一建集团金建房地产开发公司党支部书记、副经理、房地产管理部副部长，甘肃一建集团第二安装工程公司党支部书记、纪检组长、工会主席。2017年8

月后任张家川县人民政府副县长(挂职)、副县级干部。

2017年获得副高级职称人物简介

李文学 男，生于1970年2月，张家川县人，大专学历，高级农艺师。1991年7月毕业于甘肃省天水农业学校农学专业，2002年12月取得中央广播电视大学农科园艺专业大专学历。参加工作以来，先后在梁山镇、马关镇、张家川县农技站工作。2015年在甘肃《农业科技与信息》发表《马铃薯晚疫病发生现状及防治对策》《张家川县杂草危害情况及防治对策》论文2篇。2009年参加完成《天水市马铃薯窖藏病害监测综防技术研究应用》项目，2012年获得天水市科技成果三等奖。2011—2015年参加完成《张家川县马铃薯晚疫病物联网监测技术及专业化防治示范》项目，2017年获得天水市科技成果三等奖。先后获得中共天水市委农村工作部"先进个人"、甘肃省农牧厅"先进工作者"称号。现于张家川县植保站工作。

张升龙 男，生于1970年11月。张家川县人，大专学历，高级农艺师。1991年7月毕业于甘肃省平凉农校植保专业，同年被分配在张家川县植保站工作，2002年12月取得中央广播电视大学农科园艺专业大专学历。2012年在《甘肃农业》杂志发表《张家川县冬麦田蛴螬类为害损失及防治指标研究》、2013年在《甘肃农业》发表《张家川县两种药剂对马铃薯晚疫病防治次数药效试验》。2006年参与完成的《张家川县Btken-Ag粉剂防治菜青虫试验示范》课题，获得张家川县科技进步二等奖。2015年8月，参加完成的《张家川县高原夏菜新品种引进示范推广》项目，通过张家川县科技局的鉴定验收，达到省内同类项目先进水平。2011—2015年主持完成《张家川县马铃薯晚疫病物联网监测技术及专业化防治示范》项目，2017年获得天水市科技成果三等奖。2014年获得甘肃省农牧厅"先进工作者"称号。现为张家川县农业局农业技术推广高级农艺师。

刘彩彩 女，生于1973年6月，张家川县人，大专学历，高级工程师。1992年7月毕业于甘肃省农业机械化学校农机专业，同年7月被分配到张家川县农机管理技术推广站工作。2002年7月取得中央广播电视大学农村经济管理专业大专学历。在国家级刊物发表论文3篇，其中:《高寒阴湿山区高标准耕作机械化建设发展现状与对策》发表于《农业机械》2017年第3期;《张家川县设施农业机械化发展现状及对策研究》发表于《农业机械》2017年第4期;《手推式双头土壤打孔机的设计与研究》发表于《农业机械》2017年第5期。2016年，其承担的《天水市马铃薯生产全程机械化技术集成推广》项目获得甘肃省农牧渔业丰收一等奖。1999年被评为"全市农机统计先进工作者"，2015年获省农牧厅"全省农机推广先进工作者"称号。

马平平 男，回族，生于1978年7月，甘肃省张家川县梁山镇人，本科学历，高级农艺师。1997年7月毕业于甘肃省林业学校经济林专业，自考取得兰州大学新闻学专业大专学历、甘肃农业大学现代园艺本科学历。现任职于张家川县林业局。工作期间引进果树新品种11个，推广新技术8项，指导建园2320公顷，改造老果园633.33公顷。主持或参与科技课题项目11项，其中获天水市科技进步三等奖5项、甘肃省农牧厅农牧渔业丰收奖二等奖1项。在《中国果树》《北方果树》《西北园艺》《河北果树》《中国园艺文摘》等省级以上刊物发表专业技术论文28篇，独著或作为第一作者论文12篇。其中《果园'三维一体'无害化病虫害综合防控技术》《甘肃张家川旱实核桃良种化改造试验》在《中国果树》登载后,分别获2011年和2012年天水市优秀学术论文征文活动一等奖。参与编写张家川县《苹果优质丰产栽培》《核桃早果丰产栽培技术》《花椒优质高效栽培技术》等果农培训教材5册,印发5000余份,培训果农200多期7500多人次。2015年被省农牧厅评为全省果业技术推广工作先进个人。

杨小梅 女,回族,生于1967年11月,张家川县马关乡四方村人,大专学历,高级畜牧师。1989年6月毕业于甘肃农业大学草原系,同年7月分配到张家川县种草站工作,现任职于张家川县畜牧技术推广站。主持科研项目《张家川县良种鸡无公害标准化生产试验示范》《弗莱维赫良种牛冻精引进杂交改良试验推广》2项达到市内领先水平;参与科研项目《多拉菌素新特效药驱治动物寄生虫病对比试验示范》《利用食用菌菌渣开发肉牛新型饲料的研究与示范》《玉米秸秆压粒饲料营养强化综合技术试验》3项,分别获得县科技进步三等奖,省科技进步二等奖和市科技进步三等奖。发表学术论文4篇,在国家级刊物上发表论文2篇,分别为《浅谈张家川县畜牧产业化发展目标与途径》《张家川县农村养鸡情况调查与发展措施》;在省级刊物上发表论文2篇,分别为《张家川县畜牧业发展现状与展望》《农村动物防疫工作的制约因素与对策》。2014年被省农牧厅评为全省畜牧科技推广先进工作者。

先进个人

张家川县2017年获省部级及以上表彰奖励先进个人

表2

姓名	性别	民族	工作单位	职务	获奖时间	授奖单位	奖励称号
陈晰	男	汉	张家川县委	县委书记、文明委主任	2017.7	甘肃省委、省政府	全省精神文明建设工作先进个人
王小红	男	回	马鹿镇	副镇长	2017.7	甘肃省委、省政府	全省精神文明建设工作先进个人
马玉萍	女	回	县法院	副科长	2017.12	最高人民法院	全国法院加强党的建设研讨活动优秀论文奖
李双双	男	汉	马关镇司法所	所长	2017.5	司法部	全国模范人民调解员

张家川县2017年获局(厅)级及以上表彰奖励先进个人

表3

姓名	性别	民族	工作单位	职务	获奖时间	授奖单位	奖励称号
马颖琪	女	回	畜牧局	中级畜牧师	2017.12	甘肃省总工会、甘肃省人力资源和社会保障厅、甘肃省工业和信息化委员会、甘肃省科学技术厅、甘肃省人民政府国有资产监督管理委员会	甘肃省技术标兵
马贵荣	男	回	法院	科员	2017.1	甘肃省高级人民法院	全省法院2015年优秀裁判文书
海虹	女	回	法院	科员	2017.1	甘肃省高级人民法院	2016年度全省法院优秀论文
陈芳琳	女	汉	公安局国保大队	干部	2017.1	甘肃省公安厅	个人二等功
肖荣	男	回	老干部局	局长	2017.9	甘肃省老干部工作局	全省“畅谈展望”活动先进老干部工作者
马芳红	女	回	文化市场综合执法队	科员	2017.3	甘肃省新闻出版社广电总局	“学法守法用法从我做起”法制征文竞赛个人优秀奖
马丽	女	回	广播电视台	记者	2017.11	甘肃省新闻出版社广电总局	甘肃广播影视奖
张焕平	女	汉	中医院	护士长	2017.5	甘肃省人社厅、甘肃省卫计委	全省护理工作先进个人
杨亚丽	女	回	张家川县医院	护士长	2017.5	甘肃省卫计委	优秀管理者
张建文	男	汉	大阳镇卫生院院	院长	2017.9	甘肃省人社厅、甘肃省卫计委	甘肃省优秀卫生院长
米万鹏	男	回	木河乡卫生院	医师	2017.9	甘肃省人社厅、甘肃省卫计委	甘肃省优秀基层工作者
王耀顺	男	汉	妇幼保健计划生育服务中心	副主任	2017.9	甘肃省人社厅、甘肃省卫计委	甘肃省优秀计划生育技术服务人员
马鸿斌	男	回	龙山镇中心卫生院	副院长	2017.9	甘肃省人社厅、甘肃省卫计委	甘肃省优秀基层工作者
马维军	男	会	川王镇卫生院	院长	2017.9	甘肃省人社厅、甘肃省卫计委	甘肃省优秀基层工作者
付宏科	男	汉	张棉驿	院长	2017.9	甘肃省人社厅、甘肃省卫计委	全省优秀卫生院院长

先进集体

张家川县 2017 年获省部级及以上表彰奖励先进单位

表 4

获奖单位	获奖时间	授奖单位	奖励称号
龙山镇中学	2017.9	教育部	全国青少年校园足球特色学校
国家电网张家川县供电公司	2017.7	甘肃省委、省政府	省级经省文明建设工作先进集体
马鹿镇宝坪村	2017.7	甘肃省委、省政府	省级经省文明建设工作先进集体
木河乡庄河村	2017.7	甘肃省委、省政府	省级经省文明建设工作先进集体
张棉驿乡政府	2017.7	甘肃省委、省政府	省级经省文明建设工作先进集体
工商业联合会	2017.12	中华全国工商业联合会	全国“五好”县级工商联

张家川县 2017 年获局(厅)级及以上表彰奖励先进单位

表 5

获奖单位	获奖时间	授奖单位	奖励称号
博物馆	2017.3	天水市人民政府	2016 年度全市文物安全工作先进县
博物馆	2017.12	甘肃省人力资源和社会保障厅、甘肃省文物局	全省第一次可移动文物普查工作先进集体
食品药品监督管理局	2017.10	甘肃省食品药品监督管理局	全省食品药品监督管理系统先进集体
连五乡张家村	2017.11	甘肃省新闻出版广电局	五星级农家书屋
梁山镇卫生院	2017.9	甘肃省人社厅、甘肃省卫计委	甘肃省基层卫生工作先进集体

主要文件选目

中共张家川县委2017年度颁发主要文件

表6

文号	文件标题	发文时间
县委发〔2017〕1号	关于贯彻落实深入推进农业供给侧结构性改革加快培育农业和农村发展新动能的实施意见	2017年2月5日
县委发〔2017〕7号	印发《张家川县法治政府建设实施方案(2016—2020年)》的通知	2017年3月31日
县委发〔2017〕9号	关于打赢脱贫攻坚战的实施意见	2017年4月11日
县委发〔2017〕10号	印发《张家川县脱贫攻坚工作任务落实问责暂行办法》	2017年4月11日
县委发〔2017〕12号	关于深入推进"两个共同"示范县建设的实施意见	2017年4月11日
县委发〔2017〕16号	关于印发《张家川县推进两学一做常态化制度化的实施意见》	2017年5月9日
县委发〔2017〕17号	关于进一步加强政协工作推进政治协商民主建设的意见	2017年6月16日
县委发〔2017〕18号	关于表彰全县优秀共产党员、优秀党务工作者和先进基层党组织的决定	2017年6月29日
县委发〔2017〕22号	关于印发《张家川县加快推进生态文明建设实施方案》的通知	2017年8月2日
县委发〔2017〕29号	关于加强和改进新形势下党校工作的实施意见	2017年9月21日
县委发〔2017〕30号	关于深入推进县域经济发展的实施意见	2017年10月16日
县委发〔2017〕32号	关于印发张家川县推进移风易俗树立健康婚嫁观念的指导意见	2017年10月26日

张家川县政府 2017 年颁发文件

表 7

文号	文件标题	发文时间
张政发〔2017〕1 号	关于开展市政基础设施专项规划编制工作的批复	1 月 4 日
张政发〔2017〕4 号	关于刘堡乡大阳乡川王乡胡川乡撤乡改镇的通知	1 月 13 日
张政发〔2017〕6 号	关于新增建制镇征收房产税和土地使用税的批复	2 月 7 日
张政发〔2017〕7 号	关于印发张家川县全民健身实施计划(2016——2020 年)的通知	2 月 14 日
张政发〔2017〕25 号	关于 2017 年度乡镇和村庄规划编制工作的批复	4 月 17 日
张政发〔2017〕28 号	关于平安梁农村饮水安全巩固提升工程 东峡水库城区供水取水设备改选工程和小型水库后期扶持项目法人的批复	4 月 21 日
张政发〔2017〕29 号	关于平安梁农村饮水安全巩固提升工程实施方案的批复	4 月 21 日
张政发〔2017〕34 号	关于转发天水市人民政府关于进一步加强村镇规划建设管理的意见的通知	5 月 15 日
张政发〔2017〕48 号	关于印发《2017 年张家川县(关山)文化旅游节活动实施方案》的通知	6 月 2 日
张政发〔2017〕63 号	关于加快推进农村宅基地和集体建设用地农房调查推动不动产统一登记工作的通知	6 月 19 日
张政发〔2017〕76 号	关于开展涉及生态环境保护内容的地方性法规专项清理工作的报告	7 月 18 日
张政发〔2017〕77 号	关于认定合适秦亭遗址等 69 处县级重点文物保护单位的通知	7 月 18 日
张政发〔2017〕78 号	关于对新增建制镇征收房产税和城镇土地使用税的批复	7 月 19 日
张政发〔2017〕113 号	关于公布县级政府部门第十四批取消调整和承接行政审批项目等事项的决定	8 月 24 日
张政发〔2017〕154 号	关于编制县域旅游专项规划的批复	10 月 17 日
张政发〔2017〕169 号	关于统筹推进县城内城乡义务教育一体化改革发展的实施意见	11 月 10 日
张政发〔2017〕173 号	关于在市场体系建设中建立公平竞争审查制度的实施意见	11 月 16 日

中共张家川县委办公室 2017 年度颁发主要文件

表 8

文号	文件标题	发文时间
县委办发〔2017〕3 号	关于印发《信访工作责任追究暂行办法》的通知	2017 年 2 月 8 日
县委办发〔2017〕10 号	关于认真学习贯彻习近平总书记在中央政治局第三十九次集体学习时重要讲话精神切实做好精准扶贫精准脱贫工作的通知	2017 年 3 月 6 日
县委办发〔2017〕24 号	关于 2017 年全县开展民族团结进步创建工作的通知	2017 年 4 月 6 日
县委办发〔2017〕47 号	关于印发张家川县"三城联创"方案的通知	2017 年 5 月 15 日
县委办发〔2017〕58 号	关于张家川县乡镇、村(社区)妇联组织改革的实施意见	2017 年 6 月 9 日
县委办发〔2017〕71 号	关于印发《张家川县脱贫攻坚责任制实施细则》的通知	2017 年 7 月 11 日
县委办发〔2017〕85 号	关于印发《张家川县党政领导干部生态环境监管责任追究实施办法(试行)》的通知	2017 年 8 月 2 日
县委办发〔2017〕101 号	关于印发《张家川县贯彻落实国务院安委会安全生产巡查反馈意见整改方案》的通知	2017 年 9 月 14 日
县委办发〔2017〕118 号	关于印发《张家川县学习宣传贯彻党的十九大精神工作方案》的通知	2017 年 10 月 25 日
县委办发〔2017〕119 号	关于印发《张家川县党委(党组)意识形态工作责任制考核办法(试行)》的通知	2017 年 10 月 25 日
县委办发〔2017〕128 号	关于印发《2017 年度乡镇和县直部门党政主要负责人向县委和县纪委述纪述廉述作风实施方案》的通知	2017 年 11 月 7 日
县委办发〔2017〕143 号	关于印发《张家川县公证处体制改革实施方案》的通知	2017 年 12 月 12 日
县委办发〔2017〕149 号	《关于完善农村土地所有权承包权经营权分置办法实施方案》的通知	2017 年 12 月 19 日
县委办发〔2017〕154 号	关于深化律师制度改革的实施意见	2017 年 12 月 28 日
县委办发〔2017〕155 号	关于印发《张家川县实行国家机关"谁执法谁普法"普法责任制实施意见》的通知	2017 年 12 月 28 日
县委办发〔2017〕158 号	印发张家川县进一步加强和改进离退休干部工作实施办法	2017 年 12 月 29 日
县委办发〔2017〕160 号	关于印发《张家川县总工会改革实施方案》的通知	2017 年 12 月 29 日
县委办发〔2017〕161 号	关于印发《张家川县妇联改革方案》的通知	2017 年 12 月 29 日

张家川县政府办2017年颁发文件

表9

文号	文件标题	发文时间
张政办发〔2017〕11号	关于印发张家川县医疗卫生服务体系规划纲要(2015——2020)的通知	1月2日
张政办发〔2017〕18号	关于印发《张家川县促进农村电子商务加快发展工作方案》的通知	2月15日
张政办发〔2017〕45号	关于开展全县行政规范性文件清理工作的通知	4月21日
张政办发〔2017〕70号	关于印发张家川县一乡一农机合作社建设试点工作实施方案的通知	5月24日
张政办发〔2017〕77号	关于印发张家川县危险化学品安全综合治理实施细则的通知	6月19日
张政办发〔2017〕94号	关于清理规范涉企经营服务性收费的通知	7月7日
张政办发〔2017〕95号	关于开展全县行政执法主体资格审查和执法人员清理工作的通知	7月7日
张政办发〔2017〕96号	关于进一步做好《张家川回族自治县续志》编纂工作的通知	7月10日
张政办发〔2017〕111号	关于印发张家川县"一业一策、一企一策、一事一议"工作方案的通知	7月28日
张政办发〔2017〕116号	关于加强张家川秦岭细鳞鲑国家级水产种植资源保护区管理工作的通知	8月22日
张政办发〔2017〕124号	关于印发张家川县公路路网改善工程建设实施方案的通知	8月31日
张政办发〔2017〕134号	关于印发张家川县重大项目开辟绿色通道的实施意见和张家川县加强投资项目服务的意见的通知	9月22日
张政办发〔2017〕164号	关于印发建立乡镇人民政府行政权力清单和责任清单实施方案的通知	11月24日
张政办发〔2017〕168号	关于印发张家川县全面推行双随机一公开监管工作实施方案的通知	11月30日
张政办发〔2017〕174号	关于印发张家川县"十三五"公共文化服务体系建设规划的通知	12月11日
张政办发〔2017〕182号	关于印发张家川县贯彻落实甘肃省加快发展民族教育专项规划(2016——2020)实施方案的通知	12月26日

重要文件辑存

中共张家川县委　张家川县人民政府 关于贯彻落实深入推进农业供给侧结构性改革 加快培育农业农村发展新动能的实施意见

县委发〔2017〕1号　　　　2017年2月5日

2017年是实施“十三五”规划的重要一年，也是供给侧结构性改革的深化之年，更是加快全面建成小康社会进程的关键之年。中央和省委一号文件都以推进农业供给侧结构性改革为主题，对2017年农业农村工作作出了全面部署。当前，我县农村改革和扶贫攻坚进入重要攻坚期，农业发展方式和产业培育进入转型优化期，基础设施建设和公共服务条件改善进入城乡统筹加快期，农民增收方式和结构进入多元调整期。但还存在产业发展规模小，质量效益低，基础设施建设欠账大，公共服务不健全，农村人居环境改善效果不明显等问题。全县各级各部门要坚持问题导向，调整工作重心，瞄准既定目标不动摇，强化责任担当不松劲，深入推进农业供给侧结构性改革，加快培育农业农村发展新动能，举全县之力，集全民之智，坚决打赢脱贫攻坚战。

2017年全县农业农村工作要认真贯彻落实党的十八大和十八届三中、四中、五中、六中全会精神，以中央和省、市委农村工作会议精神为指导，深入贯彻习近平总书记系列重要讲话精神和治国理政新理念新思想新战略，严格按照“培育产业促增收、改善条件夯基础、深化改革激活力、强化组织做保障”的总体思路，坚持以推进农业供给侧结构性改革和“强基础、兴产业、惠民生、抓脱贫、奔小康”为主线，围绕农业增效、农民增收、农村增绿，加强科技创新引领，加快结构调整步伐，加大农村改革力度，提高农业综合效益和竞争力，推动社会主义新农村建设取得新的进展。以当年预脱贫退出村为主战场，以23个“三最村”为重点，深入推进“369”脱贫攻坚计划，全力落实“1+18”方案，切实加快脱贫攻坚进程，全面完成年度减贫任务，确保与全省全国同步建成小康社会奠定更加坚实的基础。

一、优化农业产业结构，着力推进农业提质增效

1. 大力调整种植结构。围绕种植业结构要调优，农产品质量要调好，农业竞争能力要调强，农民收入要调高的目标，按照因地制宜，发挥优势，突出特色，依靠科技，提高效益的要求，适度压粮扩经，压劣质扩优质，压滞销扩畅销，压常规扩专用，压低效扩高效，突破饲料粮的种植，优化粮经饲“三元结构”。紧紧依托旱作农业项目，在全县推广种植全膜双垄沟播玉米8000公顷，马铃薯6666.67公顷，改扩建塑料大棚33.33公顷1000栋，种植蔬菜6333.33公顷，果园333.33公顷，大麻666.67，中药材866.67公顷。逐步扩大饲料作物种植面积，完成人工种草6666.67公顷；推广耕地休耕政策，大力培育现代饲草料产业体系，逐步形成以养带种，农林牧复合，草果菜结合的种植业结构。

牵头单位：县委农工部

责任单位：县农业局，县林业局，县畜牧局，各乡镇人民政府

2. 发展壮大富民产业。以“三大富民产业”为重点，深入实施清真餐饮服务业“双百千万”工程，新发展清真餐饮经营店2200家、宾馆300家，输

转剩余劳动力7万余人,创收12亿元以上,推动清真餐饮服务业转型升级,真正使清真餐饮服务业成为全县的首位富民产业。扎实推进基础母畜繁育、饲草料建设、疫病防控、集中育肥加工“四大工程”,全力推动畜牧产业提质增效,新建标准化养殖场10个,改扩建6个,发展养殖专业村5个、规模养殖户800户,向贫困户免费发放家用铡草机1680台。持续推动民族特色工商业不断发展壮大,新发展中小企业8家、商贸流通网点1000多个,辐射带动贫困人口767户3081人,有效促进贫困群众增收致富。

牵头单位:县委农工部

责任单位:县人社局,县畜牧局,县工信局

3. *优化农业区域布局*。以西部龙山、梁山、木河,中部张川、胡川等乡镇为主,发展小麦良种生产基地。以中西部乡镇川区和浅山川台区为主发展全膜玉米种植。依托一城两镇,以樊河、后川河、清水河流域河谷川地、川台地为主,合理布局,发展蔬菜生产。以马鹿、闫家、恭门、平安、张棉、刘堡6乡(镇)为重点,发展脱毒马铃薯和优质蚕豆种植,带动中、西部乡(镇)大力发展马铃薯种植,逐步扩大马铃薯生产规模。以东部林缘区乡镇为重点,辐射中西部高山区发展中药材生产。在马鹿、闫家2乡镇川道地区发展大麻种植。

牵头单位:县农业局

责任单位:各乡镇人民政府

4. *提升农产品质量安全*。坚持质量兴农,突出优质、安全、绿色导向,实施农业标准化战略,健全农产品质量和食品安全标准体系。支持新型农业经营主体申请“三品一标”认证,推进农产品商标注册便利化,强化品牌保护。切实加强产地环境保护和源头治理,推行农业良好生产规范。深入推进化肥农药零增长行动,开展有机肥替代化肥试点,促进农业节本增效。建立健全化肥农药行业生产监管及产品追溯系统,严格行业准入管理。大力推行高效生态循环的种养模式,规范养殖企业畜禽粪污集中处理,推进农业废弃物资源化利用试点,探索建立可持续运营管理机制。加大农作物秸秆综合利用支持力度,健全秸秆多元化利用补贴机制。深入开展农兽药残留超标特别是养殖业滥用抗生素治理,严厉打击违禁超限量使用农兽药、非法添加和超范围超限量使用食品添加剂等行为。健全农产品质量和食品安全监管体制,强化风险分级管理和属地责任,加大抽检监测力度,鼓励生产经营主体投保食品安全责任险。

牵头单位:县农业局,县畜牧局

责任单位:县环保局,县食药监局,各乡镇人民政府

5. *积极实施现代农业建设工程*。积极实施“一十百千”现代农业建设工程,年内建设产业示范园区1个,特色优势产业基地5个,扶持发展示范性家庭农场8个、示范性农民专业合作社13个。建成现代畜牧产业示范园区服务中心,新建标准化养牛场1处,饲养牛200头;夯实饲草基础,种植紫花苜蓿80公顷,种植玉米46.67公顷,开展粮改饲试点,完成饲草青贮1万吨;完成园区内18个养牛场实施粪污无害化处理设施改造;开展科技推广,引进“弗莱维赫”冻精,改良肉牛1000头;培训养殖人员1000人次。科学制定产业园规划,统筹布局生产、加工、物流、研发、示范、服务等功能板块。发挥技术集成、产业融合、创业平台、核心辐射等功能作用。发展设施农业、精准农业、精深加工、现代营销,带动新型农业经营主体和农户专业化、标准化、集约化生产,推动农业提档升级、全链条增值。鼓励农户和返乡下乡人员通过订单农业、股份合作、入园创业就业等多种方式,参与建设,分享收益。

牵头单位:县农业局,县畜牧局,县林业局

责任单位:县国土局,县环保局,各乡镇人民政府

6. *着力打造农业农村科学发展示范点*。以粮食生产、蔬菜、果品、畜牧、农业产业化、水利基础设施建设、林业生态建设、扶贫开发和改善农村人居环境等领域为重点,选取示范效应强、带动能力好的项目,充分发挥专业合作社、家庭农场、专业大户、龙头企业等新型农业经营主体的主导作用,

积极拓宽投融资渠道，整合农业综合开发、整村推进、水利建设、生态建设、新农村建设及农村人居环境改善等各类农业项目，吸引社会资本参与，形成多元化的投入机制，多渠道增加示范点建设投入。打造市级科学发展示范点10个，县级科学发展示范点20个，切实发挥示范点典型引领作用，促进农业发展方式转变，加快农业现代化进程。

牵头单位：县委农工部

责任单位：县农业局，县畜牧局，县林业局，县水务局，县扶贫办，县财政局，县环保局，县科技局，县科协，各乡镇人民政府

二、发展民族特色产业，拓宽农民增收渠道

7. 大力发展特色旅游业。结合华夏文明传承创新区建设，按照把我县建成丝绸之路关陇段特色文化旅游区的目标定位，围绕“浩荡关山，壮美张家川”，充分发挥旅游资源优势，搭建政企合作平台，扎实推进“236”文化旅游资源开发利用工程，着力打造以清真美食、回乡风情园和宣化冈为主的民族风情游，以关山风光大道、三大风景名胜区为主的草原生态游，以关陇古道、马家塬遗址、秦亭遗址为主的历史文化游“三大品牌”。以马鹿、闫家、恭门、平安和张棉等乡镇为主，推行“生态旅游+”融合发展模式，大力发展休闲度假、养生养老、农耕体验、农家乐和林家乐等乡村旅游业，推进旅游、文化、体育产业等深度融合发展，催生新产业、新业态、新模式，拉动农村剩余劳动力就业，增加农民收入。

牵头单位：县委宣传部

责任单位：县文广局，县民族宗教局，县人社局

8. 全力推进农村电商发展。促进新型农业经营主体、加工流通企业与电商企业全面对接融合，支持农产品电商平台和乡村电商服务站点建设，推动线上线下互动发展。推动商贸、供销、邮政、电商互联互通，加强从村到乡镇的物流体系建设，实施快递下乡工程。推进“互联网+”现代农业行动。大力发展现代电子商贸流通体系，深入实施电子商务“四进”工程，着力搭建大众创新、万众创业平台，引导创业青年、大学生村官开办各类网店，不断激发市场新活力，释放市场新潜力，增添发展新动力。新建村级电子商务服务点100个，全县网络交易额达1亿元，实现乡镇电子商务服务站和贫困村电子商务服务点全覆盖。

牵头单位：县工信局

责任单位：县邮政局，县供销社，各乡镇人民政府

9. 加快发展清真食品加工产业。紧盯重点项目，全程服务保障，着力抓好以伊味思清真系列肉制品生产线改迁建为重点的清真肉制品加工项目；以陇东粮油粮食深加工异地改扩建为重点的面粉制品项目和以伊真香清真淀粉制品有限公司3000吨淀粉加工跨国合作为重点的淀粉制品项目；以贝尔克生物制品有限公司年产500吨明胶生产线续建为重点的清真明胶项目；以万福清真食醋系列产品建设为重点的清真调味品项目；以星月清真糕点生产线建设为重点的清真蛋糕等副食品加工项目建设。强化区域交流对接，学习借鉴成功经验，推进资源优势互补，不断提升和扩大我县清真系列产品的知名度和市场份额。

牵头单位：县工信局

责任单位：县招商局，县民族宗教局，县环保局，县国土局，县工商局

三、补齐农业农村短板，夯实农村共享发展基础

10. 集中攻坚危房改造。坚持把消除3616户农村C、D级危房作为2017年脱贫攻坚的重点任务，严格按照“五个一批”的要求，整合项目资金，多管齐下，综合施策，确保按期全面消除农村危房。严格程序标准，加大工作力度，精准核实危房改造对象，制定完善危房改造管理办法，强化工程质量监管，确保把农村危房改造工程打造成德政民心工程。坚持群众自愿、积极稳妥的原则，对接国家易地扶贫搬迁优惠政策，采取整体搬迁和插花安置相结合的方式，统筹推进易地扶贫搬迁工程。2017年完成建档立卡贫困户915户4458人的易地扶贫搬迁任务。

牵头单位:县住建局,县发改局

责任单位:县国土局,县环保局,各乡镇人民政府

11. *加快农村基础设施建设*。积极争取国家项目资金,深入实施农村交通道路建设工程,依托“一事一议”财政奖补项目,实施道路硬化项目91个;扎实推进农村通畅工程和“千村美丽”示范村道路建设,有效改善农村通行条件。加快富川水源工程建设进度,年内完成大坝主体工程,积极争取东部供水工程(花园水库)进入国家级中型水库专项规划,争取清水河水系生态保护及疏浚工程和张家川县应急水源工程列入规划实施;扎实推进平安梁农村安全饮水巩固提升工程,有效解决8042人的饮水不稳定问题。积极争取国家农业综合开发、清洁型小流域、生态修复等小流域水土保持生态环境建设项目,新修梯田666.67公顷,治理水土流失面积38.36平方公里;实施龙山镇马河、汪堡、韩川、西街四村257公顷的规模化高效节水灌溉工程;积极实施清水河峡口至汪堡段、清水河西川至马河段中小河流治理工程,新建标准化堤防26.12公里、整治河道25.12公里。加大行政村网络宽带建设力度,确保255个行政村全部实现光纤接入。深入实施林业生态工程,新增造林面积1266.67公顷;持续抓好交通主干道及其两侧荒山荒坡的绿化,高标准补植绿化恭门康沟—马鹿花园公路40公里、桥沟梁—桐林湾公路15公里。

牵头单位:县政府办

责任单位:县财政局,县交通局,县水务局,县林业局,县国土局,县工信局,各乡镇人民政府

12. *着力改善农村人居环境*。深入实施农村人居环境改善工程,加大资金投入,突出民族特色,打造省级示范村3个、市级示范村4个、县级示范村9个、整洁村35个。加强农村环卫基础设施建设,积极实施恭门镇垃圾处理场建设项目和县乡垃圾收运系统工程建设,实现垃圾集中填埋处理全覆盖。健全村内垃圾收集清运系统,修建完善村内垃圾池,配备必要的垃圾保洁、清运车辆。按照农村清洁工程“三员”队伍建设和网格化管理要求,配齐村内环卫保洁队伍,以享受农村低保中有劳动能力的群众为重点,以每个自然组1名环卫保洁员、每个行政村1名垃圾清运员的标准,确定村内保洁员1275名、清运员255名,全力抓好村内环境卫生清扫和垃圾清运,彻底整治农村乱扔乱倒、乱搭乱建、乱堆乱放、乱挂乱贴等“八乱”现象。充分发挥群众的主体作用,严格落实“门前三包”责任制,努力营造干净整洁的人居环境。

牵头单位:县委农工部

责任单位:县财政局,县住建局,县环保局,县国土局,各乡镇人民政府

四、强化农村服务保障,统筹发展农村社会事业

13. *完善公共服务设施*。加快实施预脱贫退出村教育“改薄”项目,积极申报争取有需求的贫困村幼儿园建设项目,优先将体育健身项目向预脱贫退出村倾斜,着力夯实预退出村脱贫攻坚基础。全面落实教育扶贫政策措施,加强行政村幼儿园管理,加大控辍保学力度,确保所有适龄儿童都能就近入学,有力提升学前教育、义务教育水平,有效阻断贫困在代际间传播。对照贫困退出村综合文化服务中心考核指标,投资2040万元,实施村级综合文化服务中心建设项目,实现255个村级综合文化服务中心全覆盖。加大标准化村卫生室建设力度,统筹推进乡镇敬老院、日间照料中心建设。坚持属地管理原则,切实加大对农田道路、村内主干道、安全饮水管网等基础设施管理维护力度,及时对损坏路段、供水管网进行维修,有效保证农村基础设施建设项目长期发挥效益。

牵头单位:县政府办

责任单位:县教体局,县文广局,县民政局,县卫计局,县水务局,各乡镇人民政府

14. *健全完善社会保障体系*。完善农村最低生活保障制度,加强农村居民家庭经济状况核对,强化动态管理,确保将符合条件的贫困家庭全部纳入低保范围,做到应保尽保、按需施保。全面落实医疗救助政策,健全完善“基本医保+大病保险+医疗救助”模式,降低贫困人口患者大病保险起

付线，积极推进大病医疗保险制度，增加特殊病种补偿范围，坚决防止贫困人口因病致贫、因病返贫。全力做好五保供养、社会救济、优抚安置、残疾人社会保障等工作，确保困难群众和“三户一孤”等弱势群体的基本生活。健全完善“三留守”人员和残疾人服务体系，建立翔实完备、动态更新的信息管理系统，引导和鼓励社会力量参与特殊群体关爱服务工作，帮助特殊贫困家庭解决实际困难，不断提高公共服务保障水平。切实加大政策宣传力度，积极动员群众参加新农合、新农保，按时交纳保险金，确保各项指标达标。

牵头单位：县民政局，县卫计局，县人社局，县残联

责任单位：各乡镇人民政府

15. *严格落实强农惠农政策资金*。坚持把强农惠农政策落实作为维护群众切身利益、增加贫困群众转移性收入的关键，加大政策宣传力度，充分运用多种形式，加大对各级干部和群众强农惠农政策的培训和宣传，不断提高干部群众的政策知晓率，增强执行政策的自觉性和坚定性。严格按照“一户一折，实名登记”的要求，加强农户“一折通”专用存折的规范运行。进一步健全完善惠农资金落实长效机制，加强资金运行监管，严防各级截留、挤占、挪用，确保各项强农惠农资金不折不扣落实到群众手中。

牵头单位：县财政局

责任单位：县强农惠农政策落实工作领导小组各成员单位，各乡镇人民政府

五、加大农村改革力度，激活农业农村内生发展动力

16. *深化农业供给侧结构性改革*。认真贯彻落实中央“一号文件”精神，突出“调结构、保产能、提品质、降成本、补短板、促融合、可持续”七项重点任务，着力深化农业供给侧结构性改革，加快形成产出高效、产品安全、资源节约、环境友好的供给体系。坚持以提质增效为核心，聚焦农业种养生产环节，调优调顺生产结构、产品结构，积极开发名、特、优、新产品，大力培育农产品品牌，推行标准化生产，持续壮大特色优势产业规模，切实保障农产品有效供给。深入实施创新驱动战略，加快农业新品种、新技术、新农艺、新材料推广运用，着力降成本、提品质，推动农业可持续发展。加快推进体制机制创新，切实抓好农村产权、财政支农、农业补贴、金融倾斜、就业创业等领域改革，全面激活市场、激活要素、激活主体，增强农业农村发展新动能，提升农业农村发展水平。

牵头单位：县委农工部

责任单位：县财政局，县农业局，县畜牧局，县林业局，县水务局，县人社局，县扶贫办，县工信局，县供销社，县环保局

17. *稳步推进农村土地流转*。深化农村土地制度改革，全面完成土地承包经营权确权登记颁证工作，坚持“三权分置”的原则，落实集体所有权，稳定农户承包权，放活土地经营权，为农村土地在公开市场交易提供有力保障。围绕解决农村土地撂荒问题，研究制定鼓励推动农村土地有序流转的具体意见，健全完善服务体系，采取能人大户承包流转、经合组织协作流转、龙头企业参与流转、分户自愿互换流转、土地入股分红流转等多种形式，鼓励引导农村土地向种养大户、专业合作组织和龙头企业集中，进一步解放农村劳动力，发展适度规模经营。2017 年新增土地流转面积 333.33 公顷，建成大阳乡中庄梁特色农业、龙山镇现代农业和连五梁果树建园等土地流转示范片带。

牵头单位：县农业局

责任单位：各乡镇人民政府

18. *加快培育农业新型经营主体*。积极转变农业发展方式，大力推行“龙头企业＋基地＋农户”“合作组织＋基地＋农户” 农业经营模式，扶持建设一批生产能力强、带动能力强、生产效益高的农产品加工龙头企业和农村经济合作组织，努力提高农业生产集约化、专业化、组织化水平。深入开展农民合作社示范社建设，完善《张家川县农民合作社示范社评定管理办法》，支持符合条件的农民合作社示范社优先承担涉农项目，开展土地托管、代耕代种、联耕联种等专业化服务。大力实

施农村经济发展带头人培育工程，加大政策扶持力度，强化创业技能培训，鼓励引导农村致富带头人、务工经商返乡人员、大中专毕业生、复转军人等投资兴办农业产业化龙头企业，领办创办农民合作经济组织，推动大众创业、万众创新，为农村经济发展提供强劲动力。2017年新发展博研梅花鹿繁育场、连五乡马咀村建林养殖场2家县级龙头企业；新注册登记农民专业合作社36家，创建省级示范社3家，市县级示范社各5家；新发展家庭农场10家，新创建市级示范家庭农场3家、县级示范家庭农场5家。大力发展村级集体经济，进一步加大政策、资金、项目扶持力度，创新发展模式和运行管理机制，通过盘活村级集体资产、开发集体资源、提供多元服务、发展涉农项目、创新多元合作等措施，多渠道增加村级集体经营收入，壮大村级集体经济实力。

牵头单位：县委农工部

责任单位：县农业局，县畜牧局，县林业局，县供销社，各乡镇人民政府

19. 健全完善农业服务体系。深入推进农村供销合作社、扶贫互助协会、农民专业合作社“三社合一”改革试点，创新服务方式，为现代农业发展提供有力的组织保障。健全农业投入机制，充分发挥财政资金的杠杆作用，为农村发展提供更多的资金支撑。加快推进市场流通体系建设，深入实施“万村千乡市场工程”和“新网工程”；加强动物疫病防控体系建设，提升突发重大动物疫情应急处置能力。加强农村实用技术人才队伍建设，探索农业科技成果进村入户机制，积极鼓励专业技术人员在一线采取试验、示范的办法，大力推广农业实用技术，努力做到良种良法相配套，农机农艺相结合，切实提高农业综合生产效益。

牵头单位：县委农工部

责任单位：县农业局，县畜牧局，县扶贫办，县供销社，各乡镇人民政府

六、加强基层组织建设，切实凝聚脱贫攻坚合力

20. 严格落实脱贫攻坚责任。充分发挥县脱贫攻坚领导小组的领导核心作用，围绕年度目标任务，健全完善工作推进机制，加大督促检查，强化考核问责，有效推动各项工作任务落实。县级领导包抓精准扶贫工作责任制，明确县级领导包抓乡镇和联系村不“脱贫摘帽”，包抓责任不脱钩；联系分管部门完不成工作任务，包抓责任不脱钩。乡镇党委书记、乡镇长要认真履行脱贫攻坚“前线指挥员”工作职责，具体负责抓好统筹谋划、工作推进和任务落实；各相关部门主要负责全面落实“1+18”方案，对上及时对接、争取项目，对下搞好协调、抓好落实，确保各项政策措施落实到位。按照“扶贫工作必须务实，脱贫过程必须扎实，脱贫结果必须真实”的要求，大力推行“3581”帮扶模式，积极引导各级双联单位、国家对口帮扶单位、东西协作帮扶单位、社会力量等参与精准扶贫，切实凝聚脱贫攻坚强大合力，做到扶真贫、真扶贫。

牵头单位：县委办

责任单位：县脱贫攻坚领导小组成员单位，各乡镇人民政府

21. 全力提升精准管理水平。继续夯实精准扶贫工作基础，紧盯4.96万贫困人口，规范建档立卡程序，完善大数据平台建设，严格按照标准和程序，持续做好脱贫退出、返贫纳入和新识别贫困人口的认定；建立与相关部门的信息共享和数据比对机制，切实做到扶贫对象动态管理。坚持“853”挂图作业，做好建档立卡、大数据平台、“853”挂图作业数据的有效衔接，定期进行数据分析和统计监测，及时修正各类错误信息，确保数据的科学性、系统性和准确性，为县委、县政府科学决策提供依据。创新精准管理机制，规范完善全县精准扶贫作战图、任务书、时间表，逐步实行挂图作业电子化管理，规范村级五类档案，做实贫困户台账，力求做到精准识别、因户施策、脱贫退出、巩固提高、动态管理“五个真实可靠”。

牵头单位：县扶贫办

责任单位：县脱贫攻坚领导小组成员单位，各乡镇人民政府

22. 大力整合各类项目资金。认真贯彻落实

中央和省、市关于支持贫困县开展统筹整合使用财政涉农资金的意见，严格按照“渠道不变、用途不乱、统筹安排、捆绑使用、各负其责、各计其功”的原则，切实加大对所有涉农项目资金的整合力度，统筹整合农业综合开发、一事一议、农村危房改造、农村道路、财政专项扶贫等资金，全部用于精准扶贫，集中解决贫困村基础设施建设、富民产业培育、易地扶贫搬迁、公共服务保障和能力素质提升等方面资金短缺难题。建立涉农资金整合联席会议制度，加强和规范扶贫项目库建设，加快资金安排进度，有效提升资金整合使用效率。

牵头单位：县财政局

责任单位：县脱贫攻坚领导小组各成员单位，各乡镇人民政府

23. 加大科技文化人才支撑力度。紧跟市场导向，紧贴群众需求，全面加强贫困群众实用技能培训，统筹实施好“伊香拉面师”、种植养殖、电工电焊、家政服务等各种技能培训，着力培养一批懂技术、会经营的新型农民，为贫困群众发展产业、增加收入提供有力支撑。2017年开展各类培训10200人，其中，培训“伊香拉面师”4000人、经营管理人才200人、行业领军人物50人；培训畜牧养殖1000人、林果栽培2500人、特色农业种植1200人；培训新型职业农民150人、家政服务100人、两后生1000名。深入推行科技特派员制度，支持科技特派员开展创业式扶贫服务，每个贫困村至少培育2至3个农业科技示范户，全县建成3个以上农业科技示范基地。积极争取省市项目资金，整合文化资源，集中实施一批文化惠民扶贫项目，着力打造文化富民产业品牌，积极开展文化下乡活动，丰富群众精神文化生活。完善人才评价激励机制和服务保障机制，健全人才有序流动政策体系，鼓励各类人才扎根基层建功立业，形成人才辈出、人尽其才、才尽其用的良好环境。

牵头单位：县人社局

责任单位：县教体局，县科技局，县文广局，县农业局，县畜牧局，县林业局，县扶贫办，县妇联，各乡镇人民政府

24. 推动双联行动和脱贫攻坚深度融合。充分发挥双联行动在精准扶贫中的重要载体和抓手作用，统筹运用好双联干部与驻村帮扶工作队两支力量，切实推进双联行动和脱贫攻坚行动在目标任务、帮扶力量、资金项目、培训资源“四个融合联动”，建立单位联村、干部联户动态调整机制，认真落实《贫困村驻村帮扶工作队力量整合和加强管理的实施办法》，充分发挥驻村帮扶工作队在精准扶贫中的生力军作用，提高驻村帮扶工作实效，推动“1+18”脱贫攻坚方案各项政策措施落实见效。

牵头单位：县委农工部

责任单位：各双联单位，各乡镇人民政府

25. 深化农村精神文明建设。加大农村思想道德建设力度，有针对性地开展社会主义核心价值观教育，广泛宣传优秀基层干部、道德模范、身边好人等先进事迹，增强农民的公民意识、民主法治意识和社会责任意识。开展文明村镇创建和“五星级文明户”创评活动，大力开展“乡风文明行动”，做好首届“文明家庭”评选活动，培育文明乡风、优良家风、新乡贤文化。把农村留守儿童、妇女、老人作为重点服务人群，加快构建社会联动帮扶关爱机制，不断改善农村特殊困难群体的生活状况。培育优秀传统文化，加强特色民族文化传承工作，抓好农村业余文化骨干队伍建设，广泛开展具有乡土特色的文化活动，积极倡导向上向善、诚信互助的社会风尚，不断提高农村社会文明程度。

牵头单位：县委宣传部

责任单位：团县委，县妇联，县文广局，各乡镇党委

26.建强基层组织战斗堡垒。加大软弱涣散村党组织集中整顿力度，择优配强村“两委”班子，强化党建经费保障，保证每个行政村村级组织运转经费每年不低于9万元。严肃党内政治生活，发展壮大村级集体经济，着力把基层党组织打造成脱贫一线强有力的指挥部、战斗团和攻坚队。加大对村级组织脱贫攻坚作用发挥情况的考核，以乡镇为单位，每年对排名倒数第一和连续两年列入后

进的村党组织书记,坚决进行调整撤换;对当年排名倒数第二、第三的限期转化提升。以建设服务型基层党组织为目标,大力推广“支部建在产业链、党员聚在产业链、群众富在产业链”模式,鼓励支持党员致富能人兴办致富企业、电子商务、带富项目等,带领贫困群众实现共同致富。配齐配强村党组织第一书记,充分发挥村“两委”班子战斗堡垒作用,注重扶贫同扶志、扶智相结合,充分调动贫困群众脱贫致富的积极性,坚定脱贫致富的信心和决心,着力克服等、靠、要思想,坚持通过自身努力,实现脱贫致富目标。

牵头单位:县委组织部

责任单位:各乡镇党委

27. *加大考核问责力度*。充分发挥扶贫考核“指挥棒”的作用,完善考评机制和激励机制,坚持做到脱贫攻坚与班子和个人的评先选优挂钩、与年终奖励挂钩、与干部选拔任用挂钩、与工作实绩挂钩,有效推动脱贫攻坚纵深开展。以省委“明察暗访督察年”活动为契机,严格落实“4342”脱贫验收责任体系,研究制定《张家川县脱贫攻坚工作问责暂行办法》,对完不成脱贫攻坚任务或在脱贫攻坚工作中出现重大问题的,按照有关规定,严肃追究相关人员工作责任,切实以严的纪律、严的措施促进脱贫攻坚各项工作精准、真实、高效推进,确保打赢打好全县脱贫攻坚战,按期与全省全国同步建成全面小康社会。

牵头单位:县纪委

责任单位:县委组织部,县委督查室,县政府政务督查室,各乡镇党委

全县各乡镇、各单位要切实提高认识,把思想和行动统一到中央和省、市、县委的决策部署上来,深入推进农业供给侧结构性改革,加快培育农业农村发展新动能,进一步靠实责任,严密部署,细化措施,做到投入不降,力度不减,确保全县农业农村工作持续健康发展,为加快全面建成小康社会,建设幸福美好张家川而努力奋斗!

中共张家川县委 张家川县人民政府关于深入推进“两个共同”示范县建设的实施意见

县委发〔2017〕12号　　2017年4月5日

为深入贯彻落实中央、省委民族工作会议，中共甘肃省委、甘肃省人民政府《关于进一步做好新形势下民族工作的意见》（甘发〔2015〕4号）和中共甘肃省委办公厅、甘肃省人民政府办公厅《关于深入推进“两个共同”示范区建设的意见》（甘发〔2016〕26号）精神，系统总结近年来我县“两个共同”示范县建设的工作经验，进一步推动“两个共同”示范县建设行动深入开展，着力加快富民强县进程。现结合我县实际，提出如下具体意见。

一、指导思想

高举中国特色社会主义伟大旗帜，以邓小平理论、“三个代表”重要思想、科学发展观为指导，深入学习贯彻习近平总书记系列重要讲话精神特别是视察甘肃时“八个着力”要求，紧紧围绕统筹推进“五位一体”总体布局和协调推进“四个全面”战略布局，以争创全国“民族团结进步”示范县为目标，坚持“跟党走、奔小康、强团结、重适应”的总要求，聚焦脱贫攻坚“一号工程”和县委、县政府重大决策部署，认真总结经验，突出特色优势，释放政策潜力，破解发展难题，进一步发挥“两个共同”示范建设在推动转型跨越发展中的辐射带动效应、在增进民族团结进步中的宣传引导作用、在贯彻落实党的民族政策中的综合示范效应，更好地促进各民族共同团结奋斗共同繁荣发展，奋力开创经济社会繁荣发展、回汉人民携手并进、广大群众安居乐业的新局面。

二、具体目标

（一）经济实力大幅提升。发展方式不断转变，产业结构更加合理，新型产业和服务业比重不断提升，消费拉动经济增长更加有力，科技创新驱动能力显著增强。全县主要经济指标增速高于全省全市平均水平，到2020年实现生产总值比2016年翻一番。

（二）基础设施日趋完善。基础设施建设步伐明显加快，交通“一高开通、一廊打通、八路相通、村组全通”的目标基本实现，水利水保设施更加完善，生态主体功能区建设扎实推进，绿色安全屏障基本形成，覆盖城乡的公共服务体系基本到位，保障发展的能力不断增强。

（三）社会事业全面进步。社会保障体系更加健全，教育、文化、体育等各项事业协调发展，医疗卫生服务能力稳步提升，公共服务均等化水平显著提高。民主法治建设进程进一步加快，社会文明程度不断提升，社会大局和谐稳定。

（四）人民生活持续改善。现行标准下农村贫困人口实现脱贫，惠民实事得到全面落实，民生问题得到有效改善，农民人均纯收入与城镇居民人均可支配收入逐年增加，人民生活水平和幸福指数持续提高。

（五）民族宗教明显加强。党的民族宗教政策和法律法规得到全面贯彻落实，少数民族群众合法权益得到有效保障，影响社会全局的矛盾和问题得到妥善解决，民族团结进步事业进一步加强，各民族共同团结奋斗共同繁荣发展的理念深入人心。

三、重点任务

（一）坚决打赢脱贫攻坚大决战。按照习近平总书记提出的“扶贫工作必须务实，脱贫过程必须扎实，脱贫结果必须真实”的要求，始终坚持把脱贫攻坚作为头等大事,强化“一号工程”意识,围绕“一个提速、四个攻坚、十个全覆盖”目标,聚焦主攻方向,强化对策举措,深入推进“369”脱贫攻坚计划,全力落实“四个攻坚”任务,高质量抓好“十个全覆盖”建设,坚决打赢脱贫攻坚战。紧密对接“1+18”实施方案,认真落实中央和省市对民族地区脱贫攻坚战的各项优惠政策,积极争取示范县建设专项资金,不断加大交通道路、贫困户危房和公共服务设施攻坚力度,切实发挥好示范县建设在扶贫攻坚战中的政策导向作用,不断增强自我发展的“造血”能力,确保全县整体脱贫不留死角。深入推进“两个共同”示范县建设、扶贫、“双联”行动深度融合,认真实施“百千万帮扶工程”,积极引导党政事业单位、民营企业、宗教界人士、致富带头人、外引援助单位“五支队伍”参与精准扶贫,强化人才、智力支持,开展咨询服务,彰显统战扶贫特色。加强与“1414”和“1313”对口支援单位的沟通衔接,积极争取基础设施建设、民生改善、民族特色村寨保持与发展等项目资金,引导各类帮扶力量向贫困村、贫困户聚集,形成脱贫攻坚的强大合力。

(二)全面加强基础设施建设。坚持以“十三五”规划为指导,科学编制“两个共同”示范县建设专项资金项目指南,合理安排资金,精准高效使用,最大限度地发挥作用。以全省“6873”交通突破行动为契机,积极争取建设高等级公路,加快县乡公路改造升级工程、农村通畅工程和村组道路硬化工程等项目建设,努力构筑内通外畅、四通八达的交通网络体系。以县城为龙头,统筹抓好城镇道路、供水供热和污水处理等基础设施建设,扎实推进西城新区开发,不断完善龙山、恭门等城镇配套设施,促进城乡一体化发展,不断增强带动能力和综合承载能力。整合各类项目资金,全面完成富川水源工程建设,加大农村安全饮水、农业综合开发、土地开发整理等基础设施建设力度,扎实推进城乡水务一体、节水灌溉和水土保持综合治理等工程建设,争取实施东水西调、花园水库和水库清淤工程等水利水保项目,有力改善农村生产生活条件。以美丽乡村示范长廊建设为重点,抓好农村巷道硬化、河堤治理和美化亮化等公益工程,高质量建成100个中心村,着力改善农村生态环境,大力营造宜居宜业的人居环境。

(三)切实加强生态安全建设。围绕建设国家生态安全屏障综合试验区,坚持严格实施主体功能区规划,全面落实生态公益林补偿政策,扎实推进新一轮退耕还林、天然林保护、三北五期防护林和水源地涵养林等林业生态项目,促进生态环境持续改善。进一步加强水资源管理,加快节水基础设施建设,发展高效节水农业,不断提高水资源综合效益。深入开展城乡清洁工程,加快工业企业技术改造,着力解决水污染、矿区环境污染、农村面源污染和土壤污染等突出问题,建设资源节约型和环境友好型社会。

(四)培育壮大优势产业规模。挖掘资源禀赋潜力,充分发挥比较优势,大力发展特色优势产业。坚持市场化运作、连锁式经营、企业化管理、集约式发展,深入实施清真餐饮服务业“双百千万”工程,大力培育发展一批知名度高、竞争力强的清真餐饮连锁经营店,示范带动产业转型升级,真正把清真餐饮服务业打造成为首位富民产业。以加快生产方式转变和发展现代畜牧业为主线,以东部基础母畜繁育示范区建设为重点,持续扩大扶贫互助协会覆盖范围,使牛羊规模养殖业实现量的扩张、质的提升。鼓励引导县内民族特色工商企业借鉴成功经验,加强与国内外大型企业的技术对接、产业合作、资源共享、优势互补,带动皮毛贩运加工业、清真食品加工业、民族手工业转型升级,提升产业发展整体水平。大力繁荣发展现代商贸流通业,打造经济增长新引擎。紧盯重点项目,加快建设进度,推进风电光电、生物医药、水泥建材、煤冶炼等产业聚集发展,着力打造医药保健、新能源、矿产资源深加工和建筑建材四大支柱产业,形成集聚效应和规模效益。坚持市场化运作、产业化发展,力促关山风光大道、云凤山风景区、北山城市森林公园等“236”文化旅游项目落地实施,完善相关配套措施,打造知名品牌,开发旅游产品,培育精品线路,集中力量做大做强文化旅游产业。

（五）统筹推进社会事业发展。坚持教育优先发展战略，全面落实《甘肃省加快发展民族教育专项规划（2015—2020）》，积极争取项目资金，深入实施学前教育推进工程、义务教育质量巩固提升工程和“全面改薄”工程，加强寄宿制学校薄弱环节建设和教育信息化建设。争取落实幼儿教育、高中教育免除学杂费优惠政策、省内知名高中学校“民族班”和大专院校在我县定向招生名额，逐步扩大我县乡村教师外出培训规模。推进教育资源均衡配置，不断提升教育质量。加快卫生基础设施建设，优化卫生资源配置，加强乡镇卫生院和标准化村卫生室全覆盖，积极发展社区卫生服务，完成县一院与县中医院置换工作，建立健全县乡村三级医疗卫生服务网络。依托“全省民族县乡村医生培训计划”，继续深入开展“四个百人”计划，发挥示范县建设在加强民族教育和医疗卫生事业中的导向作用。坚持把文化认同作为民族团结之根，民族和睦之魂，加强历史文化名村名镇和传统村落保护，积极抢救民族非物质文化遗产，支持中华优秀传统文化和民族优秀文化深度融合，打造一批体现民族特色、时代特色的文艺精品，创建一批民族团结进步示范乡（村）、单位、企业、学校、宗教活动场所。各级党政机关、企事业单位要紧扣团结群众、争取人心，深入推进共创共建活动，不断打牢各民族交往交流交融的基础。

（六）高度重视保障改善民生。加快推进保障性住房和农村危旧房建设，保障城乡困难群众生产生活需求。统筹扩大社会保障覆盖范围，完善最低生活保障、特困人员供养、残疾人扶助等制度，建立健全救灾救济、医疗救助、优抚安置体系，构筑保基本、兜底线、促公平的民生安全网络。全面落实更加积极的就业政策，大力开发公益性岗位，广开就业渠道，进一步做好城镇新增劳动力就业、农村富余劳动力转移就业和失业人员稳定就业工作。积极引导少数民族和大中专毕业生转变就业观念，加强和改进就业服务。组织、人社部门要研究制定进一步促进民族地区大中专毕业生就业的工作意见，适当增设公共服务、社会治理等岗位，择优录用未就业大中专毕业生。整合培训资源，组织实施“少数民族农民工技能提升计划”，支持推进少数民族劳务技能特色培训“出彩工程”，多层次、多渠道对困难群众开展实用技术、就业技能培训，帮助提高就业创业本领。加强扶持引导，优化资源配置，建立创业服务平台，推进大众创业、万众创新。强化产业支撑，拓展发展空间，创建一批创业就业示范基地，形成政府激励创业、社会支持创业、劳动者勇于创业的生动局面，为全县经济社会发展孵化新的增长点。

（七）不断加大金融支持力度。我县金融服务成本高、融资难、融资贵问题比较突出。相关部门要采取综合措施，鼓励和引导各类金融机构加大对我县的金融支持。运用多种货币政策工具，包括设立扶贫再贷款，引导金融机构降低涉农贷款利率水平等，推动金融机构提供长期、低成本的资金，支持全县经济发展。鼓励支持金融机构在全县设立村镇银行，开展资金互助和信用合作，提高我县特困人口金融服务的可及性。通过建立健全税收优惠、贴息支持、财政奖补及融资担保、风险补偿等机制，鼓励金融机构创新金融产品，优化服务流程，降低贷款门槛，引导更多信贷资源流向贫困地区。鼓励保险机构开发民族地区特色优势农作物保险产品，支持全县开展特色农副产品价格保险。拓宽我县企业直接融资渠道，支持鼓励龙头企业上市融资，推荐在全国中小企业股份转让系统和甘肃股权交易中心进行挂牌，开展股权、债权融资，扩大债务融资规模。

（八）培育中华民族共同体意识。着眼打牢中华民族共同体思想基础，全面落实“三个纳入”的要求，把中华民族共同体宣传教育纳入国民教育总体规划，纳入全县党员干部教育培训规划，纳入经常性思想政治工作，引导各族群众正确认识中华民族和各民族一体多元的关系。实施好《张家川县民族团结进步创建工作规划纲要(2016—2020年)》，每年在全县组织开展3次以上的民族理论、民族法规、民族基本知识和“两个共同”“三个离不开”“四个维护”“五个认同”等主题宣传教育活动。精心组织开展民族团结进步创建“六进”（进乡镇、进机关、进企业、进社区、进学校、进寺院）试点活动，教育引导广大干部群众增强维护民族团结、促进宗教和顺的自觉性。坚持每五年表彰奖励一批民族团结进步模范集体和个人，广泛宣传民族团结进步模范先进事迹。深入推进民族团结进步创建活动,力争每年争创一批和谐乡镇、和谐社区、和谐企业、和谐学校、和谐宗教活动场所,不断丰富民族团结进步创建活动的载体和内容。继续坚持好县级、科级干部联系宗教场所制度,努力形成共促发展、共保稳定的良好局面。

(九)加强民族干部队伍建设。坚持把民族干部和人才队伍建设作为加快发展的重要保证。加强全县党员干部教育培训、交流任职和培养使用,加快培养一批各个层级的民族党政干部和专业技术干部。深入实施“甘肃少数民族干部百千万培训计划”,通过3~5年努力,分层分级对全县5000多名民族干部轮训一遍，不断增强广大干部的紧迫感、责任感和使命感，形成各级干部对宗教工作敢管、会管、管好的生动局面。深入开展“四抓四促四提升”(即抓教育培训促民族干部素质提升,抓实践锻炼促民族干部能力提升,抓制度建设促民族干部质量提升,抓选拔配备促民族干部数量提升)活动,努力建设一批少数民族地区执政骨干队伍,为促进全县经济发展、民族团结、宗教和顺、社会稳定提供坚强的人才保证。加大对民族宗教干部的实践锻炼力度,逐步提高民族宗教干部的政策理论水平、依法行政水平和分析处理复杂问题的本领,切实提高做好宗教工作的能力和水平。

(十)引导宗教与社会主义社会相适应。牢牢把握宗教中国化正确方向,全面正确贯彻党的宗教信仰自由政策,始终用习近平总书记系列讲话精神武装党员干部、教育信教群众,用社会主义核心价值观引领宗教发展，用中华优秀文化涵养宗教文化,切实增强信教群众对伟大祖国、中华民族、中华文化、中国共产党、中国特色社会主义的认同。继续深化和谐寺观教堂创建活动，扎实推进以财务管理、教务管理为重点的宗教活动场所规范化建设,打造一批具有示范带动作用的和谐寺观教堂。继续深化法制宣传教育活动,引导宗教界树立依法管理宗教事务是对宗教最大保护、依法开展宗教活动是宗教界必须承担的义务和责任的理念,深入阐释符合社会进步要求的宗教教义，大力支持伊斯兰教解经、佛道教讲经等活动,为宗教界人士和信教群众的言行提供正确引领。支持宗教团体加强自身建设,增强教务指导能力,提高联系服务宗教教职人员和信教群众的水平,提升在信教群众中的影响力,巩固发展党同宗教界的爱国统一战线。

(十一)加强宗教代表人士队伍建设。认真实施伊斯兰教教职人员培养办法,健全宗教界人士培养使用、考核监督评价机制。认真落实县委、县政府领导班子成员联系宗教界人士工作机制。按照“政治上靠得住、学识上有造诣、品德上能服众、关键时刻用得上”的标准,加强宗教界代表人士教育培养,重点培养有前途、有影响的优秀中青年宗教人士,有效解决宗教教职人员后继乏人的问题。每年举办3~5期宗教代表人士政策法规培训班、在省内高校举办1~3期宗教代表人士综合素质提升班,组织50名宗教代表人士赴发达地区考察学习，实施50名宗教人士国民教育工程。坚持及时足额发放宗教人士生活补贴,解决宗教人士的基本生活需求,激发广大宗教人士爱党爱国的热情。

(十二)维护社会大局和谐稳定。全面推进依法治国方略的实施，推进民族事务治理的法治化,运用法治思维和法治方式解决民族问题,引导各族群众办事依法、遇事找法、解决问题用法、化解矛盾靠法。坚持独立自主自办的原则,依法加强对宗教事务和宗教场所的管理,保持全县各宗教和各教派固有格局。建立健全民族宗教领域矛盾纠纷排查调处机制、预警机制和风险评估体系,及时化解民族宗教领域的各类矛盾纠纷,确保把问题解决在萌芽状态。始终保持严厉打击各种违法犯罪活动的高压态势,严防国际恐怖势力、民族分裂势力、宗教极端势力对张家川的渗透和威胁,全力打造安全稳定的社会环境、公平正义的法制环境、优质高效的服务环境、团结和谐的人文环境,共同巩固和发展全县民族团结、宗教和顺、社会稳定的大好局面。

四、保障措施

（一）加强组织领导。县上成立以县委常委、统战部长李国恩为组长，县委统战部、县发改局、财政局等部门为成员的“两个共同”示范建设行动工作领导小组，具体负责工作谋划、项目争取、综合协调、督查落实等工作任务。领导小组下设办公室，办公室设在统战部，负责示范县建设工作中的协调、督查和日常工作。各成员单位要建立相应的组织领导机构，明确工作责任，制定具体实施方案，并要提出内容翔实的阶段工作推进计划。

（二）营造舆论氛围。由县委宣传部牵头负责，按照县委的《实施意见》，安排提出全县开展建设“两个共同”示范建设行动的宣传教育实施意见，结合民族团结进步宣传月活动，负责安排各级干部民族团结进步宣传教育工作，组织广大干部群众认真学习领会《意见》精神。在县广播、电视台设置专题报道栏目，在县政府网站设专题栏目，及时宣传和推广先进典型、工作动态、经验交流、理论文章，为开展建设“两个共同”示范县工作营造良好的社会氛围。

（三）积极争取项目。由县发改局牵头负责，重点项目单位配合，以建设“两个共同”示范县为平台，依托省、市优惠扶持政策，论证、筛选、上报一批事关全县经济和社会事业长远发展的大项目、好项目，认真做好前期工作，积极汇报衔接争取，力争更多项目优先纳入相关专项规划，确保一批重大项目尽快立项实施。县委统战部要加强与省、市统战部门的衔接力度，积极争取专项项目资金。县直各有关部门要积极主动加大与省市“1414”“1313”对口支援计划单位的汇报衔接力度，及时沟通信息，争取使更多的项目进入省、市项目规划盘子，为全县经济社会转型跨越发展提供有力支撑。

（四）坚持典型带动。坚持以点带面、辐射带动、分类指导的原则，紧贴示范县创建标准，确定一批民族工作基础较好、有发展潜力的单位、乡镇、行政村以及宗教场所作为“两个共同”示范县建设示范点，充分发挥示范带动作用，有力引导“两个共同”示范县建设行动深入开展。各乡镇、各有关部门要切实强化领导，抽调有政策理论水平，熟悉本部门业务的骨干力量，组建专门的办公室，具体谋划本部门、本系统的建设工作，制定实施方案，突出特色，打造亮点，创新载体，探索经验，确保完成示范创建任务，有力提升全县整体工作水平。

（五）加强督促检查。县“两个共同”示范建设领导小组要建立科学的评价标准，采取召开工作汇报会、座谈会、经常性督查、巡回检查和随机抽样检查等方式，对示范建设进行督促检查，考核评估进度成效，及时总结经验，认真解决问题，确保按期完成示范建设任务。各乡镇、各单位要根据省、市、县委要求，制定具体贯彻落实方案，细化阶段性目标和推进措施，确保各项任务落到实处。

中共张家川县委 张家川县人民政府
关于打赢脱贫攻坚战的实施意见

县委发〔2017〕9号 2017年4月11日

为深入贯彻落实《中共中央国务院关于打赢脱贫攻坚战的决定》和省市《关于打赢脱贫攻坚战的实施意见》,主动担当历史使命,扎实推进我县精准扶贫精准脱贫工作,确保如期完成脱贫攻坚目标任务,现根据我县实际,特制定本实施意见。

一、总体要求

(一)指导思想。全面贯彻落实党的十八大和十八届三中、四中、五中、六中全会精神,以邓小平理论、“三个代表”重要思想、科学发展观为指导,深入学习贯彻习近平总书记系列重要讲话及视察甘肃时提出的“八个着力”要求,牢牢把握“五位一体”总体布局和“四个全面”战略布局,自觉践行“五大发展理念”,认真落实“七个强化”脱贫指引方略,紧紧围绕“强基础、兴产业、惠民生、抓脱贫、奔小康”的工作主线,深入扎实推进精准扶贫精准脱贫,以落实对象、目标、内容、方式、考评、保障“六个精准”为抓手,坚持全面小康与脱贫攻坚同步推进,坚持区域发展与精准扶贫协同实施,坚持夯实基础与提升能力联动攻坚,坚持产业发展与生态保护互促共赢,坚持扶贫开发与社会保障有效衔接,瞄准既定目标不动摇,强化责任担当不松劲,深入推进“一号工程”,举全县之力,集全民之智,坚决打赢脱贫攻坚战。

(二)总体目标

——实现“两个确保”。“十三五”前两年集中力量攻坚,后三年抓好巩固提高和冲刺扫尾,确保到2019年全县115个贫困村全部脱贫退出,全县贫困发生率降到3%以下,实现贫困县脱贫摘帽;确保到2020年全县现行标准下建档立卡贫困人口实现脱贫,解决区域性整体贫困。

——实现“六有五通”。到2019年,实现贫困村有特色富民产业、有专业合作组织、有互助资金协会、有标准化卫生室、有综合性文化服务中心、有新村新貌,通沥青(水泥)路、通安全饮水、通动力电、通广播电视、通宽带网络。

——实现“两不愁、三保障、两高于、一接近”。到2020年,实现扶贫对象不愁吃、不愁穿,义务教育、基本医疗和住房安全有保障,全县和贫困村农民人均可支配收入增幅均高于全省平均水平,基本公共服务主要领域指标接近全省平均水平。

(三)基本原则

——坚持党委领导,实行分级负责。充分发挥各级党委总揽全局、协调各方的领导核心作用,严格执行脱贫攻坚“一把手”负责制,县乡村三级书记一起抓,一级抓一级,层层抓落实。全面加强农村基层党组织建设,切实筑牢带领群众脱贫致富的坚强战斗堡垒。

——坚持政府主导,增强社会合力。发挥政府主导作用,加大财政投入和政策支持力度,引领市场、社会协同发力,鼓励先富帮后富,构建专项扶贫、行业扶贫、社会扶贫互为补充的大扶贫格局。

——坚持精准扶贫,提高扶贫成效。坚持因地制宜、分类指导,紧贴扶贫对象、致贫原因和脱贫需求,制定帮扶措施,做到一村一策、一户一法,扶真贫、真扶贫、真脱贫,切实提高扶贫针对性、有效性和可持续性,让贫困人口有更多的获得感。

——坚持保护生态,实现绿色发展。坚持扶贫开发与生态保护并重,探索生态脱贫、绿色发展新路子,实现产业强、群众富、生态美,让贫困人口从生态建设与修复中得到更多实惠。

——坚持群众主体,激发内生动力。坚持扶贫先扶志,强化扶贫励志教育,充分发挥贫困群众的主体作用,积极引导贫困群众处理好国家、社会帮扶和自身努力的关系,大力发扬自力更生、艰苦奋斗、勤劳致富精神,有力激发干部群众的内生动力活力,不断增强贫困人口自我发展能力。

——坚持改革创新,完善政策体系。坚持问题导向、目标导向、需求导向,以改革为动力,以提高脱贫成效为目标,强化领导责任、强化资金投入、强化部门协同、强化东西协作、强化社会合力、强化基层活力、强化任务落实,创新扶贫工作机制,推动扶贫资源使用方式由多头分散向统筹集中转变。

二、完善落实精准扶贫精准脱贫政策,确保到村到户到人

(四)实施脱贫攻坚"853"挂图作业。继续夯实建档立卡基础,严格按照"一核二看三比四评议五公示"识别认定方法,定期核查贫困村、贫困户和贫困人口,彻底核实基本情况及致贫原因,及时自查清洗扶贫对象,严防将真正的贫困户排除在外、将富裕户纳入扶贫对象等现象发生,真正做到扶贫对象有进有出的动态管理精准。建强大数据信息管理队伍,管好大数据平台信息,按照"谁主管、谁负责,谁录入、谁负责"的原则,强化乡镇和行业部门数据审核责任,定期进行数据分析和统计监测,及时修正各类错误信息,确保大数据信息质量,切实为县委、县政府科学决策提供依据。创新精准管理机制,规范完善全县精准扶贫作战图、任务书、时间表,坚持实施"853"挂图作业,着力解决好扶持谁、谁来扶、怎么扶的问题,确保项目、资金、力量精准帮扶到位。全面提升精准扶贫精准脱贫工作水平,逐村逐户逐项核对各类信息,做到农户实际情况、三本账、扶贫手册、村级作战图、档案资料与大数据平台信息对应统一、相互印证。

(五)发展特色产业脱贫。深入实施《精准扶贫富民产业培育支持计划》,依托旱作农业项目,加快"一乡一业"产业对接和"一村一品"产业培育,扎实推进"五带"建设,大力发展全膜玉米、马铃薯、大麻、中药材、果蔬等特色优势产业,多渠道增加贫困群众收入,确保每个贫困户都有一门增收致富产业。坚持产业扶贫取向,强化扶持引导,大力发展以清真餐饮服务业、牛羊规模养殖业、民族特色工商业为主的"三大富民产业",着力壮大产业规模,扩大群众增收渠道,加快脱贫致富步伐。深入实施餐饮服务业"双百千万"工程,力争发展清真餐饮经营店2万家、宾馆2000家,纯收入达到20亿元以上,带动10万人就业致富;培养清真餐饮服务业领军人才100名,经营管理人才1000名,专业技术人才10000名,使清真餐饮服务业真正成为全县首位富民产业;扎实推进基础母畜繁育、饲草料建设、疫病防控、集中育肥加工"四大工程",全力推动畜牧产业提质增效,新建标准化规模养殖场(小区)200个、规模养殖户20000户,全县牛羊饲养量分别达到50万头(只)以上,努力把我县打造成为国家特色肉牛产业大县;强化服务保障,加大扶持力度,鼓励引导民族企业借鉴成功经验,坚持借力发展,加强与国内外大型企业的技术对接、产业合作、资源共享、优势互补,带动县内民族工业商业转型升级,提升产业发展整体水平,培育一批著名品牌和驰名商标,切实增强市场竞争实力。加强龙头企业和贫困村农民合作社培育,鼓励贫困群众通过土地托管、牲畜托养和土地经营权入股等模式加入农民合作社和其他经营主体,进一步增强示范引领作用,提高贫困群众发展致富的组织化程度,每个贫困户至少加入1个合作组织,到2017年建成一批规模档次高、辐射带动能力强的扶贫龙头企业;深入实施文化惠民工程,加强区域统筹、整体推介、要素对接、产业互促,挖掘开发自然风光、民族风情、历史文化"三位一体"文化旅游资源,争取实施丝绸之路关陇古道、关山风光大道,云凤山风景名胜区、秦家塬风景名胜区、平安草原风景区,马家塬遗址公园、西戎文化园、回乡风情园、北山城市森林公园、街亭古战场遗址公园、张棉驿驿站文化园"236"文化旅游项目,积极培育旅游精品线路,大力开发民族特色旅游商品,加快发展农家乐和乡村旅游,努力打造经济新的增长级,辐射带动贫困群众就业增收。

(六)引导劳务输出脱贫。继续实施《精准扶贫劳动力培训支持计划》，积极推进贫困村创业致富带头人培训工程，打造提升“张川伊香拉面师”、伊民电焊工、伊民家政大嫂和“陇原巧手”等劳务品牌。加强劳务基地建设，完善职业培训、就业服务、劳动维权“三位一体”的工作机制，扩大培训规模，提高补贴标准，促进劳务输转从体力型向技能型转变。整合培训资源，拓宽就业渠道，积极与用工单位签订协议，开展订单、订岗、定向、菜单式免费精准培训。对“两后生”开展职业技能教育培训，对务工青年开展3个月左右就业技能培训和劳务品牌培训，对在岗务工人员开展岗位技能提升培训。加强与中快集团和宁夏明瑞苑穆斯林餐饮连锁有限公司的合作，推荐培训毕业学员到中快集团和明瑞苑公司就业，对具备创业条件的，鼓励支持承包中快集团和明瑞苑公司旗下的高校学生食堂。大力支持家政服务、物流配送、养老服务等产业发展，拓展贫困劳动力外出就业空间，确保到2017年实现新增“两后生”和农村有需求的劳动力培训全覆盖，2020年每个贫困家庭有培训需求的劳动力至少有1人取得职业资格证书、掌握1门致富技能。全面落实农民工返乡创业政策，建立健全贫困农民创业激励机制，树立创业先进典型，发挥示范带动作用。

(七)实施易地扶贫搬迁脱贫。坚持群众自愿、积极稳妥的原则，对接国家易地扶贫搬迁优惠政策，完善落实《精准扶贫易地搬迁支持计划》，制定推进方案，围绕县城、乡镇、中心村、产业园区等有创业就业机会的区域，采取整体搬迁和灵活安置方式妥善安置。统筹基础设施和公共服务设施建设，对集中安置区按需建设超市、学校、医务所、文化体育场所。完善搬迁后续扶持政策，加快培育特色优势产业，强化对搬迁群众的技能培训，确保搬迁对象有业可就、稳定脱贫。抢抓国家开发银行和中国农业发展银行长期优惠贷款政策机遇，建立易地扶贫搬迁投融资平台，加大金融贷款支持力度，有效解决资金短缺难题；大力整合交通建设、农田水利、土地整治、地质灾害防治、林业生态等支农资金和社会资金，拓宽资金来源渠道，支持安置区基础设施、配套公共设施建设和迁出区生态修复，确保到2020年底实现具有搬迁条件和搬迁意愿的建档立卡贫困人口应搬尽搬。

(八)推动生态保护脱贫。完善落实《精准扶贫生态环境支持计划》，围绕生态安全区功能定位，加强生态保护和修复，扎实推进天然草原保护与建设、天然林保护、重点公益林补偿、防护林建设、坡耕地综合整治等重大生态工程。支持具备条件的贫困村大力发展经济林、林下经济和森林旅游，扩大退耕还林(还草)面积。积极争取重点生态功能区转移支付，创新生态资金使用方式，鼓励引导有劳动能力的贫困人口转为护林员、草管员等生态保护人员。大力开展土地综合治理，加强农田水利和梯田建设，加大重点流域综合治理，有效防治水土流失。加强地质灾害隐患治理工程建设，开展国家级生态乡镇创建工作，实施规模化畜禽养殖企业污染治理项目。深入实施城乡清洁工程，加强农村环境综合整治，集中力量解决农村脏乱差、垃圾污水治理、人畜分离等问题，着力打造一批农村环境整洁示范村，努力营造良好的人居环境。深入实施农村人居环境改善工程，加大资金投入，突出民族特色，全力打造省级、市级示范村和整洁村，切实提高全县新农村建设的质量和水平。

(九)着力加强教育脱贫。完善落实《精准扶贫教育支持计划》，健全学前教育资助制度，对学前教育在园幼儿免保教费；加快幼儿园建设和管理，确保所有幼儿都能就近入园，学前三年毛入园率达到全省平均水平。稳步推进农村义务教育阶段学生营养改善计划，全面落实乡村中小学、幼儿园教师生活补助政策。合理布局农村中小学校，加强寄宿制学校标准化建设，着力改善基本办学条件，不断提高义务教育巩固率。普及高中阶段教育，对建档立卡贫困家庭学生就读普通高中免除学杂费和书本费。以建档立卡的贫困家庭为重点，所有贫困家庭学生就读中等职业学校享受免学费政策，每生每年发放2000元助学金，让未升入普通高中的初中毕业生都能接受中等职业学历教育或技术技能培训。

(十)开展医疗保险和医疗救助脱贫。加强《精准扶贫卫生支持计划》与各项救助制度的有效衔接,对贫困人口参加新型农村合作医疗个人缴费部分给予补贴。新型农村合作医疗和大病保险制度对贫困人口实行政策倾斜,降低贫困人口大病费用实际支出。加大医疗救助、临时救助、慈善救助等帮扶力度,扩大重特大疾病医疗救助病种,将贫困人口全部纳入重特大疾病救助范围,降低贫困人口大病保险起付线,提高大病保险报销比例,建立贫困人口大病即时结算和先诊疗后付费结算机制,使贫困人口大病医治得到有效保障。大力推行"三户一孤"人员大病救助保险模式,为农村特困群众提供兜底式医疗保障。加大农村贫困残疾人康复服务和医疗救助力度,扩大纳入基本医疗保险范围的残疾人医疗康复项目。加快县乡村三级医疗卫生服务网络标准化建设,提高符合条件的贫困村卫生室执业医生定额补助标准,选派县医院医生到基层医疗机构多点执业。继续实行在岗村医参加企业职工基本养老保险制度。建立贫困人口健康卡,采取针对性措施,加强传染病、地方病、慢性病等防治工作。继续实施儿童营养改善、新生儿疾病免费筛查、妇女"两癌"免费筛查、国家免费孕前优生健康检查等重大公共卫生项目。进一步加强计划生育服务管理工作,全面提升计划生育服务管理水平。

(十一)实行农村最低生活保障制度兜底脱贫。继续实施《精准扶贫社会救助支持计划》,完善农村最低生活保障制度,对无法依靠产业扶持和就业帮助脱贫的家庭实行政策性保障兜底。加强农村低保申请家庭经济状况核查,将符合条件的贫困家庭全部纳入低保范围,做到应保尽保、按需施保。三四类低保对象退出后,新增对象在贫困户中评定。提高农村一、二类低保标准,实现低保线和脱贫线"两线合一"。全面落实临时救助制度,对符合条件的贫困家庭和个人及时提供临时救助。提高农村五保供养补助标准,改善供养条件。建立农村低保和扶贫开发数据互通、资源共享信息平台,实现动态监测管理、工作机制有效衔接。加快完善城乡居民基本养老保险制度,适时提高基础养老金标准,引导农村贫困人口积极参保续保,逐步提高保障水平。

(十二)健全完善留守儿童、留守妇女、留守老人和残疾人关爱服务体系。全面排查农村"三留守"人员和残疾人底数,建立翔实完备、动态更新的信息管理系统。加强儿童福利院、救助保护、特困人员供养、残疾人康复托养、社区儿童之家等服务设施建设,力争到2020年底实现贫困村养老机构、日间照料中心全覆盖。建立家庭、学校、基层组织、政府和社会力量相衔接的留守儿童关爱服务网络。加强对未成年人的监护,实现城乡孤儿基本生活补助统一标准,健全孤儿、事实无人抚养儿童、低收入家庭重病重残等社会福利保障体系。认真做好农村特殊困难群众的就业创业服务工作,加强农村特殊困难群体的法律援助工作。加大贫困残疾人康复工程、特殊教育、技能培训、托养服务实施力度,建立健全困难残疾人生活补贴和重度残疾人护理补贴制度,提高低保家庭中的老年人、未成年人、重度残疾人等重点对象的救助水平,有效保障基本生活。健全发现报告、应急处置、帮扶干预机制,引导和鼓励社会力量参与特殊群体关爱服务工作,帮助特殊贫困家庭解决实际困难,不断提高公共服务保障水平。

三、加强基础设施建设,加快破除发展瓶颈制约

(十三)加快交通、水利、电力建设。加快实施《精准扶贫交通支持计划》,抢抓全省"6873"交通突破行动机遇,争取建设秦安(莲花)—张家川—陇县(石槽沟)一级路、静宁—张家川—清水—麦积高速公路,启动实施西部环道和关山风光大道等公路建设,加快县乡公路改建工程和通组道路硬化工程,着力抓好产业路、断头路、危桥改建等项目建设,努力构建内通外畅、四通八达的交通运输体系;深入实施水资源一体化开发利用工程,全面完成富川水源工程阶段性建设任务,加大东水西调、东峡水库清淤工程、中小河流治理、水土流失综合治理等项目建设前期工作力度,加强山洪和地质灾害综合防治体系建设。继续实施好农村饮水安全巩固提升工程,全面解决贫困人口饮水安全问题,着力构建区域协调的水资源配置体系、基础完善的水利保障体系、安全可靠的农村供水体系。加快推进光伏扶贫工程,支持光伏发电设施接入电网运行,发展光伏农业。加强农村气象为农服务体系和灾害防御体系建设。

(十四)加快农村危房改造进度。加快实施《精准扶贫农村危房改造支持计划》，整合各类项目资金,加大县级配套资金投入,提高建房补助标准,落实“三最”原则,统筹开展农村危房抗震改造,重点帮助住房最危险、经济最贫困的农户解决最基本的安全住房,探索采用贷款贴息、建设集体公租房等多种方式,尽力解决贫困群众筹资难题,确保2017年全面完成纳入住建部门危房改造计划的所有贫困户和非贫困户危房改造任务，全面消除农村危房,切实保障农户基本住房安全。

(十五)加大农村人居环境整治力度。加大以工代赈投入力度,支持农村山水田林路建设和小流域综合治理。财政支持的微小型建设项目,涉及贫困村的,允许按照“一事一议”方式直接委托村级组织自建自管。以整村推进为平台,加快改善贫困村生产生活条件,推进农村环境连片综合整治,制定完善村内环境治理长效制度机制,配齐村内环卫保洁队伍,充分发挥群众的主体作用,全力抓好农村环境卫生清扫和垃圾清运，集中力量解决农村脏乱差、垃圾污水治理、人畜分离、改厕和村庄绿化等问题,扎实推进美丽宜居乡村建设。

(十六)加大“互联网+”扶贫力度。继续实施《精准扶贫电商支持计划》,加快推进宽带网络覆盖贫困村,加强电子商务与精准扶贫紧密结合,支持本地结算的国内知名电商平台在我县推广发展,打造具有地方特色、地域特性、市场容量的电商品牌,引导商贸流通企业线上线下融合发展,促进农产品上网销售；支持县乡村三级电子商务服务体系建设,扩大服务范围,实现一网多用。支持供销合作社建设贫困村为农综合服务平台,提高村级综合服务社覆盖率。支持邮政、快递企业在贫困乡村设立服务网点,确保到2017年物流、快递服务基本覆盖贫困村。加强农村电商人才培训,对贫困家庭开设网店给予网络资费补助,将电商扶贫纳入扶贫小额信贷支持范围。开展互联网为农便民服务,提升农村互联网金融服务水平,扩大信息进村入户覆盖面。

四、强化政策保障,健全脱贫攻坚支撑体系

(十七)加大扶贫励志教育力度。发挥贫困群众在脱贫攻坚中的主体作用,认真抓好励志教育、政策宣讲、典型引路和思想政治工作,引导贫困群众树立“苦熬不如苦干”的观念和“勤劳致富光荣”的思想,学习借鉴先进经验,激发就业创业激情,提振脱贫致富信心和决心,变“要我脱贫”为“我要脱贫”,依靠自身努力增加收入,改变贫困落后面貌,过上幸福美好生活。根据贫困群众需求制定扶贫措施,认真落实“一事一议”、以工代赈、以奖代补等政策,鼓励引导群众积极参与村脱贫规划编制、项目实施、资金使用管理等过程,充分调动群众的积极性和主动性，增强贫困群众内在动力和自我发展能力。

(十八)加大财政扶贫投入力度。积极争取省级财政加大对我县的转移支付力度,实现一般性转移支付资金、各类民生专项转移支付资金和中央预算内投资进一步向我县倾斜。县财政按当年财政收入增量的20%以上增列专项扶贫预算,并单列民生改善、项目建设、社会保障等领域扶贫开发资金,当年清理收回存量资金中可统筹使用资金的50%以上用于扶贫开发,农业综合开发、农村综合改革转移支付等涉农资金要明确一定比例用于贫困村。县财政要尽力筹集资金,加大“三最村”和当年预脱贫村县级配套资金投入,确保最贫困村和预脱贫村基础设施建设和产业发展资金及时足额到位,实现按期脱贫目标。各部门安排的各项政策、项目资金,要最大限度地向贫困村、贫困人口倾斜。加强财政监督检查和审计、稽查等工作,健全落实扶贫资金违规使用责任追究制度。严格落实“三张清单一张网”工作要求，将扶贫项目和资金计划向全社会公告公示。及时受理“12317”扶贫监督电话反馈的举报信息,自觉接受社会监督,保障扶贫政策、扶贫资金阳光运行。推进扶贫开发领域反腐倡廉建设,集中整治和加强预防扶贫领域职务犯罪工作。纪检监察机关对扶贫领域虚报冒领、截留私分、贪污挪用、挥霍浪费等违法违规问题,坚决从严查处。

(十九)加大金融扶贫力度。鼓励和引导政策性、开发性、合作性等各类金融机构加大对扶贫开发的金融支持。积极争取扶贫再贷款，落实优惠利率政策，扶持贫困群众发展特色产业和就业创业。改进和完善各类优惠贷款贴息办法，统一贴息标准，简化贷款程序，建立公平竞争机制，引导各类金融机构积极参与扶贫攻坚。继续实施“精准扶贫专项贷款工程”，为贫困户提供5万元以内、3年以下小额信贷支持。发挥精准扶贫贷款风险补偿基金作用，对精准扶贫小额信贷、贫困户危房改造贷款、易地扶贫搬迁贷款、贫困家庭生源地信用助学贷款的损失给予补偿。全面加强互助资金运行监管，落实好“双助贷”资金，并适当提高互助资金贷款额度，充分发挥互助资金应有效益。积极发展扶贫小额贷款保证保险，扩大农业保险覆盖面，政策性农业保险优先在贫困村试点推广，对贫困户保险保费予以补助。积极稳妥开展“两权”抵押贷款试点工作，盘活农村资源资产，赋予农民更多财产权利。

（二十）加大涉农资金整合力度。认真落实精准扶贫精准脱贫《省级资金整合使用管理办法》，建立健全脱贫攻坚多规划衔接、多部门协调的长效机制，大力整合中央财政和省市财政预算安排的各项涉农资金，以及政府间帮扶资金，按照权责一致原则，统筹安排、捆绑使用，集中解决基础设施建设、富民产业培育、易地扶贫搬迁、公共服务保障和能力素质提升等方面资金短缺难题，确保扶贫资金精准使用，发挥效益。

（二十一）加大科技、文化、人才支撑力度。加快实施《精准扶贫干部人才支持计划》，加大科技扶贫力度，加快先进适用技术成果的转化推广，支持竞争势力强、发展潜力大的产业实体改造延伸产业链条，切实提高整体发展水平。深入推行科技特派员制度，支持科技特派员开展创业式扶贫服务，到2017年每个贫困村至少培育2至3个农业科技示范户，全县建成3个以上农业科技示范基地。加快实施《精准扶贫贫困乡村文化场所建设支持计划》，积极争取省市项目资金，整合文化资源，集中实施一批文化惠民扶贫项目，着力打造文化富民产业品牌，完善乡镇文化站、贫困村综合性文化中心（乡村舞台）基础设施建设，推动县乡级公共文化体育设施达到国家标准。深化文明村镇和文明家庭创建，积极开展文化下乡活动，丰富群众精神文化生活。完善人才评价激励机制和服务保障机制，健全人才有序流动政策体系，鼓励各类人才扎根基层建功立业，形成人才辈出、人尽其才、才尽其用的良好环境。

（二十二）加大“三最村”攻坚力度。坚持把加快“三最村”脱贫致富作为脱贫攻坚的重中之重，全力落实集中帮扶力量、集中扶持政策、集中扶贫资金“三集中”措施。县级党政领导要定期深入所包村检查指导工作，合理调配各类资源，积极解决各类问题；各帮扶单位要发挥自身优势，主动沟通协调，积极争取各类项目，加强“三最村”基础设施建设、培育壮大富民产业，加快脱贫致富步伐；统战部门要积极协调民营企业和其他社会帮扶力量加大帮扶力度，凝聚脱贫攻坚合力；各乡镇、各部门要密切协作，全力保障最贫困村基础设施建设、富民产业发展、民生保障等需求，补齐补足最贫困村短板，增强脱贫致富实力，确保最贫困村脱贫致富不掉队。

（二十三）加大“四个攻坚”推进力度。全力抓好《易地扶贫搬迁和危房改造攻坚方案》、《路网优化升级和自然村道路硬化攻坚方案》、《生态环境和美丽乡村建设攻坚方案》、《富民产业和物流电商扶贫攻坚方案》4个攻坚方案落实，各相关部门要深谋细研省上“1+17”意见方案，主动对接协调，争取项目资金，研究制定具体落实办法，集中解决好贫困群众住房、交通道路、生态环境和富民产业发展等瓶颈制约，着力打牢脱贫攻坚基础，加快脱贫致富步伐。

（二十四）加大社会力量帮扶争取力度。建立健全与省外对口帮扶地区、单位和企业的协调联系制度，积极主动争取天津保税区和国家煤炭地质总局对我县扶贫开发的更大支持。建立精准对接机制，使帮扶资金主要用于建档立卡贫困村、贫困户。积极实施“百企帮百村”精准扶贫行动。通过政府购买服务等方式，鼓励各类社会组织开展到村到户精准扶贫。完善扶贫龙头企业认定制度，增强企业辐射带动能力。吸纳农村贫困人口就业的企业，按规定享受税收优惠、职业培训补贴等就业支持政策。落实企业和个人公益扶贫捐赠所得税税前扣除政策。鼓励有条件的企业设立扶贫公益基金和开展扶贫公益信托。鼓励、调动和吸引省内外各类社会组织和个人参与多种形式的到村到户精准扶贫。深入开展“10·17”扶贫日活动，着力打造扶贫公益品牌，做大做强“爱心扶贫基金”等社会帮扶平台，全面及时公开扶贫捐赠信息，提高社会扶贫公信力和美誉度。构建社会扶贫信息服务网络，探索发展公益众筹扶贫。

（二十五）加大双联行动和脱贫攻坚深度融合力度。充分发挥双联行动在精准扶贫中的重要载体和抓手作用，统筹运用好双联干部与驻村帮扶工作队两支力量，切实推进双联行动和脱贫攻坚行动在目标任务、帮扶力量、资金项目、培训资源“四个融合联动”。着力打造双联工作品牌，提高帮扶工作实效，注重把宣传政策、反映民意、促进发展、疏导情绪、强基固本、推广典型“六项任务”与宣讲“1+18”精准扶贫精准脱贫政策、帮助落实精准扶贫政策、加强贫困村社会治理、提升贫困村领导班子和党员干部的能力素质结合起来，引导各级双联干部在扶贫攻坚主战场经受锻炼、锤炼作风、提升能力，实现打造“三大工程”与推进扶贫攻坚的互促共融。建立单位联村、干部联户动态调整机制，确保每个贫困村都有驻村帮扶工作队、每个贫困户都有帮扶责任人。认真落实《贫困村驻村帮扶工作队力量整合和加强管理的实施办法》，充分发挥驻村帮扶工作队在精准扶贫中的生力军作用，积极参与建档立卡和精准扶贫大数据管理平台的信息采集和数据审核工作，逐户找出致贫原因，列出需求清单，研究提出分类施策办法，制定到村到户帮扶措施，提高驻村帮扶工作实效，推动“1+18”脱贫攻坚方案各项政策措施落实见效。

五、加强组织领导，为打赢脱贫攻坚战提供坚强保障

（二十六）加强脱贫攻坚组织领导。落实党政一把手扶贫责任制，强化脱贫攻坚领导小组决策部署、统筹协调、督促落实、检查考核的职能。严格落实县级领导包抓精准扶贫工作责任制，对县级领导干部包抓乡镇及联系分管部门实行一包到底责任制，明确县级领导包抓乡镇和联系村不“脱贫摘帽”，包抓责任不脱钩；联系分管部门完不成工作任务，包抓责任不脱钩。各乡镇党委书记、乡镇长要认真履行职责，统筹谋划、全力推进，确保完成各项工作任务。各相关部门主要负责全面落实“1+18”精准扶贫方案，对上要及时对接、争取项目，对下要搞好协调、抓好落实，确保各项政策措施落实到位。

（二十七）健全脱贫攻坚责任体系。县脱贫攻坚领导小组成员单位要各司其职、各负其责，切实做好进度安排、项目落地、资金使用、人力调配、推进实施等工作。各乡镇主要领导、部门主要负责人与县委、县政府签订责任书。各乡镇、各部门要层层靠实工作责任，形成条块结合、纵横衔接的目标责任体系。强化行业部门脱贫攻坚责任，按照贫困人口、贫困村、贫困县脱贫退出验收指标和标准，全力落实贫困村、贫困人口基本生产生活条件、基本公共服务和基本社会保障水平措施，实现部门专项规划与脱贫攻坚任务有效衔接，确保按期脱贫。“1+18”精准扶贫精准脱贫方案牵头单位要加强政策梳理和对接争取，充实完善专项支持计划，分年度制定实施方案，推进到村到户措施落实。严格落实到村到户脱贫责任，把全县112个贫困村、23个“三最村”、4.96万贫困人口脱贫任务和责任靠实到具体领导和干部，实行一包到底制，做到贫困村不脱贫，主抓领导不脱钩、驻村帮扶工作队不撤离；贫困群众不脱贫，帮扶干部不脱钩，帮扶责任不脱离。

（二十八）建强基层组织战斗堡垒。加强乡镇领导班子建设，选配政治素质高、工作能力强、熟悉“三农”工作的干部担任乡镇党政主要领导。结合村“两委”换届工作，选好配强村级领导班子，集中整顿软弱涣散村级党组织，充分发挥党员先锋模范作用，切实提高贫困村村级党组织的创造力、凝聚力和战斗力。发挥好工会、共青团、妇联等群团组织的作用。完善村级组织运转经费保障机制，注重选派思想好、作风正、能力强的优秀年轻干部驻村工作，选聘高校毕业生到贫困村工作。加快推进贫困村村务监督委员会建设,继续落实好“四议两公开”、村务联席会等制度,健全党组织领导的村民自治机制。深入推进先锋引领行动,充分发挥各级党代表作用,引导党组织和党员在脱贫攻坚中发挥战斗堡垒和先锋模范作用。

(二十九)加大扶贫政策宣传力度。坚持正确舆论导向,全面宣传我县扶贫事业取得的重大成就,准确解读县委、县政府扶贫开发的决策部署、政策举措,生动报道各乡镇、各部门精准扶贫精准脱贫丰富实践和先进典型,深入挖掘贫困群众依靠自身努力脱贫致富的先进事迹,广泛调动贫困群众积极性、主动性、创造性,不断增强贫困群众脱贫致富的内生动力,进一步树立脱贫光荣的鲜明导向。

(三十)建立健全考评奖惩机制。充分发挥扶贫考核“指挥棒”作用,注重在扶贫工作一线发现干部、提拔任用干部,以鲜明的用人导向有效激发广大党员干部投身脱贫攻坚主战场的积极性。坚持做到脱贫攻坚与中心工作挂钩、与班子和个人的评先选优挂钩、与年终奖励挂钩、与干部选拔任用挂钩、与工作问责挂钩,以选优汰劣的魄力传导工作压力,有效推动脱贫攻坚纵深开展。严格落实“月检查、季评比、年考核”制度,对各级各部门及驻村帮扶工作队年度帮扶措施落实情况进行严格考核,对推动脱贫攻坚不得力、考核不达标的乡镇、部门主要负责人和相关干部要严肃追责;对脱贫攻坚成效显著的乡镇和部门,要给予表彰奖励。

(三十一)严格执行问责处理制度。坚持把加大问责处理力度作为推进脱贫攻坚的必要措施,对完不成脱贫攻坚任务,或在脱贫攻坚工作中出现重大问题的,严格执行“一票否决”制,严肃追究相关人员工作责任。靠牢靠死各级干部脱贫攻坚责任,将脱贫攻坚每一项工作任务、每一个贫困户分解、包联到具体干部,加大考评问责力度,切实以严的纪律、严的措施促进全县脱贫攻坚各项工作精准、真实、高效推进,确保打赢脱贫攻坚战。

中共张家川县委 张家川县人民政府
印发《张家川县村干部管理办法》

县委发〔2017〕8号　　2017年5月18日

各乡镇党委、人民政府,县直及驻县市属各单位:

新修订的《张家川县村干部管理办法》已经2017年5月12日县委常委会议审议通过,现予以印发,请认真组织乡村干部学习并抓好贯彻落实。

张家川县村干部管理办

第一章　总　则

第一条　为了加强和规范村干部队伍建设与管理,调动村干部工作的积极性,促进村级工作依法、规范、高效开展,根据《中国共产党章程》、《中国共产党农村基层组织工作条例》、《中华人民共和国村民委员会组织法》等有关规定,结合我县实际,制定本办法。

第二条　本办法所称村级班子,指村党组织和村民委员会;本办法所称村干部,指按照有关规定和法律程序选举、任命的村党组织书记、副书记、村委会主任、副主任及村文书。

第二章　工作职责

第三条　村党组织是村级各个组织和各项工作的领导核心,村党组织与村委会的关系是领导与被领导的关系,村民自治是在党组织领导下的自治,党组织支持村委会依法开展工作。

第四条　村党组织书记主要工作职责:

(一)宣传和执行党在农村的各项方针政策,主持讨论决定本村经济和社会发展的重大问题,带领党员、干部和群众,深化农村改革,协调推进村级经济建设、政治建设、文化建设、社会建设以及生态文明建设。

(二)落实上级党委、政府各项支农惠农强农政策,带领和引导党员群众抓好农业生产,推进农业产业结构调整,推广普及农业技术,发展致富项目,千方百计增加农民收入,不断改变本村面貌,实现全面建成小康社会的目标。

(三)按照《中国共产党农村基层组织工作条例》和“五个好”目标,抓好本村党建工作,加强基本队伍、基本阵地、基本制度、基本载体、基本保障建设,努力推进基层民主政治建设,充分发挥党组织的领导核心作用和党员的先锋模范作用。

(四)负责建立健全村级组织工作运行机制,支持和保障村民依法开展自治活动,充分调动党员、干部和群众的积极性。

(五)带头执行党风廉政建设责任制,负责村干部及后备干部的教育、培养、选拔、推荐、考核和监督管理工作。

(六)领导村民委员会、村务监督委员会、村经济组织、工会、团支部、妇代会、民兵连等组织,支持和帮助他们依照法律和各自的章程开展工作。

(七)抓好精神文明建设,带头做好村民的思想政治工作,教育群众移风易俗,弘扬社会主义核心价值观,破除封建迷信,树立社会主义新风尚。

(八)抓好社会管理、平安创建、人民调解、计划生育等工作,疏导和化解矛盾纠纷,促进社会和谐稳定。

(九)教育村民发展平等、团结、互助的社会主义民族关系,维护民族团结和宗教和顺,积极引导宗教与社会主义社会相适应。

(十)完成上级党组织交办的其他工作。

第五条　村民委员会主任主要工作职责:

（一）负责宣传宪法、法律、法规和国家政策，教育村民遵守和执行。

（二）在村党组织的领导下，认真贯彻稳定完善家庭联产承包为主的责任制和统分结合的双层经营体制，执行本村经济和社会发展计划，健全服务体系，做好产前、产中、产后系列服务和协调工作，支持和组织村民发展生产、供销、信用、消费、合同定购等形式的合作经济，发展壮大村级集体经济。

（三）依法管理本村属于村民集体所有的土地和其他财产，教育村民合理利用自然资源，保护和改善生态环境。

（四）负责开展精神文明建设活动，发展教育事业，普及科技卫生知识，抓好计划生育工作。

（五）教育村民依法履行服兵役、送子女接受义务教育等应尽的义务。

（六）按照村务公开和民主管理规定，负责依法筹集生产资金和公共事务、公益事业所需费用，管理好本村资产财务，实行村务公开，接受民主监督。

（七）抓好综合治理，依法调解民事纠纷，维护社会治安，促进村与村之间、村民之间的团结互助。

（八）召集和主持村民会议，执行村民会议决定，制定村规民约，及时向乡镇政府反映村民意见、要求和建议。

（九）贯彻落实党的民族宗教政策，维护宗教和顺，教育村民发展平等、团结、互助的社会主义民族关系。

（十）负责向村民会议报告工作。

（十一）完成上级党委、政府和村党组织交办的其他任务。

第六条　其他村干部要自觉接受村党组织的领导和本村干部、群众的监督，按照各自分工认真履行本职工作，同时自觉接受上级组织的指导。

第三章　选拔任用

第七条　村干部选拔任用必须坚持以下原则：

（一）坚持党管干部原则；

（二）坚持德才兼备、以德为先原则；

（三）坚持群众公认、注重实绩原则；

（四）坚持民主、公开、竞争、择优原则；

（五）坚持依法办事原则。

第八条　选拔任用村干部的标准：

（一）政治素质好。理想信念坚定，宗旨观念较强，认真贯彻执行党在农村的方针政策，自觉学习实践科学发展观，为人正派、办事公道、廉洁自律。

（二）带富能力强。有知识、有见识，思路宽、点子多，懂经营、会管理，能团结带领党员群众共同致富。

（三）协调能力强。热爱农村、对农民有感情，善于运用民主、法律、示范和服务的方法做群众工作，妥善处理矛盾，维护农村和谐稳定。

第九条　新任村干部年龄原则上在50岁以下，高中以上文化程度，身体健康，特别优秀的可适当放宽。

第十条　村党组织领导班子成员的选拔，必须严格依照《中国共产党章程》《中国共产党基层组织选举工作暂行条例》和《中国共产党农村基层组织工作条例》规定的程序和方式产生。

选任村民委员会领导班子成员，必须严格按照《中华人民共和国村民委员会组织法》和《甘肃省实施〈中华人民共和国村民委员会组织法〉办法》的规定进行，充分发扬民主，体现村民自治。

第十一条　选任村党组织书记和副书记、村文书，由乡镇党委选拔、考察、决定，在党委会议正式研究决定之前报县委组织部审查备案；村委会主任按照《中华人民共和国村民委员会组织法》和《甘肃省实施〈中华人民共和国村民委员会组织法〉办法》的规定进行，由村民直接选举产生，在选举结束后7个工作日内，报县委组织部和县民政部门备案。

第十二条 村干部主要从本村优秀现任村干部、后备干部、致富能手、农民经纪人、农民专业合作组织负责人、复员退伍军人、外出务工返乡人员中选拔;选派到村任职的市、县、乡机关干部和大学生村官,可担任村党组织书记或其他职务。

第十三条 有下列情形之一的,不能担任村干部:

(一)违反国家法律、法规,依照法律被剥夺政治权利的;

(二)受到留党察看及以上处分或被依法罢免未满三年的;

(三)热衷于封建迷信,参与邪教组织,经教育仍不悔改的;

(四)长期拖欠、占用村级集体资金、资产、资源或长期不履行村民义务,影响恶劣的;

(五)参与、组织、煽动群众集体上访或越级上访的;

(六)非办理本村公务连续外出 3 个月以上或因健康原因影响正常工作的;

(七)其他影响本村经济社会发展和稳定等情形的。

第十四条 村干部职数设置坚持"精干高效、合理定编"的原则,根据行政村人口数量、经济发展水平和工作需要配置。人口在 2000 人以上的村可选配 4 名村干部;人口在 2000 人以下的村一般配备 3 名村干部。村"两委"成员可交叉任职。

第四章　后备干部

第十五条 每村应当建立村级后备干部人才库。村级后备干部的数额按现任干部 1∶2 的比例确定。村级后备干部年龄一般应在 35 岁以下,高中及以上文化程度,特别优秀的,可放宽条件。

第十六条 后备干部选拔采取个人自荐、群众举荐、党员推荐等方式提出初步人选,由村党组织集体讨论,乡镇党委考察审定。

第十七条 对村级后备干部要建档立卡,实行动态管理,对已不具备条件的,要及时进行调整补充。

第五章　教育培训

第十八条 高度重视村干部培训工作。乡镇党委要将村干部培训纳入干部培训整体规划,明确教育培训的目标要求,制定和落实培训计划,丰富培训内容,整合培训资源,加大培训力度,提高村干部执行农村政策、引领经济发展、服务农民群众、化解矛盾纠纷和加强村级班子建设的本领。

第十九条 坚持统筹规划、分级负责、分层次培训的原则,县委组织部每年对村"两委"班子主要负责人集中培训不少于 7 天。乡镇党委、政府每年要对村干部轮训一遍。村级班子要充分利用党员电化教育、农村现代远程教育资源,积级组织村干部进行政治理论教育、政策法规教育和实用技术培训。

第二十条 村干部的教育培训要增强针对性、灵活性,要通过任职培训、定期轮训、"走出去"培训、实践锻炼等方式,提高培训的实效性。

第二十一条 积极实施"一村一名大学生"计划,鼓励村干部、后备干部通过农广校、农函大、成人高考、电大以及自学考试等途径参加学历教育,不断提高村干部科学文化素质。

第六章　管理监督

第二十二条 按照分级负责、分级管理的原则,村级干部由乡镇党委负责管理,并建立档案资料和数据库。村干部由县委组织部实行备案管理,具体管理工作由乡镇党委落实。

第二十三条 按照"四议两公开"工作法的要求,建立完善党务、村务公开制度,凡涉及全村经济社会发展、公共建设项目、强农惠农政策落实、财务收支等群众关心的重大事项,每季度至少公开一次,接受全体村民对村务的全程监督。

第二十四条 村级财务的管理实行村财乡管村用制度,乡镇负责对村级财务收支情况进行审核报销,并每年对各村财务收支情况和村级集体经济收支情况进行一次检查，对离任的村党组织书记、村委会主任进行任期经济责任审计，将检查和审计结果向村民公布。

第二十五条　严禁用村级办公经费或村干部个人资金垫付新型农村合作医疗基金专用缴费、新型农村社会养老保险个人缴费、“一事一议”农户自筹款、农村居民房屋保险、农作物保险、畜牧养殖保险等个人缴费。严禁村干部个人资金垫付道路硬化等基础设施建设费用及村级组织活动场所改扩建、维修(维护)和购置办公设备费用。严禁村干部个人资金垫付村级公共事务支出。今后如发现村干部垫付资金情形，一经查实，要追究乡镇主要领导责任。

第二十六条　实行乡镇领导与村干部谈话制度。乡镇主要领导每年与村“两委”负责人谈话不少于两次，其他村干部谈话不少于一次。对村干部思想、工作中存在的各种问题，乡镇党委应及时提醒，及时解决。村干部也要与班子成员及时沟通，增进团结。

第二十七条　村干部实行值班制度。村级组织活动场所内每天至少要有 1 名村干部值班办公，以方便群众办事。村“两委”负责人因事因病不能正常到岗的，要向乡镇党委请假，其他干部要向村组织书记或村委会主任请假，事后要及时销假。

第二十八条　村“两委”成员中有下列情况之一的，由乡镇党委给予 1~3 个月的诫勉，并报县委组织部备案：

(一)工作中造成较大失误和影响的；

(二)工作态度消极，任务完成较差的；

(三)班子闹不团结，影响正常工作的；

(四)作风简单粗暴，引发矛盾的；

(五)落实政策优亲厚友，群众反映较大的；

(六)违反村党支部和村委会印章使用管理规定的；

(七)年终民主评议，符合诫勉条件的。

诫勉对象由乡镇党委集体研究确定，年内取消评优选先资格。诫勉期满后，乡镇党委对诫勉对象进行考察，经考察，问题已整改的，解除诫勉；问题未整改的，是党组织成员的，予以免职，是村委会成员的，责令其辞职。对村委会成员的罢免，按照《村民委员会组织法》有关规定执行。

第二十九条　建立村干部任职审查制度。

村干部任职前，乡镇党委要充分征求县纪检委、法院、检察院、信访局、公安局、卫计局、扶贫办等部门和党员群众的意见，及时掌握其遵纪守法等情况，并做为任免村干部主要依据。

第七章　考核考评

第三十条　村级班子和村干部的考核考评工作，依据《张家川县村级班子和村干部年度考核办法》进行，由乡镇党委组织实施，县委组织部指导监督。

第三十一条　考核村级班子和村干部，坚持实事求是、客观公正，注重实绩、群众公认，公开民主、绩效挂钩的原则，坚持全面考核与重点考核相结合、平时考核与年终考核相结合、组织考核与民主测评相结合，力求全面、客观、准确。

第三十二条　对村级班子的考核主要围绕“五个好”的目标要求进行；对村干部的考核，侧重于德、能、勤、绩、廉等五个方面。

第三十三条　对村级班子的考核分为优秀、合格、基本合格、不合格四个等次。对村干部的考核分为优秀、称职、基本称职、不称职四个等次。

第三十四条　年终考核分党员群众民主测评和岗位目标量化考核两个方面。

第三十五条　村级班子考核结果与奖惩挂钩。村干部年度考核结果与村干部绩效报酬挂钩，作为对村干部奖惩、辞退以及调整工资、提拔任用的重要依据。

第三十六条　建立村班子定期研判制度。乡镇党委每年对村班子逐个研判一次，对不胜任岗位且经教育培训无明显提升的，进行组织调整；对当年和连续排名倒数第一和两年列入后进的村党支部书记末尾淘汰，切实解决村班子“重选轻管”的问题。

第三十七条 考核人员要认真履行考核职责，按照规定的程序和要求实施考核，全面、准确、细致地了解和客观公正地反映考核对象情况。考核人员要对考核结果的客观性、真实性负责。

第八章 待遇保障

第三十八条 村干部报酬实行年薪制，由60%的基础报酬、25%的绩效报酬、5%的工龄报酬、10%的奖励报酬构成。基础报酬由县委组织部在每季度末打入村干部“一折统”，绩效报酬由乡镇党委每年度根据村干部考核等次确定，并报县委组织部审核后打入村干部“一折统”。工龄报酬根据村干部任职年限，分10年以下、10~19年、20~29年、30年以上四个档次，村党支部书记基础为800元/年，其他村干部基础为650元/年，档差均为200元。奖励报酬由乡镇统筹，实行一事一评、一事一奖，乡镇党委可根据具体工作研究奖励办法，评定结果，每半年上报县委组织部，县委组织部审定后发放到村干部个人账户。

第三十九条 村干部报酬标准按照村党支部书记年报酬2.2万元，其他村干部年报酬1.9万元。村干部报酬水平依据相关政策调整而逐步增长。

第四十条 建立党建示范村激励表彰制度。原则上每年评选10个左右党建示范村，一次性奖励10000元。

乡镇干部专职担任村党组织书记或依法选举担任村委会主任，并能全面履行工作职责，每年给予7000元的工作经费，每半年下拨到乡镇，乡镇干部实报实销。

第四十一条 全面推行村干部养老保险制度，具体按照《张家川县村干部养老保险实施办法》和《张家川县城乡居民社会养老保险试点工作实施方案》(张政发〔2011〕126号)相关规定执行。村干部养老保险由县委组织部负责做好参保人员的衔接工作，由县人社局按照相关规定统一管理，缴纳方式按照个人上缴和政府补贴的方式统一缴纳。

第四十二条 根据有关规定和政策要求，加大从政治可靠、实绩突出的在职优秀村干部中选任乡镇领导干部、考录乡镇公务员的力度。优秀村党组织书记可选拔进入乡镇党委班子。

第四十三条 对政治素质好、参政议政能力强的村干部，积极推荐作为各级党代表、人大代表和政协委员的人选。

第四十四条 村干部正常离任年龄为60岁，对身体健康、工作实绩突出、群众公认度高的，经县委组织部审批同意后可继续留任，但不得超过65岁。

第四十五条 实行现任职村干部离任生活补助制度。正常离任村干部不包含因违法违纪被免职、撤职或罢免人员。

(一)现任村党组织书记和村委会主任离任生活补贴。

1. 连续或累计任职30年以上(不含30年)且正常离任的，离任后每年给予1000元的生活补贴，并按村党支部书记3万元、村主任2.5万元发放一次性生活补助。

2. 连续或累计任职20~30年且正常离任的，离任后每年给予800元的生活补贴，并按村党支部书记2万元、村主任1.5万元发放一次性生活补助。

3. 连续或累计任职10~19年且正常离任的，离任后每年给予600元的生活补贴，并按村党支部书记、村主任1万元发放一次性生活补助。

4. 连续任职满2届或6年、累计任职满3届或9年，男年满60周岁、女年满55周岁正常离任的。离任后每年给予500元的生活补贴，并按村党支部书记、村主任1万元发放一次性生活补助。

(二)现任村党组织副书记、村委会副主任、文书离任生活补贴。

1. 连续或累计任职30年以上(不含30年)且正常离任的，离任后每年给予800元的生活补贴，并发放2万元一次性生活补助。

2. 连续或累计任职20~30年且正常离任的，离任后每年给予600元的生活补贴，并发放1万元一次性生活补助。

3. 连续或累计任职 10~19 年且正常离任的，发放 1 万元一次忙生活补助。

4. 连续任职满 2 届或 6 年、累计任职满 3 届或 9 年，男年满 60 周岁、女年满 55 周岁正常离任的。发放 8000 元一次性生活补助。

（三）村干部正常离任后，按照以上规定从次年元月起领取离任补贴和一次性生活补助，死亡后次年停发。严格按照个人申报、乡镇审核、县委组织部审批、“一折统”发放的程序，确保离任村干部补贴发放及时，准确到位。

(四)凡出现下列情形之一的，应停发当年村干部离任生活补贴。

1. 违反国务院《信访条例》，组织、参与群访或本人有越级上访行为的；

2. 违反村规民约，造成较坏影响，群众反映强烈的；

3. 不支持、不配合甚至阻碍乡镇和村上工作，造成不良影响的；

4. 本年度党员民主评议被评定为“不合格”等次的；

5. 其他经组织认定，当年不符合领取离任生活补助的。

(五)凡出现下列情形之一的，当年终止发放离任村干部生活补贴。

1. 违反国务院《信访条例》，组织、参与群访或本人有越级上访，造成极坏影响的；

2. 在党员民主评议中，连续两年被评定为“不合格”等次的；

3. 因违纪受到留党察看及以上党纪处分的；

4. 参与邪教等非法组织，经教育后仍不思悔改的；

5. 因触犯刑律受到刑事处分（含缓刑）；

6. 其他经组织认定、不符合领取离任生活补助的。

第四十六条 建立离任村干部关怀制度。在重大节日期间，乡镇党委和政府应当组织慰问离任村干部，认真听取意见建议，帮助解决其生产生活中的实际问题。

第九章 附 则

第四十七条 本办法内容与国家、省、市等上级政策不相符的以上级为准。

第四十八条 本办法由县委组织部负责解释。各乡镇可依据本办法，结合实际制定具体实施细则。

第四十九条 本办法自发布之日起施行，如重新修订，另行通知。

中共张家川县委
关于进一步加强政协工作推进政协协商民主建设的意见

县委发〔2017〕17号　　2017年6月16日

各乡镇党委、县直及驻县市属各单位党委(党组、总支、支部):

《中共张家川县委关于进一步加强政协工作推进政协协商民主建设的意见》,经2017年6月9日县委常委会议审议通过,现予以印发,请结合实际,认真贯彻执行。

关于进一步加强政协工作推进政协协商民主建设的意见

为深入贯彻党的十八大和十八届三中、四中、五中、六中全会精神和习近平总书记关于人民政协工作的重要讲话精神,全面落实省第十三次党代会精神和省市委政协工作会议精神,进一步加强政协工作,推进政协协商民主建设,根据《中共甘肃省委关于进一步加强政协工作推进政协协商民主建设的意见》(甘发〔2016〕31号)和《中共天水市委关于加强社会主义协商民主建设的实施意见》(市委发〔2016〕37号)精神,遵循政协章程,结合我县实际,提出如下意见。

一、充分认识进一步加强政协工作、推进政协协商民主建设的重要意义

1.准确把握人民政协的性质地位作用。中国共产党领导的多党合作和政治协商制度是我国的一项基本政治制度。人民政协是中国人民爱国统一战线的组织,是中国共产党领导的多党合作和政治协商的重要机构,是我国政治生活中发扬社会主义民主的重要形式。党的十八大报告强调,健全社会主义协商民主制度,推进协商民主广泛多层制度化发展。充分发挥人民政协作为协商民主重要渠道和专门协商机构的作用,有利于广纳群言、广谋良策、广聚共识,有利于促进党和政府决策科学化、民主化,有利于更好实现人民当家作主,有利于化解矛盾、促进社会和谐稳定,有利于推进国家治理体系和治理能力现代化。

2.深入贯彻落实中央和省市委关于加强人民政协工作的部署要求。党的十八大以来,以习近平同志为核心的党中央提出了一系列关于加强人民政协工作、推进人民政协协商民主建设的新思想、新观点、新论断、新要求,为推进人民政协协商民主建设指明了方向,提供了遵循。进一步加强我县政协工作、推进政协协商民主建设,必须高举中国特色社会主义伟大旗帜,全面贯彻落实党的十八大和十八届三中、四中、五中、六中全会精神,深入学习贯彻习近平总书记系列重要讲话精神和治国理政新理念新思想新战略,以及视察甘肃时提出的“八个着力”重要指示精神,统筹推进“五位一体”总体布局和协调推进“四个全面”战略布局,始终坚持中国共产党的领导,始终坚持人民政协的性质定位,始终坚持大团结大联合,始终坚持发扬社会主义民主,围绕中心,服务大局,认真履职,主动作为,进一步发挥好协调关系、汇聚力量、建言献策、服务大局的重要作用,为加快建设团结奋进幸福美好张家川、与全市全省全国一道全面建成小康社会作出更大贡献。

二、切实提高政协协商民主的科学性和实效性

3.明确政协协商的内容。主要包括:中央和省市重要会议精神、重要政策法规和重要讲话的贯彻落实,县党代会报告,县委或县委、县政府联合制定的事关全局的重要文件;政府工作报告,国民经济和社会发展、财政预决算报告,人民法院、人民检察院工作报告;国民经济和社会发展中长期规划、区域总体规划、行政区划调整、重大体制改革;社会普遍关注的重大投资项目;与人民群众密切相关的医疗、卫生、教育、就业、物价、食品安全、社会保障等方面的重要政策调整;政协主席会议成员、常委、委员及专门委员会主任、副主任的建议人选,县委提交政协协商的其他重要人事事项;政协内部的重要事务,以及有关爱国统一战线的其他重要问题纳入协商内容,与此同时,根据形势发展,围绕全县中心工作,结合实际丰富协商内容,拓宽协商范围。政府在起草重要规章和规范性文件的过程中,可视情况听取和征求政协意见。充分发挥政协委员、工商联、宗教界人士、无党派人士、人民团体等在立法协商中的作用。

4.规范政协协商的形式。主要包括:完善政协全体会议协商制度。政协全体会议期间,县委、县人大常委会、县政府和县人民法院、县人民检察院领导同志应出席开幕会、闭幕会,参加界别联组和委员小组讨论;县委和县政府有关领导同志听取大会发言;有关部门负责人参加界别联组和委员小组讨论,听取意见。可安排跨界别联组讨论;界别联组和小组会议应安排时间讨论界别提案、推荐界别大会发言。规范会议活动程序和机制。完善大会发言遴选机制,提高发言质量。政协全体会议后,形成政协全体会议专项建议报送县委、县政府,如实反映委员意见建议。

健全专题议政性常务委员会会议制度。要科学合理确定议题,组织开展深入调研,召开会议时可按专题进行分组讨论,也可直接进行发言。根据议题需要,政协邀请县委、县政府有关领导同志出席会议通报情况,听取意见,并与委员互动交流;邀请有关部门负责人到会听取意见,参加讨论。会议成果以政协建议案、党组报告、主席会议报告、会议发言专报、政协信息等形式报送县委和县政府及有关部门。

规范专题协商会。县政协应本着党政所需、群众所盼、委员所求、政协所能的原则,选择一些具有全局性、战略性、前瞻性的重要课题,特别是事关经济社会发展的重大问题和涉及群众切身利益的实际问题作为专题协商会的议题。议题列入政协年度协商计划。根据议题需要,邀请县委、县政府分管领导同志及有关部门负责人出席专题协商会,介绍情况,听取意见,与委员互动交流。会前,政协相关专门委员会和有关方面应坚持“先调研、后协商”的原则,深入开展调查研究。要统筹安排调研时间、地点、方式,优化调研人员结构,注重吸收工商联、无党派代表人士和相关界别的基层委员及专业技术人员参加,开展广泛深入的协商,切实提高协商建言的质量和水平。会后,及时将会议主要内容、形成的共识和重要意见建议,以政协党组报告、主席会议报告、专项建议、政协信息等形式报送县委、县政府及有关部门。县委、县政府督查部门要加大对政协专题协商成果落实情况的督查和通报,推进协商成果的转化和落实。

开展对口协商和界别协商。政协各专门委员会与对口联系的有关部门,以议题为纽带,建立健全对口联系工作机制和协商机制,确定对口协商议题,加强走访交流,积极开展对口协商。对口协商可采取座谈会的形式,由政协分管领导同志主持,承担议题的政协专门委员会负责人、部分政协委员与相关专业技术人员参加,县委、县政府相关部门负责人出席。对口部门根据情况邀请政协相关专门委员会参加重要工作会议或重要活动,政协组织的视察和调研活动应邀请对口部门参加。充分发挥界别在视察、调研、提案、大会发言、反映社情民意信息等工作中的作用。完善政协领导同志和专门委员会联系界别制度。专门委员会根据工作整体部署组织界别委员开展专题调研,举行界别协商会、座谈会等活动。政协主席会议成员根据工作需要参加界别协商活动。健全政协办公室和专门委员会服务界别协商的工作机制和保障机制。

健全提案办理协商制度。建立提案预审机制，完善提案审查工作细则，严格立案标准，对提案进行提前集中预审，提高提案质量。加大专门委员会和界别提交提案力度，增加集体提案比重。健全完善交办、办理、督办提案协商机制。在提案交办环节，完善共同交办机制，做好落实责任的协商。在提案办理环节，建立健全联系沟通、办理询问、研讨交流、双向评议机制，把沟通协商作为提案办理的必经环节。选择提案者关注度较高，与县委、县政府中心工作结合紧密，人民群众关心的问题，或反映同一领域问题比较集中的提案，召开提案办理专题协商会，汇集各方智慧，协力协同协商，推动问题解决。完善政协提案办理协商办法。落实政协办公室和专门委员会重点提案遴选与督办工作制度。完善落实重点提案呈送县委、县政府领导阅批督办，政协主席、副主席、秘书长领衔协商督办，县政府承办单位开门办案、现场督办，工商联、政协各委办对口协商督办等机制，强化工作措施，提升办理质量。建立和完善台账制度，把政协提案办理纳入县委、县政府年度督查工作计划，每年由县委督查室、县政府政务督查室、县政协提案委联合采取抽查、重点督办等形式对承办单位办理工作进行督促检查。建立提案办理反馈机制，将提案办理情况及时反馈提案者和政协提案委员会，做到事事有回音、件件有着落。完善提案办理考核评价机制，将提案办理工作纳入党政部门目标责任制考核范围，定期表彰奖励优秀提案者和提案办理先进单位、先进个人。对提案办理不及时、不认真，重答复轻落实的单位，视情况进行通报批评。落实提案办理及结果公开的有关规定，自觉接受社会各界及广大群众的监督。拓展协商形式。政协在县委和县政府重大决策形成过程中及时召开专题座谈会，有关方面负责人到会听取意见建议。在视察、考察、专题调研等活动中开展协商。通过视察报告、调研报告、提案、建议案等形式开展协商。重视运用现代信息技术手段，搭建网络平台，探索网络议政、远程协商等新形式。

5.健全政协协商的程序。加强政协协商与县委、县政府工作的有效衔接，健全制度化、规范化协商程序。

制定年度协商计划。认真落实由县委、县人大、县政府、人民团体等提出议题的规定。建立县委同县政府、县政协重点协商议题会商机制，议题可由县委和县政府交办，可由县委召开的四大办公室主任联席会议研究提出，可由县政协与县委和县政府及有关部门协商提出。建立政协内部选题机制，通过常委会议、专门委员会会议以及座谈会、发函等形式征集议题，积极探索由界别、委员联名、委员小组提出议题。县政协办公室在广泛征求县委、县人大、县政府、县政协参加单位、县政协委员和有关部门意见的基础上，形成年度协商计划草案。县委办公室会同县政府办公室、县政协办公室修改完善年度协商计划草案。经县政协主席会议审定后，报县委常委会议研究确定。没有列入年度协商计划而县委确定有必要协商的重要事项，可临时安排。

精心组织协商活动。县政协专门委员会、办公室会同县委、县政府相关部门制定协商工作方案，落实工作责任；县委、县政府及有关部门围绕协商议题进行必要准备，并提供有关资料；政协组织委员围绕议题深入开展调研，讨论形成调研成果。根据协商议题和协商活动安排，邀请县委、县政府领导及有关部门负责人参加协商活动，听取意见建议；参加协商活动的政协委员紧扣议题，积极建言献策。

及时报送协商成果。政协在每次协商活动后，相关意见建议以政协党组报告、政协常委会议（主席会议）建议案、政协信息等书面形式报送县委、县政府及有关部门。

6.推动政协协商成果的转化运用。对政协全体会议、常委会议审议通过的建议案、反应的综合性意见建议，县委常委会议或县政府常务会议应予以研究，办理结果向政协及时反馈。对政协协商后形成的视察报告、调研报告、政协信息、大会发言专报、重要提案摘报等，县委、县政府领导同志作出批示的，应及时告知政协；对领导同志要求有关部门落实的，有关部门要认真落实，并将落实情况反馈政协；对县委、县政府领导同志作出批示的政协有关报告和批阅件，县委督查室、县政府政务督查室要跟踪督办，承办部门要及时反馈办理结果。县委、县政府要在政协常委会议上通报全年办理政协提案和意见建议的情况。

三、把协商民主贯穿于履行政协职能的全过程

7.加强政治协商的制度机制建设。要把政治协商作为重要环节纳入县委、县政府决策程序，坚持协商于决策之前和决策之中，对党代会报告，县委或县委、县政府联合制定的事关全局的重要文件，在征求下级党委意见的同时，应提交政协进行协商；对政府工作报告、国民经济和社会发展报告、财政预决算报告、国民经济和社会发展中长期规划等，应在提交人大表决通过之前，听取政协组织和政协委员的意见建议。坚持做到凡规定需经政协协商而未经协商的事项，不予决策。在决策执行过程中需要调整完善有关决策内容，也要在政协进行沟通协商。不能以通报情况代替政治协商，不能以个别征求意见代替应当以组织形式进行的政治协商，切实提高政治协商的科学性、时效性和规范性。进一步完善县委、县政府及相关部门向政协通报情况制度，健全知情明政机制。除政协全体会议、常务委员会议、主席会议、专题协商会议安排通报情况外，县委、县政府要向政协每年至少通报2次经济社会发展、法制建设、党风廉政建设等方面的情况，相关部门要定期通报有关情况，提供相关材料。协商活动举办前，县委、县政府有关部门应提供需要协商的相关材料。政协组织委员视察调研，应邀请有关部门同志介绍情况、交换意见、参加调研。

8.加强政协民主监督工作。县委、县政府及有关部门要把人民政协的民主监督作为推进工作、改进作风、密切党群干群关系、加强党风廉政建设的重要手段，认真听取来自人民政协的批评和建议，自觉接受人民政协的监督。适时制定民主监督的专项规定，完善民主监督的组织领导、权益保障、知情反馈、沟通协调机制。重视发挥协商会议、视察、提案、建议案、专题调研、大会发言、反映社情民意信息、委员举报等在民主监督中的作用。县委、县政府及有关部门组织的调查和检查活动，应视情况邀请政协委员参加。政协各种协商活动特别是专题议政性常务委员会会议、专题协商会、协商座谈会等，增加民主监督内容。政协办公室和专门委员会应开展监督性的视察和专题调研。可应有关行政执法部门邀请推荐特约监督员。根据县委统一部署，选择社会各界比较关注、与人民群众切身利益密切相关的专项工作开展民主评议活动。政协和广大政协委员要正确履行职能，做到依法依规监督。

9.发挥政协参政议政作用。加强参政议政的各项工作机制建设。做好县委、县政府委托政协开展的重大课题调研，邀请政协委员参与重大项目研究论证，集中优势资源，发挥委员主体作用，形成整体合力，提出高质量的意见建议。支持政协对涉及群众利益的重大决策收集社情民意信息，进行风险评估，为县委、县政府决策提供参考；对重点建设项目、重大招商引资项目，每年应组织政协委员开展视察，提出意见建议；建立完善政协委员参与配合政法综治维稳的工作体系和运行机制。努力促进参加政协的各界别人士开展参政议政工作，重视和保障党外人士、宗教界人士、工商联或个人名义发表的意见建议。加强政协与统战部门、工商联的联系，开展联合调研，组织参与提案办理，搭建平台，充分发挥他们的优势和作用。

四、进一步加强政协自身建设

10.完善委员推荐提名工作机制。县委有关部门在政协换届推荐委员人选和届中增补委员时，要严格按照规定和条件要求把好入口关。合理确定委员的结构和分布，保证宗教界人士和无党派人士在政协委员、常委委员和政协领导中占有较大比例；委员推荐提名要坚持广泛协商、过程协商、协商于决策之前。新推荐提名的委员，要充分听取政协党组的意见；注意吸收乡镇干部、农村专业技术人员、致富能人、“两新”组织带头人、农民专业合作社负责人和村(社区)组织负责人作为政协委员参加政协工作。对于继续留任的委员,首先由政协党组根据其履职情况提出建议名单,供县委组织部门、统战部门在遴选委员时参考。委员建议名单经县委审定后,按政协章程规定的程序办理。要在政协委员推荐和政协选举的各个环节,坚决杜绝任何形式的贿选行为,发现问题依纪依法严肃处理。

11.完善委员管理工作机制。研究制定委员履职工作规则,进一步明确委员的权利和义务。完善委员履职管理制度,强化委员履职管理。建立委员履职档案,每年定期向县委有关部门和委员所在单位通报委员履职情况,并将委员履职情况作为换届时继续提名的重要参考;严格委员参加政协会议活动请销假制度,将委员出席会议和参加活动的情况书面通知其本人,并在一定范围通报。完善委员年度述职制度,探索建立委员每届任期内就履职情况向政协报告的制度,加强对委员履职情况的管理和监督。健全委员联络机制,坚持和完善政协领导同志走访委员和专门委员会走访联系委员制度,建立覆盖全体政协委员的联系网络,充分发挥政协参加单位、专门委员会、界别、乡镇委员联络组等联络服务委员的作用;设立委员活动小组,加强界别委员之间的联系与合作。建立委员退出机制,严格执行政协章程规定,对在届中因病、因年龄、工作变动等不能履行职责的委员,要及时予以调整。制定委员履职考核标准,政协对委员履职情况进行日常考核,届中由政协会同县委组织部门和统战部门对委员履职情况进行全面考核,并依据考核结果,对考核不合格的委员,按照程序取消委员资格。教育督促委员不得从事与委员身份不相符的活动。适当提高委员履职工作经费和误工补助标准,对积极参政议政、成绩突出的委员,及时予以表彰奖励。适应经济社会发展需要和社会结构的变化,按照中央有关部署要求,科学合理调整界别设置,优化界别委员构成,切实增强协商主体的代表性和包容性,回应社会各界不断增长的政治参与诉求。

12.提高政协议事协商能力。提高政治把握能力。完善政协常务委员会会议和主席会议学习制度,围绕党的路线方针政策、宪法法律和人民政协理论以及全县经济社会发展中的重大问题,定期开展学习研讨,不断提高运用科学理论分析判断形势、运用法治思维和法治方式研究解决问题的能力和水平。高度重视政协委员培训工作,确保每届对新任委员至少培训1次,将县政协委员和政协干部学习培训纳入全县学习培训规划,列入县党校年度教育培训计划,由县政协会同县委组织、宣传、统战、政法及县政府有关部门定期对开展党的路线方针政策、宪法法律和人民政协理论的学习培训。不断改进委员学习培训的方式方法,有针对性地组织赴外地开展专题学习培训、参观考察等,开阔眼界,增长才干,提升委员协商议政的能力和水平。

提高调查研究能力。坚持问题导向,重视调查研究,完善加强调查研究工作的意见。视察和专题调研课题应与政协年度协商计划和政协重点工作相衔接,由主席会议或主席办公会议统筹审定。注重整合各方面智力资源,优化调研队伍构成,改进调研作风方法,摸清真实情况,深入研究论证,提出有的放矢、切中要害的对策建议。

提高联系群众能力。坚持党的群众路线,建立健全社情民意表达和汇集分析机制,畅通和拓宽各界群众的利益诉求表达渠道,积极反映社情民意。密切政协各专门委员会与人民团体等界别的联系,积极组织委员参与协商、视察、调研等活动,及时向有关部门反映委员提供的相关信息和意见建议。根据会议议题,邀请相关界别群众参加会议。推广委员联系点、委员网上信箱等联系群众的新形式。委员应主动向群众宣传党的路线方针和国家法规政策,解疑释惑,引导群众理性有序合法表达诉求。

提高合作共事能力。加强政协组织与县委统战部门的沟通协调,为各界别委员在政协履行职能、协商议政、发挥作用创造条件。政协委员中的中共党员和政协机关中的中共党员应广交、深交党外朋友。在工作中既增进对党的路线方针政策的共识,又包容不同意见的存在和表达,提高合作共事的质量和水平。

13.加强政协组织建设。建立健全委员联络机构。进一步加强政协委员联络服务工作,在县政协建立健全委员工作委员会(机构名称级别暂定),做好委员日常联络工作,收集委员对全县政治经济和社会生活中重要问题和人民群众普遍关注的民生问题的意见建议和社情民意信息,开展委员界别活动,做好接待委员来信来访工作。

建立政协基层服务组织。在有条件的乡(镇)设立政协委员联络组,以加强对基层政协委员的联络服务和基层民主协商等工作。

加强政协理论研究工作。适应推进社会主义协商民主建设的要求,积极开展新形势下人民政协和统一战线理论研究工作,在县政协适时设立政协政策理论研究机构。县政协要认真总结协商民主实践中形成的好做法好经验,不断推动政协协商民主广泛深入制度化发展。

配齐配强政协办公室、专门委员会工作力量。进一步配齐配强县政协办公室、专门委员会工作人员,充实和加强工作力量。理顺和规范县政协专委会设置及名称,县政协设"一室六委",即:办公室、委员工作委员会、提案法制委员会、文史资料和学习委员会、科教文卫体委员会、经济科技委员会、民族宗教和"三胞"联络委员会。

重视和加强政协机关干部队伍建设。把政协机关干部培养、交流和提拔使用纳入干部队伍建设总体规划和年度工作计划,通过党校学习、高校进修、挂职锻炼、内外交流、学习考察等多种形式,加大干部培养力度。建立完善政协干部合理流动、能进能出、良性循环的机制,加大政协机关和党政机关之间的干部交流力度,有计划地推动政协机关干部与县委、县政府、司法机关干部双向交流、上下交流。定期安排一定数量的政协机关干部到基层挂职锻炼,有计划选调政协机关中青年干部参加各级党校、行政学院学习培训。优化政协机关工作人员年龄结构,使35岁以下年轻干部经常保持在合理的比例。

五、加强和完善党对政协工作的领导

14. 要从全局和战略高度重视支持人民政协事业发展。中国共产党的领导是人民政协事业发展进步的根本保证。人民政协事业要沿着正确方向发展,就必须毫不动摇坚持中国共产党的领导。要善于运用人民政协这一政治组织和民主形式为实现党的总任务、总目标服务。按照党总揽全局、协调各方的原则,切实把政协工作纳入县委重要议事日程,统一研究、统一部署。把是否重视人民政协工作、能否发挥好人民政协的作用作为检验领导水平和执政能力的重要内容,把做好政协工作、推进协商民主建设纳入县委、县政府工作目标管理,开展常规督促和年度督查,进一步巩固发展县委高度重视、县政府大力支持、政协积极履职、各方协同互动的工作局面。县委每届任期内要召开1次政协工作会议,每年至少听取和研究1次政协工作,统筹解决人民政协工作中的重大问题,切实做到政协工作与县委、县政府工作同决策部署、同检查落实、同考核奖评。坚持政协主席(党组书记)、副主席列席有关会议制度。有关部门召开的重要会议视情况邀请政协有关方面负责人参加。

县委要高度重视政协工作,联系政协的县委、县政府负责人要经常了解政协工作,班子其他成员也要在各自分管范围内大力支持政协工作。进一步完善县委、县政府负责人及部门负责人参加政协协商活动制度。县委负责人每人每年出席1~2次县政协协商活动;县政府负责人每人每年至少出席1次县政协专题协商会或专题通报会;县委、县政府有关部门负责人参加有关协商会议通报情况,听取意见,与委员协商交流。县委、县政府负责人参加政协的会议或活动,由县委、县政府办公室负责协调落实。政协全体会议期间,县委、县政府主要领导同志、分管领导同志参加委员大会发言、小组讨论,面对面听取委员意见建议。切实帮助政协改善工作条件,将委员调研视察等专项活动经费列入县财政年度预算,保障政协工作的经费需求。政协委员所在单位要大力支持委员参加政协各项活动,在时间、经费、工作条件等方面提供方便和保障。

15.切实发挥政协党组领导核心作用。政协党组肩负着实现党对人民政协领导的重大政治责任。县委研究事关政协的重大问题,应事先征求和听取政协党组的意见,有些重要问题的政治协商可以委托政协党组实施。政协党组要自觉接受县委的领导,主动向县委请示和汇报工作;牢牢把握正确的政治方向,坚定不移贯彻执行党关于人民政协的方针政策,坚定不移贯彻落实党中央和上级党组织的决策部署,切实担负起从严管党治党的政治责任;坚持民主集中制,坚持党组发挥领导核心作用与政协领导班子依法依章履行职责相统一,发挥好把方向、管大局、保落实的作用。加强政协机关党组织建设。坚持党组成员联系各族各界代表人士制度,尊重和保障无党派、各族各界代表人士在政协活动中的权利。政协组织中的中共党员,要充分发挥先锋模范作用,努力成为合作共事的模范、发扬民主的模范、求真务实的模范、廉洁奉公的模范。通过人格的力量和民主协商的办法,努力把更多的人团结在党的周围。

16. 努力创造全社会重视和支持人民政协工作的良好氛围。县委要进一步重视和加强人民政协理论建设和教育培训工作,把人民政协理论作为学习的重要内容,列入县委中心组专题学习内容,列入县党校的教学计划。县委主要负责人要带头认真学习人民政协理论和统一战线理论,讲政治、谋大局、懂政协、知政协。县政协每届组织召开政协工作经验交流会,相互借鉴,相互促进,共同提高。县委宣传部门要把对人民政协工作的宣传纳入总体安排,有关新闻单位要根据需要开辟和办好宣传政协工作的专栏或专题节目。注重运用新媒体、新手段宣传政协工作,拓展宣传渠道,提升宣传效果,努力营造全社会重视、关心、支持政协工作的良好氛围。

中共张家川县委 张家川县人民政府关于印发《张家川县加快推进生态文明建设实施方案》的通知

县委发〔2017〕22号　　2017年7月31日

各乡镇党委、人民政府、县直及驻县市属各单位：

《张家川县加快推进生态文明建设实施方案》已经县委、县政府研究同意，现印发你们，请结合工作实际，认真贯彻落实。

张家川县加快推进生态文明建设实施方案

为深入贯彻党的十八大和十八届三中、四中、五中、六中全会精神，认真学习中共中央、国务院《关于加快推进生态文明建设的意见》，贯彻落实甘肃省委、甘肃省人民政府《关于加快推进生态文明建设的实施方案》和天水市委、天水市人民政府《关于加快推进生态文明建设的实施方案》的要求，坚持绿水青山就是金山银山的理念，把生态文明建设放在更加突出的位置。现结合我县实际，特制定本实施方案。

一、指导思想与基本原则

（一）指导思想

以科学发展观为指导，深入贯彻习近平总书记系列重要讲话精神和治国理政新理念、新思想、新战略，认真落实习近平总书记视察甘肃重要讲话和"八个着力'重要指示精神，严格按照党中央、国务院及省、市决策部署，以全面提升生态文明建设水平为目标，坚持绿水青山就是金山银山的理念，把生态文明建设放在更加突出的位置，坚持节约优先、保护优先、自然恢复的基本方针，把绿色发展、循环发展、低碳发展作为基本途径，把深化改革和创新驱动作为基本动力，把培育生态文化作为重要支撑，把重点突破和整体推进作为工作方式，着力推动绿色发展、循环发展、低碳发展，将生态文明建设融入经济、政治、文化、社会建设各方面和全过程，努力建设经济发展、山川秀美、民族团结、社会和谐的幸福美好张家川。

（二）基本原则

坚持统筹兼顾。立足当前、着眼长远，统筹生态文明、经济发展、社会建设和民生改善，统筹人口、经济和资源环境，统筹城乡和区域发展，统筹工业化城镇化发展、农产品生产和生态保护，促进经济布局与人口、经济、资源环境相协调。

坚持以人为本。引导人口与经济在国土空间合理分布，正确处理生态文明建设与社会建设的关系，促进基本公共服务均等化，推动发展成果的共享，不断提高人民群众的生活水平，改善生态环境。

坚持绿色发展。依据资源环境承载力实行有度有序开发，大力发展绿色产业和生态经济，倡导绿色生活方式和消费模式，走人与自然和谐相处的绿色发展道路，给自然留下更多修复空间，给农业留下更多良田，给子孙后代留下天蓝、地绿、水净的美好家园。

坚持节约保护。以保护自然生态为前提，把资源节约放在优先位置，加强生态环境保护，降低资源消耗，推进资源高效循环利用，减少污染物排放，提高资源产出和空间利用效率，实现在发展中保护,在保护中发展。

坚持创新探索。突出政府主导,强化市场主体作用,鼓励社会力量参与,加强政策引导和措施协同配合。依据主体功能定位,实施分类指导和分层次推进,先行先试,创新发展,形成加快推进生态文明建设的制度保障和体制机制。

二、工作目标

紧密结合县情实际,努力建设资源节约型、环境友好型社会发展体系,逐步完善生态文明制度体系,提升我县生态文明建设水平,保证生态环境质量持续改善,循环经济发展水平进一步提高,资源利用更加集约高效,生态文明体制机制更加健全。实现经济社会发展和生态保护双赢,形成人与自然和谐发展的现代化建设新格局。

——生态文明建设的认识与实践得到深化。以《天水市加快推进生态文明建设实施方案》为统领,坚持统筹谋划,把握国家生态安全屏障目标定位,构建系统完备的生态文明制度体系,稳步推进生态文明建设重点任务,确保全县生态文明建设不断向纵深推进,绿色发展理念要求逐步贯穿到社会生产全过程,生态文明建设责任逐渐落实到社会各方面,高度的生态自觉有所显现,人民群众对良好生态环境的满意度不断提高。

——城乡空间布局进一步优化。转变城镇发展方式,合理控制空间开发强度,努力形成布局合理、环境优美、特色明显、功能齐全的城乡新格局。坚持保证扩大生活空间和绿色生态空间并举,加强城乡环境治理,实施农村秸秆回收、垃圾集中处理,保护城镇绿色开敞空间。森林覆盖率逐年增长,城镇绿色建筑占新建建筑比重达到30%以上,绿地率达到36%。

——资源利用更加高效和绿色。统筹经济社会与能源协调发展,努力提升绿色清洁能源使用面积,因地制宜发展城镇新能源,积极发展大型沼气、太阳能光伏、水暖炕等可再生清洁能源,注销淘汰黄标车、老旧车,降低城镇污染物排放量。单位地区生产总值能耗年均下降2个百分点,城镇集中供热率达到80%以上,可再生能源消费比重达到20%。

——生态环境质量总体改善。生态环境治理能力不断提升,生态环境基础不断夯实。城市集中式饮用水水源地水质达标率100%、乡镇集中式饮用水水源地水质达标率80%、地表水水质达标率100%,消除劣V类水体。铺设城镇污水收集管网,消除城区黑臭水体。地下水质量考核点位水质保持稳定,2017年全县城市空气质量优良天数达到305天以上,取缔城区露天烧烤摊点、安装餐饮业油烟净化装置,控制全县可吸入颗粒物(PM10)浓度控制在70微克/立方米以下,二氧化硫、氮氧化物排放总量均值低于国家二级标准浓度限值。

——生态文明制度体系逐步完善。实施环境监管队伍规范化建设和管理,进一步完善环境监管组织机构,优化配置监管力量,推动环境监管延伸至重点乡镇和工业集聚区。落实环境执法督查机制、环境监管网格化管理机制和环境事件应急管理联动响应机制,督促环境保护责任落实到位。坚持污染源监督监测与监察执法同步开展,逐步实现污染源监控向环境执法部门自动预警、超排警告和追踪定位,全面掌握各类污染源相关环境基本信息,环境质量精准管理不断得到强化。

——生态环境监管体系进一步完善。生态文明制度体系逐步完善。自然资源资产产权和用途管制、生态保护红线、生态保护补偿、生态环境保护管理体制等制度建设取得重大成果,生态文明建设统计监测和执法监督能力得到较大提高,法规标准、政策措施、责任追究等制度体系基本建立。

三、工作措施

(一)优化经济发展方式,构建低碳经济体系。

1.优化产业结构。加快实施生态保护战略,推动产业结构转型升级。稳定发展第一产业,推动农业产业化经营,大力推广无公害、绿色、有机农业,加快特色农业园区、低碳农业示范区建设。调整优化第二产业,加强产业集聚效益,培育发展低碳技术，推广低碳发展模式。加快发展第三产业，重点发展金融服务、信息服务、科技服务等服务业，促进发展居民社区服务、公共应急体系、社会福利保障等服务业。（责任单位：县发改局、县工信局、各乡镇）

2.发展绿色工业。强化企业节能降耗改造，进行结构调整、技术创新和污染防治，淘汰落后的土小企业、生产工艺和设备。提高高新技术产值占工业总产值比例，高新技术产值占工业总产值比例不断提高，全县单位GDP能耗和碳排放强度降低到全国平均水平。（责任单位：县工信局、县环保局）

3.提升生态农业。依托不同乡镇、村的农产品特点，引导和提倡“品牌农业”，形成“一村一品”特色农业，建立生态农业园区，推进农业现代园区建设，推动农业产业化发展。重点发展无公害、绿色、有机农产品生产，加大农业节水技术推广应用，全面提高农业用水利用率。（责任单位：县农业局、各乡镇）

4.引导绿色服务业。完善适应生态旅游发展的宾馆、酒店、餐饮等旅游配套服务体系。（责任单位：县旅游局）

（二）促进资源节约和循环高效利用。

1.提升循环经济发展水平。把循环经济理念贯穿到生产、流通、消费各个环节，构建新型工业化产业组织模式，实现资源集约高效循环利用。围绕关键环节，选择重点领域，依托大型骨干企业，强化以点带面，构建循环型农业、工业、服务业体系，推进循环经济发展。加快煤炭、矿产、工业废渣、余热余压余气等资源综合利用。以实施农村能源建设、农业节水节肥节药示范、农业种植养殖废弃物再利用、废旧农膜回收利用、农村环境整治、美丽乡村及生态文明村建设等工程为重点，着力推进种植业、畜牧业和工农业复合型循环体系建设。加快完善再生资源和垃圾分类回收体系，推动再生资源利用产业化，发展再制造产业，推进餐厨废弃物资源化利用。（责任单位：县发改局、县工信局、县畜牧局、县委农工部、县商务局、县环保局、各乡镇）

2.着力加强节能减排。落实节能减排目标责任考核制度，将其纳入政府领导班子和领导干部政绩考核评价范围，严格实行节能减排“一票否决”。严格执行节能评估审查制度，继续抓好工业、建筑、交通领域节能管理，不断加强农业、商务、公共机构领域节能工作，深入开展企业节能低碳行动。大力实施燃煤工业锅炉（窑炉）改造、土小企业取缔、优质煤配送市场建设、余热余压利用等节能重点工程。加快城镇生活污水处理设施及配套管网建设。全面推进城镇生活垃圾处理设施建设，开展全城无垃圾整治行动，健全生活垃圾分类、资源利用、无害化处理相衔接的回收转运体系，开展生活垃圾分类试点。（责任单位：县发改局、县工信局、县住建局、县交通局、县商务局、县环保局、各乡镇）

（三）统筹城乡环境安全，构建健康环境体系。

1.加大污染防治力度。以改善环境质量为目标，加快解决人民群众反映强烈的大气、水、土壤等突出环境问题。贯彻落实《大气污染防治工作方案》、《水污染防治工作方案》、《土壤污染防治工作方案》，加强重要水系、重点流域水污染防治，加大涉水工业企业、城镇生活污水处理厂等重点污染源监管力度，加大土壤污染治理，优先保护耕地土壤环境，强化工业污染场地治理，开展工业土壤污染治理与修复试点。加强农业面源污染防治和城乡环境综合整治力度，推进规模化畜禽养殖污染防治，科学施用化肥和农药。进一步强化重点防控区域重金属治理，推进污染产业密集、风险隐患较大的区域实施综合整治。开展全县矿山地质环境调查工作，编制矿山生态环境恢复治理实施方案，推进大宗尾矿渣回收和综合利用。加强工业园区尤其是化工园区环境管理，全面开展危险化学品环境管理登记。（责任单位：县发改局、县工信局、县水务局、县国土局、县畜牧局、县环保局、各乡镇）

2.强化生态环境监管制度建设。建立环境保护“党政同责、一岗双责”制度。以解决损害群众权益的突出环境问题为重点,进一步加强重点地区、重点流域、重点行业环境大检查、大整治力度,防范环境风险。强化生态管制,推进生态系统统一监测和系统管理。建立严格监管所有污染物排放的环境保护管理制度,对工业点源、农业面源、交通移动源等全部污染源排放的所有污染物,对大气、土壤、地表水和地下水等所有纳污介质,实行独立而统一的环境监管。完善污染物排放许可证制度,禁止无证排污和超标准、超总量排污。对严重污染环境的工艺、设备和产品实行淘汰制度。实行企事业单位污染物排放总量控制制度,完善建设项目总量控制指标管理办法,完成符合条件的企事业单位排污许可总量核定和排污许可证核发工作,全面开展企业标准化建设和环境信用评价工作。健全环境影响评价、清洁生产审核、环境信息公开等制度。(责任单位:县环保局)

(四)推行绿色生活方式,构建宜居生活体系。

1.促进绿色城镇化发展。坚持集约高效,绿色发展,把生态文明理念全面融入城镇化进程,突出地域生态特色、历史文化特色、民族人文特色,注重文化传承,发展有历史记忆、文化脉络、地域风貌、民族特点的美丽城镇。按照人口集中、产业集聚、用地集约的要求,加快城镇基础设施和基本公共服务设施建设,促进形成基本公共服务设施、供给规模与吸纳人口规模相适应的布局结构。(责任单位:县发改局、县住建局、各相关乡镇)

2.倡导低碳环保生活方式。推广节能节水生活器具使用,鼓励使用节电型电器和照明产品。研究制定阶梯式电价和水价政策,在保障公平和效率基础上,提高群众节能节水积极性。开展节水型机关、企业、社区创建活动,形成全社会节约用水的良好氛围。引导节约、健康、均衡的餐饮习惯。建立生活垃圾多元化分类体系。(责任单位:县发改局、县住建局、县水务局)

3.加快生态文明小康村建设。按照生产发展、生活宽裕、乡风文明、村容整洁、管理民主的要求,结合易地扶贫搬迁项目建设,坚持统筹协调、突出特色、分类指导、完善功能,尊重农民意愿,在贫困村实现脱贫的基础上,开展生态文明小康村建设。制定生态文明小康村建设规划,完善生态文明小康村建设标准,整合各项涉农资金,突出重点,分步推进,实施农村基础设施、特色富民产业、社会事业、生态环境、社会保障体系、基层政权六大领域建设,打造道路硬化、村庄绿化、街院净化、用能清洁化、农产品无公害化、用水洁净化、社会服务便利化、信息网络入户化、村民言行文明化、村内管理民主化的“十化生态文明小康村”。(责任单位:县发改局、县扶贫办、县农业局、县环保局、各乡镇)

(五)提高生态文明意识,形成良好社会风尚。

1.提高全民生态文明意识。将生态文明作为社会主义核心价值观的重要内容,加强教育培训,开展主题宣传,积极培育生态文化,弘扬生态道德,引导全社会树立生态文明意识,使其成为社会主流价值观。把生态文明教育作为素质教育的重要内容,纳入国民教育体系和干部教育培训体系,创建一批生态文明教育基地。以组织好“世界地球日”“世界环境日”“世界水日”等主题宣传活动为重点,充分发挥广播电视、报刊网络等新闻媒体作用,加强资源环境县情宣传,普及生态文明法律法规、科普知识,提高公众节约意识、环保意识、生态意识,形成崇尚生态文明的良好社会氛围。(责任单位:县委宣传部、县委组织部、县文广局、县环保局、各乡镇)

2.倡导绿色消费绿色生活方式。开展绿色生活行动,推动形成全民勤俭节约、绿色低碳、文明健康的消费和生活方式。积极促进循环、低碳生产生活,倡导理性消费和清洁消费,引导公众自觉开展节能、节水、节粮、节材,坚决抵制和反对奢侈消费、不合理消费。大力推广绿色低碳出行,倡导绿色生活、绿色休闲模式,严格限制发展高耗能、高耗水、高污染服务业,大力发展绿色物流。开展绿色县城、绿色社区、绿色学校、绿色旅游基地、节约型公共机构、生态村等示范创建。党政机关、大型企业带头厉行勤俭节约，加快推进节约型政府建设。(责任单位:县委宣传部、县发改局、县商务局、县旅游局、县环保局、各乡镇)

3.鼓励公众参与生态文明建设。开展群众性生态文明建设活动，完善公众参与制度，及时准确披露各类环境信息，扩大公开范围，保障公众知情权，维护公众环境权益。扩展公众参与环境管理决策的途径和方式，健全公示、举报、听证、舆论和公众监督等制度，构建全民参与的社会行动体系。建立环境公益诉讼制度，提高建设项目立项、实施、评价等环节公众参与度。引导生态文明建设领域各类社会组织健康有序发展，充分发挥民间组织和志愿者的积极作用，组织环保宣传，监督环境执法，参与政策建议，形成公众参与环境保护的良性局面。(责任单位:县纪委、县发改局、县文广局、县环保局、各乡镇)

四、保障措施

(一)切实加强组织领导。生态文明建设工作领导小组统筹推进全县生态文明建设工作，领导小组办公室负责抓好本实施方案的协调落实，跟踪掌握进展情况，及时提出工作建议。各相关部门要按照职责分工，结合实际，提出工作规划和方案，合力推进全县生态文明建设。县委、县政府政府要对本地区生态文明建设工作负总责，切实加强组织领导，强化统筹协调，实施方案的贯彻落实，确保各项政策措施落到实处、见到实效。领导小组办公室要对贯彻落实情况适时组织开展专项监督检查。(责任单位:县委办、政府办、发改局)

(二)明确落实责任。建立生态文明建设责任制，把生态文明建设任务分解落实到各乡镇、各有关部门和企业，各乡镇和各有关部门要制定实施方案，强化措施，确保完成生态文明建设目标任务。(责任单位:县委办、政府办、环保局)

(三)加大政策支持力度。采用政府引导、鼓励支持社会资金投入、市场运作方式，多渠道筹措资金。县财政要将生态文明建设资金纳入公共财政预算优先安排。发挥财政资源配置职能和财政资金引导作用，带动其他资金投向生态文明建设各个领域，形成多元投资格局。通过财政贴息、投资补助、适度让利、税收优惠等措施，引导和鼓励社会资金参与。完善水、土地、矿产、森林等资源有偿使用制度，发挥价格机制在资源供求方面的调节功能，引导资源按有效利用和生态恢复的方向配置。建立健全环保机构、人员配备，加强环境保护工作队伍建设。(责任单位:县编办、县财政局、县发改局、县工信局、县人社局、县水务局、县国土局、县林业局、县商务局、县国税局)

(四)建立生态文明综合评价体系。加强生态文明建设统计监测，加快推进对能源、矿产资源、水、大气、森林、草原、湿地和水土流失、沙化土地、土壤环境、地质环境、温室气体等的统计监测核算能力建设，提升信息化水平，提高准确性、及时性，实现信息共享。提高环境风险防控和突发环境事件应急能力，健全环境与健康调查、监测和风险评估制度。(责任单位:县发改局、县财政局、县统计局、县国土局、县水利局、县环保局)

(五)强化执法监督。加强法律监督、行政监察，对各类环境违法违规行为实行“零容忍”，加大查处力度，严厉惩处违法违规行为。强化对浪费能源资源、违法排污、破坏生态环境等行为的执法监察和专项督察。强化对资源开发和交通建设、旅游开发等活动的生态环境监管。健全统一监管、分工负责的监管体系，有序整合不同领域、不同部门、不同层次的执法监管力量，推进联合执法、综合执法等执法机制创新。(责任单位:县发改局、县公安局、县水务局、县国土局、县林业局、县工信局、县环保局)

(六)健全政绩考核和责任追究制度。建立体现生态文明要求的目标体系、考核办法、奖惩机制。认真贯彻《张家川县党政领导干部生态环境损害责任追究实施办法(试行)》，把资源消耗、环境损害、生态效益等指标纳入经济社会发展综合评价体系,强化指标约束和责任考核。建立领导干部任期生态文明建设责任制，完善节能减排目标责任考核及问责制度。严格责任追究,对违背科学发展要求、造成资源环境生态严重破坏的要记录在案，实行终身追责，不得转任重要职务或提拔使用,已经调离的也要问责。对推动生态文明建设工作不力的,要及时诫勉谈话;对不顾资源和生态环境盲目决策、造成严重后果的,要严肃追究有关人员的领导责任;对履职不力、监管不严、失职渎职的,要依纪依法追究有关人员的监管责任。(责任单位:县委组织部、县纪委、县环保局)

(七)广泛宣传发动。弘扬生态文明,大力宣传生态文明建设的重要意义、法律法规和政策措施,积极反映社会各界对生态文明建设的意见和呼声,宣传报道先进典型,公开揭露违法违规行为,建立信息公开制度和公众参与机制，激发广大干部群众投身生态文明建设的积极性，形成广泛的群众基础,营造“发展生态文明,全民共建共享”的良好氛围。(责任单位:县委宣传部、县文广局)

关于完善农村土地所有权承包权经营权分置办法的实施方案

张政办发〔2015〕63号

为认真贯彻落实《中共天水市委办公室、天水市人民政府办公室印发<关于完善农村土地所有权承包权经营权分置办法的实施方案>的通知》(市委办发〔2017〕69号)精神,结合我县实际,制定以下实施方案。

一、总体要求

(一)重要意义

实施农村土地所有权、承包权、经营权(以下简称“三权”)分置,是深化农村土地制度改革的重要举措,是继家庭联产承包责任制后农村改革又一重大制度创新,是农村基本经营制度的自我完善,符合生产关系适应生产力发展的客观规律,展现了农村基本经营制度的持久活力,有利于明晰土地产权关系,更好地维护农民集体、承包农户、经营主体的权益;有利于促进土地资源合理利用,构建新型农业经营体系,发展多种形式适度规模经营,提高土地产出率、劳动生产率和资源利用率,推动现代农业发展。

(二)指导思想

全面贯彻党的十八大和十八届三中、四中、五中、六中全会精神,深入学习贯彻习近平总书记系列重要讲话精神和视察甘肃时的“八个着力”重要指示精神,紧紧围绕统筹推进“五位一体”总体布局和协调推进“四个全面”战略布局,牢固树立新发展理念,认真落实中央和省、市决策部署,围绕正确处理农民和土地关系这一改革主线,科学界定“三权”内涵、权利边界及相互关系,逐步建立规范高效的“三权”运行机制,不断健全归属清晰、权能完整、流转顺畅、保护严格的农村土地产权制度,优化土地资源配置,创新农业经营机制,培育新型经营主体,促进适度规模经营,进一步巩固和完善农村基本经营制度,为发展现代农业、增加农民收入、建设社会主义新农村提供坚实保障。

(三)基本原则

——尊重农民意愿。坚持农民主体地位,维护农民土地承包合法权益,把选择权交给农民,发挥其主动性和创造性,加强示范引导,不搞强迫命令,不搞一刀切。

——守住政策底线。坚持和完善农村基本经营制度,坚持农村土地集体所有,坚持家庭经营基础性地位,坚持稳定土地承包关系,推进家庭经营、集体经营、合作经营、股份经营、企业经营等多种经营方式共同发展,切实维护农民利益。

——坚持循序渐进。充分认识农村土地制度改革的长期性和复杂性,保持足够历史耐心,审慎稳妥推进改革,由点及面逐步开展,及时掌握改革新动态,研究解决新问题,总结改革新成果,适时将改革成果、实践经验逐渐上升为制度安排。

——坚持因地制宜。坚持从实际出发,充分考虑各县区资源禀赋和经济社会发展差异,积极推进实践探索和制度创新,总结形成适合我县实际的“三权分置”实现途径和具体办法。

二、主要任务

完善“三权分置”办法,不断探索农村土地集体所有制的有效实现形式,落实集体所有权,稳定农户承包权,放活土地经营权,充分发挥“三权”的各自功能和整体效用,形成层次分明、结构合理、平等保护的格局。

(一)坚持农村土地集体所有权。农村土地农民集体所有是农村基本经营制度的根本,必须得到充分体现和保障,不能虚置。土地集体所有权人对集体土地依法享有占有、使用、收益和处分的权利。农民集体是土地集体所有权的权利主体,在完善"三权分置"办法过程中,要充分维护农民集体对承包地发包、调整、监督、收回等各项权能,发挥土地集体所有的优势和作用。农民集体有权依法发包集体土地,任何组织和个人不得非法干预;有权因自然灾害严重毁损等特殊情形依法调整承包地;有权对承包农户和经营主体使用承包地进行监督,并采取措施防止和纠正长期抛荒、毁损土地、非法改变土地性质和用途等行为。承包农户转让土地承包权的,应在本集体经济组织内进行,并经农民集体同意;流转土地经营权的,须向农民集体书面备案。集体土地被征收的,农民集体有权就征地补偿安置方案等提出意见并依法获得补偿。通过建立健全集体经济组织民主议事机制,切实保障集体成员的知情权、决策权、监督权,确保农民集体有效行使集体土地所有权,防止少数人私相授受、谋取私利。

(二)严格保护农户承包权。农户享有土地承包权是农村基本经营制度的基础,要依法保护现有农村土地承包关系长久不变。土地承包权人对承包土地依法享有占有、使用和收益的权利。农村集体土地由作为本集体经济组织成员的农民家庭承包,不论经营权如何流转,集体土地承包权都属于农民家庭。任何组织和个人都不能取代农民家庭的土地承包地位,都不能非法剥夺和限制农户的承包权。在完善"三权分置"办法过程中,要充分维护承包农户使用、流转、抵押、退出承包地等各项权能。承包农户有权占有、使用承包地,依法依规建设必要的农业生产及其附属、配套设施,自主组织生产经营和处置产品并获得收益;有权通过转让、互换、出租、转包、入股和其他方式流转承包地并获得收益,任何组织和个人不得强迫或限制其流转土地;有权依法依规就承包土地经营权设定抵押、自愿有偿退出承包地,具备条件的可以因保护承包地获得相关补贴。承包土地被征收的,承包农户有权依法获得相应补偿,符合条件的有权获得社会保障费用等。不得违法调整农户承包地,不得以退出土地承包权作为农民进城落户的条件。

(三)加快放活土地经营权。赋予经营主体更有保障的土地经营权,是完善农村基本经营制度的关键。土地经营权人对流转土地依法享有在一定期限内占有、耕作并取得相应收益的权利,在依法保护集体所有权和农户承包权的前提下,平等保护经营主体依流转合同取得的土地经营权,保障其有稳定的经营预期。在完善"三权分置"办法过程中,要依法维护经营主体从事农业生产所需的各项权利,鼓励经营主体合理利用土地资源,提高农业生产效益,支持引导符合条件的经营主体承担基础设施建设项目,合理管护项目建设形成的资产。经营主体有权使用流转土地自主从事农业生产经营并获得相应收益,经承包农户同意,可依法依规改良土壤、提升地力,建设农业生产及其附属、配套设施,并依照流转合同约定获得合理补偿;有权在流转合同到期后按照同等条件优先续租土地。经营主体再流转土地经营权或依法依规设定抵押,须经承包农户或其委托代理人书面同意,并向农民集体书面备案。流转土地被征收的,地上附着物及青苗补偿费应按照流转合同约定确定其归属。承包农户流转出土地经营权的,不应妨碍经营主体行使合法权利。加强对土地经营权的保护,引导土地经营权流向种田能手和新型经营主体。支持新型经营主体提升地力、改善农业生产条件、依法依规开展土地经营权抵押融资。鼓励采取土地股份合作、土地托管、代耕代种等多种经营方式,探索更多放活土地经营权的有效途径。

(四)逐步完善"三权"关系。农村土地集体所有权是农户土地承包经营权的前提,农户享有土地承包经营权是农村土地集体所有的具体实现形式,土地经营权是在土地流转中从农户承包经营权中派生出来的,承包农户流转土地经营权是稳定农户土地承包权的重要体现,也是增加农村居民财产性收入的主要渠道。在完善"三权分置"办法中,坚持农村土地集体所有权是根本,保护农户承包权是基础,放活土地经营权是关键。支持在实践中积极探索农民集体依法依规行使集体所有权、监督承包农户和经营主体规范利用土地等的具体方式。鼓励在理论上深入研究农民集体和承包农户在承包土地上、承包农户和经营主体在土地流转中的权利边界及相互权利关系等问题。通过实践探索和理论创新,逐步完善“三权”关系,为实施“三权分置”提供有力支撑。

三、组织实施

完善“三权分置”办法涉及多方权益,是一个渐进过程和系统性工程,要坚持统筹谋划、稳步推进,确保“三权分置”有序实施。

(一)加快推进农村土地确权登记颁证。确认“三权”权利主体,明确权利归属,稳定土地承包关系,才能确保“三权分置”得以确立和稳步实施。要坚持和完善土地用途管制制度,在集体土地所有权确权登记颁证工作基本完成的基础上,进一步完善相关政策,及时提供确权登记成果,切实保护好农民集体土地权益。加快推进农村承包地确权登记颁证工作进度,力争2017年底全面完成;积极推进土地承包经营权信息应用平台建设,构建承包合同网签管理系统,建立健全承包合同取得权利、登记记载权利、证书证明权利的确权登记制度。提倡通过流转合同鉴证、交易鉴证等多种方式对土地经营权予以确认,促进土地经营权功能更好实现。(县农业局、县国土资源局、县林业局、县档案局等负责)

(二)加强农村土地流转规范化管理。依托农村经营管理机构建立土地流转服务平台,完善县有服务中心、乡镇有服务站、村有服务点的土地流转服务体系,为流转双方提供信息发布、价格指导、政策咨询、合同签订等服务。规范土地经营权流转交易,加强农村产权交易市场建设,逐步实现各乡镇全覆盖。健全市场运行规范,提高服务水平,引导土地经营权在公开市场公平规范交易。加强流转合同管理,引导流转双方使用全省统一的土地流转合同文本。完善工商资本租赁农地监管和风险防范机制,建立健全资格审查、分级备案、项目审核、风险保障金等制度。严格准入门槛和经营能力审查,确保土地经营权规范有序流转,更好地与城镇化进程和农村劳动力转移规模相适应,与农业科技进步和生产手段改进程度相适应,与农业社会化服务水平相适应。完善基层农村土地承包调解机制,完善县级仲裁、乡村调解、司法保障的土地纠纷调处体系,妥善化解土地承包经营纠纷,及时发现并制止违法违规用地行为,依法维护各权利主体合法权益。(县农业局、县林业局、县畜牧局、县财政局、县国土资源局、县政府法制办、县政府金融办、人行张家川县支行等负责)

(三)落实新型经营主体扶持政策。全面落实国家和省市县关于发展农业龙头企业、农民合作社、家庭农场等新型经营主体各项扶持政策,积极创建示范性家庭农场、农民合作社示范社、特色产业示范基地,加快培育新型经营主体。积极发展农业经营性服务组织,稳定完善公益性服务组织。引导新型经营主体和服务组织与农户建立紧密利益联结机制,带动农户分享农业规模经营收益。加大财政、信贷、保险、用地、项目扶持力度,增强新型经营主体发展能力,带动土地流转,为放活土地经营权提供坚实基础和有力支撑。支持新型经营主体相互融合、联合与合作,依法组建行业组织或联盟。支持金融机构创新开展“三权”抵押贷款试点,为新型经营主体提供融资支持。依托现代农业人才支撑计划,大力培育新型职业农民。(县委农工部、县农业局、县林业局、县畜牧局、县工信局、县发改局、县财政局、县教育局、县人社局、县国土资源局、县国税局、县政府金融办、人行张家川县支行、张家川县保险行业协会等负责)

四、保障措施

(一)强化组织领导。实施“三权分置”是深化农村土地制度改革的重要举措。各乡镇党委、政府要高度重视,切实把“三权分置”实施工作与加快农业现代化建设和脱贫攻坚统筹部署,协调推进。要结合实际制定具体实施方案,各有关部门要主动支持配合,强化工作措施,认真抓好落实,形成工作合力,不断探索和丰富“三权分置”的具体实现形式,确保“三权分置”有序实施。

(二)强化宣传培训。充分利用广播、报刊、电视、网络等新闻媒体,大力宣传“三权分置”的重大意义、主要内容和相互关系,引导各级各有关部门严把政策界限,统一思想认识,加强干部培训,提高执行政策能力和水平。要坚持问题导向,深入调查研究,密切关注实践中出现的新情况新问题,及时总结工作中的好做法好经验,适时调整完善措施,推进“三权分置”工作深入开展。

(三)强化工作指导。建立检查监督机制,督促“三权分置”各项任务稳步开展。县农业局要切实承担起牵头责任,健全沟通协调机制,及时向县委、县政府报告工作进展情况。

张家川县人民政府
关于印发 张家川县城乡居民医疗救助实施办法的通知

张政发〔2017〕121 号　　2017 年 9 月 14 日

各乡镇人民政府，县政府相关部门，县属及驻县相关单位：

《张家川县城乡居民医疗救助实施办法》已经县人民政府研究同意，现予以印发，请遵照执行。

附件：天水市农村重大疾病病种目录

张家川县城乡居民医疗救助实施办法

第一条 为了规范和完善城乡居民医疗救助制度，帮助城乡困难群众病有所医，根据《甘肃省城乡医疗救助试行办法》（省政府令第 62 号）和《天水市人民政府关于印发〈天水市城乡居民医疗救助实施办法〉的通知》（天政发〔2016〕5 号），结合我县实际，制定本办法。

第二条 本办法所称城乡居民医疗救助（以下简称医疗救助），是指政府对城乡居民最低生活保障对象、农村五保对象为主的困难群众给予医疗费用补助的救助制度。

第三条 医疗救助应遵循以下原则：

（一）属地化管理；

（二）公平、公正、公开和便民；

（三）突出重点，分类救助；

（四）统筹协调，与城镇居民基本医疗保险、新型农村合作医疗保险相结合；

（五）与当地经济社会发展水平相适应。

第四条 民政部门是医疗救助工作的主管部门，负责医疗救助的审核、审批和医疗救助资金发放等日常管理工作；财政部门负责医疗救助资金的筹集、核拨、监督工作；卫生、药品监督、人力资源和社会保障、审计、监察等部门在各自职责范围内，做好城乡医疗救助相关工作。

第五条 医疗救助对象是指持有本县常住户口，因患病造成生活困难的以下居民：

（一）城乡居民最低生活保障对象；

（二）城乡特困供养；

（三）其他困难群众。

医疗救助对象应当参加城镇居民基本医疗保险、新型农村合作医疗保险。

第六条 医疗救助实行以住院救助为主，门诊救助、参保参合救助、其他特殊救助为辅的方式，解决救助对象的就医困难。

（一）住院救助：对医疗救助对象的住院治疗费用或经城镇居民基本医疗保险、新型农村合作医疗保险报销后，个人负担较重的，给予一定数额的住院救助资金。

（二）门诊救助：对城市低保中无生活来源、无劳动能力、无法定赡养人、扶养人或抚养人的居民、农村五保供养对象等重点救助对象，每年给予一定数额的门诊救助金。

（三）参保参合救助：资助城乡低保对象、城乡特困供养对象参加城镇居民医疗保险和新型农村合作医疗保险。

（四）其他特殊救助：对有其他特殊困难需要医疗救助的，经民政部门认定后给予一定数额的救助。

第七条 救助标准：城乡医疗救助标准根据救助对象的不同种类按个人自付费用的 40%~80% 来确定，起付线确定为 1000 元（城乡特困供养对象除外），具体分类为：（一）城乡特困供养对象按个人自付费用全额予以救助；（二）建档立卡贫困户、城乡低保对象按照个人自付费用的 60~80% 予以救助；（三）根据天市卫发〔2017〕143 号文件的规定，对于重特大疾病按照自付金额的

60-80%予以救助,累计每年救助须严格按照甘政办发〔2013〕145号文件中最低限额的标准予以救助。(四)农村低保边缘户、低收入等其他因病致贫的困难家庭按个人自付费用的40%予以救助。(五)城乡医疗救助对象年度救助次数一般不超过两次,个人年度救助总额原则上不超过3万元。

第八条 医疗救助一般在治疗结束后实施,情况特殊的可在治疗前、治疗中实施救助。

第九条 医疗救助对象在住院和门诊治疗期间,还可享受济困病床等相关优惠政策。

第十条 申请医疗救助的申请人应提交下列材料:

(一)申请书;

(二)村(居)委会出具的本人患病和生活困难证明;

(三)户主及患者户口本、身份证、城市低保金领取证、农村低保金领取证或农村五保户供养证原件及复印件;

(四)医院诊断证明书、出院证明、住院费用结算明细单、药费发票复印件,县合管办报销补偿表或医疗保险报销表原件及复印件。

第十一条 医疗救助按下列程序办理:

(一)申请人持第十条所规定的相关材料向乡(镇)政府提出申请;

(二)乡(镇)政府应当在接到申请后的3个工作日内完成初审并报县民政部门审批;

(三)民政部门接到上报的申请后,应当在5个工作日内审批完毕。对符合救助条件的,在做出审批决定后2个工作日内通知申请人领取医疗救助金,对不符合救助条件的,应书面通知申请人,并说明理由。

第十二条 民政部门应建立健全医疗救助对象档案,一户一档,做到资料齐全,管理规范。

第十三条 医疗救助资金筹集渠道:

(一)国家和省市财政拨款;

(二)县财政补助资金(每年按照本县城乡人口人均不低于1元的标准列支预算);

(三)县福利彩票公益金(每年按照当年福利彩票公益金的1%提取);

(四)社会各界捐助资金。

第十四条 财政部门应设立城市医疗救助资金专户和农村医疗救助资金专户,办理资金的筹集和核拨;民政部门应建立相应的城乡医疗救助资金支出专户,办理资金的核拨和支付等业务。

医疗救助资金实行"专款专用、专户储存,量入为出、收支平衡"的原则,不得挤占挪用,结余资金可结转下年使用。

第十五条 医疗救助实行定点医疗制度。定点医疗机构应与城镇居民基本医疗保险和新型农村合作医疗保险定点医疗机构相一致。

第十六条 提供医疗救助服务的医疗机构,应当在规定的范围内,按照当地城镇居民基本医疗保险和新型农村合作医疗保险规定的用药目录、诊疗项目及医疗服务设施目录,为救助对象提供基本医疗服务。

第十七条 卫计部门应加强定点医疗机构的监督管理,制定医疗救助诊疗服务标准,规范医疗服务行为,提高服务质量和效率,配合民政部门做好医疗救助与新型农村合作医疗制度的衔接。

第十八条 人力资源和社会保障部门应配合民政部门做好医疗救助与城镇居民基本医疗保险制度的衔接,提供救助对象参加城镇居民基本医疗保险等情况。

第十九条 审计、监察部门应加强医疗救助资金管理使用情况的监督检查。

第二十条 对于提供虚假证明、采取欺瞒手段骗取医疗救助资金的,民政部门应追回救助资金。

第二十一条 行政机关工作人员在医疗救助工作中玩忽职守、徇私舞弊或者滥用职权,违规办理医疗救助的,由所在单位或者上级主管部门给予行政处分;构成犯罪的,依法追究刑事责任。

第二十二条 本办法自发布之日起施行,《张家川县人民政府关于印发〈张家川县城乡居民医疗救助实施办法〉的通知》(张政法〔2010〕94号)同时废止。

本办法有效期为5年。

附件

天水市农村重大疾病病种目录

表 10

序号	疾病名称	定点医院治疗最高限额(万元)	备注
1	急性早幼粒白血病	9	累计/年
	儿童低危急性淋巴细胞白血病	17	累计/年
	儿童中高危急性淋巴细胞白血病		累计/年
2	儿童单纯性先天性心脏病	3	累计/年
	儿童复杂性先天性心脏病	4	累计/年
3	中重度传导性神经性耳聋(听觉植入、重建)	17	累计/年
4	乳腺肿瘤(四级手术)	10	累计/年
5	宫颈肿瘤(四级手术)	10	累计/年
6	重性精神病	3	累计/年
7	血友病	4	累计/年
8	慢性粒细胞白血病	20	累计/年
9	肺部肿瘤(四级手术)	7	累计/年
10	食道肿瘤(四级手术)	7	累计/年
11	胃部肿瘤(四级手术)	7	累计/年
12	急性心肌梗塞(介入)	5	累计/年
13	脑梗死	5	累计/年
	脑出血		累计/年
14	结肠肿瘤(四级手术)	8	累计/年
15	直肠肿瘤(四级手术)	8	累计/年
16	儿童脑瘫	3	累计/年
17	肝肿瘤(四级手术)	16	累计/年
18	胰腺肿瘤(四级手术)	17	累计/年
19	恶性淋巴瘤(四级手术)		累计/年
20	多器官功能障碍综合症		累计/年

表 11

序号	疾病名称	定点医院治疗最高限额(万元)	备注
21	胆囊恶性肿瘤(四级手术)		累计/年
	胆管恶性肿瘤(四级手术)		累计/年
22	肝硬化(失代偿期)		累计/年
23	急性重症胰腺炎		累计/年
24	甲状腺肿瘤(四级手术)		累计/年
25	脑肿瘤(四级手术)		累计/年
26	卵巢恶性肿瘤(四级手术)		累计/年
27	前列腺肿瘤(四级手术)		累计/年
28	骨与软组织恶性瘤(四级手术)		累计/年
29	子宫内膜恶性肿瘤(四级手术)		累计/年
30	先天性心脏病(成人)(四级手术)		累计/年
31	膀胱肿瘤(四级手术)		累计/年
32	主动脉夹层和中动脉瘤(介入)		累计/年
	单侧下肢动脉硬化闭塞症(介入)		累计/年
	下肢静脉血栓形成或合并肺栓塞(介入)		累计/年
33	极低出生体重儿		累计/年
34	超极低出生体重儿		累计/年
35	重症肺炎		累计/年
36	休克		累计/年
37	儿童哮喘持续状态		累计/年
38	妊娠期高血压疾病(子痫前期重度)		累计/年
39	产后出血(介入手术)		累计/年
40	胎盘植入		累计/年
	完全性前置胎盘		累计/年
41	急性肾功能衰竭		累计/年
	慢性肾功能衰竭		累计/年
42	艾滋病机会性感染		
43	肾脏肿瘤(四级手术)		累计/年
44	妊娠期血小板减少症		累计/年
45	人工关节置换术(单侧)		累计/年
46	病毒性脑炎(重症)		累计/年
47	化脓性脑膜炎(重症)		累计/年
48	耳鼻咽喉及头颈部恶性肿瘤		累计/年
49	肾上腺肿瘤		累计/年
50	新生儿先天性消化道畸形		累计/年

张家川县人民政府
关于印发张家川县城乡居民临时救助实施细则的通知

张政发〔2017〕122 号　2017 年 9 月 14 日

各乡镇人民政府，县政府相关部门，县属及驻县相关单位：

《张家川县城乡居民临时救助实施细则》已经县人民政府研究同意，现予以印发，请遵照执行。

张家川县城乡居民临时救助实施细则

第一章　总　则

第一条　为了规范和完善城乡社会救助制度，妥善解决城乡困难群众的突发性、紧迫性、临时性生活困难，根据《甘肃省城乡居民临时救助试行办法》（省政府令第 63 号），《天水市城乡居民临时救助实施办法》（天政发〔2016〕4 号）结合本县实际，制定本细则。

第二条　本实施细则所称城乡居民临时救助（以下简称临时救助），是指政府对因突发性、意外性、临时性原因造成基本生活暂时困难的家庭和个人给予的应急性、过渡性救助的制度。

第三条　临时救助应当遵循以下原则：

（一）政府救助、社会互助、家庭自救相结合的原则；

（二）及时、适度、公开、公平的原则；

（三）分类救助的原则。

第四条　临时救助实行地方政府负责制。县政府负责临时救助政策制定、资金投入、工作保障和监督管理等工作；

乡镇政府、街道办事处负责本辖区内临时救助申请的受理、审核和申请对象家庭基本状况的调查工作；

民政部门是政府临时救助工作的主管部门，负责本行政区域内城乡居民临时救助工作规划的制定、执行和救助资金审批、发放等日常管理工作；

财政部门负责临时救助资金预算、审核、拨付等工作；

审计、监察部门负责临时救助资金使用的监督检查。

第二章　临时救助对象

第五条临时救助对象包括：

（一）在城乡居民最低生活保障（以下简称城乡低保）和其他专项社会救助制度覆盖范围之外，家庭人均收入一般不高于当地低保标准 150%，由于突发性、意外性原因造成基本生活出现暂时困难的家庭和个人；

（二）已纳入城乡低保和其他专项社会救助制度覆盖范围，但由于突发性、临时性原因导致基本生活暂时出现较大困难的家庭和个人；

（三）县政府认定需救助的其他特殊困难家庭和个人。但因较大范围的水灾、旱灾、风雹等自然灾害，以及发生事故灾难、公共事件、社会治安事件等突发性事件，需要开展紧急转移安置和基本生活救助的家庭和个人，以及生活无着的流浪、乞讨人员，按照国家有关规定进行救助，不适用本办法。

第三章 临时救助标准

第六条临时救助标准，应当根据救助对象困难原因、程度、种类等因素，结合临时救助资金状况，合理划定救助档次和标准，实施分类救助：

（一）一般性生活困难申请对象（救助金额原

则上不得超出500元的),由乡镇人民政府审核审批并发放救助资金。

(二)享受城乡低保的家庭,因特殊原因造成基本生活暂时特别困难的,一般给予1000~3000元的临时救助;

(三)因长期罹患重病或因子女教育费用负担过重造成基本生活暂时特别困难的家庭,可一次性给予3000~5000元的临时救助;

(四)因重大疾病和各种突发性意外事件造成基本生活暂时特别困难的家庭和个人,一次性可给予5000~10000元的临时救助;

(五)其他由县政府认定需救助的特殊困难家庭和个人,视具体情况,确定救助标准。

被救助家庭和个人一般每年只享受1次救助,特殊情况可享受2次救助。

第四章 临时救助程序

第七条临时救助申请审批程序:

(一)困难家庭和个人向户籍所在地乡镇政府或街道办事处提出书面申请。

(二)乡镇政府或街道办事处在接到申请后,在村(居)民委员会协助下,对申请人情况进行全面调查核实,视情况组织民主评议,提出审核意见,并进行不少于3天的张榜公示,公示无异议的,报县民政局审批。

(三)县民政局接到调查及审核材料后,应当在5个工作日内完成审批,对符合救助条件的,通知申请人所在乡镇、街道办事处予以不少于3天的张榜公示。公示无异议的,及时给予救助。

(四)对因突发性灾难需紧急救助的家庭,县民政局可先行救助,事后按规定补齐审核审批程序,并向社会公示。

对不符合临时救助条件的,应在审核审批不同环节,分别由乡镇政府、街道办事处或县民政局书面通知申请人,并说明理由。

第五章 资金筹措和管理

第八条 临时救助资金根据救助支出需要,通过财政预算、社会捐赠等渠道筹集。鼓励社会组织和个人为临时救助提供捐助。

第九条 由县财政局设立临时救助专户,县民政局建立相应的临时救助资金支出专户,办理资金的核拨和支付等业务。临时救助资金实行专户管理,专款专用。年度结余资金可结转下年度使用,不得用于平衡预算或挪作他用。

第十条 民政部门每年末提出下一年度临时救助用款计划,报财政部门审核后列入财政预算。财政部门应当根据临时救助金年度预算和用款计划及时核拨,保证发放。

第十一条民政部门和乡镇政府、街道办公室应当公开临时救助制度和申请、管理、审核、审批程序公布临时救助对象及发放情况,公开监督举报电话,接受社会监督。

第十二条 民政部门应建立救助对象审批材料、资金台账、发放名册等临时救助工作档案,实行一户一档,做到资料完整、管理规范。

第十三条 申请临时救助的家庭应接受民政部门的调查,并如实反映相关情况,不得弄虚作假。对采取虚报、隐瞒、伪造等手段,骗取临时救助的,民政部门应当追回救助款物。

第十四条 对因失职或徇私舞弊、滥用职权违规办理临时救助的经办机构和人员,按照有关规定追究相关领导和工作人员的责任;构成犯罪的,依法追究刑事责任。

第六章 附则

第十五条 本实施细则自发布之日起施行,有效期5年。2010年6月27日张家川县人民政府印发的《张家川县城乡居民临时救助实施细则》(张政发(2010)60号),同时废止。